KB264207

한국사회 대립과 갈등 진단(하)

한국사회 대립과 갈등 진단(하)

이진호 지음

한국학술정보㈜

머리말

 갈등에는 하위요소와 상위요소가 있다. 상위요소인 정치갈등이 해소되면 큰 갈등은 해소된다. 한 국가에서 가장 큰 공식적인 사회단체는 정당이다. 그 정당을 운영하는 핵심 인물이 정치인이다. 실질적인 정치는 정당과 그에 소속된 정치인에 의해 이루어진다. 정치인 중에는 대통령과 국회의원, 자치단체장과 자치단체의원, 정무직공무원 등이 핵심이다. 이들 모두 갈등을 해소하고 국론을 통합해 국가발전을 선도해야 할 위치에 있는 사람들이다. 그런데 오늘날 대한민국에는 정당과 그에 소속된 정치인이 오히려 사회갈등을 조장하고 있다. 우리가 한국 사회의 정치갈등 문제를 우려하는 것은 정치가가 제 역할을 다하지 못하고 있다는 것이다. 정치가 제 역할을 하면, 하위요소에 해당하는 노사갈등과 빈부격차 문제 같은 제반 사회갈등 문제의 해결은 물론 갈등을 국가발전을 위한 원동력으로 전환할 수 있다. 그런데 정치가 제 역할을 하지 못하면 갈등을 해소할 수 있는 주체가 없어지는 것과 같다. 이는 심각한 일이다. 갈등이 심화되면 국가의 권위와 법치가 도전을 받고 사회는 혼란으로 빠져들어 불공정한 사회가 될 가능성이 크다. 혼란하고 불공정한 사회에서는 권력과 힘을 가진 사람 그리고 그들에 아부하는 표리부동한 사람들만 득세하는 세상이 될 수밖에 없다.

　권력을 가진 자들이 제 밥그릇 챙기기에 골몰하여 정실인사와 청탁이 횡행하면, 자라나는 우리 아이들이 힘들게 노력해도 자신의 실력을 펼칠 기회가 보장받기 어려워진다. 그렇게 되면 사회는 갈등, 대립, 투쟁, 반목을 거듭하며 힘으로 자신이 성취하고자 하는 것들을 쟁취해 나가야 하는 상황이 만들어질 수도 있다. 이것은 우리가 바라는 살기 좋은 세상이 아니다. 우리가 바라는 살기 좋은 세상은 공정한 사회이다. 공정한 사회는 법과 규칙이 지켜지는 가운데, 공정한 기회가 주어지고 자신이 가진 실력을 인정받고 성취해 나가는 사회이다. 이런 사회를 만들기 위해서는 규칙과 실력이 통용되는 사회가 되어야 한다.

　사회갈등 문제를 해결해야 할 이유는 여러 가지가 있지만, 공정한 사회를 만드는 것이 가장 중요한 요소 중 하나다. 그리고 대한민국이 선진국이 되고 세계를 선도하는 국가가 되기 위해서는 반드시 누군가가 나서서 사회갈등문제를 파헤지고 통제할 수 있는 길을 열어야 한다. 우리가 스스로 공정한 사회, 자부심을 갖는 국가가 되지 못하면 단순하게 국민소득이 3~4만 달러에 이른다고 하여 크게 좋아할 일도 아니다. 공정하지 못한 사회에서는 부가 편중되기 때문에 국가발전은 오히려 빈부격차만 크게 만들 수도 있다. 그러므로 대한민국이 선진국에 진입하고 세계를 선도하는 일류국가가 되기 위해서는 반드시 사회갈등을 통제할 수 있는 체계를 만들어야 한다. 이것이 우리 시대에 주어진 역사적 사명이다. 그런데 오늘날 대한민국 정부와 정치권은 사회갈등이 국가 최우선 해결과제가 되고 있음에도 이렇다 할 대책을 내놓지 못하고 있다. 사회통합위원회가 출범했지만, 본질적인 정치갈등 문제는 제대로 다루지도 않는다. 전체적인 상황을 알지 못하고 지엽적인 문제를 통하여 전체적인 문제를 풀려고 하면 제대로 풀리지 않는다.

이러한 현실을 고려하여 한국사회의 갈등을 해소하는 방안을 찾기 위해 국민으로서 소명의식을 갖고 사회갈등 문제를 연구하기 시작했다. 이 책은 5년 동안의 사회갈등에 대한 연구결과이다. 한국 사회갈등의 원인을 분석하고 해결방안을 제시하는 데 주력했다. 그림에 비교하면 완성품이 될 수는 없을지 몰라도 후학들에게 한국사회 갈등이 어디에서 무엇 때문에 시작되었으며, 해법은 어떤 것이라는 전체적인 윤곽은 한눈에 보고 파악할 수 있도록 그 큰 틀을 제시했다. 또한 세부 내용을 참고하여 각자가 자신이 원하는 그림을 그릴 수 있는 밑그림으로 곧바로 활용할 수 있을 것으로 생각한다.

우리의 사회갈등 문제를 해결할 수 있는 방법은 첫째는 국회가 정상화되는 것이다. 둘째는 국회가 정상화되기 위해서는 국회의원들이 법규를 준수하고 절차와 민주주의 원리를 존중하고 실천해야 한다는 것이다. 대화와 타협, 양보 그리고 열심히 공부하고 일하는 모습을 보여주고 정당성과 합리성을 추구해야 한다. 알아도 실천하지 않으면 아는 것이 아니다. 셋째는 가정에서 남을 위한 공부, 나눔과 배려하는 교육을 실시해야 한다. 넷째는 법규와 원칙을 준수하는 사회화 교육, 땀 흘려 돈을 벌어야 한다는 제대로 된 경제교육, 다른 사람과 더불어 살아가야 한다는 인성교육을 실시해야 한다. 다섯째는 대통령과 정치인들이 뛰어난 지도력과 문제해결능력을 갖추어야 한다. 특히 대통령이 위법을 하고도 책임을 지지 않은 비도덕적인 사람을 능력 운운하며 정무직공무원에 임명하는 일은 하지 말아야 한다. 인사가 만사기도 하지만, 사회적 학습을 통해 법과 규칙이 이기주의에 의해 도전받는 심각한 부작용을 불러일으키기 때문이다. 이것이 기본이다. 그 밖의 문제는 사안에 따른 연구를 통해 대응해 나가면 된다.

사회갈등은 나타나는 현상이다. 국가적인 차원에서 일어나는 현상은 누구도 개인의 힘으로는 그 자료를 수집하는 데 한계가 있다. 그리고 사실 자체에 대한 객관성 문제도 발생한다. 따라서 이러한 제약을 극복하기 위해 언론기관이 보도한 자료와 공인연구기관이 연구한 자료, 관련 분야 전문서적 내용을 많이 인용했다. 이 책에서 참고가 된 내용은 모두 그 근원을 찾을 수 있도록 주석을 붙여 언론기관, 출판사, 저자 등 각자의 노력이 동시에 전달되도록 하였다. 지식은 선대 또는 동시대를 살아가는 누군가의 노력에 의해 축적된 것이지만, 내가 더욱 발전시켜 다른 사람은 물론 후대에 물려주는 것이다. 이 책 또한 다른 사람과 국가를 위해 도움이 되는 용도로 사용되기 바란다.

2010년 12월 1일

이 진 호

제2장 하나로 세계로 미래로

표 · 그림 차례

제1장

한국사회 극단적 대립과 분열 원인

1. 인재양성 교육정책 실패

　국민이 정치가들에게 바라는 궁극적인 내용은 봉사정신을 바탕으로 지도력과 문제해결능력을 발휘하여 환경변화에 따라 발생하는 사회문제의 해결과 국민 삶의 질 향상을 위해 열심히 일을 해달라는 것이다. 국민의 기대에 부응하는 국회의원이라면 국가와 국민을 위해 헌신하고 봉사하기 위해 밤낮으로 뛰어다니며 사회적인 갈등을 해소하고 국민이 편안하게 살아갈 수 있도록 열심히 노력해야 마땅하다. 그런데 민생현안 문제가 달린 법률심의에도 불참하고 외유를 일삼는 국회의원이 있는가 하면 국회에 들어와서는 개인적인 이해를 앞세워 반대를 위한 반대를 일삼으며 정쟁에 골몰하는 몰지각한 행동을 아무렇지도 않은 듯 태연하게 한다. 자신들의 행동과 태도에 부끄러움을 느낀다면 감히 이런 모습을 보일 수는 없다. 그런데도 국민들에게 실망을 안겨주는 저급한 행동을 되풀이 한다.

　법률안과 예산의 날치기 통과는 다반사고 대화와 타협을 하고 국가 발전과 국민의 복리증진을 위해 머리를 맞대고 대안을 찾는 데 골몰해야 할 신성한 국회에서 드러눕고, 탁상 위에 올라가 구르고, 멱살 잡고, 상대정당 의원이 진입하지 못하도록 회의장 문을 걸어 잠그고, 망치를 들고 자물쇠를 부수는 등 참아 눈뜨고 보기 역겨울 정도의 저급한 행태를 보인다. 국민들에게 거듭된 실망감을 안겨주는 후안무치(厚顔無恥)하고 저급한 국회의원들이 왜 이렇게 많아졌을까? 여기에는 여러 가지 원인이 있겠지만 그중에서 가장 핵심적인 이유는 아무래도 교육정책의 실패에 있다고 볼 수밖에 없다. 오늘날 교육의 기본적인 목표 중 한 가지는 건전한 민주시민 양성에 있다. 당연히 우리 사회를 이끌어가는 지도자로서 선도적인 역할을 하는 정치가의 생산도 포함된다. 그런데 우리 사회에는 자기 분야의 이익과 자기 사람들만 챙기려는 분야 이기주의가 팽배하고, 조금만 생각이 달라도 적(敵)으로 생각하는 이분법적 사고가 판을 치고 있다. 여(與)와 야(野)가 간단한 대화조차 못하는 우리 정치판의 풍토가 아마도 대표적일 것이다. 그동안 우리의 교육이 건전한 민주시민을 잘 양성했다면 이런 현상은 나타나지 않아야 하고 오늘날 한국 정치가 국민의 성토 대상이 되지 않을 것임에 틀림없다.

　우리의 교육 정책이 무엇이 얼마만큼 어떻게 잘못되어 우리 국회가 세계적인 망신거리가 되게 되었을까? 그 세부 내용을 살펴보면 인재양성의 실패와 제대로 된 정치가를 양성할 수 있는 교육기관의 역할 미흡 및 부재 두 가지로 나누어진다. 첫째는 인재양성의 실패이다. 오늘날 세계가 원하는 인재상은 공부, 인성, 체육, 봉사, 창의력, 지도력, 문제해결능력을 갖춘 사람을 양성하는 데 있다. 국가와 국민을 위해 봉사하는 인재, 지도력을 갖춘 인재, 문제해결능력이 뛰어난 인재가 양성되어 정치권에 지속적으로 공급되면 사회문제는 해결되고 국가는 발전하며 국민 삶의 질은 향상될 것이 분명하다. 그런데 현실이 그렇지 못하고 저급한 정치인들이 활개를 치는 이유는 우리 시대가 요구하는 인재양성에 실패함으로써 잘못 양성된 입신출세라는 개인의 이해를 쫓아 행동하는 이기적인 사람들을 만들어 냈기 때문이다. 국가와 국민의 이익보다는 개인의 이익과 정당의 이익을 우선시하는 정치가의 행동은 국민과 국론을 분열시키고 갈등을 조장해 왔다. 둘째는 정치가 양성교육기관의 역할 미흡 및 부재이다. 국민에게 만족을 주는 수준 높은 정치가 정착되기 위해서는 양질의 정치인이 될 인재를 양성하는 교육기관이 있어야 한다. 그동안 우리나라에는 상당수 대학교에 정치학과가 있지만 올바른 정치인을 양성하는 역할을 제대로 수행하지 못했다. 현역 정치인 중 정치학과 출신은 아주 드물고, 전문 정치인 양성기관은 사실상 부재한 상태다. 오히려 인간관계를 맺는 데 적절한 최고경영자과정 같은 것이 그 역할을 대신해 온 측면이 없지 않다. 대학교 전문학과에서 그 역할을 제대로 하지 못하면 일본의 마쯔시다 정경숙[1]과 같은 별도의 교육기관이 필요하다. 그런데 그러한 역할을 해 줄 수 있는 기관도 없다. 결국 정치가 양성 교육기관의 역할 미흡과 부재로 정치에 입문하는 정치지망생들은 기존 정치인의 비서관이나 보좌관이 되어 개인의 이익을 위해 밀실에서 야합하고 계파의 이익을 좇아 행동하는 기존 정치인의 그릇된 행태를 그대로 학습할 수밖에 없었다. 또한 기존 정치인들과 학연, 지연, 혈연 등의 관계가 있는 인사를 위주로 공천되는 잘

---

1) 마쯔시다 정경숙은 일본의 젊은 차세대 리더들을 양성하는 기관을 말한다. 마쓰시타 전기산업(주)의 창업자인 고(故) 마쓰시타 고노스케가 제2의 메이지유신을 일으킬 젊은 정치적 리더를 키울 목적으로 1979년 설립하였다. 설립 초기 그가 70억 엔의 사재(私財)를 내놓았고, 마쓰시타 그룹 관련 회사들이 50억 엔을 투자했다. 정경숙(政經塾)에서는 일본인 리더로서 기본적인 품격을 갖추기 위해 서예, 검도, 다도(茶道), 좌선 등을 의무적으로 가르치나, 상근하는 교수가 없으며 그 외의 본인이 공부하고 싶은 학습 프로그램은 스스로 짜야 한다. 22세부터 35세까지만 입학할 수 있으며, 그 밖에는 성별, 국적, 학력 등 제한이 없다.

못된 관행 속에 신진 정치가가 양성되었다. 이러한 척박한 정치가 양성 풍토는 합리성과 정당성을 바탕으로 실력이 있는 정치인의 정치입문을 막고 이기적인 정치인이 활개 치는 정치판으로 만들어 놓았다. 그들의 이기적인 행동에 의한 폐단이 겉으로 모습을 드러낸 것이 오늘날 우리 사회의 극단적인 대립과 분열이다.

콩 심은 데 콩 나고 팥 심은 데 팥 난다. 인간 사회를 변화시킬 수 있는 가장 좋은 방법은 교육이다. 어릴 때부터 올바른 교육을 받고 자란 사람들은 사회에 나가서도 그러한 삶을 추구한다. 그리고 20년 이상 인간을 교육시킬 수 있는 기관 또한 교육기관밖에 없다. 하지만 교육이 아무리 잘하려고 노력해도 사회구조가 왜곡되어 있으면 소용이 없다. 이웃이 가진 능력이 나에게 기쁨이 되지 못하는 상황에서는 모두가 이기적으로 나를 위한 능력을 갖기 위해 노력할 수밖에 없다. 무엇보다도 공정한 사회를 만드는 것이 우선이다. 합리적인 분배구조를 구축하고 사회안전망을 확장하는 일도 중요하지만, 국민 각자가 성악가는 노래로, 한의사는 침으로, 기사는 운전으로 무엇이든 재능을 가진 사람들은 그 재능을 이웃을 위해 나눌 줄 아는 문화를 만들어 가야 한다. 돈보다 값진 재능 나눔을 실천하며 소통해야 한다. 남과 소통하기 위해서는 남의 입장을 이해하려는 포용 정신과 남의 사소한 잘못은 용서해주는 관용의 정신이 필수적이다. 소통은 단순하게 사회갈등 치유만을 위해 필요한 것이 아니라 첨단과학기술시대를 선도하기 위해서도 필요하다.

21세기에 들어온 지도 벌써 10년이 되었다. 21세기가 변혁의 시대, 예측 불가능한 격동의 시대가 될 것이라는 전문가의 말에 수긍이 간다. 그러나 이처럼 불확실한 시대에도 확실하게 드러나는 몇 가지 메가트렌드[2](megatrend) 가 있다. 그중의 하나가 21세기는 '융합의 시대'가 될

---

2) 메가트렌드(megatrend)는 미국의 미래학자 존 네이스비츠의 저서 『메가트랜드』에서 유래한 용어이다. 현대

것이라는 점인데 그것이 스마트폰[3](smart phone)의 등장으로 전화와 컴퓨터는 이미 하나가 되어가고 있고, 국내외에서 화제를 뿌려가며 관객몰이를 하고 있는 아바타[4](avatar)라는 영화는 어디까지가 배우 연기이고 어디부터가 컴퓨터 그래픽인지 구분이 되지 않을 정도로 예술과 기술이 융화되어 있다. 이제 첨단 의료장비를 만들기 위해서는 의사와 공학도가 공동으로 작업해야 하며, 새로운 금융상품을 만드는 데에는 경제학자와 수학자의 협력이 필요한 시대가 된 것이다. 이처럼 싫든 좋든 21세기에는 융합이라는 메가트렌드가 세계를 지배할 것이다. 그런데 이 융합의 기술을 창조해내기 위해서는 타 학문 분야에 대한 이해와 교류를 통한 소통의 기술이 필요하다는 것이 전문가들의 지적이다. 우리의 후손들을 이러한 시대를 헤쳐 나갈 수 있는 융합형 인재로 키우기 위해서는 '소통의 기술'을 가르쳐야 한다.[5]

교육이 민주주의를 성공적으로 이끌어 나가기 위해서는 정범모 교수의 말에도 귀를 기울일 필요가 있다. "토크빌이 미국의 민주주의를 성공으로 이끈 3가지는 '풍부한 자연자원, 법의 지배, 국민의 습관'이다. 특히 '국민의 습관'은 바로 '공인으로서 필요한 개인을 만들어가는 미

사회에서 일어나고 있는 거대한 조류를 뜻하는 것으로 탈공업화 사회, 글로벌 경제, 분권화, 네트워크형 조직 등을 그 특징으로 하고 있다.

3) 스마트 폰(smart phone)은 휴대폰에 컴퓨터 지원 기능을 추가한 지능형 휴대폰. 휴대폰 기능에 충실하면서도 개인 휴대 정보 단말기(PDA) 기능, 인터넷 기능, 리모콘 기능 등이 일부 추가되며, 수기 방식의 입력 장치와 터치스크린 등보다 사용에 편리한 인터페이스를 갖춘다. 무선 인터넷 기능의 지원으로 인터넷 및 컴퓨터에 접속되어 이메일, 웹브라우징, 팩스, 뱅킹, 게임 등 단말기로서의 기능도 수행한다. 다양한 기능의 수용을 위하여 표준화된, 또는 전용 운영 체제(OS)를 갖추기도 한다.

4) 아바타(avatar)는 인터넷상에서 자기를 대신하는 분신적인 의미의 캐릭터인형 서비스이다. 아바타는 원래 산스크리트어로 '지상에 내려온 신(神)의 화신'이란 뜻이며, 인터넷상의 가상공간에서 자기를 표현하는 그래픽 아이콘이다. 이용자는 마음에 드는 인형을 골라 머리 형태나 복장, 소지품 등을 자기가 원하는 대로 변화시키면서 자신만의 독자적인 캐릭터로 만들어 차트나 게시판, 온라인게임 등에서 이용할 수 있다. 기존의 그림으로 된 2차원적 아바타에서 입체적인 현실감을 주는 3차원 캐릭터가 등장하였으며, 과거 가상공간 속의 익명의 자유와 현재의 자기표현 욕구를 모두 충족시켜줄 수 있는 아이템으로 각광받으면서 경제효과까지 기대할 수 있는 유력한 상품으로 인식되고 있다. 제임스 케메론이 감독한 영화 아바타는 2009년 12월 17일 개봉되어 세계적인 인기를 얻었다.

5) 동아일보 2010. 1. 6.

국식 교육이 바탕을 이룬 것이다. 미국의 교육은 근본적으로 판단의 가치를 기르는 정치적 교육이다. 프랑스에서는 사적인 부문을 공적인 영역에 대입시키지만, 미국에서는 공적인 부문을 사적인 영역에 대입시킨다는 것을 발견한 토크빌의 통찰이 돋보인다. 사람을 사람답게 만들고 나라를 나라답게 만드는 것이 바로 교육이다. 그런데 한국의 경우 사적인 승부를 위한 교육이 판치고 있으며 교육을 제대로 하고 있는 것인지, 잘못된 교육이 얼마나 사회와 국가 전체에 손해를 끼치게 될지 이런 것들에 대한 관심은 별로 없는 것이 큰 문제이다. 공교육을 통해 전인교육이 이뤄질 수만 있다면 우리 한국은 세계의 모범적인 국가로 우뚝 설뿐만 아니라 타인에 대한 사랑과 배려가 넘치는 아름다운 사회가 되리라고 믿는다"고 말했다.[6] 요약하면 교육의 목적이 자신들만을 위한 이기적인 교육을 시키는 것이 아닌 공익을 우선하고 사회적 책임을 다하는 국가사회발전에 기여할 수 있는 모두를 위한 민주시민으로 육성해야 한다는 것이다.

오늘날 우리는 민주적인 다원주의 사회에 살고 있다. 개인의 자유가 존중되는 만큼 갈등도 커진다. 법과 정책, 제도로 사회갈등을 푸는 데는 한계가 있다. 갈등을 근원적으로 제거하는 방법은 개인이 스스로 행동을 자제하고 대화와 타협으로 풀도록 하는 것인데 가장 좋은 방법은 역시 교육이다. 교육단계에서부터 대화와 타협, 배려와 나눔, 봉사, 헌신, 준법의식, 포용과 관용을 키워나가는 것이 아주 중요하다. 올바른 교육은 갈등을 조장하는 정치가들로 하여금 직분에 충실하여 갈등을 해결하는 선도적인 역할을 하도록 만들 수 있다. 지금 우리 교육은 이러한 가치들을 현장에서 제대로 가르치고 있는지 다시 한 번 점검하고 생각해볼 필요가 있다. 우리의 또 다른 내일을 위해서.

---

6) 문화일보 2009. 11. 4.

2. 선거공약 문제

1) 선거공약이 안고 있는 근원적인 문제

　선거공약(選擧公約)은 선거 운동을 할 때, 정당이나 입후보자가 선거 권자에게 제시하는, 공적(公的)인 약속으로 그 내용은 기본적으로 유권자의 지지를 확보하기 위해 국가발전과 국민에게 도움이 되는 일을 하겠다는 내용을 정리하여 공개적으로 제시한 것이다. 선거공약은 그 중요성에 비추어 볼 때 국가나 정당의 역량에 따라 사전에 연구를 통하여 그 정당성과 합리성 그리고 시행에 따른 문제점 등을 철저하게 분석한 후 제시되는 것이 바람직하다. 우리나라 정당도 나름대로 정치연구소를 갖고 있다. 하지만 정당, 특히 자신과 같이 소속된 정당의 국회의원이나 대통령 후보자가 제시하는 선거공약 내용에 대한 이론적 근거를 충분히 제공할 만한 여건을 갖추고 있지 못한 것이 현실이다.

　그동안 제시된 공약 내용을 살펴보면 이미 대두되어 있는 사회문제 해결방안, 정책적 개발사업 등 지역주민의 요구 사항을 파악하고 수렴하는 것이 주류를 이룬다. 후보자들은 수렴된 내용을 바탕으로 그에 상응하는 일을 하겠다는 방식으로 정리된 것을 공약으로 재설정함으로써 이론적 근거나 문제점에 대한 체계적인 분석 없이 제시되는 것들이 적지 않다. 이들 공약은 대부분 사전 연구 없이 득표와 당선을 목적으로 설정된 것으로 사회적 갈등을 확대시켜 왔다. 일부 내용은 아예 실행이 가능하지 않은 터무니없는 내용도 있었지만, 후보자들은 득표를 의식하여 주민의 요구를 넘어서는 과대한 약속을 하고 유권자들은 이에 호응하여 지지표를 행사하는 잘못된 행동이 되풀이되었다. 이러한 공약은 잘못된 것인 줄 알면서도 이해관계를 갖는 유권자의 이기주의와 그들의 요구를 공약이라는 미명아래 수용함으로써 지지를 받아 당선되려는 후보자가 탐하는 이기주의가 맞아 떨어질 경우 선거결과에 직접적인 영향을 미치기 때문에 많은 폐해에도 불구하고 여전히 좋은 선거 전략으로 이용되고 있다.

국민은 개발이익을 얻고 후보자는 당선되어 권력을 얻는다는 이해관계가 맞아떨어지면서 태동한 대표적인 사례가 바로 세종시 문제였다. 특히 토건 중심 대형국책사업은 선거 후보자와 주민의 이해관계가 가장 잘 맞아떨어지는 부분이다. 대형국책사업이 시작되면 주민들은 상대적으로 낙후되고 자기 자산이 저평가된 불만 해소와 동시에 개발이익은 물론 늘어나는 일자리로 취업의 기회가 주어질 가능성이 커 전반적으로 규모가 큰 대형국책사업이 자기 거주 지역에서 이루어지길 바란다. 주민들의 이러한 바람을 잘 아는 후보자들은 유권자들을 자극하여 지지표를 얻기 위해 여당과 야당 할 것 없이 선거철만 되면 정부 예산이나 국민이 부담할 세금은 안중에도 없고 일단 다수가 원하면 공약하고 본다는 사고가 지배적이다.

인구는 수도권으로만 몰려들고 있는데도 여전히 선거에서 지역균형개발은 좋은 명분이고 잘 먹혀든다. 따라서 불합리성을 갖고 있더라도 일단 공약하고 당선되면 어떤 형태로든 개발이 시작되는 경우가 많다. 다른 지역의 반발여론이 만만찮아도 지역주민들은 자신들의 이익을 위해 대선공약이라는 이유로 계속 이행할 것을 촉구하고 물고 늘어진다. 이번에 안 되면 다음 국회의원이나 지자체장 선거 또는 차기 대통령 선거에서 주민들은 다시 건설을 요구해 관철시켜 나간다. 급속한 경제개발과 부동산 정책 실패로 타 지역의 개발에 따른 부동산 가격 인상 사례는 주민들로 하여금 그러한 요구를 더욱 강화하게 만든다.

지금도 여전히 선거 공약으로 우리 국토가 몸살을 앓고 있지 않은 곳이 없을 정도다. 1995년 우리나라에 지방자치가 시작되고 지금까지 개발로 인한 국토훼손은 국토 가용면적의 30%나 되는 것으로 알려져 있다. 이러한 이유는 뭔가 허물고 파헤쳐 새로운 것을 세워야만 업적이 되고 일하는 것처럼 보일 뿐 아니라 개발에는 이권이 생기기 때문이다.[7] 어제까지 공터였던 땅에 갑자기 가건물이 들어선다. 한눈에 봐도 날림으로 지은 무허가 주택이다. 땅주인이 아닌 사람이 건물을 짓기도 한다. 아파트나 산업단지로 개발된다는 소문이 나도는 지역에서 자주 벌어지는 일이다. 개발보상금을 노린 가건물 급조는 불법이지만 한국에서는 통한다. 일단 세(勢)를 규합해 버티고, 주장하고, 규탄하면 두둑한 보상을 받아낸다는 잘못된 학습효과 때문이다. 국회 입법조사처가 2009년 11월 24일 내놓은 보고서를 봐도 보금자리주택과 혁신도시가 들어설 지역마다 건물 신축, 토지 형질변경, 묘목 식재(植栽) 등 다양한 형태의 불법행위가 기승을 부리고 있다[8]는 것을 쉽게 알 수 있다.

막대한 혈세를 탕진하고 소중한 국토를 파괴해서 토건족의 배를 불리고 부패를 만연시키는 토건국가는 구조와 일상의 양면에서 현대 한국 사회의 가장 큰 특징이자 문제라고 하지 않을 수 없다. 중앙정부도 지방정부도, 재벌기업도, 중소기업도 모두 토건업을 사랑하고 갈구한다. 무엇보다 다수의 국민들이 여전히 개발을 발전과 똑같이 여기는 '개발주의'에서 벗어나지 못하고 있다.[9] 개발주의 이면에는 부동산 폭등이라는 정부의 부동산 정책 실패가 일부 이기적인 국민에게는 자산 증식의 기회로 오인된다. 정부나 지자체가 발표한 개발 지역 중 부동산 가격이 오르지 않은 곳이 없다. 한동안 기획부동산이 판을 치고 많은

---

7) 조선일보 2009. 11. 17.
8) 동아일보 2009. 11. 25.
9) 프레시안 2009. 11. 10.

사람들이 피해를 본 것도 모두 개발 선호주의 영향 탓이다.

선거공약을 통한 지지에 힘입어 당선된 대통령이나 국회의원은 그 공약을 이행해야 할 의무가 있다. 그러나 그 태생이 유권자와 후보자의 이기주의에 바탕 한 공약은 그 정당성과 합리성이 사전에 고려되지 않았기 때문에 문제가 발생할 가능성이 크다. 지지를 통해 공약을 요구한 사람들은 자신을 위한 공약으로 인식하는 경향이 강하지만 후보자가 일단 당선되면 그 정치인은 지지자만을 위한 정치인이 아니라 국민과 지역민 전체를 위한 정치가로서 그 대표성을 갖기 때문에 공약이 특정 집단이나 몇몇 사람들의 이익을 대변하거나 정당성 및 합리성을 갖추지 못하였을 경우 도전받게 되어 있다.

대부분의 정치가들은 무리한 공약을 제시해 당선될 경우 부담으로 작용할 것을 알면서도 당선되는 것을 우선적인 문제로 인식하여 유권자의 요구가 무리한 것인 줄 알면서도 득표를 위해 그 내용을 수용하고 문제되는 부분은 당선 후 그때 가서 문제를 해결하면 된다고 생각한다. 공약을 지켜야 하는 것은 맞다. 그러나 약속은 100% 지켜야 한다는 것을 전제로 하지 않기 때문에, 선거과정에서 지지자들이 요구해 공약으로 제시한 내용도, 당선 후 반발여론이 거세지면 공약을 중단할 수 있는 좋은 명분이 된다. 일단 당선의 기본 목적을 달성하여 이미 공권력을 가진 대통령이나 국회의원의 입장이 되면 손해 볼 것이 거의 없다. 만일 특정한 지지자들이 공약 이행을 믿고 지지하여 당선되었다고 불만을 토로하더라도, 공약은 여러 가지가 있고, 다른 지역 지지자의 지지도 있었기 때문에 공약의 이행문제는 당선자의 의지도 중요하지만, 합리성과 정당성에 기초하여 판단이 이루어질 경우 문제 될 것은 없다. 따라서 공약이 안고 있는 근원적인 문제는 실행 여부에 있는 것이 아니라 합리성과 정당성에 있다. 우리 사회에서 공약이 갈등의 원인으로 대두된 원인도 모두 정당성과 합리성을 배제한 데서 그 폐해가 비롯된다. 거의 대부분 정치적 판단이나 행동에 의해 실행을 강행하고 이에 대해 야당이나 시민사회단체, 국민의 불합리성에 대한 비판, 반대, 반발이 사회갈등 문제로 발전했다.

선거공약은 순기능을 발휘하여 후보자의 지지를 이끌어내고, 득표활동에 도움이 되어 당선되는 데 기여하고, 당선된 후 국회에 진출하거나 대통령이 되었을 때, 시행되는 과정이나 시행 후 큰 반발 없이 당초 기대하는 바의 목적을 달성할 수 있어야 한다. 그러기 위해서는 정당성과 합리성에 기초하여 그 공약의 내용이나 시행과정 또는 결과에 대한 문제점을 제기하거나 반대하는 국민이나 정당을 납득시킬 수 있어야 진행과정에서 극단적인 반발에 부딪히지 않는다. 국민적 합의가 이루어지지 못하고 끊임없이 문제점이 제기되는데도 그것을 강행할 경우 사회적 갈등을 증폭시키는 원인으로 작용할 수밖에 없다.

한국의 정치가 사회갈등을 조장하는 것은 이러한 구조적인 폐해와 문제점을 알면서도 그것이 득표를 통한 정권 장악과 획득에 도움이 된다는 생각으로 선거에서 정치 전략적으로 계속 이용하고 있기 때문이다. 문제가 제기되고 반대하는 사람이 많으면 공사를 중단하고 보완하면 된다. 그것은 정책이나 제도도 마찬가지다. 그런데 반대하는 측을 무시하고 억지 논리를 개발하며 공사를 강행한다. 문제 인식의 초점이 보완이 아니라 세력대결로 인식하는 데서 나오는 행동이다. 한번 밀리면 끝이라는 극단적인 생각이 작용한다. 즉 잘못이나 문제점을 인정할 경우 그것을 국민이 알고 여론이 등을 돌리면 정국 주도는 물론 차기선거 나아가서는 정권 재창출에까지 영향을 미칠 수 있다는 생각에서 끝까지 버티기를 한다. 따라서 문제가 내재되어 있어도 항상 한 번에 문제의 잘잘못에 대한 전모는 공개하지 않는다.

야당이나 국민이 한 가지 의혹을 제기하면 그에 대응하는 답이 기다렸다는 듯이 즉시 나온다. 그리고 다른 문제가 제기되면 그럴 수밖에 없었다는 식의 입장을 내세우는 변명을 하거나 말 바꾸기를 하면서 또 조금 더 공개하고 한편에서는 보완책을 마련한다. 지적된 문제로 여론이 악화되는 것을 막으려는 조치다. 실제로는 정치권이 모든 것을 주도하면서도 아무도 책임을 지지 않는다. 모든 책임과 잘못은 모두 공무원에게로 몰아간다. 4대강 사업이나 천안함 사태에 대한 정부와 여당의 대응 과정을 보면 쉽게 이해할 수 있다. 한국정치인의 사고방식은 결정은 내가 하고 일은 하고 책임지는 것은 공무원이라는 것이다. 내가 책임을 지는 것은 물러나거나 사과 또는 유감 한 마디면 족하다. 그러면서 과오는 덮어버리고 국가와 국민을 위해 일한 공적만 내세운다. 너무나 편리하고 자기 멋대로이다. 그런데 그러한 정치가들을 많은 국민이 추종하며 내버려 두고 때로는 옹호하기까지 한다. 그러니 문제가 노출되어 지적하고 반발하는 사람이 있고 훤하게 보이는 해결책이 눈앞에 있어도 쉽게 개선되지 않는다.

2) 선거공약 왜 사회갈등 원인으로 전락했나?

이제까지 대형국책사업으로 제시된 대선공약 중 사회적 논란 대상이 되지 않은 것은 거의 없다. 대형국책사업이 논란 대상이 될 수밖에 없는 이유를 잘 이해하는 사람들은 개발독재시대에나 가능한 일을 민주화가 크게 진척된 상태에서 하려고 하기 때문에 그렇다는 말로 요약하여 설명하기도 한다. 상당히 일리가 있는 말이기는 하다.

개발독재시대에 대형국책사업이 가능한 것은 국민의 자유를 상당 부분 통제할 수 있는 체제를 갖추고 있기 때문에, 정부가 국가발전이나 국민경제에 도움이 되는 사업이라는 판단을 할 경우, 그 내용을 정책으로 수립 시행하는 과정에서 나타나는 여러 가지 반대요소를 체제적 특성을 이용하여 억누르고 수행해나갈 수 있다. 진행과정에 이해관계상 반발과 반대에 직면하는데도 불구하고, 필요성과 성과에 주안점을 두고 밀고 나가기 때문에 독재라는 소리를 듣게 되는 것이다. 따라서 개발독재라는 의미 속에는 국가나 국민 전체의 이익을 위해 개인의 이익이 상당 부분 희생될 수도 있다는 점을 내포한다.

민주화가 크게 진전된 오늘날은 국가와 다수 국민의 이익도 중요하지만, 개인의 이익도 보호되어야 한다는 생각이 사회 전반에 확산되어 있다. 대형국책사업을 진행하기 위해서는 수많은 이해관계를 조정해야 하는데, 이러한 일이 현실적으로 지극히 어렵다. 민주주의가 발전한 나라일수록 법치가 강화되고 개인의 자유는 철저하게 보호되기 때문에 국가의 이익과 국민의 이익이 충돌할 때, 개인이 사업 진행을 반대할 경우 법으로 통제가 가능하다고 하더라도, 보상 기준이 현실적이지 않으면 격렬한 반대에 부딪힌다. 때로는 법 집행이 용이하지 않은 상황이 발생하기도 한다. 그렇다고 모든 사업 하나하나마다 걸림돌을 제거하기 위해 사회 전체에 영향을 미치는 법규나 제도를 손질할 수도 없다. 자유와 민주화가 발전된 나라일수록 대형 국책사업을 벌이기는 점점 어려워진다. 하지만 정부 입장에서는 어느 시대든 꼭 진행해야 할 대형 국책사업이 있기 마련이다. 따라서 민주화된 사회일수록 시간이 오래 걸리더라도 합리성과 정당성을 인정받고 법과 절차 등 원칙과 기준을 준수하며 피해를 보는 주민들에 대한 현실적인 보상과 반대자에 대한 설득을 통해 시행해 나가야 한다. 그런데 이 또한 만만치 않다.

세종시 건설이나 한반도대운하사업 같은 경우 이미 공약 제시 단계에서부터 부동산 값이 들썩이기 시작했다. 공약을 제시한 대선후보가 대통령으로 당선된 후 본격적으로 부동산 투기가 판을 쳐 이해관계의 구도를 크게 변화시키는 부작용이 나타났다. 이해관계 때문에 사업 진행을 찬성하고 반대하는 사람들이 세력을 형성하여 논란을 벌이는 상황이 빚어졌다. 가장 현실적인 해결방안은 정당성과 타당성을 평가하여 계속적인 진행 여부를 결정하는 것인데 과열된 논란은 평가 자체를 어렵게 만든다. 평가 결과를 내놓아도 못 믿겠다며 근거의 정당성과 합리성을 요구한다. 그런데 정당성과 합리성은 설정된 것으로 사실상 정부의 정책적 판단이 그대로 옮겨진 것에 불과하다. 정권이 바뀌면 그 내용도 바뀐다. 아무도 양보를 하지 않으려 하고, 다른 사람 말도 믿으려 하지 않으면서 대화와 타협을 팽개친 채 자기주장만 앞세워 세력대결을 벌인다. 결국 돌아오는 것은 세금 부담 증가와 사회적 기회비용 낭비로 국가발전이 저해되는 일밖에 없다. 논란을 벌이는 당사자에게 있어 국민의 부담 증가와 국가발전 저해는 안중에 없다. 자신들의 이해관계가 우선이다. 이것이 일상화되다 보니 이제는 아무도 손해를 보지 않으려 하고 문제가 생기면 참지 않는 경향이 나타난다. 모두가 나서서 한마디씩 한다. 결국은 갈수록 편이 갈라지고 사회갈등이 첨예화되는 것이다.

선거공약이 순기능을 발휘하여 국가발전, 국민 복리증진 등 당초 목적 한 대로의 순기능을 발휘하기 위해서는 국민이나 지역민들이 원한다고 무조건 수용할 것이 아니라 합리성과 정당성, 공약 채택 후 실행 단계에서 나타날 수 있는 문제점에 대해 사전에 연구까지는 아니라도 충분한 검토가 필요하다. 이러한 검토 과정을 통하여 정당성과 합리성을 확보하고 실행과정에서 나타날 수 있는 문제점에 대한 보완책을 마련함으로써 공약 시행에 따른 피해는 줄이고 국가와 국민의 이익을 극대화하는 것이 당선자 자신을 포함한 지지자와 국민 모두를 위한 바람

직한 방법이다. 선거공약으로 설정하기 전에 정당성과 합리성, 실행과
정에 나타날 수 있는 문제점을 검토하기 곤란하거나 여건상 검토할 수
없는 경우도 있을 수 있다. 이런 때는 당선된 후 시행하기 전에 검토하
면 된다.

　무슨 공약이든 애초부터 공약 시행 날짜를 구체적으로 정해 둔 것은
아니므로 당선자 입장에서는 당선 후 곧바로 정부부처와 국책연구기관
등을 통해 타당성 조사를 실시하고 그 결과에 따라 시행 여부를 결정해
도 늦지 않다. 야당이나 국민적인 반발이 예상되는 경우 공론화를 통해
문제점을 수렴해 보완하거나 시행을 중단한다고 문제될 것은 없다. 물
론 공약의 중단은 당선자의 입장에서는 상당한 부담이 되는 것은 사실
이지만, 오히려 야당이나 국민적 반발은 공약을 중단할 수 있는 좋은
명분이 될 수 있으므로, 논란을 벌여 사회갈등을 조장하도록 방치하기
보다는 시행 시기를 늦추거나 장기적인 연구 검토 등을 통해 차기 정권
에 실행 여부를 넘기는 것도, 후세를 위한 바람직한 방법 중 하나다. 실
행 가능하고 타당성이 있는 사업은 빨리 시행되는 것이 좋겠지만 진정
국가와 국민을 위한 일이라면 내가 못하고 다음 대통령이 실행하더라
도 괜찮다. 그런데도 우리 정치권에서는 공약에 대한 합리성과 정당성
을 버리고, 여론과 업적에 지나치게 집착하여 대화와 타협, 양보도 없
이 밀어붙이기로 일관하는 기이한 행동을 하는 경우가 적지 않았다.

　야당도 여당이나 당선자의 선거공약에 대해 무조건 반대를 할 것이
아니라 공약의 실행에 따른 구체적인 문제점과 예상되는 피해 내용을
분석하여 반대를 하거나 보완을 요청하고, 정부·여당도 검토 안을 공
개하여 상호 검토내용을 비교분석함으로써 내용을 보완하거나 폐단이
예상되는 공약은 실행을 반대하는 것이 마땅하다. 그렇게 되면 국민은
정부·여당과 야당이 제시한 내용을 통하여 어떤 쪽이 더 합리적인 내

용인지 판단할 수 있고, 그에 따라 공약 실행을 원안대로 지지하거나 보완요구를 할 수 있다. 수정이나 실행을 반대할 때에도 소모적인 논쟁에 따른 갈등과 국론 분열, 대립 과정에서 발생할 수 있는 엄청난 사회적 기회비용의 낭비를 사전에 막을 수 있다. 모두가 법률과 절차를 존중하면서 대화와 타협을 통해 합리성과 정당성에 대한 경쟁을 벌일 경우, 당초 시행이 부적절한 공약이 채택되었더라도 일련의 검증 과정을 거쳐 실행을 중단하거나 문제를 보완하면 공약이 사회적 갈등으로 변질되지는 않는다.

그동안 우리나라에서 국가 사회적 차원의 논란이 되어 온 대형국책사업은 하나같이 선거에서 지지를 얻어내기 위한 목적으로 개발공약을 채택한데다 대통령에 당선되면 자의적으로 국민의 심판을 받아 정당성을 확보한 것으로 생각하여 정당성과 합리성, 실행과정에 나타날 수 있는 문제점에 대한 보완 검토도 생략한 채 대부분 곧바로 시행에 들어갔다. 야당과 시민사회단체 등 다수의 국민들이 반대하면 그때부터 대응논리차원에서 정당성과 합리성을 개발해 합리화해 나간다. 4대강 사업이 그 대표적인 사례이다. 정부·여당은 야당과 시민사회단체가 반대하고 문제점을 제기하더라도 정당성과 합리성을 부각시켜 대응하면서 사업을 강행해 왔다. 반대하는 야당이나 정부 모두 총제적인 타당성이나 문제점에 대한 구체적인 연구 검토 자료 제시 없이 자신들의 입장이나 논리를 중심으로 사업의 합리성과 불합리성을 주장하며 격돌한다. 공약사업으로 인해 갈등이 고조되고 사회적 논란으로 발전하면 정부·여당이나 야당 양자 모두 시행 속도를 늦추거나 단계적인 사업추진이라는 타협의 방법이 있는데도 이러한 합리적인 방법을 도외시한 채 자신들의 주장대로 밀고 나간다.

대화와 타협보다는 힘에 의존한 대립으로 발전하는 단계에 이르면 이미 정당성이나 합리성, 사업 자체의 타당성이나 문제점 보완은 뒷전이 되고, 기세 싸움을 통한 정국 주도권 쟁탈전의 대리전장으로 변화한다. 정부·여당은 야당의 반대 이유를 수용할 생각을 하지 않고, 야당은 정부·여당이 추진하려고 하는 사업에 대해 찬성하거나 동조하고 싶지 않기 때문에, 대화와 타협은 실종되어 서로 자신의 입장에 대한 정당성 주장에 급급해진다. 상대방 안에 대한 반대로 일관하며 상대를 공격하는 일에 골몰하기 때문에, 감정이 악화되는 가운데 대립각만 세워간다. 이러한 과정을 통하여 야당은 정부·여당의 지도력과 정당성에 대해 흠집을 내고, 정부·여당은 정책 실행 강행을 통해 정국을 주도한다는 것을 내보이는 것으로, 착각하여 각각 자신들의 지지세력 확보와 여론 환기에 도움이 되는 것으로 인식한다. 정부·여당이나 야당모두 상대 쪽 안을 수용하지 못하는 이유는, 국가와 국민의 이익보다는 당리당략을 우선시하고 대개는 당내 선명성과 주도권 경쟁, 권력투쟁이 수반되는 데 있다.

결국 국론을 통합하고 사회갈등을 치유하는 데 앞장서야 할 정당과 정치인이 갈등을 조장하고 국민을 분열, 대립시키는 역할을 한다. 이러한 대립과 소모적인 논쟁은 다른 정치 쟁점이나 사회문제의 대두 또는 국민이 정치적인 논란에 대해 혐오감을 갖고 무관심해질 때까지 계속된다. 그 피해는 고스란히 국민에게 돌아온다. 정당들이 당리당략적인 행태에서 벗어나지 못하는 것은 외형상으로는 국회의원 모두가 욕을 먹는 것 같지만, 각자의 이해득실에는 차이가 나고 오히려 이러한 정국을 의도적으로 조장하는 사람들은 자신이나 당에 도움이 된다는 판단을 하는 것으로 보인다. 만약 우리 당에 큰 도움이 되지 않더라도 상대 정당의 문제해결능력과 정당성에 흠집을 내는 데 성공할 수 있다면 괜찮다는 계산이 작용한다. 누가 보아도 확실하게 손해만 보는 싸움이나 논란을 벌일 이유는 없고 하지도 않는다. 의도한 대로 이익이 되든지 아니면 착오로 인해 손해를 보든, 시작할 때는 우리에게 더 이익이 된다는 계산에 의해 논란을 시작하는 것이 확실하다.

공약이 정당성과 합리성을 결여한 상태에서 채택되는 근원적인 문제를 안고 있다고 하더라도 정당이나 정치가들이 합리적인 해결책을 찾고 비판하면 사회적 갈등의 원인으로 작용하지 않는다. 그런데 사회갈등을 해결하는 데 앞장서야 할 한국의 정당과 정치인들이 당리당략을 국가의 이익이나 국민 삶의 질 향상보다 앞세우기 때문에 선거공약이 사회적 갈등의 원인으로 이어져 왔다. 정권이 변경되고 동시에 여야가 바뀌는 과정에서도 여전히 야당에 의한 여당 대선공약의 문제점을 제기하는 악순환이 되풀이되고 있다. 오늘날 대선공약이 빚어내는 갈등과 대립은 여야 할 것 없이 수단과 방법을 가리지 않고 우선 표부터 얻고 보자는 권력에 대한 탐욕, 대통령의 업적에 대한 지나친 집착, 정치와 권력에 대한 잘못된 인식, 리더십과 실력 부족이 결합되어 만들어내는 추태이다. 이러한 폐단(弊端)을 일시에 해결하는 방법은 올바른 정치 지도자를 선출하는 국민들의 현명한 주권행사 밖에 없다.

3) 당선 공약 합리성과 정당성 확보를 뜻하는가?

공약의 합리성과 정당성이 당선과 직접적인 연관을 갖는가 하는 점을 살펴보는 것은 당선이 공약의 합리성과 정당성 확보를 의미하는가 하는 문제를 이해하고 접근하여 해답을 얻는 중요한 요소로 작용한다. 만일 당선이 공약의 합리성과 정당성 확보를 전제하는 것이라면 선거를 통해 당선된 정치인이 공약을 실행하는 일 또한 동시에 정당성과 합리성을 인정받는 것으로 볼 수 있다. 정당성과 합리성이 확보되고 인정된 공약의 실행을 반대하는 행동을 하는 것은 잘못된 일이다. 그런데 실제 정치에서는 선거에서 제시된 공약에 대해 정당성과 합리성을 가리는 것이 용이하지 않다. 가부를 가릴 수 있으면 논란의 대상이 되지 않을 것이 틀림없다. 그런데 그것이 어렵기 때문에 선거가 끝난 후 실행 여부를 두고 논란의 대상이 되는 일이 심심찮게 발생한다.

노태우 대통령에 의해 제시된 새만금간척사업, 김대중 대통령의 농가부채 탕감, 노무현 대통령의 신행정수도 건설과 이명박 대통령의 한반도 대운하건설이 대표적인 사례이다. 새만금간척사업과 신행정수도 건설은 그 정당성과 합리성 문제를 두고 사회적 합의에 실패하여 헌법재판소의 헌법소원이 이루어졌다. 그 결과 새만금간척사업은 사업 추진이 합헌이라는 결정이 내려짐에 따라 공사는 재개되었으나 공사 지연, 과다한 비용 투입에 따른 경제성 문제와 지역발전을 고려하여 결국 사업내용이 당초의 농경지 조성 목적에서 매립부지의 상당 부분을 농경지에서 도시건설과 같은 타 용도로 전환하도록 대폭 수정하는 것으로 마무리되었다. 신행정수도건설은 헌법재판소가 수도이전에 대해 불합치 판결을 내림으로써 행정부의 일부 부처를 이전하는 행정중심복합도시 일명 세종시로 내용이 변경되어 재추진되면서 8년간 국가적 논란의 대상이 되었다.

이렇게 선거공약 내용의 실행 여부를 두고 빚어지는 논란이 결국 그 정당성과 합리성에 대한 판결이 사법부에 맡겨진 것은 공약의 내용 자체가 당초 설정될 때부터 합리성을 판단할 수 있는 근거를 갖고 있지 않는 데다 당선 후 실행 전에 문제점에 대한 분석, 지지자뿐만 아니라 야당을 포함한 전체 국민을 대상으로 한 여론 수렴 과정을 외면하는 데 원인이 있다. 야당 또한 사전에 충분한 연구검토를 통해 구체적으로 문제점과 자료를 제시하는 합리적인 비판보다는 자신들의 이익과 입장을 고려하여 공약 내용을 비판하고 전략적으로 이용하기 때문이다. 정쟁을 하다가 여론이 불리해진 쪽에서 슬그머니 꽁무니를 빼면 논란이나 정쟁은 대부분 끝난다. 그 사이 국민들도 자신들의 이해와 연관시켜 공약시행이 이익이라고 판단하는 사람들과 자신들이 손해를 보거나 문제가 있다고 인식하는 사람들이 각각의 정당 주장에 편승하고나 동조하여 갑론을박을 일삼으면서 사회 전체적으로 대립과 분열이 확산된다.

시간이 지나고 나서 돌이켜보면 우리의 여당과 야당에 있어 합리성과 정당성이라는 것은 선거에서 당선되기 위해 제시된 공약을, 정부·여당은 국민과의 약속이기 때문에 실행하는 것이 옳다고 주장하고 야당은 정국의 주도권을 정부·여당이 장악하여 정치구도가 고착화되는 것을 우려하여 반대를 일삼는 것에 지나지 않는다. 여야 모두 근거는 없고 자신들의 주의주장을 내세워 강행과 반대를 일삼으며 논란을 벌일 뿐이다. 그런데도 오늘날 한국사회의 일각이나 상당수 정치인들은 선거에 당선되면 마치 공약의 합리성과 정당성을 선거를 통하여 확보한 것으로 인식하는 경향이 있다. 이러한 인식은 공약은 실행을 전제로 한 국민과의 약속이기 때문에 당연히 이행되어야 한다는 인식이 그런 생각을 갖게 만드는 것이다. 하지만 애초부터 무리한 공약은 자제하고 부작용이 많은 공약은 이행하지 않는 것이 바람직하다. 이행하는 공약은 실행 전에 반드시 이행과정에 나타날 수 있는 문제점에 대해 검토한 후 선별적으로 시행하는 것이 마땅하다.

선거 당시 제시될 때 정당성과 합리성을 나름대로 갖추었더라도 인간이 살아가는 사회는 항상 변화하기 때문에, 환경의 변화로 인하여 훗날 폐단이 나타날 수밖에 없는 상황이 되었다면, 그 공약의 실행 내용도 변화된 상황을 반영하여 당연히 수정 보완되어야 한다. 인간의 삶은 그것이 개인, 집단, 사회 또는 국가라 할지라도 모두 사람이 만들어 가는 것이므로 시대와 상황 변화에 따라 바람직한 방향으로 수정해 유익하도록 만드는 것은 상식적인 일이다. 합리성과 정당성이 확보되더라도 그 시행 과정에서 나타날 수 있는 소수 국민의 피해를 예방하거나 보상할 수 있는 방안이 마련되어야 하며, 이행 후 나타날 결과가 국가발전이나 국민 삶의 질 향상에 도움이 되는 것이 전제되어야 한다. 그 수혜도 특정인이 아닌 지지자와 비지지자를 포함한 전체 국민에게 돌아간다는 것을 확신할 수 있을 때 정책이나 사업이 추진되어야 한다. 그렇지 않고 어설프게 시작된 정책이나 사업은 애물단지로 전락할 가능성이 크다.

4) 공약과 신뢰성 문제 어떻게 보아야 하는가?

약속(約束)은 장래에 할 일에 관해 상대방과 서로 언약하여 정하는 것을 말하는데, 믿고 의지하는 신뢰(信賴)가 바탕이 되기 때문에 인간관계에 있어 가장 중요한 덕목 중 하나에 속한다. 사회구성원 간에 서로 믿음이 없으면 법, 윤리, 정치, 교육 등 인간사회의 모든 것들이 그 기능을 제대로 발휘할 수 없다. 법이 우리 사회에서 통용되는 것은 대다수 국민이 법을 지키기 때문이고, 대통령이나 국회의원 같은 정치인을 선출하고 그들이 행사하는 공권력에 기꺼이 통제를 받는 것도, 모두 국가체계와 선출 절차의 합리성과 정당성에 대해 사전에 정해놓은 국민적 약속을 인정하고 받아들이기 때문에 가능한 것이다. 약속은 믿음 위에 존재하므로 대단히 중요하다. 개인 간의 약속도 그렇지만 정치가나 국가의 국민에 대한 약속은 더욱 그러하다.

약속이 중요하다는 점에 대해 공감하면 모든 약속은 지켜야 하느냐 하는 문제가 발생한다. 왜냐하면 약속은 그것이 한쪽의 일방적인 선언에 의한 것이든, 아니면 합의에 의한 것이든, 그 형태가 어떤 것이든 상대가 있을 때 존재가치가 인정된다. 그러나 약속 중에는 당사자 중 한쪽에 일방적으로 유리하거나 불리한 약속, 원천적으로 지킬 수 없는 내용으로 구성된 약속, 합리성과 정당성을 결여한 약속인 경우 그 약속을 이행하면 누군가는 피해를 입는 것도 있을 수 있다. 원래 약속은 강제가 아닌 자율적 이행을 전제로 한다. 약속 이행이 반드시 필요하다는 인식이 작용하는 경우 사람들은 구두 약속의 단계를 넘어 각서나 계약 등의 요식행위를 통해 약속을 불이행했을 때, 그에 따른 책임을 묻거나 피해를 보상받을 수 있는 조치를 취하게 된다. 그러나 계약의 경우에도 강박이나 궁박 등 강압적인 상태에서 한쪽에 일방적으로 불리하거나 유리하게 작용할 수 있는 내용은 이행하지 않아도 되도록 하는 법적 구제장치가 있다.

일반적으로 국민과 정치가 사이에 이루어지는 선거공약은 그 자체로서는 국가와 국민의 약속으로 보기 어려운 측면을 내포하고 있다. 낙선되면 아무도 그 이행을 요구하지 않는다. 그러나 당선이 된 경우에는 정치인의 사회적 위치나 그들이 갖는 공권력을 통해 실질적인 정책을 통한 사업 집행이나 국가와 국민에 대한 통제가 이루어지기 때문에 국가와 국민의 약속으로 인식한다. 공약을 약속으로 인식하더라도 당선은 단순하게 공약만으로 이루어지는 것은 아니다. 그러므로 공약을 지키도록 요구하고 노력하는 것은 중요하지만, 불합리하고 국민들에게 피해를 끼칠 수 있는 공약까지 모두 지켜야 할 필요는 없다. 스스로 한 약속이지만 수십 가지가 넘는 공약을 모두 지키는 대통령이나 국회의원 또한 아무도 없는 것이 현실이다. 국민도 공약을 모두 지킬 것을 요구하지 않는다. 그런데도 선거공약을 두고 신뢰성 문제를 거론하는 것은 지키지 않을 공약을 하여 대통령이나 국회의원에 당선되는 사람이 많아지면 사회 내에 신뢰를 정착시키기 어렵다는 데 있다. 잘못 뽑은 정치인은 국가를 위기 상황에 빠뜨릴 수도 있으므로, 정치인의 정권쟁취 욕망이 합리적인 토대 위에 이루어져야 함을 경계시키고 공약을 지킴으로써 사회적 신뢰성을 제고시켜, 모두가 잘사는 공정한 경쟁이 이루어지는 사회를 건설하고자 하는 염원 때문이다.

현실적으로 가장 이상적인 방법은 정치가나 정당 스스로 이행할 수 있는 공약을 선정하고 유세과정에서 국민도 불합리한 공약을 내세우는 후보자를 강력하게 견제하여, 실천할 수 있는 공약을 내세우는 사람을 선출함으로써 상호 신뢰성을 제고시켜 나가는 것이 모두를 위해 바람직하다.

5) 역대 대선공약 모두 지켜졌나?

우리나라 대통령 선거의 역사에서 본격적인 공약 대결이 시작된 것은 1987년 6월 항쟁으로 쟁취한 13대 대선부터다. 이전에는 '사사오입, 부정선거, 유신, 체육관선거'라는 오명에서도 알 수 있듯이 공약이 제 역할을 못한 경우가 적지 않았다. 때로는 모양새 갖추기의 요식행위 선거에 밀려 사실상 무시되다시피 한 경우도 있었다.

민주화 이후 대선 공약도 진정한 의미에서 국민과의 약속은 아니었다. 공약이 선거의 장식품으로 전락해 유권자의 선택기준으로 기능하지 못한 탓이다. 지역주의가 선거를 지배하는 구도가 계속되면서 정책공약은 유권자를 동원하는 데 큰 영향을 미치지 못했다. 후보나 정당은 실천 가능한 정책공약을 개발해 유권자의 표를 얻으려는 노력보다는 뭐든지 다 해 주겠다며 백화점식으로 나열하거나, 장밋빛 공약만 형식적으로 내놓았다. 막상 대통령에 당선되고 나면 공약 이행에는 관심이 없고, 백지위임을 받은 것처럼 통치해 왔다. 선거가 끝나는 순간부터 유권자는 대통령과 정부를 불신하는 악순환이 거듭됐다.

다행히 2002년 16대 대선부터 3김의 퇴장과 함께 지역주의가 완화되고, 이념적 경쟁이 자리 잡으면서 정책공약이 등장하기 시작했다. 진보를 강조한 노무현 후보와 보수를 강조한 이회창 후보가 원심적 대결을 펼치면서 공약의 차별화가 이뤄진 것이다. 15대 대선부터 도입된 텔레비전 토론은 후보자 간 정책 차이를 드러내는 계기가 됐다. 하지만 2002년 대선도 병풍사건 등으로 과거의 구태에서 완전히 벗어나지는 못했다.[10] 2007년 대선에서도 BBK 주가 조작사건을 들추어내며 네거티브전략에 골몰하는 추태를 보이면서, 주요 후보자들이 공약을 백화점식으로 나열해 올바른 정책대결은 이루어지지 못했다.

(1) 주먹구구식 공약

역대 대선공약을 살펴보면 우선 참 공약 실천(manifesto)의 요건을 갖추지 못한 채 강령(slogan)이나 구호로 끝난 게 대부분이었다. 정당과 후보는 그럴싸한 수사로 공약의 기조를 제시했으나 구체적 실현 방안은 제시하지 않았다. 특히 재원과 추진일정이 구체적으로 제시된 공약은 찾아보기 어려웠다. '넉넉하고 고른 경제, 안심하고 살 수 있는 사회, 계층 간 갈등을 해소해 균형 잡힌 사회를 이룩한다'는 등의 약속은 장밋빛이었지만, 기조만 있을 뿐 재원과 추진 일정은 제시되지 않고, 구체적 수치가 제시됐어도 실현 가능성이 작아 실천방안은 회색빛이었다.

대통령 후보들은 하나같이 마치 공약 늘리기 경쟁이라도 하듯이 공약수를 늘렸다. 2002년 노무현 후보의 경우 150대 핵심과제를 제시하기도 했다. 임기인 5년 내에 통상 80개가 넘고 엄청난 예산이 투입되는

---

10) 서울신문 2007. 7. 23.

공약을 모두 이행한다는 것은 애초부터 가능한 일이 아니었다. 그 결과 모두 하나같이 실천방안이 결여됐다. 진정한 의미의 매니페스토[11] 공약은 아니었던 셈이다. 구체적인 수치가 제시된 공약도 주먹구구식이 많았다. 1987년 13대 대선에서 노태우 후보가 제시한 물가상승률 2~3% 유지 공약은 인플레이션을 유발할 게 거의 확실한 것으로 주택 200만 호 건설과 숱한 개발공약과는 완전히 배치되는 것이었다. 1997년 김대중 후보가 내놓은 '1인당 국민소득 3만 달러 세계 5강 진입' 공약은 외환위기 체제에서 어떻게 이루겠다는 것인지 도무지 알 수 없었다. 2002년 노무현 후보의 경제성장률 연 7% 달성 공약은 이회창 후보의 6% 성장 공약에 대응하기 위해 나왔다.[12]

2007년 17대 대선 때 이명박 후보 선거운동본부에서는 경부대운하건 설이라는 공약을 발표했고, 곧 호남권 표를 의식하여 한반도 대운하건 설로 바뀌어 선거기간 내내 논란이 있었지만 결국 당선됐다.[13] 당선 후 경제성 문제가 논란이 되면서 한반도 대운하사업은 포기되고 일부 내

---

11) 매니페스토(manifesto)는 구체적인 예산과 추진 일정을 갖춘 선거 공약이다. 선거와 관련하여 유권자에 대한 계약으로서의 공약, 곧 목표와 이행 가능성, 예산 확보의 근거 등을 구체적으로 제시한 공약을 말한다. 어원은 증거 또는 증거물이라는 의미의 라틴어 마니페스투(manifestus)이다. 이 말이 이탈리아어로 들어가 마니페스또(manifesto)가 되어 '과거 행적을 설명하고, 미래 행동의 동기를 밝히는 공적인 선언'이라는 의미로 사용되었다. 같은 의미로 1644년 영어권 국가에 소개되어 오늘에 이른다. 평가 기준으로는 공약의 구체성(specific), 검증 가능성(measurable), 달성 가능성(achievable), 타당성(relevant), 기한 명시(timed)의 5가지가 있다. 이 5가지의 영어 첫글자를 따서 '스마트(SMART)지수'로써 공약을 분석 및 평가한다. 또 공약의 지속성(sustainability), 자치력 강화(empowerment), 지역성(locality), 후속조치(following)의 첫 글자를 딴 셀프(SELF)지수도 평가의 기준으로 삼는다. 이를 통하여 선거에 승리한 정당이나 후보자에게 이행에 대한 책임을 물음으로써 이행 정도에 따라 다음 선거에도 영향을 끼친다. 그러나 이러한 지표는 유권자와 밀접한 선거인 지방선거에서 더 의의가 있다. 이 개념은 1834년 영국 보수당 당수인 로버트 필이 유권자들의 환심을 사기 위한 공약은 결국 실패하기 마련이라면서 구체화된 공약의 필요성을 강조한 데 기원을 둔다. 1997년 영국 노동당의 토니 블레어가 집권에 성공한 것은 매니페스토 10대 정책을 구체적으로 제시한 데 힘입었다. 2003년 일본에서는 가나가와현(神奈川縣)의 지사 선거에서 마쓰자와 시게후미(松澤成文) 후보가 매니페스토 37가지를 공표해 당선됨으로써 주목받았다. 한국에서는 2000년에 전개되었던 낙천 · 낙선운동의 연장선상에서, 2006년 5월 31일의 지방선거를 계기로 후보자들이 내세운 공약이 구체성을 띠고 있으며 실현 가능한지, 곧 갖춘 공약인지의 여부를 평가하자는 매니페스토운동이 시민단체를 중심으로 전개되었다.

12) 서울신문 2007. 7. 23.

13) 조선일보 2009. 11. 17.

용이 수정되어 4대강 정비 사업으로 바뀌었지만 새로운 논란을 끊임없이 불러일으키며 현재 건설이 진행 중이다.

(2) 우선순위 없는 망라형 공약

1992년 김영삼 후보의 10대 과제 77개 공약, 1997년 김대중 후보의 100대 중점공약, 2002년 노무현 후보의 4대 비전 20대 정책목표, 150대 핵심과제, 2007년 이명박 후보의 분야별 92개 약속 등 공약의 기조와 10대 과제, 100대 과제 등은 나열에 불과하다. 제한된 예산을 갖고 선택과 집중을 통해 효과적으로 집행하겠다는 우선순위가 제시된 공약도 별로 없었다. 영국의 토니 블레어 전 총리가 '교육 총리'가 되겠다고 선언한 뒤 교육공약을 집중적으로 강조한 것과 대조적이다. 정책은 기본적으로 선택의 문제다. 그러나 역대 대선공약은 각계각층의 모든 유권자를 다 만족시키려고 했다. 우선순위를 부여하면 특정계층에 치우친다는 인상을 줄 수 있다. 그래서 고른 득표에 지장을 줄 수 있기 때문에 우선순위를 밝히기를 꺼려하는 것이다.

예산의 뒤에는 이해관계자가 있고 이들의 표를 의식하는 후보로서는 모든 부문의 예산을 증액하고 싶어 한다. 그러나 감내할 수 있는 예산 규모는 한계가 있다. 주어진 예산 추계의 틀 속에서 우선순위를 부여하는 것이 상식이지만, 이를 애써 모른 체하면서 유권자를 속여 온 셈이다. 역대 대선에서는 실현 가능성과 우선순위는 무시되고 주먹구구식으로 만들어진 공약들이 망라돼 제시됐다. 그뿐만 아니라 선거 막판에 '깜짝 공약'이 등장해 선거판을 뒤흔들기도 했다. 정책공약보다는 정치공세가 주류를 이뤄 혼탁해진 경험도 많다.[14]

---

14) 서울신문 2007. 7. 23.

(3) 비전 아닌 선심경쟁

역대 대선공약은 '비전 경쟁'이 아닌 표심을 잡기 위한 '선심 경쟁'이었다. 1987년 13대 대선에서 김대중 후보는 농가부채 전면탕감을, 김영삼 후보는 그린벨트 해제를 내걸어 공약(空約)이라는 비판을 받았다. 1992년 14대 대선에서는 정주영 국민당 후보가 제시한 '아파트 반값 공급' 공약이 논란이 되기도 했다. 또한 젊은 층의 마음을 사로잡기 위한 군복무기간 단축, 예비군 복무기간 단축은 선심성 공약의 단골메뉴였다.[15]

(4) 깜짝 공약 · 위헌공약으로 당선

돌발적인 '깜짝 공약'이 선거 판세를 좌우한 경우도 많다. 1987년 13대 대선에서 노태우 후보는 막판 선거 유세 중 '88올림픽을 치른 후 중간평가를 받겠다'는 공약을 갑자기 발표했다. 중간평가 공약은 6공화국의 족쇄가 됐으며, 결국 야당과 적당히 타협해 없었던 일로 처리됐다. 15대 대선의 깜짝 공약은 내각제 개헌이었다. 1997년 11월 3일 국민회의와 자민련은 대통령 후보는 김대중, 총리는 김종필이 맡도록 하는 야권후보단일화에 합의했고, 내각제 개헌을 대선공약으로 채택했다. 1999년 말까지 개헌을 완료한다고 했으나 이 공약은 실현되지 않았다.

2002년 16대 대선의 깜짝 공약은 노무현 후보의 행정수도 이전 공약이라고 할 수 있다. 실행계획과 재원조달에 대한 구체적인 검토가 이뤄지지 않은 상태에서 서둘러 발표된 것이다. 한나라당은 "행정수도를 이전하려면 40조 원이 든다"고 반박했지만, 노무현 후보 측은 "4조 5천억 원이면 충분하다"고 맞받아쳤다. 결국 행정수도 이전은 헌법재판소로부터 위헌결정이 내려졌다.[16] 그 후 우여곡절을 거쳐 건설이 계속되고

---

15) 서울신문 2007. 7. 23.
16) 서울신문 2007. 7. 23.

있는 세종시는 2010년 6월 29일 행정중심복합도시건설청에 따르면 총 사업비는 정부재정 8조 5천억 원, 토지주택공사 14조 원 등 22조 5천억 원으로, 노무현 후보 측이 주장한 비용의 거의 5배에 달한다. 2010년 5월 말 현재 6조 700억 원(총사업비의 27%)이 집행됐다. 광역도로, 공공건축 등 정부 재정 1조 원, 용지보상, 기반시설 등 토지주택공사 5조 700억 원 등이다.[17) 아직 3분의 1도 건설하지 않았는데 노무현 후보 측이 주장한 비용을 훨씬 상회하는 비용이 지출된 것이다. 그러나 당시 노무현 후보의 충청권 득표와 대통령 당선에는 상당한 영향을 미쳤다.

(5) 정치공세에 눌린 정책대결

대선공약은 정치공세에 눌려 빛을 발할 수 없었다. 13대 대선에서 노태우 후보는 '가짜 보통사람, 쿠데타의 주역'으로, 김대중 후보는 '대통령이 되기 위해 당을 깨고, 거짓말을 일삼는 후보'로 매도됐다. 14대 대선 초반부터 색깔론 시비, 현대그룹을 동원한 금권선거 시비, 초원복집 사건 등이 쟁점으로 부상해 지역주의가 극에 달했다. 15대 대선의 논쟁점은 정권교체, 3김 청산, 세대교체 등이었다. 내각제도 정권교체와 맞물린 논쟁점이었다. 이회창 후보 아들의 병역문제, DJ(김대중) 비자금 사건, 경제파탄 책임론과 IMF 재협상론 등도 쟁점이었다. 16대 대선에서는 여권의 대선후보 국민경선과 후보단일화 등이 주된 논쟁점(issue)이 돼 정책대결을 사실상 가로막았다. 월드컵 열풍과 미군 장갑차 사건, DJ 정부 말기에 터진 각종 게이트, 제2 연평해전 등도 정책 선거 분위기와는 거리가 멀었다.[18) 17대 대선에서도 BBK 주가 조작사건에 이명박 후보의 연루 여부를 놓고 치열한 공방이 벌어졌으나 선거 직전 이명

---

17) 연합뉴스 2010. 6. 29.
18) 서울신문 2007. 7. 23.

박 후보가 관련이 없다는 검찰의 중간수사 발표로 매듭되는 등 네거티
브전략이 난무했다.

(6) 매니페스토 검증이 우선돼야

공약 입안과 집행과정의 폐쇄성도 문제다. 많은 학자와 당 관계자가
참여했다고는 하나 공론화 과정은 없었다. 공약이행 평가도 공개적으
로 이뤄지지 않았다. 심지어 정권 인수위 등에서 공약이행계획을 작성
하면 이것이 대외비 문서로 관리되거나, 기록조차 남기지 않는 경우가
대부분이었다. 구체적인 매니페스토식 공약이 제시되지 못했기 때문이
다. 대선공약의 문제점을 극복하는 길은 매니페스토((manifesto : 구체적인
예산과 추진 일정을 갖춘 선거 공약) 요건을 갖춘 공약을 제시하는 일
에서부터 시작돼야 한다. 먼저 후보자와 정당이 목표, 우선순위, 절차,
기한, 재원 등 매니페스토 요건을 갖춘 공약을 제시하고, 이를 유권자
앞에서 공개해 토론을 통해 검증하는 절차를 거쳐야 한다. 그래야 선거
캠페인의 장식품으로 전락한 공약이 제 기능을 다할 수 있다.[19]

(7) 시간이 한참 지나 실행되는 공약도 있다.

호남고속철도 기공식이 2009년 12월 4일 이명박 대통령과 광주 전남
지역 지방자치단체장 및 여야 국회의원들이 참석한 가운데 열렸다. 호
남고속철은 1987년 대선 때 노태우 민정당 대통령 후보가 처음 제안한
뒤 22년 만에 첫 삽을 뜬 것이다. 총 11조 2천720억 원이 투입되는 대형
국책사업으로 서울~광주를 1시간 반 거리로 단축해 호남지역 발전과
지역균형에 기여할 것으로 기대된다. 역대 정권에서 호남고속철은 경
제적 타당성과 투자 우선순위 등을 이유로 계속 미뤄졌다.

---

19) 서울신문 2007. 7. 23.

노무현 대통령도 2002년 대선 때 조기 착공을 공약했다. 그러나 이해
찬 당시 국무총리는 2005년 초 "경제성을 기준으로 사업 우선순위를 정
하겠다. 지역 균형발전이란 단순 논리는 안 된다"며 뒤집었다. 그해 11
월 이 총리는 2006년 지방선거와 2007년 대선을 의식해 "공사를 앞당길
필요가 있다"고 다시 말을 바꿨지만 결국 다음 정권으로 넘기고 말았
다. 이명박 대통령은 "현재의 경제성이 떨어지더라도 꼭 필요한 인프
라[20](산업기반 시설)라면 국가가 선(先)투자 함으로써 미래에 경제성을
만들어낼 수 있다"고 말했다. 철도산업은 현재의 경제논리로만 접근할
수 없는 측면이 있는 게 사실이다. 자동차보다 화물 수송 효율성이 높
고 친환경적이어서 세계적으로도 철도산업이 살아나고 있다. 경부고속
도로처럼 산업기반 시설에 대한 선투자가 수요를 유발하고 관련 산업
을 발전시킨 선례도 있다.[21]

6) 대형 국책사업 활용도 높은 반면 책임 사각지대

사회갈등의 원으로 작용하는 것을 잘 알면서 정치가들이 매번 선거
때마다 대형 국책사업을 내세우는 것은 득표 등 활용도는 아주 높은 반
면 책임은 거의 지지 않아도 되기 때문이다. 선거공약으로 대통령 선거
과정에서 최소 10조 원 이상 투입되어야 하는 대형 국책사업이 선거공
약으로 제시되는 이유를 살펴보면 더욱 분명하게 이해할 수 있다. 첫째
는 해당 국책사업이 진행될 지역에서 유권자의 득표를 얻기 위한 목적
이 있다. 이것이 가장 핵심이다. 두 번째는 지지자에 대한 이익 배분을

---

20) 인프라 (infrastructure): 생산이나 생활의 기반이 되는 중요한 시설. 도로 · 항만 · 철도 · 통신 · 학교 · 병원 ·
　　상수(上水) · 하수 처리 시설 따위.

21) 동아일보 2009. 12. 7.

위한 수익사업 확보 필요성, 세 번째는 공적 의식이다. 대통령은 혼자서 되는 것이 아니고 정치는 돈과 정보가 결부되지 않고서는 기존 권력의 유지는 물론 새로운 정권창출이 거의 어렵다.

다수결을 기본원칙으로 하는 민주주의 국가에서는 어느 나라 할 것 없이 수많은 사람들의 희생과 도움으로 대통령의 직위에 오르지만 원만한 정치를 위해서는 추종자와 지지자들과 지속적인 관계 유지가 필수적이다. 단순하게 대통령에 당선되는 것만으로 끝나는 것이 아니라 국가적인 주요 정책이나 사회적인 관심사에 대한 의사 결정 및 실행 과정에서 국민의 지지도 변화는 항상 부담으로 작용할 수밖에 없다. 대통령은 선거과정에서 도움을 받는 점도 있지만, 취임 후 정권 유지와 원활한 업무 진행에 도움을 받기 위해 상당 부분 지지자 관리가 필요한 것이 현실이다. 특히 어려울 때 은혜를 입은 신세를 갚아야 하는 것이 당연한 일로 관습화되어 있는 한국사회에서 대통령이 지지자와 후원자들에게 신세를 갚을 수 있는 공식적인 방법은 정무직공무원 임명밖에 방법이 없다. 하지만 이 방법은 가장 합법적이고 합리적인 방법이기는 한데, 문제는 그 자리가 극히 제한된 소수의 사람에게만 수혜가 돌아갈 수밖에 없다는 단점이 있다. 그런데 지지 세력을 그대로 유지하는 방편으로 인사 수혜 대상자를 늘리면서 정치자금 공급원인 사업자에게 합법적인 방법으로 정권창출에 기여한 공로를 분배할 수 있는 방법이 바로 대형 국책사업이다.

우리나라의 경우 정권이 바뀔 때마다 공기업 임원인사가 내홍을 겪는 이유도, 공신에 대한 수혜를 의도적으로 베풀기 위해 임기가 만료되지 않았는데도 무리하게 조기에 인사를 단행하기 때문이다. 정부 예산이나 기존의 사업은 모두 체계가 갖추어져 있어 인위적인 인사를 통한 책임자와 담당자 교체에 한계가 있고, 예산의 계획과 집행 모두 수정하거나 조정하기가 쉽지 않다. 하지만 대선 공약사업으로 제시된 대형 국책사업은 대통령에 당선된 것으로, 이미 국민으로부터 어느 정도 명분을 인정받은 것으로 인식하므로 상대적으로 실행이 용이하다. 또한 사업을 진행할 조직과 인력구성은 물론 사업 내용의 기획에서 집행까지 자의적으로 처리가 가능하기 때문에 합법적 행위에 해당하는 적절한 요식행위를 거쳐 지지자들에게 수익을 분배할 수 있다. 이런 관계를 통하여 지지 세력을 유지하고 결속을 강화하여 정권 유지는 물론 새로운 정권을 창출할 기반을 형성해 나간다.

이러한 대형 국책사업은 대부분 1~2년에 처리될 수 있는 단기적인 사업보다 최소 5년, 길게는 20년 이상 소요되고 경우에 따라 초기 계획된 예산의 몇 배에 달하는 수십조의 예산이 투입되면서 사회적인 논란의 대상이 되어 왔다. 경부고속전철사업이나 새만금간척사업 등이 대표적인 사례에 해당한다. 이러한 대형국책사업이 국가적인 논란의 대상으로 발전하면서 사회와 국민 간 갈등을 불러일으키는 이유는 선거 공약이라는 명분하에 진정 국가발전에 도움이 되는 것인가? 어떻게 하면 합리적이고 효율적인 사업을 할 것인가? 문제점은 무엇인가? 하는 전반적인 내용에 대한 충분한 사전 연구도 없고 합리성도 배제된 채 득표를 얻기 위한 목적으로 채택된다는 점이다. 이렇게 채택된 선거공약내용은 취임과 동시에 시행에 들어가면서 곧바로 사회적 논란을 불러일으키는 원인으로 작용하는 악순환이 되풀이되고 있다.

논란이 국민적 저항에 부딪히고 심지어는 헌법재판소에서 잘못된 것으로 판결이 나도 그 내용을 일부 수정하거나 재조정하여 처음과 크게 달라질 것이 없는 내용으로 진행한다. 그것이 세종시와 4대강 사업이다. 만약 저항이나 판결에 의해 사업을 중단하면 지지 세력을 추스르는 데 어려움이 따를 수밖에 없다는 것을 알기에, 명분이 약하면 명문을 보강하고 저항에 부딪히고 논란이 증폭되어도 결코 중단하지 않는다. 공약이 제기되면서 인근지역의 부동산 가격에 바로 영향을 미치기 시작한다. 사업 시행 초기 단계에 이르면 이미 상당한 이해관계가 조성되어 사업을 중단시키는 것 자체가 곤란한 사항이 만들어진다. 그렇기 때문에 이제까지 대선공약으로 제시된 대형국책사업이 중단된 사례는 거의 없다.

공약을 하고 사업을 주도하는 정권의 임기는 5년밖에 되지 않는다. 그들에게 있어 국가이익에 도움이 되든 되지 않든 그것은 큰 관심사가 아니다. 다음에 이어받는 정권이 문제가 있으면 보완하고 수정해 시행할 책임이 동시에 주어진다는 것을 잘 안다. 애초부터 공약 입안이 잘못되었다고 하더라도 얼마든지 차기 정권으로 잘못에 대한 책임을 전가할 수 있고, 잘되면 우리가 시작해서 그렇게 되었다며 공적으로 내세울 수도 있다. 이에 반해 사업에 문제가 발생하더라도 정책실패에 대해 정치가에게 책임을 묻지도 않고 책임지지 않는 풍토가 조성되어 있는 데다, 여론에 밀려 책임을 진다고 하더라도 사과 한마디 하는 것이 전부이다. 극한적인 경우 담당자 한두 명에게 문책인사를 단행하거나 임기가 만료되어 물러나면 그만이다. 처음부터 사업비는 자신의 돈이 아닌 국민의 세금부담으로 하는 것이므로 문제가 되면 결국은 세금으로 전가된다. 정치가가 손해 볼 것은 없다. 가장 대표적인 사례가 한국토지주택공사(LH) 문제다. 한국토지주택공사 부채는 2010년 6월 말 기준 118조 원, 7년 새 6배 가까이 늘어났다. 부채 비율 525%, 8대 공기업 평균 부채비율의 3배가 넘는다. 하루 내는 이자만 100억 원이나 된다.[22)]

한국토지주택공사가 국책사업에 집중할 경우 자금난은 더욱 가중될 것으로 예상된다. 보금자리주택의 경우 인근 시세 대비 최고 50%에서 80% 선에서 저렴하게 공급하는 데다 본 청약을 1년 전 시행하고 있는

---

22) KBS 2010. 7. 26.

사전예약제도로 인해 분양대금 회수기간도 공공택지에 비해 1년간 늦어지고 있기 때문이다. 특히 자금난으로 공공택지에선 어음으로 보상을 시행하고 있으나 보금자리지구는 정부 계획대로 일정을 맞추기 위해 현금으로 보상을 실시하고 있어 자금난을 더욱 심화시킬 전망이다. 세종시 역시 수정안이 백지화된 이후 사업이 갈피를 잡지 못하고 있으며, 혁신도시는 경기침체와 맞물려 점점 사업성이 떨어지고 있어 향후 한국토지주택공사의 자금 부담을 가중시킬 것으로 우려되고 있다. 이에 대해 주무부처인 국토부도 국책사업을 시행하고 있는 한국토지주택공사의 자금난을 덜어줄 지원방안을 찾지 못해 자금난은 쉽게 해결되기 어려울 전망이다. 국토부 고위 관계자는 "한국토지주택공사에 대한 일부 세금감면 등의 내용을 담은 법안이 국회에 계류돼 있지만, 정부가 한국토지주택공사의 자금난을 직접적으로 덜어줄 묘책은 없다"고 말했다.[23]

통합 전 토지공사와 주택공사의 과당경쟁과 방만한 경영, 부동산 경기 침체에도 원인이 있었지만, 세종시 건설과 보금자리주택건설, 임대주택사업 시행 등 대선공약 내용 이행과 연관된 정부 정책 사업이 엄청난 부채를 지게 만든 원인으로 작용했다. 결국 한국토지주택공사는 정부에 예산지원을 요청하고 나섰다. 한나라당 의원들은 노무현 정부의 국토균형발전 정책이 화근이라고 주장하지만, 민주당 의원들은 이명박 정부의 부동산 공급 확대 정책도 문제가 있다며 반박한다. 모두에게 책임이 있는데 대책도 없이 나의 책임에 대해서는 발뺌만 하려 들고 책임을 지지 않으면서 다른 사람의 책임만 부각시키기 위해 노력한다. 그동안의 과잉 공급으로 당분간은 부동산 경기가 살아나기 어려워 결국 한국토지주택공사를 살리는 대책은 국민 세금부담으로 메우는 것밖에는 해결책이 없어 보인다.

---

23) 파이낸셜뉴스 2010. 7. 27.

7) 선거공약에 의한 갈등 해소 방법은 없는가?

　선거공약에 따른 갈등을 해소하고 순기능을 발휘하여 국가발전과 국민 삶의 질 향상에 도움이 되도록 할 방법을 찾기 위해서는 먼저 근원적으로 갈등의 원인이 무엇인지 파악하는 일부터 시작해야 한다. 세상의 모든 일은 그 원인이나 추동력이 제거되면 더 이상 진행되지 않는다. 결자해지가 통용되는 것도 같은 원리다.

　선거와 공약이라는 측면에서 볼 때, 갈등의 원인을 제공하고 추진동력을 제공하는 것은 정치인에게 투표를 하는 국민, 공약을 하는 정치인인 후보자, 정치인을 공천하는 정당이다. 근원이 확인되었으니 선거공약에 따른 갈등을 해소하기 위해 이제 대책을 세우면 된다. 먼저 유권자인 국민은 정당하고 합리성이 있는 공약을 내세우는 정치인을 지지하여, 그러한 사람이 당선되도록 노력하고 공약한 것이 제대로 이행되는지 잘 감시해야 한다. 선거에 나서는 후보자인 정치인은 합리성과 정당성을 갖는 내용을 공약으로 채택하고, 당선 후에도 예상되는 문제점에 대해 충분히 검토한 후 실행에 옮기는 등 문제가 있는 공약에 대해서는 과감하게 잘못을 사과하고 포기할 줄 알아야 한다. 정당 또한 합리적인 행동을 하는 사람을 후보자로 공천하고 정당 공약이나 당론을 확정할 때 논리적 타당성을 충분히 검토하여 구체적인 자료를 제시하고, 그 자료의 토대 위에 합리적인 비판을 가하고 당리당략보다는 국가와 국민의 이익을 우선하여 합리적인 공약을 선정해야 한다. 그리고 공약된 내용은 반드시 실행하고 불합리한 공약은 보완하면 다소 문제가 있는 것도 해결이 가능하다. 각자 주어진 역할만 충실히 하면 공약이 크게 문제될 것은 없다.

　방법은 간단해 보인다. 그런데도 오늘날 우리나라의 공약이 계속적으로 문제가 되는 것은 국민은 정당성과 합리성이 결여된 공약을 내세우는 정치인을 지지하고, 정치인은 합리성과 정당성이 결여된 내용이라도 득표에 도움이 된다면 그것을 공약으로 채택하는 잘못을 범하며, 정당은 국가와 국민의 이익보다는 당리당략을 우선하기 때문이다. 나와 우리 당이 내세운 것은 합리적인 근거도 없이 타당하다고 주장하고, 다른 정당에서 내세운 공약은 의도적인 비판과 비난을 통해 흠집 내기를 일삼으며 반대를 위한 반대를 일삼는다.

정당이나 정치가가 일시적으로 국민의 여론을 선도하거나 조종하고 공권력을 통하여 자기 당에 유리한 법률 제정을 통하여 지지 세력을 넓히고 반대세력을 견제하려는 노력을 할 수는 있지만, 대통령의 임기가 제한되어 있어 합리적인 행동을 하지 않는 권력자는 국민이 주권 행사인 선거를 통하여 그릇된 행태를 일삼는 정당과 정치인을 충분히 견제할 수 있다. 마음에 들지 않으면 선거를 통해 바꾸면 된다. 이제까지 우리의 사회적 논란이 정당이나 정치가의 개입에 의해 더욱 확대된 점에 비추어 볼 때, 이제는 이러한 사회적 갈등을 해소하기 위해 국민이 행동해야 할 때다. 국민들이 한편에서는 정당과 정치현실에 대해 혐오감을 느끼고 불신하면서 주권행사를 회피하거나 개인의 이익을 좇아 그릇된 행태를 일삼는 정당과 정치가를 계속 당선시키는 이상, 우리는 앞으로도 더 큰 사회적 갈등과 대립으로 인한 대가를 치를 수밖에 없다. 결국 사회적 갈등과 대립이 지속되도록 할 것인가, 아니면 여기서 종식시키고 국가와 국민에게 희망을 주는 정치를 하도록 만들 것인가의 여부는 정치가와 정당의 자정 노력도 중요하지만, 궁극적으로는 국민의 선택과 행동에 달렸다. 공약을 제대로 이행하지 않는 표리부동한 정치인과 정당에 대해서는 지지를 보내지 않으면 그들은 더 이상 발붙일 곳이 없어진다.

3. 정치지도자의 탐욕, 지도력 문제해결능력 부족

정치가에게 요구되는 가장 핵심적인 자질 두 가지는 지도력과 문제해결능력이다. 지도력에 대해 안철수 한국과학기술원(KAIST) 석좌교수는 "지도력(leadership)은 관리와 다르다. 관리는 정해진 시간 내에 정해진 돈으로 정해진 임무를 완수하는 능력이다. 일이 중심이다. 반면 지도력은 각 구성원의 적극적이고 자발적 협조를 이끌어내는 것이다. 사람이 중심이다. 리더는 철학·비전·실행능력을 가져야 하고, 이 중 하나라도 없으면 구성원이 불행해진다. 또한 21세기 리더십은 지위가 아니라 구성원에게서 나오고, 커뮤니케이션(communication: 말이나 글 또는 몸짓 따위를 이용한 의사소통)의 반 이상은 듣기라는 것을 알아야 한다"고 말했다.[24]

문제해결능력이란 문제를 인지·정의하고, 문제에 대한 대안을 탐색해서 최적의 대안을 도출해 내는 능력이다. 문제해결능력은 넓은 의미의 개념으로 주요 집단 간의 갈등을 조정하는 것, 국가를 지배할 경기(game) 규칙을 만드는 것, 국가가 나아가야 할 방향과 전략을 수립하는 것, 공공의 문제해결 등이 이 범주에 포함되는 것이다.[25] 정당과 정치가가 문제해결능력이 부족할 때는 언제든지 국민으로부터 외면당할 수 있다. [그림 1-1]은 그러한 모습을 잘 보여주고 있다. 일각에서는 힘없는 소수당의 설움이라고 생각할 수 있겠지만, 그것은 오해다. 국민을 위하는 진정성, 정당성과 합리성을 갖추면 국민을 소수나 소수당이라고 쉽게 외면하지 않는다.

---

24) 오마이뉴스 2009. 12. 18.

25) 이종수 외(2005), "새 행정학", 대영문화사, p.700

쌍용자동차 임직원의 가족들로 구성된 쌍용차 아내 모임 회원 30여 명이 2009년 8월 6일 오전 경기 평택공장 앞에서 단식농성을 시작한 민주노동당 강기갑 대표 등 당직자들에게 "민노당이 해결할 수 없는 일이니 나가 달라"고 무릎을 꿇고 호소하고 있다. 강 대표와 당직자들도 무릎을 꿇은 채 침묵하고 있다. (조선일보 2009. 8. 6.)

[그림 1-1] 외면당하는 한국 정치의 한 단면

어느 시대를 막론하고 주어진 숱한 장애(障礙)와 난관(難關)을 극복하고 뛰어난 지도력과 문제해결능력을 발휘한 사람들은 영웅이나 위대한 정치가, 명장(名將), 존경받는 스승이나 대학자라는 칭호를 듣고 거부(巨富)가 되었다. 비교하기 어려울 정도의 열악한 군비에도 불구하고 임진

왜란을 승리로 이끈 이순신 장군, 세계 대공황을 극복한 미국의 루스벨트 대통령, 공자, 상대성 이론을 발표한 알베르트 아인슈타인, 김만덕 같은 분들이 가진 공통점은 자신의 분야에서 창의력을 발휘하여 뛰어난 문제해결능력을 보여주었다는 점이다. 그것이 경영을 하는 사람은 새로운 영업 방법의 고안, 관리혁신, 신기술과 신제품 개발을 통한 매출 향상, 정치가에게 있어서는 사회 현안 문제의 해결, 국민을 통합하여 국가 발전과 국민 삶의 질 향상, 장군에게 있어서는 통솔력을 발휘하여 전투력을 향상시키고 전략전술 개발을 통한 전쟁의 승리, 학자에게 있어는 새로운 이론의 정립 등 각자 자신들이 종사하는 분야에서 장애와 난관, 한계를 극복하고 인간승리의 감동을 가져다주었다.

인간이 살아가는 사회에는 어느 시대를 막론하고 항상 사회문제가 존재한다. 그 내용이 무엇이든 그것을 해결할 수 있는 문제해결능력을 가진 개인뿐만 아니라 국민을 통합해 공동의 노력으로 난관을 헤쳐 나가는 뛰어난 지도력을 발휘한 사람들은 중용되고 국민에게 칭송 대상이 되어 왔다. 오늘날도 마찬가지이다. 국가에는 제반 사회문제를 해결할 수 있는 정치지도자와 문제해결능력이 필요하고, 기업들은 매출 한계를 극복하고 계속적으로 성장하기 위해 경영역량을 가진 경영자와 신기술과 신제품 개발, 신시장을 개척해 나갈 창의적 문제해결능력을 가진 인재를 요구한다. 문제해결능력이 현재 상황을 극복하는 데 있다면 지도력은 국민들에게 앞으로 나아갈 방향인 비전을 제시하고 각 구성원의 적극적이고 자발적 협조를 이끌어내어 그쪽으로 나아가도록 하는 것이기 때문에 인간 삶의 모든 현장에서 나타나는 개인이나 집단, 사회가 당면한 문제를 해결하고 미래를 향해 국가를 발전시켜 나가기 위해서는 뛰어난 지도력과 문제해결능력을 가진 사람은 필수적으로 요구된다.

오늘날 우리 사회가 갈등 속에서 대립과 분열 현상이 심화되는 것도 모두 지도력과 문제해결능력을 갖춘 지도자가 부재하기 때문이다. 국회는 국회대로, 정부는 정부대로 지도력과 문제해결능력을 갖춘 지도자가 당권과 정권을 장악하여 뛰어난 지도력과 문제해결능력을 발휘하여 논란의 대상이 되는 문제들을 하나씩 해결해 나가면 갈등은 줄어들 것이다. 하지만 우리의 현실은 법률을 발의하고 제정하는 위치에 있는 정부와 국회가 나서서 법을 어기거나 경시하면서 국민을 오히려 대립과 갈등 속으로 몰아넣는 등 혼란스럽게 만들고 있다.

우리의 정치현실은 그것이 좋든 좋지 않든 우리 모두가 만들어낸 자화상이다. 개인의 입신출세를 위해 권력을 탐하고 향유하기 위해 이기적이고 저급한 행동을 하는 국회의원이나, 법을 초월하여 제왕적 행동을 하려는 대통령을 뽑아 불행을 자초하는 것도, 철학과 비전 그리고 실행능력을 구비한 뛰어난 지도력과 문제해결 능력을 발휘하여 국가발전과 국민을 위해 봉사 헌신하는 위대한 지도자를 선출하는 것도, 모두 국민의 몫이다. 우리나라에도 반드시 뛰어난 지도력과 문제해결능력을 가진 지도자가 있다. 단지 그러한 지도자들이 아직 정치의 주역이 되지 못하고 있을 뿐이다. 국가의 위기에는 항상 위대한 인물들이 나타나 국난을 극복했다. 작금의 상황을 볼 때 아마 지금쯤 새로운 지도력과 문제해결능력을 갖춘 인물이 국가적인 갈등과 혼란을 해결하기 위해 나설 때가 된 것으로 보인다.

1) 정치가의 선동정치와 대중의 심리적 오류

약(藥)과 악(惡)의 뜻은 다르지만, 외형상 차이는 점 하나의 가감에 있다. 정치가들은 약과 악을 넘나들며 권력 획득을 지향하지만, 사람들은 그 모양이 비슷하여 때로는 쉽게 구분하지 못하는 잘못을 범하기도 한다. 이는 국민들이 우매하다기보다는 탐욕에 가득 찬 정치가들이 언어가 갖는 추상성을 이용하여 유권자들을 선동하는 영악한 행동을 하기 때문이다. 선동(煽動)은 남을 부추겨 일을 일으키게 하는 것을 말하고, 선동정치가(煽動政治家)는 민중을 선동하여 일으키는 재주가 많은 정치가를 일컫는다. 오늘날 우리 사회가 극단적인 분열로 대립양상을 보이는 것은 정치가의 선동 정치와 대중의 심리적 오류가 만들어낸 기형적인 합작품이다. 이것을 앞으로 계속 간직하고 갈 것인가 아니면 여기서 청산하고 미래로 나아갈 것인가 하는 선택은 모두 우리 국민에게 달렸다.

선동 정치를 일삼으면 국론이 분열될 것이라는 점은 일반 국민보다는 정치가들이 더 잘 안다. 그리고 정치가에게 주어진 책무가 이해집단의 갈등을 해소하고 국민들을 통합시켜 국가를 발전시키는 일이라는 것을 그들 자신도 이미 알고 있다. 그런데도 왜 정치가들은 선동 정치를 일삼을까 하는 의문이 생긴다. 간단하게 말하면 실력 부족이 문제다. 법과 절차를 모두 지키고 원칙을 준수하며 기준에 합당한 정상적인 방법으로 실력을 발휘해서는 자신을 대중에게 부각시키기 어렵다. 선거에서 승리하여 권력을 획득하는 것이 우선이다. 부당하고 비정상적인 방법을 사용하더라도 일단 당선되면 상황이 달라진다. 대응은 그때 가서 하면 된다는 그릇된 성찰(省察)에서 시작된 것이다. 그 결과 저급한 권모술수와 편법적인 방법을 연구하는 데 골몰한다. 이렇게 하여 당선된 경험이 있는 사람들은 정치는 그런 것이라며, 언제 비리가 드러날지 모르는 바늘방석 위에 앉아 있으면서도 올바른 방법, 합리적이고 정당한 방법으로 선거를 치러야 한다고 말하는 사람에 대해 정치 세계를 모르는 애송이 취급을 하려 든다. 비정상적으로 왜곡된 정치세계에 경도된 탓이다.

국가와 국민을 위해 봉사하고 헌신하는 올바른 정치가가 되려면 수신을 하고 뜻을 세우는 일을 먼저 하는 것이 합당하다. 그래야 어떠한 정치활동을 전개할 것인지 미리 구상하고, 정치를 통하여 실현할 이상은 무엇인지, 그 단계에 이르기 위한 합리적인 방법은 무엇이 있으며, 어떻게 행동할 것인지에 대해 사전에 생각이 정립되어 있으면, 자신이 구상하고 선택한 내용에 따라 행동하고, 이상을 펼쳐나갈 수 있다. 부족한 공부는 현실 정치에 참여하면서 보충할 수 있고, 불합리한 이상도 수정 보완하면 된다. 그런데 우리나라 정치가들은 대부분은 자신의 입신출세를 정치권 입문의 목적으로 생각하고, 이렇다 할 수신의 과정 없이 현실 정치에 발을 들여 놓은 후, 기존 정치인들의 구태를 답습하는 경로를 따른다.

이렇게 뜻보다는 목적을 앞세우고 수신은 게을리 하기 때문에 권력 획득을 위해서는 수단과 방법을 가리지 않는 경향이 강하게 나타난다. 불합리한 줄 알면서도 우선 이익이 되면 그것을 쫓는 사람이 적지 않다. 때로는 자신이 행동하고도 무엇을 잘못했는지도 모르겠다며 너스레를 떨고, 잘못 한 것을 알더라도 반성하는 측 요식행위를 할 뿐, 그 순간이 지나면 언제 그런 일이 있었느냐는 듯이 활동을 재개하며, 부끄러워하지도 않는다. 다른 사람들도 드러나지 않았을 뿐, 거의 자신과 대동소이하다는 생각이 그렇게 행동하게 만든다. 법에도 일사부재리의 원칙26)이 있지만, 일상 속에서도 사람들은 한번 사과하거나 벌을 받으면 더 이상 문제 삼지 않는다. 부끄러움을 모르고 뻔뻔하게 행동을 재개하면 선거에서 지지를 안 해주는 것 외에 막을 방도가 없다.

인생은 만들어 가는 과정으로 도전하고 성취하여 이루는 것이므로

---

26) 일사부재리(一事不再理): 형사 소송법에서, 일단 판결이 난 사건에 대해 다시 공소(公訴)를 제기할 수 없다는 원칙.

한번 비난받을 일을 했다고 하여 활동을 중단하면 정치생명은 끝장이다. 파국을 막고 당초 기대했던 입신출세를 달성하기 위해서는, 자신의 행동과 태도에 대해 국민이나 경쟁 관계에 있는 상대가 문제점을 지적하더라도, 처음에는 잘못을 시인하고 수용하는 척하지만, 조금만 지나면 대응논리를 개발하여 정당성을 강화하고 합리화시키려 든다. 이렇게 정당성을 강화하고 합리화하는 근거는, 언제나 자신을 지지해주는 추종자들의 지지를 내세운다. 내가 그릇된 행동과 태도로 일관하고 있다면, 지지자들은 나를 지지하지 않을 것이다. 그럼에도 지지자들이 나를 당선시키는 것은, 사람은 완전하지 않기 때문에 모두 잘못을 범할 수 있다. 부분적으로 잘못이 있었다 할지라도 전체적인 측면에서 볼 때, 내 행동이 합리적이고 정당하며 필요한 존재라고 평가했기 때문이라는 것이다. 한 걸음 더 나아가 지지자를 통해 자신의 주장이 정당하고 합리적임을 강조하는 사람도 없지 않다. 여론은 조작하여 만들면 된다는 오만이 만들어낸 행동이다. 이러한 행동 양식은 상대방을 인정하지 않기 때문에, 대화와 타협을 하고 법규와 절차, 원칙을 준수하기보다는 자신의 주의주장에 더욱 골몰하는, 선동 정치를 일삼게 만든다.

선동정치의 목적은 우리에게 유리한 여론 형성과 조작에 있다. 국민이 정치가의 선동 정치에 말려드는 것은, 정치가의 주의주장이 정당하고 합리적인지 아닌지 구분할 수 있는 충분한 정보와 지식을 갖고 있지 못하고 있는데다, 그들의 영향력에서 벗어날 수 없기 때문이다. 자신이 지지하는 정치가나 정당뿐만 아니라 경쟁 정치가나 정당에 대해서도 마찬가지이다. 선동정치가 가장 격렬하게 이루어지는 것이 선거다. 후보자들은 온갖 공약을 쏟아내고 상대를 공격하지만, 지식과 정보가 부족한 국민이 순간적으로 그것을 모두 이해하기는 어렵고 혼란스럽다. 한편에서는 상당수 사람들이 개인의 이익 실현을 위해 정치권에 편승하므로 선거를 통하여 나타나는 표심 또한 그 방향이나 진의를 구분하기 어렵다.

선거가 막 끝났을 때는 지지도가 대개 상당히 높지만 국민들이 냉정을 찾고 당선자가 실제 통치에 들어가면 지지도가 금방 떨어진다. 여론의 향방은 유동적이다. 어떤 정치가의 행동이 자신의 이익이나 욕망 실현을 위해 확실하게 불합리한 언행을 일삼는다는 것이 국민에게 인지될 경우 여론은 금방 급격하게 악화된다. 하지만 또 다른 정치가의 비슷한 행동에 대해서는 별다른 반응을 보이지 않는 경우도 있다. 일반적으로 나타나는 여러 가지 인지적 오류로 인해 정치인이나 정당들이 보이는 행동과 태도에 대해 옳고 그름을 판단하기 매우 어렵게 만들고, 현실적으로 비슷한 잘못을 범하고 있더라도 후보자 중 누군가를 지지하여 당선시켜야 한다는 제도의 한계와 현실적인 여건은, 국민의 감정과 지지도를 크게 왜곡시킨다. 그 결과 정치인은 당선이라는 호사를 누리지만 양식이 있는 국민은 금방 실력의 실체를 알아보고 실망하며 자신의 지지자가 잘못되었다는 것을 알고 새로운 지도자를 갈망하게 된다.

정치가의 역할은 국가발전을 견인하기 위해 국민을 선도하고 이해관계를 조정하여 국론을 통합시키기는 것이지 권력을 탐하기 위해 못된 꾀로 남을 속이는 재주인 사술(詐術)을 부려 국민의 판단을 흐리게 만드는 일이 아니다. 의당 올바른 정치가라면 심리적 오류를 이용하여 혹세무민(惑世誣民)할 것이 아니라 이해가 부족한 국민은 깨우쳐 올바른 길로 인도해야 마땅하다. 그럼에도 불구하고 국민을 대립과 갈등으로 이끌어 국론을 분열시키고 국가발전을 저해하는 것은 얕은 지식과 대중의 인기에 편승하는 권력을 향유하려는 비겁한 소인배의 행태에 불과하다.

(1) 사람들이 많이 범하는 오류

오류(誤謬)는 이치에 틀린 인식이나 그릇되어 이치에 어긋난 것을 뜻하는데 추론의 형식을 제대로 지키지 않거나, 또는 명제와 논거를 잘못 진술하거나 사용하는 데서 빚어지는 논리적인 잘못을 말한다. 논증이나 설득의 글에서 오류가 있을 경우에는 글 자체의 타당성과 신뢰성에 흠이 있으므로, 글을 쓸 때 세심한 주의를 기울여 오류를 범하지 않도록 해야 한다. 오류를 범하지 않기 위해서는 명제와 논거 사용상의 유의점을 지키고, 타당한 규칙에 따라 추론해 나가는 것이 중요하다.

사람들이 일반적으로 많이 범하는 오류에는 심리적 오류, 자료적 오류, 언어적 오류 등으로 나누어 볼 수 있다. 어떤 논지에 대해 심리적으로 설득시키려 하면 오류를 범하게 되는데, 이를 심리적 오류라 하고, 어떤 자료에 대해 잘못 판단하여 이를 논거로 삼을 경우 오류를 범하게 되는데, 이를 자료적 오류라 이른다. 언어를 사용하거나 이해하는 과정에서 명제 자체나 명제 속의 어휘가 잘못되었을 경우 오류를 범하게 되는 것을 언어적 오류라 한다. 정치가의 말과 행동에는 이러한 오류들이 혼재되어 있는 경우가 많기 때문에 일반 국민들은 선동정치의 실체를 잘 알지 못한다. 설령 그것을 알더라도 정치가와 정당은 권력 획득을 목적으로 공개적인 활동을 하는 투쟁을 지향하기 때문에 개인적인 입장에서 그들과 논리대결을 벌여서는 승산이 없다는 것을 알고 적정 수준의 유대를 통하여 개인의 이익을 취하는 데 안주하려는 경향이 나타난다.

오류를 활용하는 정치가의 선동정치 여부를 판단할 수 있는 전문가나 지식인도 없지는 않지만, 그들 역시 자신의 이익 실현을 위해 어느 한 쪽에 이미 편승하고 있다. 같은 사안에 대해 지지하거나 반대하는 정치가와 정당으로 나누어져 팽팽하게 맞선다. 모두가 수긍할 수 있는 근거는 제시되지 않고 생각과 주의주장만 난무한다. 국민의 입장에서는 이 사람 말이 옳은 것 같기도 하고 저 사람 말이 옳은 것 같기도 하여, 어떤 것이 맞는지 틀린지, 흑백을 구분하기 어렵다. 이쪽이 잘 못하고 있는 같아 저쪽에 귀를 기울이면, 금방 귀를 기울이는 쪽의 잘못이 지적되어 상호 공방을 벌인다. 도대체 누가 옳고 그른지 모르겠다. 다 똑같은 사람들이고 허구한 날 싸움질이나 해대는 데 이제 신물이 난다.

이런 정쟁 과정을 장기간 지켜본 양식을 가진 다수의 국민은 정치를 혐오하게 된다. 나머지 국민은 권력을 획득하는 데 광분해 있는 정치가들에 편승 좌우로 나누어 가세하여 옳고 그름에 대해 더욱 공방을 벌이는 실상이, 오늘날 우리 사회의 극단적인 대립과 분열된 모습의 실체이다. 현재 나타나고 있는 사회갈등과 극단적 대립은 여러 가지 원인이

[표 1-1] 일상 속에서 누구나 겪을 수 있는 대표적인 오류

오류의 종류	내용 및 예
심리적 오류	
대중(군중, 다수, 여론)에 호소하는 오류	숫자의 많음, 대중 심리, 인기도, 유행 등을 근거로 자신의 주장을 받아들이도록 하는 오류 • 이번 국회의원 선거에 대해서 이런 말을 해도 될지 모르지만, 의회의 활동이 두드러진 이웃 나라들을 보면 대부분의 의원이 여성이다. 그러므로 우리도 이번 선거에서 여성 의원을 배출해야 한다. • 우리 지역의 대다수 주민들은 원자력 발전소의 건설이 지역 경제의 발전에 도움이 된다고 생각하고 있다. 그러므로 소수의 반대자들에게 신경 쓸 것 없이 원자력 발전소의 건설을 추진해야 한다.
동정(연민)에 호소하는 오류	상대방의 동정심이나 연민의 정에 호소해서 자신의 주장을 받아들이도록 하는 오류 • 죄가 밉지, 사람이 미운가요. 선처를 부탁합니다. • 죄 없는 많은 생명이 죽어 가고 있습니다. 우리 모두 헌혈에 동참합시다. • 일찍이 고아가 된 저는 잘 살아 보려고 노력했지만, 고아라면 색안경을 끼고 바라보는 이 사회의 차가운 시선은 저를 거부하였습니다. 그나마 단란했던 가정은 아내의 돌연한 가출로 깨어지고 어린 자식은 배가 고파 울고 있습니다. 선생님! 저는 어디 취직할 곳도 없습니다. 한 번만 도와주십시오.

오류의 종류	내용 및 예
부적합한 권위에 호소하는 오류	논의하는 문제를 그 사람이 다른 영역에서 얻은 권위나 명성을 이용하여 정당화하려 할 때 발생하는 오류 • 이번에 발생한 정치 문제를 해결하기 위하여 우리는 아인슈타인의 견해를 받아들여야만 합니다. 왜냐하면, 그는 노벨상 수상자이기 때문이다. • 거의 모든 정치학자들은 교육에 있어서 가장 중요한 것은 교육 환경이라고 주장한다. 그러므로 우리도 교육 환경을 개선해야 할 것이다.
사적 관계에 호소하는 오류	개인적인 친분 관계를 내세워 자신의 논지를 받아들이게 하는 오류 • 우리 사이에 그런 것쯤은 믿고 살아야 되지 않겠어? • 아니, 내가 그렇게 야단맞고 있는데도 가만히 지켜보고만 있어도 되는 거야? 네가 친구라면 내가 잘못했더라도 날 위해 변명이라도 해 주어야 할 거 아니냐.
역공격의 오류 (피장파장의 오류)	자신에게 잘못이 없다는 것을 보여주고자 하는 화자가 자신이 비난받고 있는 만큼의 나쁜 것을 그의 반대자도 말하거나 행하고 있다고 주장할 때 발생하는 오류 • 엄마 게가 아들 게에게 옆으로 기어 다니지 말라고 하자. 아들 게가 말했다. "엄마가 나를 가르치려면 엄마부터 똑바로 걸어 다니세요." • 이번 선거에서 상대편은 내가 불법적으로 자금을 조달했다고 비난했다. 이 비난에 대하여 나는 상대방도 불법적으로 자금 조달을 했다는 것을 알리고 싶다.
원천 봉쇄의 오류 (우물에 독 뿌리기)	자신의 주장에 대한 상대편의 반론이 제기될 수 있는 여지를 봉쇄함으로써 반론의 제기 자체를 불가능하게 하여 자신의 주장을 정당화하려 할 때 나타나는 오류 • 나는 부처이다. 무릇 돼지의 눈에는 돼지만 보이고 사람의 눈에는 사람이 보이며 부처의 눈에는 부처가 보인다고 했잖아. • 조국 통일에 대한 정부의 입장을 거부하는 사람은 조국의 통일을 가로막는 사람이다. • 대통령은 국민이 뽑은 대표이다. 따라서 대통령을 비판하는 것은 국민을 비판하는 것이다.
인신공격의 오류	다른 사람의 이론이나 견해에 대하여 논리적으로 반박하지 않고, 고의적으로 상대방의 인품, 성격 등을 비난하고 공격함으로써 자신의 주장을 정당화시키려 하거나, 상대방의 주장을 부정하려 할 때 생기는 오류 • 김 의원은 우루과이 라운드를 극복하고 복지 농촌을 건설하기 위하여 농어촌 발전 위원회를 구성하고 새로운 농어촌 개발 촉진법을 입법 상정하였다. 그러나 동료 의원들은 김 의원이 상정한 새로운 법안을 무시하였다. 그것은 그가 젊은 시절 고향을 버리고 상경하여 도시에서 국회의원이 되었기 때문이다. • 영화배우 '안생긴' 씨가 앞장서서 벌이고 있는 도덕성 회복 운동은 우리 사회에서 아무런 도움이 되지 않는다. 그는 젊은 시절에 추문에 휘말린 적이 많기 때문이다.

오류의 종류	내용 및 예
정황에 호소하는 오류(정황적 논증의 오류)	다른 사람의 이론이나 견해에 대하여 논리적으로 반박하지 않고, 고의적으로 상대방의 직업, 직책, 신분, 종교, 혈연, 지연, 인종 등 그 사람이 처한 개인적인 상황을 근거로 하여 상대방을 비난하고 공격함으로써 자신의 주장을 정당화시키려 하거나 상대방의 주장을 부정하려 할 때 생기는 오류 • 얘, 빨리 일어나! 아니, 고등학교 2학년이나 돼 가지고 일요일이라고 이렇게 늦잠을 자도 되는 거니? • 상희야! 생물학과에 진학하겠다는 너의 입장을 충분히 이해할 수 있단다. 그렇지만 너의 부모님께서는 의과 대학이 아니면 안 된다고 하시니 어쩌겠니. 내 생각도 너의 부모님 생각과 같단다. 그러니 너도 마음을 바꾸도록 해라.
언어적 오류	
강조의 오류	문장의 어느 한 낱말이나 구절을 강조하여 말하며, 주장의 핵심을 잘못 받아들이게 하는 오류 • 나는 ① 이번 방학에 ② 해수욕하러 가지 않겠다. 　① 강조 → 다음 방학에 가겠다. ② 강조 → 다른 곳으로 가겠다.
범주(範疇)의 오류	서로 다른 범주에 속하는 것을 같은 범주의 것으로 혼동하는 데서 생기는 오류 • 운동장이랑 교실은 다 둘러봤는데, 그럼 학교는 어디에 있습니까? • 나는 과학자가 되기보다는 물리학자가 되고 싶어.
애매한 어휘나 문장의 오류	어떤 단어나 문장(또는 구)이 두 가지 이상의 의미로 사용됨으로써 생기는 오류 • 영희는 어제 삼촌 댁에 들러 인사하고 시골로 내려갔다. • 사람들이 많은 도시를 다니다 보면 재미있는 일이 많이 생긴다.
은밀한 재정의 오류	사전적인 의미에 자의적인 의미를 은밀하게 덧붙임으로써 생기는 오류. 즉, 용어의 의미를 자의적으로 재정의하여 사용함으로써 생기는 오류 • 정신이 나가지 않고서야 어떻게 교장 선생님께 말대꾸를 할 수 있니? 그런 녀석은 정신병자니까 정신 병원에 보내야 해.
자료적 오류	
논점 일탈의 오류 (무관한 결론의 오류)	어떤 논점을 뒷받침하기 위해 제시한 논거가 실제적으로는 다른 논점을 뒷받침하는 오류. 즉, 논점에 관한 결론을 내리지 않고 이와 관계없는 새로운 논점을 제시하여 무관한 결론에 이르게 되는 오류 • 누가 잘했든 잘못했든 그렇게 싸우고만 있을 거야? 그렇게도 할 일이 없으면 차라리 잠이나 자!
무지에 호소하는 오류	어떤 주장이 참(거짓)임이 증명되지 않았거나 또는 상대방이 무지하거나 지식이 부족하여 자신의 주장에 대하여 반증할 수 없다는 사실에 근거하여 자기의 주장을 정당화하려는 오류 • 어떤 수학자도 그 유명한 "페르마의 마지막 정리"가 참임을 증명할 수 없다. 그러므로 그 정리는 거짓이다. • 귀신이 있긴 있다. 귀신이 없다는 것을 증명하려는 시도가 많았으나 아직 아무도 증명하지 못한 것을 보니까. • 천국이 없음이 분명하다. 왜냐하면, 천국에 가 본 사람이 아무도 없기 때문이다.

오류의 종류	내용 및 예
복합 질문의 오류	둘 이상으로 나누어야 할 것을 하나로 묶어 질문함으로써, 대답 여하에 관계없이 수긍할 수 없거나 수긍하고 싶지 않은 것까지도 수긍하는 것으로 전제하고 해석하는 오류 • 도둑질한 물건을 암시장에서 처분했지? • 아직도 저 친구와 사이가 좋지 않나? • 너 이제부터 동생은 안 때릴 거지?
분할(분해)의 오류	부분의 합인 전체가 참이면 구성 요소인 부분도 참이라고 추리할 때 발생하는 오류 • 가 대학의 교수진은 가장 뛰어나다. 그러므로 이 대학의 교수인 김 씨는 가장 뛰어난 교수이다. • 미국은 자유민주주의 국가이다. 그들 미국인 모두는 자유의 고귀함을 믿는다. • 한약은 쓰다. 그러므로 한약 재료는 그 하나하나가 모두 쓰다.
성급한 일반화의 오류 (역우연의 오류)	객관성이 결여된 정보나 사례 및 불충분한 통계 자료 등 특수한 사례를 근거로 하여 일반적인 법칙을 성급하게 이끌어 내는 오류 • 복동이는 하루에 잠을 10시간이나 자고도 대학에 들어갔다. 그러므로 누구든지 대학에 들어가기 위해서는 하루에 잠을 10시간은 자야 한다. • 너 오늘 지각했구나. 요 녀석, 너 지각 대장이지? • 군사 분계선의 자연환경을 조사하고 나서, 한반도는 자연이 잘 보존되고 있는 지역이라는 결론을 내렸다.
순환 논증의 오류 (선결문제 요구의 오류)	결론에서 주장하고 있는 바를 전제(논거)로 제시하는 오류, 즉 전제와 결론이 순환적으로 서로의 논거가 될 때 나타나는 오류 • 그녀는 품행이 방정하지 못하다. 그녀는 바람기가 다분하다. 그녀가 바람기가 있다는 것은 그녀의 품행이 방정하지 못한 데서 나온 말이다. • 그 정치인은 우리의 좋은 친구임이 틀림없다. 그가 우리에게 직접 그렇게 말했으니까. 그리고 그 좋은 친구가 우리에게 거짓말을 할 리 없을 테니까.
우연의 오류 (원칙 혼동의 오류)	어떤 일반적인 규칙, 법칙이나 이론을 특수한 경우(우연적인 경우)에 그대로 적용할 수 없음에도 불구하고 그대로 적용함으로써 나타나는 오류 • 우리 보관소야 손님이 물건을 맡겨 놓으면 맡아 두는 곳 아닙니까? 그게 도둑질한 물건이라도 손님이 맡겨 놓아서 맡아 둔 것인데 왜 죄 없는 나를 붙잡아 가는 겁니까? • 거짓말은 나쁘다. 그러므로 환자를 위해 의사가 하는 거짓말도 당연히 나쁘다.
의도 확대의 오류	의도하지 않은 결과를 원래 의도가 있었다고 판단하여 생기는 오류 • 담배 피우면 폐암에 걸려 죽을 확률이 높아진다는 것도 모르니? 아니, 그렇게도 죽고 싶어? • 당신의 공장에서는 정화되지 않은 폐수를 흘려보냈고, 그 결과 심한 적조 현상이 발생하였소. 당신은 적조가 그렇게도 좋소. 적조를 발생시키기 위해서 폐수를 그냥 흘려보내다니.

오류의 종류	내용 및 예
잘못된 유비 추론 (잘못된 유추의 오류)	유비 추리를 적용할 때, 서로 다른 사물의 우연적이며 비본질적인 속성을 비교하여 결론을 이끌어 냄으로써 생기는 오류(일부분이 비슷하다고 해서 나머지도 비슷할 것이라고 잘못 생각하는 데서 발생하는 오류). • '藥'(약)과 '樂'(악)의 글자 생김새부터가 비슷하다. 그러므로 약과 음악은 그 기원이 비슷하다. • 모든 유기체들은 탄생과 성장과 사멸의 과정을 거친다. 따라서 모든 유기체처럼 우리의 문명도 멸망하고야 말 것이다.
합성(결합)의 오류	부분이 참이면 부분의 합인 전체도 참이라고 추리할 때 발생하는 오류 • 그 영화에 출연하는 배우들은 최고의 인기를 누리고 있잖아, 그러니 그 영화도 많은 대중들의 인기를 얻어 흥행에 성공할 거야. • 선동열, 하형주, 이만수 등은 모두 유명선수들이다. 그러므로 이들이 한 팀을 만들면 최강팀이 될 수 있을 것이다. • 3과 5는 홀수이다. 그러므로 3과 5의 합인 8도 홀수이다.
흑백 사고의 오류	논의의 대상인 두 개념 사이에 존재하는 중간 항을 배제하는 데서 오는 오류. 즉 흑색과 백색 사이에는 다양한 색깔이 존재함에도 불구하고 그것들을 무시하고 양극단으로 구분함으로써 발생하는 오류 • 그녀는 미인이 아니다. 그렇다면 그녀는 추녀인 것이 분명하다. • 그는 나를 싫어하지 않는다고 말하였다. 그렇다면 그는 분명히 나를 사랑하고 있는 것이 분명하다. • 그동안 왜 전화 한 번도 안 한 거야? 흥, 이제 내가 보기 싫어진 거지? 정말 미워 죽겠어. • 신의 존재를 믿지 않는다고요? 그럼 당신은 무신론자군요.

출처: 전주신흥고등학교 자료 참고 정리

있지만, 그 중 가장 대표적인 이유 중 한 가지는 정치가들이 늘어놓는 언변에 의한 여러 가지 심리적 오류가 바탕이 되고 있는 점이다. 우리가 얼마나 일상 속에서 많은 오류를 범하면서 살고 있는지 정치가들이 어떤 선동정치를 하는지 이해할 수 있는 대표적인 오류 종류 몇 가지만 소개하면 [표 1-1]과 같다.

정치가들이 의도적으로 심리적 오류를 학습하고 선동정치를 하는 것으로 보이지는 않지만, 스스로 주의주장의 논증 근거를 확보할 수 있음에도 불구하고 그러한 노력을 게을리 하는 것은 국민들에게 자신들의 언행을 판단할 정보와 지식이 부족하다는 점을 잘 알고, 오히려 이를 적극적으로 활용하는 것으로 보인다. 선거의 승리를 통해 정권을 획득하기 위한 전략전술상, 심리적 오류의 활용이 상당 부분 필요하다는 인식이 경험적으로 학습되고, 이미 정치인의 의식 저변에 깔려있다. 정치인의 행동에 있어 오류가 문제가 되는 것은, 생산적인 부분보다 소모적인 부분에 더 많이 활용되어, 정쟁을 통한 사회갈등의 심화 등 국민과 국론을 분열시킨다는 것이다. 오류가 제거되고 논리가 분명해지면 무엇보다도 정치가의 운신 폭과 입지가 크게 좁아진다는 점을, 정치가들은 이미 잘 알면서 분열과 선동정치에 오류를 활용하고 있다.

국민이 선동 정치의 폐해를 막을 수 있는 방법은, 그들에게 정당성과 합리성에 대한 근거를 제시하거나 문제를 지적하는 방법이 있기는 하지만, 정치가들은 개개의 국민들을 상대하려 하지 않으므로, 개인적인 행동으로 이를 개선하기는 쉽지 않다. 따라서 가장 합리적인 방법은 주권행사를 통해 정상적인 역량을 갖춘 지도자가 성장할 수 있는 토대를 제공하는 것이다. 공정성을 위반한 권력 세습을 위한 특채와 도덕성에 문제가 있는 사람이 정무직공무원에 임명되는 것에 대해 강력하게 문제를 제기하고, 사회갈등을 부추기는 정치인에 대해 지지하지 않으면, 선동정치는 머지않아 자취를 감추고 합리적인 정치 풍토가 조성될 것이 틀림없다.

(2) 오류 진화 폭력으로 발전 지방의회까지 전파

사람은 누구나 오류를 범하고 산다. 하지만 중요한 것은 자신이 범하고 있는 오류를 개선하는 사람만이 발전적인 삶을 산다는 것이다. 우리가 일상적으로 범하는 오류에는 여러 가지가 있지만, 그중에서도 특히 우리 국회와 국민이 많이 보이는 전형적인 오류가 피장파장(역공격) 오류이다. 싸움은 현저한 차이가 날 때는 잘 일어나지 않는다. 실력이나 지식, 능력이 비슷하고 서로 잘못을 저지를 때, 어느 한 쪽에서 일방적으로 손해를 보지 않으려고 대화와 타협을 거부하고 억지를 쓸 때 많이 발생한다. 지금 우리 정치권과 국회의 모습도 이와 흡사하다. 피장파장 오류는 비판받은 내용이 비판하는 사람에게도 역시 동일하게 적용됨을 근거로 비판을 벗어나려는 오류로 비슷한 잘못이 있는 오빠가 동생을 나무랄 때 동생이 "오빠 뭐 잘했다고 그래? 오빠도 지난번에 그렇게 했잖아"하는 식이 된다.

예산안 심의와 처리는 국민의 세금 부담과 직접적인 연관이 있고, 국정운영과 국가경제건설을 위해 국회가 해야 할 가장 중요한 일 중 하나이다. 그런데 이러한 예산안 처리에 있어 어떻게 피장파장 오류가 범해지는지 동아일보 사설 '예산심의 태업(怠業)하며 무슨 민생정치 외치나'의 내용을 살펴보면 알 수 있다. 정세균 민주당 대표는 2009년 11월 16일 "현장을 체험하는 것이 대단히 중요하다는 확신을 갖게 돼 역동적이고 기민한 민생정치를 시작할 것"이라고 말했다. 정치인들이 국민을 직접 만나 민생 현장의 목소리에 귀를 기울이는 것은 의미가 있다. 하지만 의원 본연의 임무를 팽개친 채 국회 밖으로만 돌면서 민생정치를 외치는 것은 본말전도(本末顚倒)다. 2009년 11월 12일 시작된 국회의 2010년 예산안 심의는 민주당의 거부로 파행하고 있다. 이 상태로는 예산안 법정처리 시한인 12월 1일을 넘길 뿐 아니라 그 후에도 졸속 심의가 예상된다. 그런데 정부가 2010년 4대강 예산의 총액만 제시하고 세부항목을 공개하지 않은 것은 잘못이다. 그러나 민주당이 이를 이유로 국토해양위원회와 예산결산특별위원회 예산심의를 거부한 것은 국정의 발목을 잡으려는 정략적 의도라는 비판을 면키 어렵다.

2010년 정부 예산안에 반영된 4대강 예산은 3조 5천억 원으로 총예산 291조 8천억 원의 1.2%에 불과하다. 제1 야당이라면 4대강 예산의 세부항목 공개는 요구하더라도 예산심의는 차질 없이 진행하는 것이 옳다. 1.2% 예산 때문에 예산심의에 차질이 빚어지는 것은 개의 꼬리를 붙잡고 몸통을 흔드는 격이다. 동아일보가 민주당 지역구 의원 60명을 대상으로 4대강 사업에 대한 의견을 물었더니 '영산강 등 수질 개선이 급한 곳에 대한 사업 일부 실시' 등 조건부 찬성이나 의견 표명을 유보한 비율이 40%에 달했다. 당 지도부가 반대로만 몰고 갈 것이 아니라 예산 심의과정에서 4대강 예산의 적절성에 대해 따지면 될 일이다. 민주당은 4대강 예산 때문에 복지 교육 분야 투자가 미흡하다며 대학등록금 반값 인하 등 교육 복지예산 대폭 확충을 주장하고 있다. 집권 경험이 있는 야당으로서 '퍼주기 예산'을 남발하면 민생과 경제에 주름살이 늘어남을 잘 알 텐데도 이러니 무책임하다. 2010년 복지 분야 예산안은 81조 원으로 2009년보다 8.6% 늘어 전체 예산안 증가율 2.5%를 훨씬 웃돈다. 정 대표의 '생활 정치 현장 속으로'라는 강령도 합리적인 내용이어야 진정성을 인정받을 수 있다. 예산심의를 태업(怠業)하면서 민생정치를 외치면 공허하게 들린다고 지적하고 있다.[27]

해법은 간단하다. 정부와 여당은 야당이 지적하는 4대강 예산의 세부항목을 공개하면 되고, 민주당은 4대강 이외의 예산은 계속 심의해 나가면 된다. 그런데 그러한 방법은 두고 야당인 민주당은 4대강 사업 추진반대를, 여당인 한나라당은 야당이 민생을 뿌리치고 발목잡기를 한다며 티격태격하면서 공허한 세월을 보내다가 결국 2009년 12월 31일 민주당의원들이 퇴장한 가운데 해를 넘기지 않기 위해 2010년도 예산안이 통과되었다. 여당과 야당이 중심이 되어 벌어지는 우리 사회의 대립과 반목, 갈등 이면에는 피장파장 오류 현상이 거의 일상화되어 있다. 쉽게 말하면 각각 잘못을 범하고 있고 모두에게 책임이 있다. 그럼에도 여당이 야당의 잘못을 공격하면, 야당은 즉시 여당의 다른 잘못이

___

27) 동아일보 2009. 11. 17.

나 과거의 잘못을 들추어내어 역공격한다. 결국 같이 잘못을 범하는데도 자신의 잘못을 인정하고 반성을 통해 발전의 기회로 삼지 않고 상대방의 행동을 공격이나 트집으로 이해하기 때문에 바로 상대방에 대한 응수로 이어지는 것이다. 이러한 결과가 만들어 낸 것이 오늘날 우리 국회와 정치권의 모습이다. 처음에는 논쟁에서 시작된 말싸움이 결국 멱살을 잡고, 폭력을 휘두르고, 그것도 부족하여 계속 진화하여 급기야 해머에 전기톱까지 등장하는 단계로 발전한 후 국회를 넘어 지방의회에까지 확산되는 지경까지 이르렀다.

16대 국회까지만 해도 야당 의원들은 의안 처리를 막기 위해 의자로 바리케이드[28](barricade)를 치거나 몸싸움을 하는 정도에 그쳤다. 쇠사슬은 노무현 정부 말기인 2007년 17대 국회 정기국회 때 당시 야당이던 한나라당이 선보였다. 18대 국회 들어서는 민주당이 해머와 전기톱까지 동원했다. 그런데 폭력국회는 이제 지방의회로까지 전수된 양상을 보인다. 여의도 국회의 풍경이 지방의회에서 그대로 재현되고 있다. 성남시의회에서는 2009년 12월 21일 성남·하남·광주시 통합안을 저지하기 위해 야당 의원들이 안건 표결을 막으려고 본회의장으로 통하는 모든 출입문을 쇠사슬로 묶고 의장실을 봉쇄했다. 진종설 경기도의회 의장은 이날 한나라당 의원들이 의장석을 에워싸고 민주당 의원들의 육탄공격을 저지하는 가운데 무상급식비와 관련한 2010년도 예산안의 가결을 선언했다. 이래놓고 성남시 여야 의원 5명(한나라당 3명, 민주당 1명, 국민참여당 1명)은 다음 날 사이좋게 6박 7일간의 일본 연수를 떠났다. 국회의원들은 지방의원들의 공천을 사실상 좌지우지한다. 풀뿌리 민주주의라고 하는 지방의회가 중앙정치에 예속된 것도 잘못인데, 이제는 폭력에 의한 의사진행 방해와 외유성 출장 같은 국회의 악습(惡習)

---

28) 바리케이드(barricade): 적을 막기 위하여 흙·통·수레 등으로 길 위에 임시로 쌓은 방벽(防壁).

까지 따라 배우고 있다. 국회의 폭력이 어디까지 진화하고 전수될지 걱정이다.[29]

　지방의회 의원들의 성찰과 일신(一新)도 요구되지만, 그에 앞서 필요한 것이 지방의회로까지 이어지는 추태 정치의 사슬을 단호히 끊겠다는 중앙 정치권의 대오각성이 필요하다. 그런데도 아직 우리 국회는 제대로 반성하는 기색이 보이지 않는다. 스스로 문제를 해결하지 못하면 외부개입이 불가피하다. 이미 국민은 국회와 지방의회에서 벌어지는 쇠사슬 추태의 악순환을 끊을 힘을 갖고 있다. 하지만 이에 앞서 정치인 스스로 세상의 모든 문제와 잘못은 나의 존재와 사고, 언행에서 시작된다는 점을 깨닫고 제자리를 찾아 국회를 정상화시키고 조속히 직분에 충실할 날이 왔으면 한다.

2) 정당성, 합리성, 객관성 결여

　공정한 선거는 투명성 확보가 전제되어야 한다. 투명성은 정당성, 합리성, 객관성이 바탕이 되어야 만들어질 수 있다. 오늘날 우리나라 선거에서 부정부패와 금권선거가 활개치는 것도 모두 투명성이 확보되지 못한 때문이다. 2010년 9월 4일 유명환 외교부 장관이 딸 특채 파문을 계기로 사임하는 등 우리 사회에 공정성에 대한 회오리바람이 강하게 몰아치고 있다. 정치권과 정부 일각에서는 새로운 공정성의 틀을 짜야 한다는 주장까지 제기되는 모양이다. 한심한 노릇이다. 기존에 존재하는 법과 제도만 충실하게 이행하고 지켜도 될 일이다. 정실인사를 위해 억지로 별도의 기준을 만들고 봐주기를 한 것이 문제인데 무슨 틀을 만들겠다는 것인지 모르겠다.

---

29) 동아일보 2009. 12. 23.

정당성(正當性)은 이치에 합당하고 옳은 것, 합리성(合理性)은 논리나 이치에 맞는 성질. 객관성(客觀性)은 주관의 영향을 받지 않은 객관적 성질을 말한다. 현대 대의민주주의에서 대화와 타협의 장은 국회다. 그런데 대화와 타협을 하기 위해서 일차적으로 요구되는 것은 상대를 인정하는 것, 상대의 말을 듣는 경청 그리고 내가 말할 것이 있어야 한다. 내가 말할 것은 생각, 신념, 지식, 철학, 자료, 주장 그 어느 것이 되든 상대와 국민으로부터 공감 받을 수 있는 객관성이 필요하다. 정치는 단순한 개인의 이해관계 차원을 넘어 국가이익과 국민의 복리증진을 목적으로 하기 때문에, 일방적으로 내세우는 나 혼자만의 생각이나 주장으로는 곤란하다. 민주주의 사회에서 정당성과 합리성의 일차적인 기준은 과학적 근거 제시와 법규를 지키는 일이다. 따라서 법규를 위반한 사실이 드러난 사람에 대해서는 고위공직자에 임명하면 안 된다. 그래야 법치의 실현이 가능하다. 그런데 이러한 합리성을 결여한 행동이 우리 국회와 정부에서 심심찮게 되풀이되고 있다. 이명박 정부의 정무직 공무원 임명과정은 심각할 정도의 문제를 내포하고 있다. 이명박 정부에서는 너무 많은 사람들이 도덕성에 문제가 있거나 법을 어기고도 임명되었다. 그중에 김준규 검찰총장도 포함된다.

2009년 8월 당시 김준규 검찰총장 후보자는 '위장전입, 소득 이중공제' 등의 의혹에 대해 시인한 적이 있고, 요트·승마 및 서울클럽 회원과 같은 귀족 논란이 일었으며, 미스코리아 심사위원을 맡아 '부적절하다'는 지적을 받고 있었다. 그런데 천정배 의원(전 법무장관)은 국회 청문회를 앞둔 2009년 8월 16일 오후 개인성명을 내고 "내가 아는 김준규는 검찰총장으로 적격인 사람이다. 그는 검찰을 최전선의 민생보호기관으로 변화시킬 능력과 의지를 가진 사람이고, 누구보다 합리적이다. 공정한 시장경제질서에 대한 확신을 갖고 있는 사람"이라고 한껏 치켜 세웠다. 천 전 장관은 김 후보자를 둘러싼 의혹에 대해서도 "위장전입이나 변칙증여와 같은 도덕성의 문제는 오히려 사소한 문제이다. 김 후보자가 정치권력으로부터 검찰의 독립성을 확보하고 거대권력의 횡포로부터 국민을 보호할 수 있는 강력한 검찰을 만들 수 있는 적임자인가에 대해 물음표를 던진다"고 그의 '능력과 소신' 검증을 주문했다.[30]

천정배 의원은 전직 법무부 장관이다. 그런데 위장전입과 변칙증여를 사소한 문제라고 했다. 그렇다면 국민들은 왜 사소한 문제로 처벌을 받아야 하고 법질서는 무엇으로 지킨다는 말인가? 김준규 후보자와 사적으로 무슨 관계인지는 몰라도 너무나 무책임한 행동이다. 더 중요한 것은 도덕적인 문제가 제기된 김준규 후보자를 대통령이 법을 지키고 수호할 대표적인 공권력 기관인 검찰의 수장으로 임명했다는 점이다. 도덕성에 문제가 있는 사람이 도덕적인 국민을 통제하기 위해 법을 운용한다는 것은 모순이고 심각한 문제이다. 도덕성(morality)이란 옳고 그른 것을 분별하고, 이러한 분별에 따라 행동하며, 그리고 바람직한 행위를 하게 되면 자긍심을 경험하고, 자신의 기준들을 위반하는 행위들에 대해서는 죄책감 혹은 수치심을 경험하게 되는 능력을 의미한다.[31] 정부가 임명의 사유로 능력 운운하는 것은 국민을 기만하는 행위이고 말장난에 불과하다. 대한민국은 도덕성이 결여된 능력 있는 사람이 아니라도 충분히 잘 운영될 수 있다. 그렇게 능력 있는 사람으로 임명한 사람들을 정부는 왜 임기는 고사하고 임명한지 3년을 채 못 넘기고 다른 사람으로 갈아치우는가? 명분치고는 너무 옹색하다. 차라리 내 마음에 들고 나에게 충성할 수 있는 사람을 뽑고 싶어 그랬다고 솔직한 편이 더 낫다.

---

30) 프레시안 2009. 8. 16.

31) Anita Woolfolk 저, 김아영 외 옮김(2007), "교육심리학" 박학사, p.123

고위공직자는 정치인이든 관료 출신이든 올바른 사람을 써야 한다. 첫째는 도덕적으로 깨끗한 사람, 둘째는 애국심이 있는 사람, 셋째는 확고한 소신을 가진 사람, 넷째는 능력이 있는 사람, 이런 사람들을 쓰되 너무 급하게 하지 말아야 한다. 그런데도 우리나라에서는 밤낮 싸우는 정치인과 정권에 아부하는 관료들이 문제해결능력도 제대로 없으면서 매번 개각 때만 되면 공공연하게 스스로 입각하기를 원한다.[32] 마치 도덕성에 문제 있는 사람들이 자리 차지하는 것을 보았기 때문에, 자신들도 어떻게든 발탁만 되면 임명되는 데 문제가 안 될 것으로 생각하는 것 같다. 한번 도덕성에 문제가 있는 사람이 고위공직자에 임명되면 다음에는 더 문제가 있는 사람이 권력 향유에 대한 탐욕과 입신출세를 위해 나서기 마련이다. 이러한 악순환이 되풀이되면 사회는 혼란에 빠지고 부정부패가 판을 치게 된다. 당연히 국민들이 원하는 공정사회는 요원해진다.

후보자를 추천하고 임명하는 막후에서 어떤 부정부패가 있는지 국민들은 드러나기 전에는 모른다. 이러한 문제를 예방하는 방법은 정당성과 합리성, 객관성을 갖춘 사람들을 임명하는 원칙을 지키는 인사를 하는 것이다. 그래야 정치와 정부에 대한 신뢰도가 동반 상승할 수 있다. 제대로 된 정치가는 '나는 아무렇게나 행동하면서 국민이 믿지 않는다. 나의 마음을 몰라준다. 소통이 안 된다'며 국민을 비난하거나 하소연하는 어리석음을 범해서는 안 된다. 그러한 저급한 행동은 국민을 선도하는 사람이라는 지도자의 역할을 망각할 때 나올 수 있는 일로 스스로 역량이 부족함을 드러내는 행동이다. 국민은 누구에게도 대통령이 되라고 강요하지 않았다. 능력이 부족하면 정치 일선에 나서지 말든지 스스로 나섰으면 최선을 다하기 위해 노력해야 한다. 대통령의 직책은 하소연이나 푸념을 하고 앉아 있을 만큼 한가한 자리가 아니다.

---

32) 중앙일보 2009. 8. 7.

　권오을 전 국회의원(국회 사무총장)이 한 언론과의 대담에서 미국정치와 한국정치의 차이점에 대해 "미국의 선거와 한국의 선거는, 미국의 경우 선거 과정상에 나타난 격렬한 논쟁과 직·간접적인 상대 후보의 비난에도 불구하고 선거가 끝나면 결과에 대해 승복을 한다. 그렇지만 한국 정치는 선거가 끝나도 결과에 대해 제대로 승복하지 않는다"고 지적한 바 있다. 우리 헌법은 무죄추정원칙을 명시하고 있다. 따라서 실제 죄가 있든 없든, 아니면 부정선거를 했든 하지 않았든 그것이 구체적으로 드러난 것이 없는 이상 우리는 무죄추정원칙을 지켜야 한다. 그리고 올바른 지도자라면 선거 결과에 승복하고 다음 기회를 기다리며 국민과 국가 통합의 대국적인 자세와 행동을 취하는 것이 합당하다. 그렇게 할 때 선거의 후유증을 줄이고 선거를 축제의 장으로 만들어 갈 수 있다.

　이제까지 우리나라 선거에서 결과에 승복하지 않는 사례가 많이 나타난 것은 이기주의적인 자기중심적 사고, 탐욕에 의한 권력 향유의 집착 등의 문제도 있지만, 무엇보다도 선거과정에서 합리성, 정당성, 객관성을 결여했기 때문이다. 이 세 가지가 모두 지켜지면 투명성이 확보되는데 후보나 유권자 모두 투명성이 부족한 것으로 인식하기 때문에 정책대결을 펼치지 못하고 네거티브전략에 의존하게 된다. 상대 후보에 대한 인신공격과 비난은 선거 후에까지 앙금이 남아 결과에 승복하지 않으려는 경향이 나타난다. 그런데 승복을 하지 않는 이유라는 것이 참 특이하다.

　대단히 역설적이게도 상대방이 불합리하고 부당한 행동을 한 것을 입증하지 못한 상태에서 주관적인 판단의 추정에 의하여 문제를 제기하거나 선거꾼의 허위 주장을 동원한 네거티브전략에 의존한다는 점이다. 즉 내가 부당하고 불합리한 불법적이거나 편법적인 방법을 동원하여 선거했다. 그것을 공공연하게 드러낼 수는 없지만, 상대방도 그러한 방법을 사용하지 않고는 선거 진행 자체가 곤란하다는 인식이 있다. 그것이 눈에 선하게 보이는 데 증거가 없다. 증거가 있어 폭로하려고 하면 나도 동시에 다친다. 말하자면 기업들이 양 경쟁자 모두에게 보험금 식으로 뇌물을 제공한다는 것이다. 이런 상황에서 내가 이겼으면 괜찮지만, 상대에게 진 것이 너무 억울하고 화가 나서 참을 수가 없다. 실력 때문에 내가 선거에서 진 것이 아니라는 결론에 이른다. 그리고 이러한 추론에 근거한 상호 비방과 고소고발은 실제 과거 대선자금 수사결과에서 상당 부분 입증되기도 했다.

결국 스스로 정당하지 않은 방법이나 불법적인 방법을 사용하여 선거를 치르기 때문에 결과에 승복하지 않고, 승리한 쪽에서는 그것을 감추어야 하기 때문에 핵심적인 역할을 담당했던 인사들에 대한 대대적인 보은 인사가 불가피해진다. 그 결과 패거리 인사나 코드인사라는 말이 생겨나고 정실인사에 의해 등용된 정부투자기관이나 공기업, 별정직 공무원에 임명되어 자리를 차지한 후 부정과 부패를 일삼는다. 보은해야 할 인사가 많다 보니 장관이나 국무총리가 파리 목숨처럼 되어 단명하기 일쑤다. 그러다 보니 소신 있는 정치는 실종되고 어떻게든 아부해 한자리 차지하려는 인사들만 득실거린다.

국민에게 봉사를 해야 하겠다는 인사는 소외되고 배척되며, 그 피해는 모두 국민들에게로 돌아온다. 이 모두가 정당성, 합리성, 객관성이 결여된 탓이다. 정당성과 합리성 그리고 객관성을 인정받는 정책대결을 통해 국민의 지지로 정권을 획득한다면 이러한 폐해는 자연스럽게 사라질 것이다. 그런데 우리 현실이 그렇지 못하다 보니 선거에서 패배해도 승복을 하지 않으려 하고 선거가 국민적 축제로 전환되지 못한다. 참으로 안타까운 일이다. 과거보다는 이제 우리의 선거 풍토도 많이 깨끗해졌다고 한다. 그것은 표면적으로는 그런 것 같기도 하다. 그러나

안으로 들어가면 여전히 썩어 있다. 모든 정당들은 공개적으로 합리적인 공천을 한다고 하지만, 매번 선거철만 되면 공천 후보가 등록되기도 전에 이미 공공연하게 누가 내정되었다는 말이 흘러나오면서 잡음이 생기고 여기저기서 반발하는 사람들이 탈당하여 독자 출마에 나선다. 그런데 공천 결과는 소문과 같이 이루어지는 경우가 적지 않았다.

이 모두 정당성과 합리성을 벗어난 일들이 이루어지고 있다는 증거다. 우리의 선거를 승복과 국민적 축제로 만들어가기 위해서는 공천과정에서부터 실제 선거에 이르기까지 정당성과 합리성, 누구에게나 보편적으로 인정할 수 있는 객관성을 갖춘 투명선거가 이루어지는 풍토와 체계를 조속한 시일 내에 만들어야 한다. 이것이 실현되지 않는 한 계파의 존속에 의한 탈당, 불복은 피해 가기 어렵고, 선거를 결코 국민적인 축제와 단합의 장으로 만들 수 없다.

(1) 청문회 이중자 적용 비도덕적 고위공직자 양산

법과 기준은 하나이다. 물론 시대에 따라 변화하고 재정립될 수 있다. 그런데 우리나라 정치에서는 이 법과 기준이 심각하게 도전받는 일이 온 국민이 지켜보는 가운데서 버젓이 일어난다. 정무직공무원 후보자의 청문회와 임명과정이 그것이다. 여당이 야당이 되고, 양당이 여당이 되었을 때 같은 사안에 대해 상반된 입장을 서슴없이 취하는 이중자를 들이대는 등 국민으로 하여금 가치혼란을 야기하고 논란을 불러일으킨다. 2009년 9월과 2010년 8월 이명박 정부의 개각은 이러한 우리국회와 정치권의 면모를 잘 보여준다. 이명박 정부는 지극히 저급한 모습을 보여주었다. 법과 제도에 따라 자신이 대통령이 되었고 주어진 권한을 행하면서 현행법을 어기고도 벌을 받지 않고 사과로 대신하는 사람들을 대대적으로 국무총리와 장관 같은 고위공직자로 임명했다.

헌법에서 모든 국민은 법 앞에 평등하다고 규정하고 있으니 국민도 법을 어겼을 때 사과하고 말일이다. 그러면 사법부와 입법부도 필요 없다. 법이 유명무실해 기능을 제대로 못 하는데 법에 따라 대통령을 한다는 것이 무슨 소용이 있겠는가 하고 생각할 수도 있다. 이렇게 극단적으로 비약할 필요까지는 없겠지만 분명한 점은, 대통령의 주요 직분 중에 국가수호가 포함되어 있다는 것이다. 국가 수호는 법치의 실행이 그 핵심 중 하나에 속한다. 위법사실이 있는데도 대통령은 법무부 장관에게, 법무부 장관은 검찰총장에게 수사와 기소를 요구하지 않는다. 그뿐이 아니다. 법을 어기고도 처벌을 받지 않은 사람을 정무직공무원에 임명한다. 이는 비도덕적인 사람이 도덕적인 국민을 통치하고 법치주의를 심각하게 훼손하는 일이다.

대통령이 나서서 법치주의를 훼손하면 국민은 왜 대통령으로 받들고 법을 지켜야 하는가 하는 문제가 생긴다. 물론 사람들이 모두 법을 지킬 수는 없다. 그러나 누구든 법을 어긴 사실이 드러났을 때는 대가를 치르고 책임을 져야 한다. 비도덕적인 사람은 당연히 정무직공무원에 임명하지 않아야 한다. 그래야 공정한 사회가 될 수 있다. 한번 원칙이 훼손되고 후퇴하면 다음에는 원칙과 기준이 도전을 받는다. 이명박 정부의 인사가 그 전형이다. 이명박 정부는 출범 당시부터 시작하여 한 번도 잡음 없이 조용하게 인사가 이루어진 경우가 없었다. 너무 말도 많고 탈도 많다. 이 모두 국민이 똑똑하고 정보력이 뛰어난 데다 문제 있는 사람이 임명되는 것을 용납하지 않으려 한다는 것을 망각하고 일방적인 정실인사로 밀어붙이기 때문에 나타난 결과다.

① 말 많은 9 · 3개각

2009년 당시 9 · 3개각으로 지명된 국무총리와 장관, 대법관 후보자들이 한꺼번에 위장전입 의혹에 휩싸이면서 파문이 확산되는 등 고위 공직자들의 위장전입 문제가 정국 쟁점으로 급부상했다.[33] 자녀 진학, 장인 선거 지원, 부인의 사원 아파트 분양 등 사유도 다양했다.[34] 지명된 국무위원 후보 7명 중 김태영 국방부 장관 후보자를 제외한 6명이 위법·탈법 의혹을 받았다. "장관이 되려면 위장전입과 거래 금액을 낮춘(down) 계약서는 필수"라는 우스개가 공공연하게 유포될 정도였다.[35]

어떤 의혹을 받았는지 그 내용을 살펴보면 다음과 같다. 정운찬 총리 후보자는 부인이 1988년 2월 주소를 경기도 포천시 내촌면으로 2개월가량 이전 배우자의 위장전입 등 여러 가지 의혹에 휩싸였다.[36] 최재성 민주당 의원은 정 후보자가 서울대 교수로 재직하던 2007년 11월부터 2009년 9월 4일 까지 '예스 24'의 고문을 겸직하면서 9천5백만 원의 급여를 받았지만, 학교 측의 허가절차를 거치지 않은 것으로 확인됐다고 말했다. 정운찬 총리 내정자는 서울대 교수로 재직 중(서울대 총장 퇴임 후)이던 2007년 11월 1일부터 2009년 9월 4일 까지 인터넷 서점인 YES24의 고문을 겸직하면서 총 9,583만 원 가량의 급여를 수령 다른 직무를 겸할 수 없다는 규정을 위반했다고 주장했다. 공무원은 공무 외에 영리를 목적으로 하는 업무에 종사하지 못하며 소속 기관장의 허가 없이 다른 직무를 겸할 수 없다. 또한 최 의원은 예스24의 경우 벤처기업으로, 서울대학교 교원이 벤처기업의 임직원이 되기 위해서는 단과대 인사위원회의 승인을 거쳐 총장의 허가를 받아야 겸직이 가능하며 벤처기업으로 서울대 규정상 단과대학장의 승인을 얻어 총장의 허가를 득하여야 임직원으로 활동할 수 있음에도 불구하고, 정 내정자는 2007

---

33) 국민일보 2009. 9. 14.
34) 중앙일보 2009. 9. 14.
35) 내일신문 2009. 9. 21.
36) 국민일보 2009. 9. 14.

년 11월 1일 예스24의 고문으로 활동하기 전 학교 측에 본 사항과 관련하여 허가를 받은 사실이 없음을 서울대 측에 확인했다고 밝혔다.

정 내정자는 소속기관장인 서울대 총장의 허가를 득하지 않은 채, 벤처기업의 임직원(고문)을 겸직했으며, 예스24로부터 2007년 11월 1일부터 2009년 8월 말까지 받은 9,583만 원은 공무 외에 영리활동에 속하므로 법을 위반하여 취한 이득에 해당한다. YES24 고문직의 경우 사외이사가 아니기 때문에, 겸직 특례규정을 적용받지도 않았다고 강조했다. 한편 2005년 이기준 전(前) 교육부총리의 경우, 서울대 총장 시절인 2000년과 2002년 규정을 어긴 채 LG의 이사를 겸직하여 문제가 되어 이러한 사유를 포함한 도덕성 문제가 불거져 3일 만에 부총리직에서 사퇴한 바 있다.[37]

임태희 후보자는 12, 13대 총선을 앞두고 장인의 지역구(경남 산청)로 두 차례 주소를 옮겼다. 여야는 2009년 9월 14일 열린 민일영 대법관 후보자 청문회에서 민 후보자를 상대로 위장전입 문제를 질타했다. 민 후보자는 부인 박선영 자유선진당 의원이 1988년 MBC 사원 아파트인 서울 도곡 한신아파트를 분양받기 위해 위장전입 한 사실을 시인했다. 그는 "주민등록법 위반이란 것을 알고 있었다. 무주택자로 아파트를 얻겠다는 일념 하에 한 것으로 사과드린다"고 말했다. 앞서 이귀남 법무부 장관 후보자도 위장전입 사실을 인정했다. 김준규 검찰총장까지 포함하면 법원과 법무부, 검찰 등 '법치의 3축' 지도부가 모두 위장전입을 한 것이다.[38] 자녀에 대한 재산 편법증여만 해도 "그 당시에 모두 그랬다"라기보다는 특수 계층의 일부 인사에 국한된 행태였던 것으로 지적된다. 부동산 매매가격에서 20~30% 감액 신고하는 예는 더러

---

37) 한강타임즈 2009. 9. 11.
38) 국민일보 2009. 9. 14.

있어도, 6억 5천만 원짜리 아파트를 1억 3,500만 원(주호영 후보자)으로 크게 축소 신고한 경우는 극히 드물었다. 대부분의 인사청문 대상자들은 위장전입을 기본으로 포함해 3~5건의 불법·비리 의혹을 안고 있었다. 8명의 후보자 가운데 도덕성 의혹이 없는 사람은 김태영 국방장관 후보자뿐이었다. 청와대가 천성관 검찰총장 후보자의 낙마 이후 검증 시스템을 강화한 뒤 첫 작품이란 점에서 우려를 더했다.[39]

김대중 정부에선 장상·장대환 총리 후보자가 위장전입 문제 등으로 낙마했다. 노무현 정부에선 이헌재 경제부총리가 부인의 위장전입이 드러나 중도 사퇴했다. 이처럼 과거에 장관이나 국무총리 등 고위공직자 청문회에서 논란이 제기되어 임명이 철회되거나 자진 사퇴 형식을 빌려 스스로 사퇴한 사례도 적지 않다. 위장전입은 주민등록법 37조 위반으로 3년 이하의 징역 또는 1000만 원 이하의 벌금형에 처하도록 되어 있다.[40] 따라서 고위 공직 후보자의 위법 등 도덕성 기준과 관련해 이명박 정부의 인식 수정이 시급하다는 의견이 쏟아져 나왔다.[41] 자유선진당 조순형 의원은 이들의 위장전입 사실을 거론하며 "검찰총장과 법무부장관, 대법관 등은 법치국가의 대표적 얼굴"이라고 비판하고 위장전입은 중대 범죄라며 청문회 핵심 쟁점으로 부각[42]시키려고 노력했지만, 이들은 모두 임명되었다. 이강래 민주당 원내대표는 "지난 정부의 잣대나 평가로 한다면 도저히 임명을 기대하는 것 자체가 무리인 것 같다. 이명박 정권은 힘없는 국민에게는 가혹할 정도로 법의 잣대를 들이대면서 힘 있는 고위직에는 새털처럼 부드러운 정권"이라고 날을 세웠다.[43] 또한 여당인 한나라당 남경필 의원은 "인사청문회제도가 도입

---

39) 한겨레 2009. 9. 21.

40) 중앙일보 2009. 9. 14.

41) 한겨레 2009. 9. 21.

42) 국민일보 2009. 9. 14.

되기 전에 일어난 일이라면 이해도 되지만 민일영 대법관, 김준규 검찰 총장에 이어 이 법무장관 후보자까지 위장전입이 드러났다. 최고 법집 행기관의 수장들이 이러면 남들에게 법을 지키라고 하기 어렵다는 생 각이 든다"고 말했다.[44]

보수진영 인사들 사이에서도 청와대가 후보자들의 명백한 위법 의혹에 대한 원칙을 분명히 세워야 한다고 지적했다. 김용갑 한나라당 상임 고문은 "이런 문제점을 그냥 넘기면 이명박 정부의 도덕성이 과거 정권만 못하다는 인식이 일반화될 수 있다. 문제가 되는 후보자들 가운데 경중을 가리고 원칙을 세워서 판단을 다시 해주면 좋겠다"고 지적했다. 박효종 바른사회시민회의 공동대표는 "(불법 비리 등) 그런 것들이 과거 관행이라 하더라도 언젠가는 짚어줘야 할 문제이다. 공직자가 일반 시민보다는 적어도 엄격한 잣대가 적용되어야 한다는 걸 청와대가 확인해야 한다"고 말했다. 윤여준 전 환경부 장관은 "정부가 지금부터라도 어떤 원칙을 세워 지키고 나가든지, 아니면 문제점들을 알면서도 강행하는 이유를 국민들 앞에 밝히고 이해를 구하는 절차가 최소한 필요하다"고 말했다.[45]

국민의 정부와 참여정부 당시 가혹한 검증잣대를 들이댄 한나라당도 문제다. 해명도 사과도 없이 인사청문회의 도덕성 검증을 '후보자 흠집내기'라거나 '무차별 정치공세'라고 치부하는 지도부의 태도에 대해 당내부에서도 비판이 제기되었다. "과거에는 용인됐지만, 지금은 상황이 바뀌어 용납하지 못하는 사안"이라는 정정길 실장의 논리는 "과거사라고 한다면 청렴한 대다수 공무원들을 모독하는 일"이라는 2005년 전여

---

43) 내일신문 2009. 9. 21.
44) 문화일보 2009. 9. 21.
45) 한겨레 2009. 9. 21.

옥 당시 대변인의 논평 앞에 무력해 질 수밖에 없다. "(위장전입이 장관 결격사유가 되지 않는 현실을 지적하며) 그 중심에는 위정자를 비롯한 지도층의 표리부동한 위선이 자리를 잡고 있다"고 비판한 박재완 국정기획수석의 2006년 2월 대정부 질문을 다시 돌아볼 때다. 청와대는 더 문제다. 2009년 9월 18일 국회 운영위원회에 출석한 정정길 대통령실장은 미리 알았느냐는 질문에 "상당히 많은 부분을 알고 있었다"고 했고 법치의 대혼돈이라는 공세에 대해선 "법치주의는 다른 각도에서도 많이 봐야 한다고 생각한다"고 답했다. 위법·탈법 의혹을 알고 있었으면서도 지명을 강행하는 도덕 불감증을 그대로 드러냈다.[46)

② 탈 많은 8·8개각

2010년 이명박 정부의 8·8개각에서는 후보자들의 위법이 2009년보다 훨씬 더 심했다. 마치 9·3개각 때 비도덕적인 사람들도 잘 임명 되더라는 사회적 학습효과 때문이었는지 겁 없이 국무총리나 장관이 되겠다고 나선 사람들이었다. 대부분 상당한 문제가 제기되었지만 임명 되었다. 그러면서 이명박 대통령은 공정사회를 걸핏하면 들먹인다. 앞으로는 또 얼마만큼 더 추한 사람들이 장관이나 차관, 검찰총장, 대법원 판사를 하겠다고 나설지 가늠하기 어렵다.

투기·위장전입·논문중복에 재산신고 누락까지 의혹 확인에도 "국민과 소통에 힘쓰겠다. 기회를 달라. 죄송하다. 반성한다. 불찰이다"라는 말만 되풀이했다. 인사청문회에서 쏟아지는 후보자들의 답변이었다. 그러나 위장전입과 부동산투기, 논문표절, 재산신고 누락 등 각종 불법과 부도덕한 행위에 대해 책임지고 스스로 물러나는 후보자는 한 명도 없었다. 대신 "기회를 달라"고 고개만 숙이고 있었다. 이 때문에 국민적

<hr>

46) 내일신문 2009. 9. 21.

비판이 거센 사안에 대해 '한마디 사과'로 얼버무리면서 거취에 대한 책임을 피하려 한다는 지적이 나왔다.[47] 민주당 박지원 원내대표는 "대부분 후보들이 4대 필수과목(위장전입, 병역비리, 세금탈루, 부동산투기)＋1(논문표절)에 중복으로 해당된다"고 주장했다. 청와대 핵심관계자는 "한두 명을 걸러낸다고 여론이 바뀌지 않는다. 최악의 경우 일주일 정도 두드려 맞으면 국회 정국으로 돌아가게 될 것"이라고 했다. 또 다른 관계자는 이어 "결정적 흠이 있는 후보자가 없고, 다 고만고만한 잡범들인데 1~2명을 추려낼 명분이 없다"고 말했다.[48]

결국 인사청문회 정국은 김태호(국무총리) · 신재민(문화체육관광부 장관) · 이재훈(지식경제부 장관) 후보자의 낙마로 끝났다. 낙마를 둘러싼 뒷얘기도 무성했다. 청문회에서 민주당 의원들을 지휘했던 박지원 비상대책위 대표에 따르면 "여권이 김태호를 살려주면 3명 포기를 제안했다", 본래 여권이 제시했던 '빅딜[49] 안'은 '2(신재민 · 이재훈)＋1'이었다고 한다. 야당이 김태호 총리 후보자의 임명동의안을 처리해 주면 여권이 포기할 수 있다고 제안한 인사가 이미 알려진 신재민 · 이재훈 후보자 외에 1명이 더 있었다는 설명이다. 박 대표는 그러나 이 '1명'이 누구인지에 대해서는 함구했다. 박 대표는 빅딜 제안 이후 여권의 '무전략'도 꼬집었다. "여권이 빅딜을 제시했다면 당연히 입을 닫고 있어야 한다. 먼저 언론에 흘려버리면 (빅딜을 생각해볼 수 있는 여지

---

47) 한겨레 2010. 8. 24.

48) 내일신문 2010. 8. 26.

49) 빅딜(big deal)은 말 그대로 '큰 거래'로서 주로 기업의 대형사업의 맞교환을 의미한다. 경영학적으로는 사업교환(Business swap)이라고 한다. 빅딜의 범위는 부실기업 정리뿐 아니라 주력기업도 과감히 통 · 폐합하거나 매각하는 것까지 포함되며, 외국 기업에 넘기는 것도 빅딜로 본다. 빅딜의 형태는 A와 B라는 업종을 모두 가지고 있는 두 회사가 상대방에게 경쟁력이 없는 사업을 넘겨주고 다른 사업을 넘겨받는 식으로 진행된다. 같은 업종을 통합하기 위해서는 빅딜대상 사업체의 자산을 평가한 후 이 자산을 자본금으로 내놓은 다음 공동 법인을 만들어야 한다. 그러나 공동 법인을 만들기로 합의하는 것은 쉽지만 실제로 빅딜 대상 사업체에 대한 자산평가가 엇갈릴 수 있기 때문이다. 또 업종 전문화를 위해 빅딜을 통한 독점을 허용한다면 독점규제에 배치될 수 있고 그 점을 이유로 외국과 통상마찰을 일으킬 수 있는 문제점을 안고 있다.

를 없애고) 내 발목을 아예 묶는 것 아닌가. 그래 놓고 무슨 빅딜을 바라나"라고 일침을 가했다.[50] 참으로 가관이다. 김태호 총리 후보의 임명을 강행하기 위해 법치에는 안중에도 없는 청와대도 그렇지만 정부를 견제해야 할 여당인 한나라당이 국민을 무시하고 협상을 통해 일을 마무리 지으려 했던 태도는 눈뜨고 봐주기 민망할 정도였다.

③ 비도덕적인 사람 계속 임명 시 나타나는 폐해

현재 우리 인사청문회는 맹렬한 공격을 받더라도 먼저 자진 사퇴하겠다는 말을 꺼내지 않는다. 하루, 길게는 이틀만 '공개 망신' 당하면 통과된다는 데 있다. 그렇게 청문회의 하루나 이틀만 견뎌내면, 청와대도 "이는 직무수행에 결정적인 결격 사유가 아니다"고 인정한다.[51] 하지만 우리사회에는 도덕성과 능력을 갖춘 사람이 있다. 단지 그분들을 찾기가 어렵고, 있어도 우리와 코드가 맞지 않다고 발탁하지 않는 것이 문제다. 민주당의 안규백 국방위 간사는 2009년 9월 20일 "김태영 국방부 장관 후보자는 도덕적·정책적으로 국방장관직에 적격이라고 잠정 결정을 내렸다"고 밝혔다. 18일 인사청문회를 치른 김태영 후보자는 다른 후보자들에겐 흔했던 위장전입이나 부동산, 자제들의 병역 문제가 없었다. 재산은 서울 영등포구에 있는 85㎡(25.7평)짜리 아파트(3억 1,800만 원)와 부인이 상속받은 대지 등 모두 7억 2천만 원이었다. 1남1녀의 자녀 중 아들은 육군 병장으로 제대했다. 결혼 32년 동안 가족과 함께 근무 부대를 따라다니느라 이사만 30번 이상을 했다. 민주당 국방위원실 관계자는 "군 재직 중 행적과 부동산, 탈세 여부 등을 꼼꼼히 살폈으나 운전 중 속도위반으로 몇 차례 딱지를 떼인 것 외엔 어떤 불법

---

50) 중앙일보 2010. 9. 2.
51) 조선일보 2009. 9. 22.

사실도 발견할 수 없었다"고 말했다.[52]

　인사청문회는 장관 내정자들의 사상과 가치관, 도덕성에 대한 국민의 알권리를 충족시키고, 여론 형성을 통해 대통령의 인사권 행사를 적절하게 견제할 수 있다는 의의가 있다. 그러므로 장관 내정자들의 적격성 여부를 넘어서서 국무위원의 직무수행능력과 도덕성에 관한 일정한 기준을 제시하며, 미래세대에 대한 학습효과가 있다. 현재와 같이 여당은 무조건 옹호, 야당은 무조건 반대하는 식의 인사청문회는 곤란하다. 대통령은 명확한 불법 전과가 있는 경우 임명 자체를 자제해야 할 것이다. 대통령이 자신에게 '정치적 빚'이 있다고 해서 그리고 이것이 대통령 권한 내의 행위라고 해서 임명을 강행한다면 형식적 정당성은 얻었을지 몰라도 실질적 정당성 확보는 어려워진다. 그리고 개혁 또는 혁신을 주장하는 명분이 약해질 수밖에 없으며, '정치적 줄서기'를 강요하게 된다.[53]

　이명박 정부의 2009년 9·3개각과 2010년 8·8개각 청문회는 정부·여당이 법을 얼마나 우습게 여기고 멋대로 집행하는지를 잘 보여주었다. 어떤 이의 청문회에서는 집중포화를 날리고 어떤 이의 청문회에서는 문제가 드러나는데도 오히려 칭찬하거나 국민의 일반적인 법 상식을 무시하고 임명을 강행하기도 했다. 하지만 더 이상은 청문회에서 문제가 있어도 대통령이 임명하면 그만이라는 식은 곤란하다. 장관이 되려면 위장전입은 필수란 말처럼 고위 공직자의 도덕성이 불신과 조롱거리가 되는 것은 심각한 상황이다. 고위 공직자의 엄정한 자기 관리와 함께 청와대 등 인사권자의 엄정하고 일관된 기준 마련이 시급하다. 청와대는 정무직 후보자로 청문회장에서 후보자의 각종 비리의혹이 쏟아

---

52) 중앙일보 2009. 9. 21.

53) 경실련 2006. 2. 16.

져 나오거나 '기억이 안 난다. 모르겠다. 송구스럽다'는 답변을 반복하며 진땀을 흘리는 사람을 지명해서는 안 된다. "검 · 경의 수사 대상이어야 하는 사람이 검찰총장 인사청문회 자리에 앉아 있다"는 수모의 말까지 들어서는 안 된다.[54]

사람은 완벽할 수 없고 법은 지나치게 포괄적으로 규정하고 있기 때문에 사실상 그 누구도 법을 위반하지 않고는 살 수 없는 구조로 되어 있다. 따라서 고위공직 후보자로 인사 청문회에 나서는 사람도 법을 위반했을 수 있다. 법을 위반했으면 그에 따른 처벌을 받아야 한다. 그래야 법 앞에 평등이 실현되는 것이다. 법을 어긴 사람 중 그에 상응하는 벌을 받았을 경우에는 일정한 기준을 정해 임명을 해도 문제가 없다. 하지만 법을 위반한 것이 드러났을 때는 스스로 사퇴하는 것이 마땅하다. 그리고 대통령은 그러한 사람을 임명해서는 안 된다. 필요하다면 국회의 청문회법을 개정해서라도 위법한 행동이 드러났는데도 벌을 받지 않는 사실이 탄로 난 사람에 대해서는 임명을 거부할 수 있도록 할 필요가 있다.

모든 국민은 헌법 제27 형사피고인은 유죄의 판결이 확정될 때까지는 무죄로 추정된다는 무죄추정의 원칙을 적용받기 때문에 위법 사실이 드러나기까지는 문제 될 것이 없다. 그러나 직접 법을 집행하는 검찰 수뇌부와 사부법의 수뇌부, 헌법재판소의 재판관으로 임명되는 고위공직자는 어떠한 경우에도 위법이 드러난 이상 임명해서는 안 된다. 그리고 대통령비서실장, 국무총리와 각부 장관도 마찬가지이다. 대통령과 각 부처에서 만드는 시행령과 시행규칙이 실질적인 법규로 통용되기 때문에 법을 만들고 동시에 집행해야 하는 입장에 있는 사람들에 대한 신뢰성과 도덕성이 확보되지 않을 경우 이들이 사욕이나 정파, 특

정 정치인의 이해관계인이나 단체의 이익을 대변하는 역할을 할 경우 국민은 엄청난 대가를 치러야 하기 때문이다.

국회 인사청문회에서 가장 많이 드러나는 것이 위장전입이다. 그런데 '위장전입'이 공직자 도덕성 기준에서 밀려난 것은 2007년 대선 때부터다. 보다 정확하게 말하면 이명박 대통령이 단초를 제공했다. 본인이 위법한 행동을 했고, 그러한 사람들을 대대적으로 임명했다. 대통령이 비도덕적인 사회를 만들고 법치를 허물고 있는 셈이다. 2007년 대선 당시 이명박 후보는 "자녀들 취학을 위해 다섯 차례 위장전입을 했다"고 시인했고, 한나라당은 '부동산 투기를 위한 위장전입은 아니다'라고 문제 삼지 않았다. 이후 여권은 위장전입을 '사소한 결격사유, 용인되는 수준의 범법행위'로 치부하는 분위기로 굳어졌다. 고위공직자 임명 때마다 위장전입 논란이 터졌지만, 이 문제만으로 사퇴한 공직자가 없는 배경이다. 위장전입을 바라보는 여권의 시각은 안일하다. 안상수 대표는 원내대표 시절 위장전입 문제와 관련, "성인군자나 결점이 없을지 모르겠지만 보통 사람은 어느 정도 결점이 있다. 조그마한 결점을 끄집어내서 흠집 내는 청문회는 지양돼야 한다"고 밝혔다. 위장전입을 시인하고도 김준규 검찰총장은 "백옥처럼 희지는 않지만 큰 잘못은 없다"고 말했다.[55]

지나간 일이었지만 이명박 대통령은 드러난 위장전입에 대해 사과하는 것으로 끝나는 것이 아니라 법치주의 수호를 위해 책임을 지겠다고 하고 책임을 져야 했다. 그것이 벌금이든 아니면 사회봉사든 어느 것이든 좋다. 그런데 그것을 하지 않았다. 한번 밀리기 시작한 원칙이 이제는 정무직공무원 하려면 위장전입이 필수라는 말을 만들어냈다. 그리고 위법을 저지른 비도덕적인 자들이 고위공직자 도전에 공공연하게

---

55) 경향신문 2010. 8. 16.

나서는 분위기를 조성하고 말았다. 대통령 스스로 불공정한 사회를 만들고 있으면서, 한편에서는 공정을 외치고 부정부패 척결을 종용한다. 참으로 가관이다. 이명박 정부에서 위장전입을 하고도 얼마나 많은 사람들이 고위공직자에 임명되고 있는지 [표 1-2]에 잘 나타나 있다. 최근 10년간 위장전입으로 처벌된 국민은 5천 명이 넘는다. 그런 만큼 위장전입자를 장관으로 내정하고 임명을 강행하는 여권의 행태는 국민

[표 1-2] 이명박 정부 고위 공직자 위장전입 사례

(*는 현재 재임 중인 경우)

인사	위장전입 이유	임명·내정 시기
이명박 대통령*	1977·79·81·84·91년 세 자녀 초·중학교 배정	
곽승준 청와대 국정기획수석 (현 미래기획위원장*)	1983년 토지 대임	2008년 2월
김병국 청와대 외교안보수석	1983년 토지 대임	2008년 2월
박은경 환경부 장관 후보자	1983년 부모 토지 상속	2008년 3월
이만의 환경부 장관*	2001년 자녀 중학교 배정	2008년 3월
최시종 방송통신위원장*	1989년 아들 징병검사	2008년 3월
이봉화 보건복지부 차관	1986년 토지 대임	2008년 3월
현인택 통일부 장관*	2001년 자녀 중학교 배정	2009년 2월
천성관 경찰총장 후보자	1998년 자녀 고교 전학	2009년 7월
김준규 검찰총장*	1992·97년 자녀 중·고교 배정	2009년 8월
민일영 대법관*	1985년 부인 사원아파트 분양	2009년 9월
정운찬 국무총리	1988년 부인 토지 다입	2009년 9월
이귀남 법무부 장관*	1997년 자녀 고교 배정	2009년 9월
임태희 대통령실장*	1984년 장인 선거지원	2010년 7월
이인복 대법관 후보자	2006년 아파트 분양	2010년 7월
신재민 문화부 장관 후보자	1996·99년, 2000·2001·2003년 세 자녀 중·고교 배정	2010년 8월
이현동 국세청장 후보자	2001년 자녀 고교 배정	2010년 8월
조현오 경찰청장 후보자	1998년 자녀 고교 배정	2010년 8월

출처: 경향신문 2010. 8. 16.

의 법 감정을 자극하고, 정권의 도덕성과 준법 의지에 대한 반감을 키울 수밖에 없다. 여권이 강조하는 '법치주의, 친서민, 노블레스 오블리주'가 다수 국민들에겐 허언으로 비쳐지게 하는 주요 항목에 위장전입이 들어 있다. 서민들이 위장전입을 해 처벌을 받는 것과 너무나 대조적이다. 유권무죄 무권유죄가 될 판이다.

누구는 위장전입은 한국 사회의 '불편한 진실'이라고 한다. 1970년대 이래 부동산과 자녀 교육이 생존의 양대 과제로 등장하면서 사람들은 이를 위해 거짓으로 주민등록을 옮겼다. 국가의 법·행정 질서를 어지럽히는 범법행위임에도 많은 이가 '생활'이라는 합리화 뒤에 숨어 죄의식 없이 이 일을 저지르곤 했다. 사법당국의 의식이 미약하고 행정 전산체계도 미흡해 단속은 제대로 이뤄지지 않았다. 그러면서 병은 만연됐고 많은 이가 걸렸다. 한때 폐결핵을 앓았던 환자의 엑스(X)레이처럼 지금 흔적이 여지없이 찍혀 나오는 것이다. 위장전입의 가장 씁쓸한 점은 이 병이 주로 지도층 또는 중산층 이상에서 퍼졌다는 점이다. 대다수 서민은 자녀를 좋은 학군에 보내거나 아파트·토지를 살 능력이 없어 아예 위장전입의 필요를 느끼지 못한다. 그러나 지도층은 다르다. 위장전입은 정계·관계·학계·언론계를 막론하며 정권의 구별도 별로 없다. 법을 집행하는 검찰·법원조차 위장전입 사례가 적지 않다. 청문회에서 조순형 의원은 "2007년의 경우 1,500여 명이 위장전입으로 입건됐다"며 후보자를 추궁했다. 후보자는 침묵하거나 사과해야 했다.

이러한 모습들은 분명히 한국 사회의 부끄러운 자화상이다. 위장전입뿐이 아니다. 논문 이중 게재, 소득 미신고와 탈세 등 이번 인사청문회에서도 이러한 단골 메뉴가 다시 나오고 있다. 서민들이 느낄 박탈감과 소외감은 훨씬 크다. 그러나 이러한 사안들을 엄격한 잣대로 털어내다 보면 흠집 없는 사람을 찾기가 쉽지 않다는 점 또한 외면할 수 없는 현실이다. 우리 사회의 진퇴양난(dilemma)이다. 그러나 이젠 달라져야 한다. 수십 년간 만연돼온 이 병을 고쳐야 한다. 특히 공직에 봉사하고 자 하는 사람은 자기 관리를 더욱 철저히 하여 언제 어떤 자리에 서더 라도 한 점 부끄러움 없는 모습을 보여줄 수 있어야 한다. 이것이 부끄 러운 청문회를 목격하면서 한국 사회가 얻을 교훈이다.[56]

개인적인 사정을 이해할 수 없는 것은 아니지만, 국가는 개인의 사정 을 모두 봐주고는 지탱할 수 없다. 우리가 도덕성에 문제가 있는 사람 을 계속 임명하면 앞으로도 다음과 같은 문제를 안고 사는 폐해를 계속 감수해야 한다. 첫째는 권력이 만들어 내는 법규의 이중 잣대 적용의 문제이다. 항상 집권 여당은 위장전입의 경우 지명자의 능력이 우수하 기 때문에 경미한 위반으로 능력 있는 사람이 임명되지 못하는 것은 국 가적인 손실이라는 주장을 펼치고, 야당은 법조문을 들어가며 명령과 지휘에 관한 정당성 문제까지 지적한다. 그런데 여당이 야당이 되면 입 장이 바뀐다. 그러한 현상은 과거 민주당이 집권했을 때와 한나라당이 집권했을 때 적나라하게 드러났다. 법규의 이중적용을 두고는 공정한 사회가 될 수 없다. 둘째는 법 앞에 평등이라는 민주주의 기본원리인 법치의 침해와 헌법에 대한 도전행위이다. 국가의 권위를 유지하고 기 강을 확보하기 위해서는 더 이상 이러한 일을 방치해서는 안 된다. 또 한 위법한 사실이 드러났는데도 그것을 처벌하지 않으면 국민들은 왜 법을 지켜야 하는가 하는 문제가 제기된다. 그리고 모든 법은 나름대로 필요와 가치를 가지고 있는데 어떤 법은 경미한 것이라고 하여 정치가 와 고위공직자 등에게는 책임을 묻지도 않고 처벌을 하지도 않고 사과 로 끝내면 국민들도 사과로 끝내야지 왜 처벌을 해야 하는가? 그리고 경미한 것과 경미하지 않은 것의 구분은 무엇인가 하는 문제가 발생한

---

56) 중앙일보 2009. 9. 14.

다. 헌법을 최고법으로 하는 법치국가와 자유와 평등을 그 기본 이념으로 하는 현대국가의 기본적 체계는 권한의 위임과 그 위임을 통한 입법 활동을 통해 제정된 법을 국민 공동의 사회적 약속으로 인정하고, 그것을 알고 그랬건 모르고 그랬건 법을 어겼을 때는 처벌을 받는다. 그런데 이 약속이 허물어지기 시작하면 그것은 국민 모두의 비극이다. 국선변호사제도가 있기는 하지만 그 한계가 있기 때문에 무전유죄와 유전무죄가 엄존하는 현실 속에서 정치가와 고위공직자는 법을 위반했는데도 사과로 끝내고 국민들만 처벌하는 것은 국민들에게 피해의식을 갖게 하거나 법규에 대한 경시 풍조 확산, 정부 불신, 국민 계층 간 위화감을 조성하게 만들 수 있다. 또한 민주주의와 국민 주권, 헌법에 대한 중대한 도전행위로 간과해서는 안 된다. 셋째는 법에 대한 형평성의 문제이다. 같은 위장전입을 했는데도 누구는 고위공직자 청문회에서 그것을 문제 삼아 낙마시키고 누구는 능력이 우수하다며 문제 삼지 않으면 억울한 사람이 생기고 불만이 고조된다. 이는 법집행의 형평을 근본적으로 짓밟는 행위로 용납되어서는 안 된다. 넷째는 부정하고 부패한 사람의 고위공직자 진출 기회를 제공함으로써 사회기강의 해이와 부정부패가 만연하는 사회악을 만드는 근원이 될 수 있다. 위법성이 드러난 사람들은 청문회에서 그것을 찾아내고, 그 잘못에 상응하는 처벌을 하고 사과, 세금추징 등의 대가를 치르게 해야 이러한 부류의 사람들이 고위공직자에 진출하는 것을 원천적으로 차단하여 도덕적인 사람들이 지도자로 성장할 수 있는 기회를 만들 수 있다. 그래야 권모술수를 일삼는 저급한 정치인들의 저질 정치에 의한 피해를 보지 않을 수 있다. 다섯째는 정부에 대한 신뢰 실추와 합리성, 정당성을 짓밟아 정치가 바로 서는 것을 가로막는다. 논문을 이중으로 게재하거나 표절하는 등 양심을 버린 학자들과 법을 위반하고도 처벌을 받지 않는 사람이 권좌에 올라 명령하면 국민들과 하위공직자들은 왜 그들의 명령에 따라야 하는가 하는 문제가 생긴다. 스스로 신뢰성도 양심도, 정당성도 없는 사람이 어떻게 때로는 국민들에게 목숨을 바쳐 적과 싸울 것을 명령할 수 있으며, 국민들은 왜 그들의 명령에 따라야 하는가? 정부는 스스로 불신받을 수 있는 행동을 하지 말아야 한다. 여섯째는 결국 잘못된 인사는 그만한 후유증과 대가를 치르게 한다. 정실인사에 의한 편중된 인사는 땀 흘려 노력하는 수많은 양심 있는 공무원들의 승진 희망을 앗아가는 일이기도 하다. 권력을 잡은 정당과 그 지도자들의 입장에서는 우선은 정파와 권력에 충실한 사람을 임명하고 싶겠지만, 국가는 정당이나 정파의 소유가 될 수 있는 것이 아니다. 국가와 국민의 여망을 실천해 나갈 수 있는 사람을 임명해야 한다.

비도덕적인 인사를 계속 추천하고 지명하는 것은 인사시스템과 청와대 참모진들의 능력 부족문제이다. 문제가 있는 인사가 검증에서 통과한다는 것은 그 일을 당하는 참모진들의 소신과 자질이 부족한 능력 부족 문제이다. 능력이 부족하기 때문에 검증을 제대로 하지 못 하는 것이다. 발탁자들이 능력이 있다는 것은 참모들의 능력부족을 감추려는 변명에 불과하다. 인사가 만사라고 했다. 청와대가 아주 간단한 검증처리도 하나 제대로 못하는 문제해결능력을 가졌으면서 정부를 신뢰해 달라 하는 대통령의 호소는 공허한 메아리에 불과하다.

우리가 해야 할 일은 규칙을 지키면서 역량을 발휘할 수 있는 지도자가 배출되는 풍토를 만드는 것이다. 이 일을 가장 쉽고 합리적으로 할 수 있는 방법이 고위공직자의 철저한 인사검증을 통한 합리적인 인사체계 운용이다. 일각에서는 법을 모두 지키고는 살 수가 없다고 하지만 스포츠 선수들은 모두 해당 종목의 규정을 엄격하게 지키면서 특별한 역량을 발휘하여 국민에게 감동과 희망을 준다. 만일 우리의 법이 모두 지켜서는 살 수 없는 것이라면 지킬 수 있는 것으로 만들어야 한다. 앞으로도 철저하고 엄격한 청문회를 통해 문제가 있는 사람을 차단시켜나감으로써 비도덕적인 사람은 아예 고위공직자나 지도자가 될 수 없다는 인식을 심어주지 않으면 우리는 언제까지나 길거리에서 투쟁하며 국민에게 피해만 주는 저질의 정치형태를 보아야 할 것이다.

(2) 자기중심주의 사고 사회갈등의 주범

정치가들이 정치활동을 할 때 원칙과 기준을 준수하고 법규와 절차에 따라 일을 하며 정당성과 합리성을 갖추어야 한다. 그런데 요즘 국회에서 벌어지는 여야의 행태를 보면 꼭 미국의 프로 권투선수인 모하메드 알리와 일본의 프로 레슬링선수인 안토니오 이노끼 선수가 경기하듯이 서로 자신들이 유리한 경기규칙을 고집하다 보니 각자 자신들만의 경기를 하는 것 같다. 같은 링에서 뛰기는 하지만 전혀 다른 종목의 경기를 하다 보니 경기가 제대로 될 리가 없다. 여당은 덩치만 컸지 야당을 어떻게 상대해야 할지 모른 채 우왕좌왕하고, 야당은 여당이 제기한 모든 사안에 반대하며 드러누웠다. 이를 지켜보는 관중은 허탈하다 못 해 지겹기까지 하다.[57] 이런 우리나라 정치가들에게 정당성과 합리성을 갖추어야 한다고 하면 아마 정치를 모르는 사람 정도로 치부(置簿)할 가능성이 크다. 그러나 같은 말을 미국 정치가나 영국 정치가에게 하면 수긍을 받을 것이 거의 확실하다.

원래 정치가의 존재는 사회의 불안정과 불합리한 혼란에 근거(根據)를 갖는다. 여기서 말하는 혼란(混亂)은 모든 것이 뒤죽박죽되어 어지럽고 질서가 없는 상태로 자연의 이치(理致)가 지배되는 상태를 말한다. 하지만 자연의 이치(理致)가 지배되는 상태는 모든 개인이 천부인권에

---

57) 중앙일보 2009. 11. 19.

의해 자유롭게 삶을 영위하지만, 이해관계에 의해 발생하는 충돌과 갈등이 통제되지 않는 사회이다. 자연의 관점에서 보면 당연하지만 인간의 관점에서 보면 혼란된 사회가 된다. 이 혼란이 가져오는 피해를 줄이기 위한 역할을 할 사람이 필요한데, 사회적 합의에 의해 그러한 역할을 맡아 권력을 사용할 수 있도록 인정받는 사람들이 정치가이다. 그러니까 정치가는 독자적으로 존재하는 것이 아니라 사회적 합의에 의해, 사회구성원 전체의 이익을 위한 일을 하도록 권력을 부여하고 스스로 통제를 받아들임으로써, 존재의 근거가 마련되는 것이다. 즉 사회구성원과 유리된 정치는 존재가치가 없다.

사회구성원으로부터 권력을 위임받은 정치가는 항상 사회 전체의 이익을 위하여 혼란된 것에 법규를 만들어 질서를 부여하고, 그 법규를 따르도록 선도하면서 사회를 안정되고 합리적인 방향으로 발전하도록 이끌어가는 노력을 해야 한다. 그것이 정치가에게 주어진 기본적인 임무이다. 법규 제정자가 자신들이 정한 법규를 스스로 지키지 않으면서 국민들에게, 그것을 지키도록 강요하는 것은 모순이기 때문에 선진국 정치가들은 대체로 법을 잘 지킨다. 혼란 속에서 안정과 합리성을 갈망하는 것은 모든 인간의 기본적인 욕구이다. 안정된 사회를 만들고 합리성과 공정성이 통용되는 사회는 국민이 행복하게 살 수 있는 사회이다. 국민으로부터 권력을 위임받은 이유가 혼란을 제거하고, 안정과 합리성이 통용되는 사회를 만드는 것이기 때문에, 주권자이자 고객인 국민을 만족하게 하는 것은 정당성과 합리성이 지배하는 사회를 달성하는 일이다.

일부정치가는 착각에 의해 혼란의 제거를 통한 체제의 안정과 정비는 정치가 자신의 입지를 약화시키는 결과를 초래할 가능성이 있는 것으로 생각할 수 있다. 하지만 실제 정치에 있어 정당성과 합리성이 통용되는 사회를 만들더라도 정치가의 존재가치가 위협받지는 않는다. 여전히 사회를 발전적인 방향으로 이끌어 나가는 일과 사회 환경의 변화 속에서 도전되는 요소들을 수렴하고 조정하는 활동을 통한 정당성과 합리성이 통용되는 사회가 유지되도록 하는 책무는 여전히 존재하기 때문이다. 미국과 영국 같은 국가에서 정치가의 존재가치와 역할은, 이렇게 국민이 부여한 본원적인 임무를 비교적 잘 수행하고 있는 것으로 보인다. 이들 국가에서도 정부 · 여당과 야당이 정책 대결을 벌이고 선거를 하지만 국론이 분열될 정도로 대립을 일삼지는 않는다. 스스로 정당성과 합리성을 갖도록 노력하고 실제에 있어서도 정책을 통한 정당성과 합리성 대결을 펼치므로, 그 결과에 승복하고 선거를 국민적인 축제로 만들 수 있다. 국익을 우선시하여 정부 여당의 정책에 대해서는 대화와 타협을 통해 지지 표명을 할 수 있고, 국민에게 정치가가 존경을 받을 수 있게 된다.

이와는 대조적으로 우리나라 정치는 사회 일각에서 정당성과 합리성을 찾기 위한 자정노력에도 불구하고 정치가 오히려 갈등을 조장하고 국민을 대립하게 만드는 등 혼란을 가중시켜 국민으로 하여금 정치와 정치가를 혐오하게 만든다. 정치가가 이러한 폐단을 만들어 내는 이유는 정치철학과 신념이 부재한 데다 지도력과 문제해결능력이 부족한 상태에서 개인의 입신출세를 향한 이기심이 '내가 아니면 안 된다'는 그릇된 인식을 만들고 정치권력에 집착한 결과가 만들어 낸 것이다. 당연히 나의 이익이 최우선시 되고 다음은 나의 이익을 실현시켜줄 계파와 정당이다. 국가와 국민의 이익을 앞세우는 것은 여론이 비등하고 득표를 위한 활동을 할 때로 국한된다. 즉 항상 우선순위가 적용되는 것이 아니라 필요에 따라 다르다.

합리성과 불합리성 사이에서 서성거리는 모습이 자주 나타난다. 정권 획득을 통한 입신출세 목적을 달성하기 위해 자기합리화를 추구하고, 국민이나 상대 정당에서 잘못을 지적할 경우 대응논리를 개발하여 유야무야시키기 위해 노력한다. 정권을 획득하기 위해서는 철학이나 신념, 의리와 약속도 하루아침에 던져버리는 행위도 마다하지 않는다. 이러한 일련의 과정을 거쳐 정권을 획득하면 패거리를 중용하고 제왕적인 권력 향유에 나선다. 그 결과 측근과 가족에 의한 부정부패가 만연하고 국민에게 폐를 끼쳤으면서도 부끄러운 줄 모르고 추종자들이 정치 9단이라는 말을 하면 흐뭇해하기도 한다.

인간은 누구나 자기중심주의 사고에 빠져 있을 때는 다른 사람은 안중에 없다. 모든 것은 나의 가치 기준에 의해 예단된다. 나는 항상 정당한 것이기 때문에 모든 잘못은 다른 사람에게 있고 권력은 내가 가져야 한다. '나 아니면 안 된다'는 의식이 강하게 작용한다. 마치 대통령이 못되고 정권을 못 잡아서 안달이 난 사람처럼 보인다. 실력을 쌓고 능력이 있으면 국민이 정권을 맡겨 줄 터인데 조급한 마음에 나서서 정권을 잡으려고 하니까 자꾸 무리수와 억지를 써서 편을 가르고 문제를 일으킨다. 우리 정치인 중에는 이러한 사람이 적지 않다.

김대중 전 대통령은 민주화와 국제통화기금(IMF) 극복과정에서 나름대로 기여한 바가 있지만 한국 정치를 비극으로 만든 주역이기도 하다. 그는 인동초(忍冬草)라는 별칭을 갖고 있지만, 그것은 그 누구에게도 찾아볼 수 없었던 권력에 대한 강한 집착이었다. 대권 경쟁에서 한 번도 물러서거나 양보하지 않았다. 양보하지 않는 민주주의는 발전하지 않는다. 양보를 통해 본보기를 보이고 실천했더라도 더 없는 찬사를 받았을 텐데 한국적 민주주의 모형은 제시하지 못하고 우두머리(boss) 정치로 지역주의를 만들어 큰 폐단을 남겼다. 죽는 순간까지도 대통령으로 남기보다는 정당의 수장으로 국민을 분열시키는 것 같은 모습을 보여주었다. 정당성과 합리성, 객관성, 대화와 타협, 정치적 대립과 갈등, 반목, 산적한 사회문제 해결 모두 자기를 버리면 가능한데 끝까지 현실정치에 참여하려는 집착을 보였다.

민주주의는 결국 선거고, 표를 많이 얻는 사람이 대통령이 되는 것이다.[58] 선거를 눈앞에 둔 시점이라면 상대가 약할수록 좋은 것이 사실이다. 선거는 내가 잘하는 것이 아니라, 상대보다 조금이라도 더 잘하는 것이 중요한 상대 평가이기 때문이다. 그러나 일단 선거에서 이겨 집권하고 나면 역사(歷史)가 채점하는 절대 평가가 기다리고 있다. 국정을 운영해야 할 집권 초기 정권에 '허약한 야당'은 축복이 아니라 저주에 가깝다. 약체 정권이 최약체 야당을 마주한 것은 결코 다행스러운 일이 아니다. 유능한 야당은 정권의 허물을 파고든다. 집권 세력은 야당이 공격해 오는 방향만 봐도 자기 몸 어느 곳에서 병이 자라고 있는지 알 수 있다. 당장은 야당이 찔러 오는 것이 아프고 성가실 것이다. 그러나 그런 야당과 맞서 국민의 마음을 얻기 위해 경쟁하는 과정에서, 자신의 상처를 치료할 수 있고 정권의 체질도 강화된다. 반대로 야당이 야당 역할을 못할 경우, 정권은 자기 몸에 상처가 생겨도 아픈 줄 모르게 된다. 자신의 허물에 대한 치료의 타이밍을 놓치고 병을 치명적인 상황으로 키워 간다면 마지막 고통은 국민 몫으로 돌아온다. 최약체 야당은 또 다른 형태로 파국을 몰고 올 수도 있다. 자신의 무력함을 감추기 위해 물리적인 투쟁에 나설 경우다. 실력이 뒷받침되지 않는 정치인이나 정파가 늘 마지막 수단으로 들고 나오는 것이 과격한 선명성 투쟁이다.[59]

민주정치란 상대가 되는 여당이 있고 야당이 있는 정치이다. 여당만 있고 야당이 없으면 유권자인 국민에게는 대안이 없다. 혁명으로 밖에

---

58) 중앙일보 2010. 1. 18.
59) 조선일보 2008. 12. 16.

는 정권의 교체가 불가능하게 되기 때문이다. 다음 정권을 담당할 수 있는 믿을만한 정당이 반드시 있어야 한다.[60] 국민을 위해 여당과 여당 모두 필요하다. 그런데도 우리나라 정당정치는 걸핏하면 상대 정당의 실체를 인정하지 않고 서로 무시하려 든다. 자기 생각만 옳은 양 행동한다. 여당은 자기중심으로 모든 일을 처리해 나가려 하고, 야당은 다수결의원칙까지 무시하는 등 절차를 존중하지 않아 대립과 갈등이 고조되면 모든 것을 엉망으로 만든다. 대화와 타협의 장인 국회에 폭력이 난무하는 추태가 발생하는 것은 모두 자기중심적인 사고가 만들어낸 폐해다. 이 폐해 위에서 오늘날 한국사회의 모든 갈등이 성장해 왔다.

3) 민주주의 기본 가치에 대한 도전과 무시

민주주의 기본적인 가치에는 여러 가지가 있지만 그중에서 가장 대표적인 것으로 법, 절차, 원리, 원칙, 기준 등을 들 수 있다. 법(法)은 법률·법령·조례 등 구속력을 갖는 온갖 규칙을 말하는데 법을 제정하는 목적은 사람들이 사회 속에서 질서를 유지하고 안정적인 삶을 영위하도록 하기 위한 것이다. 개인이 법을 존중하는 이유는 법이 타인으로부터 나의 이익이 침해되는 것을 보호해 줄 것이라고 믿기 때문인데, 이의 실현을 위해 모든 사람들은 법 앞에서 평등권을 갖도록 규정하고 있다.

절차(節次)는 일의 순서나 방법을 뜻한다. 개인에게 일정한 자유를 부여하기 위해 동시에 강제하는 법이 아무렇게나 만들어지면 많은 부작용을 낳는다. 이러한 폐해를 방지하기 위해 일정한 규칙을 정하여 법을 제정하도록 하고 있다. 이때 정해진 규칙에 따라 법률을 제정하거나 개정 또는 폐지하도록 하는 일의 처리 순서와 방법이 절차이다. 반드시

---

60) 조선일보 2009. 11. 1.

법이 아니더라도 수많은 사람이 모여 일을 하는 집단이나 사회 속에서 법이 갖는 한계성을 보완하고 내부 질서유지와 권익보호를 위해 절차를 규정하고 운용한다. 원칙(原則)은 근본이 되는 법칙, 여러 현상이나 사물에 두루 적용되는 법칙으로 민주주의 사회에서 가장 대표적으로 통용되는 원칙은 사유재산의 원칙 등 여러 가지가 있다. 원리(原理)는 사물이 근거로 하여 성립할 수 있는 근본 이치나 법칙, 인식 또는 행위의 근본 전제, 기초가 되는 근거 또는 보편적 진리를 말한다. 민주주의의 가장 대표적인 원리는 국민 주권의 원리, 국민자치의 원리, 권력 분립의 원리, 입헌주의의 원리, 다수결의 원리 등을 들 수 있다. 하지만 원리와 원칙은 비슷한 말로 혼용되어 사용되기도 한다.

기준(基準)은 기본이 되는 표준으로 표준(standard)과 법전(code) 등이 있다. 표준은 사물의 정도를 정하는 목표나 기준으로 공산품을 제조하기 위한 각종 공업규격(KS, JIS, ISO, ASME 등)이 있다. 코드는 통상 법전이나 규칙으로 번역되지만 특정한 기준을 체계적으로 정리하여 엮은 규격집을 말하기 때문에 경우에 따라 표준의 세부 내용을 지칭하거나 표준과 유사한 의미로 쓰이기도 한다. 중요한 점은 합리적이고 효율적인 일 처리나 평가를 위해서는 표준이나 기준이 반드시 필요하다는 것이다. 표준이나 기준이 존재하지 않는 상태에서 특정인이 한 행동에 대해 평가할 때, 그 가부를 논하기 어렵고 그것을 가리더라도 쉽게 수긍하지 않게 된다. 그러나 사전에 표준이나 기준을 제시한 경우 작업이나 행동의 결과에 대해 잘잘못을 쉽게 가릴 수 있는 것은 물론, 노출된 문제점을 개선하여 보다 합리적이고 효율적으로 일을 처리할 수 있는 바탕이 될 수 있기 때문에 아주 중요하다.

가령 국회에서 법률을 제정하거나 예산안을 심의할 때 절차, 원칙, 기준이 없으면 각 정당과 국회의원 개인이 자신들의 편익을 내세워 법을 제정하고 예산안을 조정하여 통과시키려 할 것이다. 이해관계의 충돌은 갈등과 대립 극심한 혼란과 폐해를 유발시킨다. 그 대표적인 사례가 미디어 관련법 처리 강행이다. 과거 우리 국회의 의정 역사는 법률안의 강제적 통과 또는 날치기 통과의 모습과 그로 인한 정치 파동의 모습을 자주 보여주었다. 그러나 강압과 날치기에도 불구하고 적어도 법률안 통과의 일정한 형식적 절차를 밟았다. 일정한 형식적 절차를 밟았다는 그 사실 자체가 법률안 통과의 합법성과 정당성을 주장할 수 있는 근거가 되기 때문이었다. 민주주의는 그 실질적 내용뿐만 아니라 형식적 절차를 필수적으로 요구한다. 어떤 점에서 민주주의의 형식적 절차는 그 실질적 내용보다도 더 중요하다. 사회의 구성원 모두가 최소한도 그 형식적 절차를 준수함으로써 민주주의는 유지될 수 있기 때문이다. 민주주의에서 절차와 제도가 중요한 것도 바로 여기에 이유가 있다. 특히 법률을 제정하는 국회 표결의 형식적 절차는 매우 엄격해야 한다. 그런데 2009년 7월 22일 국회의 미디어 관련법 표결은 초등학교 줄반장 선거만도 못한 엉망진창임을 보여주었다. 국회 표결규칙조차도 제대로 숙지하지 못한 채 표결 절차를 강행하는 한심하기 짝이 없는 의사진행으로 법률안 통과의 기본적인 형식 절차도 갖추지 못해 표결 불성립 논란을 불러일으켰다. 누구보다도 앞서 민주적인 표결의 모범을 보여야 할 국민을 대표하고 있는 국회에서 보여준 저급한 표결 파동의 모습은 민주적 표결의 가장 기본적인 형식 절차조차도 지켜지지 않았다는 점에서 심히 유감스럽고 부끄러운 일이 아닐 수 없다. 결국 7·22 미디어 관련법 파동의 운명은 헌법재판소의 판단에 넘겨지게 만들었고 국민적 대립과 갈등을 불러일으켰다.[61]

오늘날 우리 국회가 온갖 추태를 보이며 국민으로부터 불신을 사고

---

61) 미디어오늘 2009. 8. 5.

혐오감을 갖게 만들며, 사회를 대립과 분열로 몰고 가는 것도 국회 내에서 법률안과 예산안을 처리할 때 정해진 법, 절차, 원칙, 기준 등의 민주주의 기본 가치를 무시하거나 지키지 않기 때문에 발생하는 것이다. 단순한 것 같지만, 우리 국회의원들이 준법정신만 제대로 발휘해도 현재 보이고 있는 추태의 절반, 사회갈등의 절반은 줄어들 것이 확실하다.

(1) 정치 불신 가장 큰 원인 법질서 지키지 않는 것

한국 정치에 있어 가장 큰 문제는 법률을 제정하는 국회에서 자신들이 만든 법률을 국회의원이 제대로 지키지 않는다는 점이다. 시도 때도 없이 벌어지는 의장석 점거와 몸싸움을 벌이는 것은 모두 법으로 규정된 절차를 지키지 않기 때문에 발생하는 일들이다. 법질서를 지키지 않는 것은 궁극적으로 정치를 불신하게 하는 실질적인 원인으로 작용한다. 김원기 전 국회의장의 고별사는 우리 정치의 문제점을 잘 지적하고 있다.

2008년 5월 9일 국회 본회의 '의원신상발언' 형식으로 한 고별사에서 김원기 전 국회의장은 30년 정치를 마감하면서 "정치 불신의 가장 큰 원인은 국회가 법치주의를 제대로 지키지 못하는 것이다. 국회에서 여야가 인내를 갖고 대화하고 타협하는 것이 민주주의 태도지만, 끝내 합의도출을 못 하면, 최종적으로는 다수결 원칙을 존중할 수밖에 없다고 절실히 생각했다. 참으로 미안한 심정으로 이제 야당인 민주당 여러분께 간곡한 호소를 드린다. 18대 국회에서는 어떤 상황이 오더라도 물리적인 힘으로 단상을 점거하고 의사진행을 방해하는 행태를 청산하겠다는 각오와 선언을 해주었으면 한다. 야당이 최후 수단을 포기했을 때 정권의 독선·독주를 어떻게 막겠느냐는 염려는 있을 것이다. 그러나 국민을 믿고 결단을 하면 된다. 약한 야당을 각오하고 결단할 때, 국민은 여러분을 강한 야당으로 만들어 줄 것이다. 한나라당 의원들도 민주주의 본질이 소수자에 대한 존중임을 알고 실천할 때 민주주의와 정치발전에 기여할 것"이라고 말했다.

1979년 10대 국회에서 첫 금배지를 단 6선 의원으로, 13대 여소야대 시절 평민당 원내총무와 17대 전반기 국회의장으로 여야 충돌을 누구보다 많이 겪은 김 전 의장이 던지는 충고라 가슴에 와 닿는다. 30년 정치 중 20년을 야당 정치인으로 보낸 김 전 의장이 야당이 무기력하게 다수결 원칙에 따를 때 받을 역풍을 모르지 않았을 것이다. 그럼에도 그는 "국민을 믿고 해보라"고 고언한 것이다. 실제로 무턱대고 다수결로 밀어붙이다 민심 이반으로 몰락한 정치세력을 찾는 것은 어렵지 않다. 1996년 12월 26일 새벽 신한국당 의원들은 몰래 본회의장에 입장해 노동법 등을 처리했다. 이때 돌아선 민심은 다음 해 대선에서 정권을 교체했다. 2005년 8월 8일 일본 참의원은 당시 고이즈미 총리가 의욕적으로 추진한 우정 민영화 개혁 법안을 부결시켰다. 즉각 의회를 해산해 치른 총선에서 우정 법안에 반대한 의원들은 추풍낙엽처럼 낙선했다.

대통령과 정부가 추진하는 정책이 소통을 무시하고 일방적으로 밀어붙이는 것이고, 여당이 추진하는 법안들이 야당 주장대로 문제가 많은 악법이라면, 그래서 우리나라 민주주의를 대폭 후퇴시키는 것이라면, 국민은 다음 총선에서 아니 그전에 2010년 지방선거에서 한나라당을 심판할 것이다. 민주당 의원들도 우리 국민이 그 정도 정치의식도 없는 국민이라고 보지는 않을 것이라 믿는다.[62] 여당이 마음에 안 든다고 무조건 반대만 하고 억지로 막을 것이 아니라, 국민을 믿고 국민에게 맡기면 된다. 힘이 약한 사람에게 있어 최고의 무기는 힘으로 대결하는 것이 아니라 지식과 지혜를 기르는 것이다. 그리고 여당도 정권을 지키고 싶으면 제대로 된 지도력과 문제해결능력을 갖추고 대화와 타협으

---

62) 조선일보 2009. 8. 6.

로 정국을 주도하는 면모와 품격을 갖추어야 한다. 숫자는 언제든지 바뀔 수 있다는 점을 이미 경험하고도 제대로 준비를 하지 않으면 다시 아픔을 겪을 수밖에 없다. 세상은 법만으로 통치될 수 없기 때문에 사회에는 모범이 필요하다. 특히 정치가와 고위공직자의 솔선수범은 중요한 의미가 있다. 법질서의 확립도 마찬가지이다. 루이스 이나시우 룰라 다 시우바(Luiz Inácio Lula da Silva) 브라질 대통령의 행동은 우리 사회의 지도자들이 어떻게 행동하고 삶을 살아야 할 것인가에 대해 생각하도록 해주는 좋은 사례가 될 것으로 생각된다.

경향신문 보도에 의하면 우고 차베스 베네수엘라 대통령이 루이스 이나시우 룰라 다 시우바 브라질 대통령을 한껏 치켜 올리며 "개헌을 해서라도 룰라가 대통령을 한 번 더 해야 한다"고 주장했다. 차베스는 2009년 10월 30일 자국을 방문한 룰라를 만난 뒤 "룰라의 임기가 내년 말 끝나는 사실이 안타깝다. 국민들로부터 80%가 넘는 높은 지지를 받고 있는 그가 대통령직을 그만둘 이유가 없다고 본다"고 말했다. 룰라가 개헌을 통해서라도 3선을 시도할 필요가 있다는 개인적인 견해를 밝힌 것이다. 차베스는 2009년 2월 대통령 임기 제한을 없앤 개헌안을 국민투표에서 통과시켜 영구집권의 길을 연 바 있다. 그러나 룰라는 "브라질 민주주의의 근간을 흔들 수는 없다"면서 차베스와 선을 긋고 개헌 불가론을 고수했다고 브라질 언론들이 전했다. 브라질은 대통령 4년 중임제를 채택하고 있으나 3연임은 금하고 있다[63]고 한다.

(2) 절차 무시가 불러온 4대강 정비사업 논란
① 물 부족 대비 정비 필요성 대체로 공감
물 부족문제는 세계가 우려하는 문제로 인류가 해결해나가야 할 당

---

63) 경향신문 2009. 11. 1.

면과제 중 하나이다. [표 1-3], [표 1-4]에서 보는 바와 같이 UN 분류 기준에 의하면 우리나라는 연간 1인당 이용 가능한 수자원 양이 1,488 ㎥로 물 부족(stress, 압박)국가에 해당된다. 2016년 2억 500만㎥(가뭄 때 9억 7,500만㎥)의 용수 부족이 예상되고 있다. 이는 25톤 탱크로리 대형 유조차 1만 250대(가뭄 때 4만 8천750대) 분량이다.[64]

4대강 살리기 사업(이하 4대강 정비사업)은 국토해양부 하천정비, 댐 건설, 농경지 개조, 농림수산식품부 저수지 둑 높이기, 영산강 하구 둑

[표 1-3] PAI(국제인구행동연구소) 분류기준

분류	연간 1인당 이용 가능한 수자원 양
물 기근국가	1,000㎥ 이하
물 부족(stress, 압박)국가	1,000~1,700㎥
물 풍요국가	1,700㎥ 이상

출처: 안경률(2009), 「성숙한 사회, 선진 일류국가로 가기 위해 버려야 할 WORST 12」, 의정보고서, p.17

[표 1-4] 국토해양부 수자원 장기종합계획

(단위: 백만㎥)

구분 \ 년도	2011년		2016년		2020년	
	최대 가뭄년	평균년	최대 가뭄년	평균년	최대 가뭄년	평균년
용수수요량	35,498	35,498	35,800	35,800	35,568	35,568
-생활용수	8,103	8,103	8,180	8,180	8,195	8,195
-공업용수	3,178	3,178	3,562	3,562	3,422	3,422
-농업용수	15,849	15,849	15,690	15,690	15,583	15,583
-유지용수	8,368	8,368	8,368	8,368	8,368	8,368
공급가능량	34,701	35,305	34,825	35,595	34,643	35,358
과부족량	△ 797	△ 193	△ 975	△ 205	△ 925	△ 210

출처: 안경률(2009), 「성숙한 사회, 선진 일류국가로 가기 위해 버려야 할 WORST 12」, 의정보고서, p.17(국토해양부)

---

64) 안경률(2009), 「성숙한 사회, 선진 일류국가로 가기 위해 버려야 할 WORST 12」, 의정보고서, p.17

사업, 환경부 총인 처리시설 보강, 하수처리시설 확충 등 수질개선 사업에 총 22조 2천억이 단계적으로 투입된다.[65] 만일 이 사업이 실시되지 않을 경우 수자원공사는 위에 예시된 장기 수량부족에 대비 별도로 추가되는 비용을 부담하여 한강과 낙동강, 금강과 영산강의 저수량을 늘리는 강 정비 사업을 어떤 형태로든 해야 할 수밖에 없는 상황이다. 따라서 4대강 정비 사업은 우리의 가장 중요한 수원으로 앞으로 물 부족 문제를 해결해 나가는 데 있어 결정적인 역할을 할 수 있는 중요한 사업내용이 포함되어 있다. 그런데 이 중요한 사업이 사회적인 논란 대상으로 대두되면서 국민의 갈등을 조장하고 대립과 분열을 만드는 하나의 원인으로 작용하고 있다. 언제 누가 시행을 하더라도 물 부족문제를 해결하기 위해서는 어떤 형태로든 4대강의 정비가 필요하다는 점에 대해서는 국민들이 대체적으로 공감한다.

정부는 강물을 막아 물그릇을 키우기 위해 만들어지는 16개의 보에 수력발전소를 건설, 보 한 개에 2개의 발전시설이 가동돼 연간 27만 8천 메가와트시의 전력을 생산하다는 계획이다. 이는 5만 6천 가구가 일년 동안 쓸 수 있는 양으로 47만 배럴의 유류수입 대체 효과와 15만 톤의 온실가스 감축 효과가 있다[66]는 것이 4대강살리기추진본부의 설명이다. 외견상으로 보면 4대강 정비 사업은 물 문제도 해결하고 발전도 하고 온실가스 감축에도 기여하는 등 일석삼조처럼 보인다. 야당의 텃밭인 전남 광주지역의 주민들까지 정비의 필요성에 대해서는 원론적으로 동의하고 있다. 그런데 왜 4대강 정비 사업이 국론을 분열시키고 국민의 갈등을 조장하는 논란의 대상이 되었는가? 지구온난화 대처를 위한 온실가스 저감방안 중 하나로 제시된 한반도 대운하건설 공약의 영

---

65) 4대강살리기 사업추진현황.
66) KBS 2009. 8. 6.

향이 없지는 않지만, 그것보다는 합리성과 정당성을 확보하기 위한 절차를 무시하고 임기 내에 공사를 무리하게 완료하겠다는 지나친 업적 위주의 공사강행과 대안 없는 반대를 위한 반대 때문인 것으로 보인다.

4대강 정비 사업이 어떤 문제가 있는지 민주당이 발간한 백서를 통해 살펴보자. 정부가 내세우는 4대강 정비사업 필요성의 근거는 홍수 예방, 물 확보, 수질 개선, 일자리 창출, 강 살리기 등 5가지이다. 이에 대해 민주당백서는 '1999~2003년 4대강 등 국가 하천의 홍수 피해액은 전체 홍수 피해액의 3.6%에 불과하다'며 4대강보다 먼저 홍수 피해를 줄여야 할 곳은 지방하천, 소하천이라고 지적했다. 백서는 '정부는 부족한 물을 확보하기 위해 보를 건설한다고 하나, 2007년 전국 광역상수도시설의 평균 이용률은 50%에 불과하다'고 밝혔다. 그러면서 '정부가 4대강 사업으로 확보하려는 13억t의 물 중 10억 톤을 낙동강에서 확보할 계획이지만 4대강 중 가장 물이 부족한 강은 영산강·섬진강이어서 엉뚱한 정책'이라고 비판했다. 민주당은 백서에서 '4대강 사업을 통해 4대강의 수질을 2급수 이상으로 끌어올린다'는 정부의 발표도 '실제 66개 구간 중 51개 구간이 이미 2급수 이상이어서 거짓말'이라고 밝혔다.

이어 '보 건설과 준설로 수질이 악화되다 보니 수질 개선을 위해 3조 9천억 원을 투입하려는 것'이라고 덧붙였다. 백서는 '일자리 문제 역시 정부 발표를 그대로 인용해도 창출되는 일자리는 34만 명이 아니라 4만 4천 명에 불과하다'고 주장했다. 또한 '수질이 악화되고 습지가 없는 등 죽은 강을 살려야 한다'는 정부 주장도 사실과 다르다고 반박했다. 2008년 수생생태계 건강성 조사 결과 4대강 내 640곳의 수질은 74%가 양호 이상을 받았다는 것이다. 백서는 '낙동강에서 4억 4천만㎥를 준설하면 내륙습지 32개, 상수원보호구역 9곳이 훼손된다. 4대강 사업은 자연환경을 훼손해 인공시설을 만드는 조경사업'이라고 비판했다. 백서는 결론적으로 '4대강 사업은 불법과 비리, 절차 무시와 부실, 거짓말, 졸속 정책의 종합세트이다. 일괄수주(turnkey) 입찰 담합 비리, 편법 발주로 국가재정법 위반, 수자원공사에 편법적 예산 떠넘기기, 문화재 조사 부실 등 22가지 문제가 있다'[67]고 주장했다.

이 주장을 근거로 야당은 틈만 나면 예산 통과 전 착공 등 절차적 문제의 지적, 하상 준설 깊이와 보 건설 등에 따른 문제점을 들어 4대강 정비 사업이 한반도 대운하 건설을 위한 정지작업이라며 사업 진행에 대해 반대 입장을 표명하고 여러 차례에 걸쳐 2009년도 예산심의를 거부하거나 축소해야 한다는 태도를 보였다. 4대강 정비 사업에 대한 반대는 민주당만 반대하는 것이 아니다. 환경단체를 비롯한 상당수 시민단체와 대학의 환경관련 학과 교수, 천주교와 불교 관계자들도 반대하고 있다. 보 건설에 따른 멸종위기 동식물에 악영향 우려 문제도 제기되었다. 이에 대해 이명박 대통령이 직접 나서 우리의 기술 수준이 강오염을 충분히 통제할 능력을 보유하고 있으며 오염을 막을 수 있도록 보를 건설하고 운영하겠다. 오염을 탐지할 수 있는 물고기 로봇을 운영할 계획이라고 밝혔다. 그런데도 시민사회단체들은 오염탐지 로봇을 운영하겠다는 계획 자체가 오염을 전제로 한 것이라며 여전히 4대강 정비사업의 반대 입장을 굽히지 않고 있다.

② 법규 논란 대부분 보완 절차 무시 신뢰는 문제

이제까지 4대강 정비 사업에 대해 제기되고 있는 문제의 쟁점을 하나씩 살펴보자. 첫째 4대강 정비 사업은 한반도 대운하 건설을 위한 것인가? 한반도 대운하 건설 사업은 이명박 대통령의 선거 공약이었으나 국민의 반대에 부딪히자 포기한다고 선언되었다. 그 이후 4대강 정비

---

67) 경향신문 2009. 11. 9.

사업이 추진되었는데, 민주당은 한반도 대운하 건설이 국민적 반대에 부딪치자 그 대안으로 4대강 정비 사업이 입안되었고, 깊이를 6m 이상 준설하려는 것은 한반도 대운하를 건설하겠다는 의도라는 주장과 의혹을 떨치지 못하고 있다. 이에 대해 이명박 대통령은 2009년 12월 30일 국회에서 논란이 되고 있는 4대강 살리기 사업과 관련, "이미 이 정부 임기 중에는 대운하를 하지 않겠다고 발표했고 물리적·시간적으로도 할 수 없다"고 말함으로써 그 문제는 진정국면으로 접어든 것으로 보였다.[68] 하지만 대통령 직속기구인 국가건축정책위원회(위원장 정명원)가 영남 내륙의 대구와 구미를 항구도시로 만들겠다는 내부보고서를 작성한 사실이 드러나 '대운하' 의혹이 다시 불거졌다. 민주당 김진애·김재윤 의원은 2010년 10월 4일 국회 기자회견을 통해 국건위가 국토연구원에 용역을 맡겨 지난 2009년 12월 보고받은 내부보고서 <수변 공간－도시 디자인 전략 연구>를 전격 공개했다. 이 보고서는 83쪽 분량으로, 앞으로 발전시켜야 할 항구 산업도시 대상을 "바다와 하천이 만나는 항구 구간과 대형 산업단지를 통과하는 하천 구간"이라고 적시하고 있다. 특히 보고서는 항구산업 예정지로 영산강의 경우 목포, 금강은 서천, 군산 등 해안도시를 거론하는 동시에, 낙동강에 대해선 항구도시인 부산 외에 내륙에 위치한 대구와 구미를 지목해 논란을 낳고 있다. 이는 과거 '한반도 대운하' 때의 대구·구미 발전 방안과 동일한 내용이기 때문이다. 두 의원은 "이는 낙동강을 바다와 연결시키겠다는 '운하준비 사업'임을 여실히 드러내는 것이다. 이명박 대통령은 2008년 6월 '대운하 포기'선언을 했음에도 불구하고 이후에도 '임기 후 대운하 추진가능성'을 거론하였으며 2010년 3월 '대구가 항구도시다'라는 발언을 한 것과 맥을 같이 하는 것으로, 이 보고서는 이명박 대통령의 운하

---

68) 서울경제 2009. 12. 30.

계획이 구체적으로 명시된 것"이라고 주장했다. 이들은 "4대강사업이 운하준비사업이 아니라면 대구항, 구미항은 있을 수 없다. 결국 운하 포기선언은 국민을 기만한 '속임수 선언'이었음이 드러난 것"이라며 이 대통령을 질타했다. 더욱이 문제의 국건위는 이 대통령이 서울시장 재임 시절 청계천 복원공사를 주도했던 양윤재 전 부시장이 고위급 위원으로 재직하고 있는 기관이자, 문제의 보고서 작성 후 수자원공사로부터 4대강사업 주변 개발 가능 지역에 대한 연구용역을 수행하고 있어, 이 같은 작업이 이 대통령의 지시로 진행 중인 게 아니냐는 의혹도 낳고 있다. 양 위원은 청계천 복원 사업을 주도하다가 4억 원의 뇌물을 받아 5년형을 선고받고 구속됐다가 이 대통령 취임 6개월 만에 사면복권 된 뒤 2008년 12월 국건위 위원으로 화려하게 복귀했다.[69] 우리 사회의 주요갈등 이면에는 여러 곳에서 대통령의 이해하기 어려운 행동이 나타난다. 이것은 법규문제는 아니지만, 신뢰성과 관련된 것으로 이명박 대통령이 이번에는 또 어떻게 야당의 반발과 국민의 의혹을 해소할지 관심대상이다. 둘째는 공사과정과 절차상에 나타나는 정당성과 합법성의 문제이다. 정부는 당초 4대강 정비사업을 물 문제 해결보다는 홍수피해예방에 중점을 두는듯한 인상을 보였다. 홍수문제 해결을 위해서는 국가재정법 제38조(예비타당성 조사) ① 기획재정부 장관은 대통령령이 정하는 대규모사업에 대한 예산을 편성하기 위하여 미리 예비타당성 조사를 실시하여야 한다고 규정하고 있다. 따라서 국가재정법 제38조 예비타당성 조사를 받지 않아도 되지만 물 문제 해결을 위해서는 예비타당성 문제를 받아야 하기 때문에 이명박 대통령 임기 내 완공이 어렵다. 그런데 낙동강 15개 전체구간이 모두 홍수예방 능력을 갖추고 있는 것으로 정부조사 결과 밝혀졌으나 정부가 홍수예방을 명분

---

69) 뷰스앤뉴스 2010. 10. 4.

으로 4대강사업 준설공사에 막대한 돈을 퍼붓고 있다는 지적이 제기됐다. 국회 국토해양위원회 소속 김진애 민주당 의원이 2009년 12월 18일 공개한 부산지방국토관리청의 '낙동강유역종합 치수계획 보고서'에 따르면, 낙동강 15개 전체 구간 중 6개 구간이 홍수를 이겨내는 지표인 '홍수소통능력'이 100%를 넘어서고 5개 구간도 사실상 홍수예방이 가능한 수준인 94~99%에 이른 것으로 나타났다. 홍수소통능력은 강이 넘치지 않고 1초당 강물을 흘려보낼 수 있는 최대 수량을 말하는 것으로, 이 수량이 '목표홍수량'보다 많으면 홍수예방능력을 갖춘 것으로 본다. 문제의 보고서는 2009년 7월 작성된 것이었다.[70] 이렇게 문제가 제기되자 정부는 홍수예방보다는 물 문제 해결을 강조하기 시작했다. 물 문제 해결을 위한 공사는 예비타당성 조사가 문제가 될 수밖에 없기 때문에 강을 정비하면 홍수예방에도 도움이 된다는 입장을 굽히지 않고 있다. 거기다 예비타당성 조사를 피해 4대강 정비 사업을 추진하기 위해 2009년 3월 25일 국가재정법 시행령 제22조(타당성 재조사) ② 사업의 상당 부분이 이미 시공되어 매몰비용이 차지하는 비중이 큰 경우, 총사업비 증가의 주요 원인이 법정경비 반영 및 상위계획의 변경 등에 해당되는 경우 등과 같이 타당성 재조사의 실익이 없는 때와 지역균형 발전, 긴급한 경제·사회적 상황 대응 목적으로 추진되는 사업, 재해예방·복구 지원 또는 안전 문제 등으로 시급한 추진이 필요한 사업의 경우에는 타당성 재조사를 실시하지 않을 수 있다는 내용으로 개정했다는 주장이 제기되었다. 민주사회를 위한 변호사 모임(민변)의 환경위원회 간사인 조성오 변호사는 경향신문과의 통화에서 "국가재정법은 '500억 원 이상 투입되는 정부 사업은 예비타당성 조사를 거쳐야 한다'고 규정했으나, 정부가 4대강 시행을 위해 2009년 3월 시행령을 고쳐

---

70) 뷰스앤뉴스 2009. 12. 18.

'재해 예방, 복구 지원 등 시급한 사업' 등은 조사 대상에서 제외했다. 정부의 재량권 남용 소지가 있다"고 비판했다.[71] 그러나 실제 정부가 4 대강 사업을 추진하기 위해 국가재정법 시행령을 개정하였더라도 이는 절차적으로 문제가 되지는 않다. 또한 정부가 사업 초기에 어느 부분에 초점을 맞추어 홍보를 했던 현재 정부가 내세우는 4대강 사업 필요성의 근거는 홍수 예방, 물 확보, 수질 개선, 일자리 창출, 강 살리기 등 5가지이기 때문에 예비타당성 문제도 크게 비난의 대상이 되지 않을 것으로 보인다. 셋째는 예산 통과와 사전 착공문제이다. 국가재정법 제 37조(총액계상) ① 기획재정부 장관은 대통령령이 정하는 사업으로서 세부내용을 미리 확정하기 곤란한 사업의 경우에는 이를 총액으로 예산에 계상할 수 있다. ④ 각 중앙관서의 장은 제3항의 규정에 따른 총액계상사업의 세부사업시행계획과 세부집행실적을 국회 예산결산특별위원회에 제출하여야 한다고 명시하고 있다. 4대강 정비 사업이 국가재정법 37조의 총액계상사업(세부 내용을 미리 확정하기 곤란할 때 총액으로 예산에 계상하는 사업)이 아닌데도, 정부가 2010년도 예산안을 제출하면서 구체적 사업계획을 제출하지 않아 위법하다고 보는 시각도 있었다. 박주선 최고위원은 2009년 11월 9일 최고위원회의에서 "정부가 국가재정법·하천법·수자원공사법 등을 위반하는 4대강 정비사업을 본격 착수한다. 위법·불법 사업일 뿐 아니라 예산 편성에도 없기에 즉각 중단해야 한다"고 말했다.[72] 민주당과 민주노동당·진보신당 의원들은 예산안 처리에 반대했더라도 2009년 12월 31일[73] 한나라당 주도로 국회에서 관련 예산안이 통과되었기 때문에 이 또한 일단락된 것으

---

71) 경향신문 2009. 11. 9.
72) 경향신문 2009. 11. 9.
73) 중앙일보 2010. 1. 1.

로 보인다. 이상돈 중앙대 법대 교수는 "4대강 정비사업 착공은 환경영향평가법이 규정한 환경영향평가를 형식적으로 거쳐 내용에서 부실하고, 공람 절차, 지방자치단체 협의, 유역 치수 계획 변경도 없어 절차도 어겼다"고 밝혔다. 시민사회의 반발도 거세지고 있다. 운하반대전국교수모임과 대한하천학회는 서울대 교수회관에서 기자회견을 열어 "4대강 정비사업 환경영향평가는 4개월 만에 졸속으로 추진돼 신뢰할 수 없다"고 주장했다.[74] 우리나라의 주요 강인 4대강에 대해 4개월 만에 환경영향평가를 했다는 것은 충분히 졸속으로 추진되었다는 비판을 받을 만하다. 하지만 일단 환경영향평가를 받았기 때문에 크게 문제 될 것은 없다. 정부는 공구별로 3천억 원 내외의 공사비가 드는 4대강 정비사업을 국회가 예산 심의도 하기 전 '턴키방식(설계·시공 일괄발주)'으로 입찰하고 사업자를 선정했다. 국토해양부는 2009년 6월 4대강 정비사업 12개 공구별로 각 1억 원씩 12억 원의 예산을 배정하고 모두 3조 3천9억 원 상당의 대규모 공사를 긴급 입찰하도록 조달청에 요청했다. 이에 따라 조달청은 3조 320억 원에 시공사를 결정했다. 이에 대해 경향신문은 "2009년 예산안에는 4대강 사업 예산이 포함돼 있지 않아 헌법 제55조 ① 한 회계연도를 넘어 계속하여 지출할 필요가 있을 때에는 정부는 연한을 정하여 계속비로서 국회의 의결을 얻어야 한다. ② 예비비는 총액으로 국회의 의결을 얻어야 한다. 예비비의 지출은 차기 국회의 승인을 얻어야 한다는 조항과 국가재정법 제23조(계속비) ① 완성에 수 연도를 요하는 공사나 제조 및 연구개발사업은 그 경비의 총액과 연부액(年賦額)을 정하여 미리 국회의 의결을 얻은 범위 안에서 수 연도에 걸쳐서 지출할 수 있다. ② 제1항의 규정에 따라 국가가 지출할 수 있는 연한은 그 회계연도부터 5년 이내로 한다. 다만, 필요하다고 인

---

74) 경향신문 2009. 11. 9.

정하는 때에는 국회의 의결을 거쳐 그 연한을 연장할 수 있다는 규정을 무시했다"고 지적했다. 이 또한 절차적 문제에 따른 비판의 여지가 있기는 하지만 공사대금 결제를 2010년 예산안이 통과된 후 집행하면 피해 갈 수 있다. 위에서 살펴본 바와 같이 그동안 여러 가지 문제가 지적되었지만, 전체적인 관점에서 보면 현재는 대체로 핵심적인 법적인 문제는 거의 보완이 이루어진 것으로 보인다.

이 외에도 야당은 졸속 추진에 대한 우려와 예산 편중의 문제를 제기하기도 했다. 지금 이명박 정부가 밀어붙이고 있는 4대강 정비사업은 이렇듯 절차적 문제에 대한 비판 소지가 다분함에도 결정적으로 법률을 위반하는 것은 보완을 통해 피해 가는 모양새를 갖추는 것을 볼 수 있다. 이러한 일 처리 방법은 결코 바람직하지 않다. 같은 사업을 하고 정책을 펼치더라도 미리 철저하게 문제점을 분석하고 대책을 세우지 못하고 문제점이 지적되면 보완하는 대응논리개발로 문제를 해결하면서 국론을 분열시키는 것은 온당하지 못하다. 4대 강 정비 사업은 막대한 예산이 투입되는 대형 국책사업이다. 이 사업이 어떤 결과를 가져올지 아직은 예단하기 어렵다. 그리고 반드시 이명박 정부에서 해야 한다는 규정은 어디에도 없다. 정당성과 합리성을 확보하며 차근차근 진행하는 것이 온당하다.

지금 국회는 알 수 없는 미래의 결과를 놓고 팽팽히 맞서 있다. 4대강 정비사업에 대한 여야 양측의 주장은 너무나 대조적이다. 한쪽은 수질개선과 용수 확보를 위해 반드시 사업을 벌여야 한다는 반면, 반대쪽은 수질은 더 악화될 것이고 용수 확보는커녕 홍수가 나면 큰 재앙을 입을 것이라고 주장하고 있다. 환경 측면에서도 마찬가지이다. 한쪽은 강을 친환경적으로 아름답게 정비함으로써 국민의 실생활에 큰 도움이 된다고 말하고, 다른 쪽은 물을 여러 곳에 가둠으로써 생태계의 변화를 가져온다고 주장한다. 팔당댐으로 인해 양평 지역이 다른 지역보다 겨울 기온이 더 낮다거나, 댐 주변이 습기로 인해 생태계에 변화를 가져왔다는 주장이다. 반면 서울의 한강 두 곳에 수중보를 설치했으나 그것으로 인해 서울의 생태계에 변화는 없었고 오히려 한강의 넉넉한 강물로 환경과 조건이 더 좋아졌다고 반박한다.

아무도 미래를 앞질러 가보지 못한 상황에서 좋은 결과를 가져올지 나쁜 결과를 가져올지 단정할 수는 없다. 정부·여당은 야당의 소리에 귀를 기울이고 속도를 조절하며, 야당과 사회단체, 전문가는 과학적 근거를 내세워 부당한 점과 보완해야 할 점을 지적해 나가는 것이 모두를 위해 바람직하다. 중요한 점은 미래와 연결되어 있는 사업은 그 수혜자나 피해자는 다 미래의 후손들이다. 어떻게 하면 후손들에게 아름답고 편리한 땅을 유산으로 물려줄 것인가의 문제다. 이는 정쟁거리가 될 일이 아니다. 이념의 문제도 아니다. '대통령의 치적으로 남겨야 할 성역 사업이니 밀어붙여야 한다'는 주장들은 모두 정파적이며 근시적이다. 우리는 누구나 미래를 모른다. 그러나 과거가 현재에 연결되어 있듯이 현재는 미래와 연결되어 있다.

현재를 제대로 살면 제대로 된 미래가 오게 되어 있다. 그것이 역사다. 현재의 바른 마음, 합리적인 판단이 미래를 보장해 주는 것이다. 이런 사업은 바로 그런 마음으로 추진해야 한다. 이는 장기적인 관점을 갖고 단계적으로 추진해야 한다. 가능하다면 한 곳을 시범적으로 해보고 그 결과를 봐가며 확대 여부를 결정하면 좋을 것이다. 재앙인지 축복인지 금방 현실 체크가 될 수 있기 때문이다. 물이 부족한 영산강과 낙동강부터 시작한 후 성공하면 한강과 금강으로 확대해도 될 것이다. 이런 점에서 얼마든지 여야의 지혜를 모을 수 있다. 후대에 물려줄 땅에 관한 일이니 당연한 일이다.[75]

　4대강 정비사업의 논란은 정부·여당도 너무 급하게 밀어붙이기식으로 사업을 추진하는 잘못을 범했지만, 야당과 시민단체 또한 반대를 위한 반대를 해온 잘못이 없지 않다. 따라서 물 부족 문제를 위한 강의 정비 필요성이 법규, 절차적 정당성과 사업내용의 합리성을 담보하는 것이 아니기 때문에 정부는 법규를 지키고 절차에 따라 사전 정지작업을 하고 야당과 시민단체를 비롯한 사업진행을 반대하는 시민들이 제시하는 문제점을 수렴하여 보완하고 공사 진행의 합리성과 정당성을 인정받을 수 있도록 논거를 제시하여 설득하고 재정 운영에 무리가 가지 않도록 단계적으로 공사를 진행해야 한다. 그리고 국가적인 대사를 반드시 이명박 정부에서 모두 완성해야 하는 것이 아니므로 무리하게 강행하지 말고 사업추진이 가능한 것은 시행하고 나머지는 착공 후 다음 정권으로 넘긴다고 문제 될 것은 없다.

　야당이나 시민단체도 물 부족 문제를 해결할 수 있는 대안을 제시하고 강 오염 문제에 대해서는 문제의 지적으로 끝나는 것이 아니라 합리적인 해결방안을 찾아 정부에 그것을 수용해 줄 것으로 요청하며 반대를 위한 반대 행동은 자제하고 국민들로부터 정당성과 합리성을 인정받기 위한 노력을 더 많이 기울일 필요가 있다. 조금씩 양보하고 지혜를 모으면 국토는 가꾸고 환경 재앙이 없는 4대강 정비 공사를 성공적으로 마무리할 수 있을 것으로 생각된다. 특히 야당의 경우 공사의 문제점을 지적하고 실제 공사는 정부·여당에 한 번쯤 맡겨둘 필요가 있다. 만약 정부·여당이 보완하지 않고 공사를 강행해 문제가 되면 그보다 더 좋은 공격거리는 없다. 어떤 일이든 나의 주장이 즉각 통용되기를 바라는 것은 지나친 욕심이다. 때로는 상대의 말에 귀를 기울이고 세월을 기다릴 줄도 알아야 올바른 답을 얻을 수 있다.

---

75) 중앙일보 2009. 11. 23.

(3) 법과 공권력에 대한 도전과 저항의 일상화

공권력의 상징인 검찰의 집행에 대한 논란과 시비, 때로는 비난과 항의가 일어나고 경찰의 치안 유지노력이 국민들로부터 저항을 받거나 도전을 받는 등 법이 제대로 지켜지지 않는 현재의 혼란된 사회 상황을 가장 적나라하게 표현하는 말이 '법이 무너진다'는 것이라고 할 수 있다. 이 말은 실제 법이 무너지는 것이 아니라 법이 있지만 제대로 지켜지지 않거나 무시되는 사례가 늘어나는 것을 우려하는 말이다. 법이 존중되지 않으면 질서가 파괴되고, 질서 파괴가 심화되어 법이 지켜지지 않으면 무질서가 지배하는 사회가 된다. 무질서는 혼란을 초래하고 전체 국민의 생존과 안위를 위협하는 방향으로 나아간다. 그렇기 때문에 질서유지를 통한 다수의 안녕을 확보하기 위해 악법도 법이고 법을 지켜야 한다는 논리가 설득을 얻는다.

우리 사회에 일어나는 공권력에 대한 도전과 국민들의 법규위반 내용을 살펴보면 다음과 같다. 먼저 질서의식이 약해지면서 경범죄가 급증하고 있다. 경범죄 위반행위 단속 건수는 2004년 117,236건에서 2008년에는 307,912건으로 5년간 162.6%가 증가했다. 2008년 기준 인구 10만 명당 경범죄 위반행위 단속건수는 622건으로 일본의 14건에 비해 44.4배나 많다. 그리고 2005년에서 2008년 사이에 음주운전 공무원 중 신분을 은폐하다 적발된 인원은 9,466명에 이른다.[76] 집회시위공화국으로 불릴 정도로 집회도 잦다. 최근 10년간 집회시위는 11만 7,899건으로 연평균 11,790건, 하루 32.3건의 시위가 발생했다. 인구 100만 명당 집회시위 건수는 서울 736건, 워싱턴 207건, 파리 186건, 동경 59건으로 서울의 집회시위 건수가 현저히 높다. 10년간 불법폭력시위는 1,084건이 발생 경찰부상자 5,245명이 발생했다.

---

76) 안경률(2009), 「성숙한 사회, 선진 일류국가로 가기 위해 버려야 할 WORST 12」, 의정보고서, pp.1~4

[표 1-5] G20 국가 의회 폭력 사태 발생 현황

국가 명	국회 폭력 건수		비 고
	2008년	2009년	
일 본	0	0	
영 국	0	0	
프 랑 스	0	0	
독 일	0	0	
이탈리아	0	0	
일 본	0	0	
캐 나 다	0	0	
러 시 아	0	0	2005. 5. 31, 부의장인 Vladimir Zhirinovsky 의원이 지역선거결과에 대해 항의하면서 Andrei Savyolov의원에게 침을 뱉었고, 이것이 두 의원 간의 주먹질과 양당 소속 의원 간의 폭행으로 번짐. Zhirinovsky 의원 1개월간 발언정지 징계
중 국	0	0	
아르헨티나	0	0	
호 주	0	0	
브 라 질	0	0	
인 도	0	0	2006. 8. 5, Prabhunath Sinsh 야당의원이 랄루 야다프 철도장관의 친척이 성폭력에 연루되어 있다고 본회의에서 폭로하자 여야의원들이 폭언을 하면서 회의장이 아수라장이 됨
인도네시아	0	0	
멕 시 코	0	0	2006. 11. 28, 민주혁명당이 펠리페 깔데론 대통령당선인이 부정선거를 통해 당선되었다고 주장하자, 국민행동당 의원들이 주먹질과 발차기를 하면서 폭력 충돌 발생
사우디아라비아	0	0	
남아프리카공화국	0	0	
터 키	0	0	
EU의장국	0	0	
한 국	3	5	

출처: 안경률(2009), 「성숙한 사회, 선진 일류국가로 가기 위해 버려야 할 WORST 12」, 의정보고서, p.8

[표 1 - 6] 공무집행방해사범 현황

(단위: 건수)

구 분	2004년	2005년	2006년	2007년	2008년
공무집행방해사범(건)	8,106	7,623	9,783	13,803	15,646

출처: 안경률(2009), 「성숙한 사회, 선진 일류국가로 가기 위해 버려야 할 WORST 12」, 의정보고서, p.9

국회폭력은 [표 1 - 5]에서 보는 바와 같이 G20 국가 중 한국만 발생했다. 국회 입법조사처에 따르면 2008년 3건에서 2009년에는 5건으로 늘어났다.[77]

조직폭력배의 세력 확장도 계속되고 있다. 영세상인 및 유흥업소 갈취, 폭력행사, 사행성 불법영업 등을 일삼는 조직폭력배 범죄는 최근 5년간 69% 증가했으며, 2004년 3,203명에서, 2008년 5,411명으로 늘어났다. 경찰 관리대상 전국 조직폭력배 조직원 수는 2004년 4,601명 207개 조직에서, 2008년 5,413명 221개 조직으로 5년간 17.6% 증가해 폭력조직이 기업화, 대형화하며 사회 각 분야 이권에 개입하면서 관련 범죄도 늘어나는 추세다.[78] [표 1 - 6]에서 보는 것처럼 공권력을 무시하고 공무집행방해 사범도 급증하고 있다. 2004년 8,106명에서, 2008년 15,646명으로 5년간 93%가 증가했다.[79]

노동부의 2009년 노동백서에 따르면 2008년 비정규직 다수 고용 사업장 4천255곳을 근로 감독한 결과 88%인 3천747곳이 근로기준법 등 각종 노동관계 법령을 위반한 사례가 적발됐다. 위반 건수는 총 1만 5천93건으로 업체당 평균 4건을 위반한 것으로 계산됐다. 특히 공공부문의 위반율도 상당히 높아 자발적으로 민간을 선도하는 역할에 소홀했다는 지적을 받고 있다. 공공부문은 1천234곳 가운데 949곳이 적발돼 위반율 76.9%를 기록했고 위반 건수는 2천794건으로 업체 평균 위반

---

77) 안경률(2009), 「성숙한 사회, 선진 일류국가로 가기 위해 버려야 할 WORST 12」, 의정보고서, p.7
78) 안경률(2009), 「성숙한 사회, 선진 일류국가로 가기 위해 버려야 할 WORST 12」, 의정보고서, p.10
79) 안경률(2009), 「성숙한 사회, 선진 일류국가로 가기 위해 버려야 할 WORST 12」, 의정보고서, p.9

건수는 2.9건으로 나타났다. 민간부문은 3천31곳 가운데 2천797곳이 단속에 걸려 위반율이 무려 92.6%에 달했고 위반 건수는 1만 2천299건으로 평균 4.4건인 것으로 나타났다.[80]

국민의 법규위반 사례가 지속적으로 증가하는 법규 경시 풍조가 우리 사회에 나타나는 이유는 무엇일까? 여기에는 네 가지 문제가 있다. 첫째는 국회의원들의 폭력행사와 입법과정에서 벌어지는 절차 무시와 위법의 문제이다. 법률의 제정에는 대화와 타협, 합리적인 법안의 상정, 다수결에 의해 법안이 통과되어야 한다. 그런데 우리 국회는 대화와 타협, 다수결의 원칙은 실종되어 있다. 정부·여당은 문제해결능력이 부족한 상태에서 밀어붙이기식 입법을 추진하고 야당은 무조건적 반대 속에 물리력을 행사하면서 법률이 통과된다. 이런 모습은 국민들로 하여금 법의 정당성에 대한 의문을 갖게 만들고 있다. 둘째는 권력을 가진 일부 정치가와 관료들이 검찰과 경찰의 법집행에서 정부의 입장을 옹호하거나 대변하는 방향으로 집행되도록 하고 있으며, 일부 승진을 바라는 검찰과 경찰의 상당수 고위직이 불편부당을 느끼면서도 개인적인 영달을 의식하고 본인에게 가해질 불이익을 우려하여 정부의 그릇된 요구를 수용하여 공정성과 합리성을 결여한 채 법을 집행하고 있다는 점이다. 상당수 검찰의 무리한 기소가 무혐의 판정을 받는 것과 경찰의 과잉진압 논란이 이를 입증해 준다. 셋째는 검찰과 경찰 공무원의 부정부패 문제이다. 심심찮게 터져 나오는 검찰 공무원의 부정부패와 경찰 공무원의 부정부패로 인하여 권력 집행자들의 권위가 실추되고 진정성을 의심받게 되었다. 특히 경찰 공무원의 부정부패 백태는 치안유지에 대한 시민의 도전을 불러일으킬 가능성이 있다. 넷째는 법무부 장관, 검찰총장과 경찰청장, 대법원판사, 국무총리나 장관 등 정무직공

무원에 도덕성 문제가 있는 사람을 임명하는 것이다. 비도덕적인 사람이 도덕적인 국민을 강제하고 명령하며 통치하는 것은 정당하지 않다. 일련의 문제들은 국민의 법 경시 풍조 확산과 공권력에 대한 저항으로 나타날 수 있다.

이러한 점을 고려할 때 국회의 정상화, 대통령을 비롯한 정치가들의 국민을 위한 봉사와 헌신, 검찰과 경찰 내부의 철저한 부정부패 척결을 통한 청렴성 확보, 도덕적인 고위공직자를 임명하는 풍토가 조성되고 국민은 정치가와 대통령, 공무원을 견제하며 법을 바로 세우는 일에 모두가 동참하지 않으면, 법과 공권력에 대한 도전과 저항의 일상화에서 벗어나 법치가 통용되는 공정한 사회를 만들기 어렵다.

(4) 기준과 원칙의 부재

법안이 국회를 통과하면 공포를 통해 시행된다. 그런데 노동법은 일부 조항에 대한 시행 유예가 반복되었다. 노동법 처리 과정에서 보여준 국회와 정부의 태도에는 기준과 원칙이 없었다. 추미애 의원 징계를 불러온 2009년 12월 노동법 처리는 기준과 원칙은 어디에도 보이지 않았다. 오로지 당리당략에 따라 노동계의 눈치를 보면서 국회를 운영해 온 여당과 야당의 표리부동(表裏不同)한 모습과 정부의 이중적 태도를 그대로 보여준 대표적인 사례에 해당한다.

노동조합 및 노동관계 조정법(노동관계법)안 문제의 시작은 1997년 노동법 파동으로 거슬러 올라간다. 정부는 노동법을 개정해 노동 갈등으로 인한 사회적 비용을 줄이고 이와 관계된 제도를 선진화해야 할 필요성을 느꼈다. 그래서 그 일환으로 복수노조를 허용하고 노조전임자에 대한 임금 지급을 막기로 하였다. 하지만 노동계의 반발로 이 조항은 5년 유예되었다가 2001년 다시 유예되어 2007년 시행을 앞두게 되었다. 노무현 정부가 들어선 후에 노사관계 개혁을 중요한 개혁지표로 삼으면서 2003년 3월에 노사관계 전문가 15인으로 구성된 「노사관계 선진화 연구위원회」를 구성하였다. 여기에서 그 해 말까지 연구한 결과를 정리한 것이 '노사관계 법·제도 선진화방안'이었다. 여기에는 노동조합 및 노동관계조정법, 근로기준법, 노동위원회법, 근로자참여 및 협력증진에 관한 법률 등 4개 법 분야의 34개 개선과제가 제시되어 있다. 그리고 2003년 9월부터 2004년 3월까지 노사정위원회 본 위원회에서 이 방안이 논의되기도 하였다. 2004년과 2005년에도 논의를 계속하려고 했지만, 노사정위원회가 제대로 운영되지 못하는 바람에 논의가 중단되고 말았다. 그런데 이 법안의 시행을 몇 개월 앞둔 2006년 9월 초부터 한국노총의 심상치 않은 움직임이 감지되었다.

과거 권위주의 정권 시절에 노동운동이 위기에 처할 때마다 의지했던 국제노동기구(ILO)의 아시아태평양총회 석상에서 회의의 주최자격인 한국노총이 철수하는 사태가 벌어졌다. 정부의 일방적인 '노사관계 로드맵'의 시행 계획에 반발한다는 이유에서였다. 그리고 며칠 후 한국노총과 재계는 복수노조와 노조전임자 임금지급 문제를 맞교환하는 방식의 합의안을 발표하고, 노사관계로드맵의 시행을 5년간 유예하기로 합의했다고 발표되기도 했으나. 합의사항의 유예기간을 3년으로 바꾼 수정안이 9월 11일 노사정위원회를 통해서 확정되었다. 그리고 이 모든 과정에서 배제된 민주노총은 같은 노동자단체인 한국노총을 '배신자'로 낙인찍으며 전의를 불태우기도 했다. 이것이 국제노동기구 총회를 박차고 나오면서 본격적으로 드러난 2006년도 판 노사관계로드맵 시행 연기의 전말이다. 한마디로 한국노총의 '전격전'에 이해요구가 맞았던 재계의 핵심세력이 화답함으로써 다시 3년간 노사관계로드맵의 시행이 늦춰진 것이다.[81]

2009년 다시 노동법 시행을 앞두고 노동계가 반대하는 가운데 국회
에서 법률 개정을 위한 협상이 시작되었다. 노동조합 및 노동관계 조정
법(노동관계법)을 개정할 때 국회에는 여야의 안이 제출되었지만 양측
이 각기 상대 정당의 안에 대해 문제를 제기하며 팽팽한 줄다리기가 계
속되자 추미애 위원장이 중재안을 제시했다. 추미애 위원장은 민주당
지도부에 자신이 제시한 중재안에 대해 입장 표명을 요청했으나 당 지
도부는 답을 하지 않았고, 한나라당이 추미애 위원장의 중재안을 수용
하여 국회에서 통과되자 민주당은 당헌·당규를 위반했다며 징계 절차
에 들어갔다.

민주당은 2010년 1월 21일 노동법 처리 과정에서 당론을 어겼다는
이유로 추미애 의원을 징계에 회부했고, 추미애 국회환경노동위원장은
거리투쟁에 들어갔다. 추 위원장은 소속의원과 대표도 말 못하는 당론
을 갖고 자신을 처벌한다는 것은 이해할 수 없다는 입장을 거듭 밝혔
다. 추미애 국회환경노동위원장은 "지금 흰 것을 검다고 말하라고 그러
면 그렇게 따라서 말해야 하는 상황입니까?"라고 의문을 제시했다. 민
주당은 추 위원장의 당원자격 1년 정지 안건을 처리하기 위한 당무위
원회를 열었지만, 당헌개정안 논란이 이어지면서 이를 확정하지 못했
다.[82] 결국 민주당은 2010년 2월 2일 당무위원회를 열어 2009년 말 '노
동조합 및 노동관계법' 개정안 처리 과정에서 야당 의원들의 출입을 막
고 표결을 강행한 추미애 국회 환경노동위원장에 대해 표결권 침해와
당론 위배 등을 이유로 2개월 당원 자격정지 징계를 확정했다.[83] 환경
은 끊임없이 변화한다. 그렇다고 그때그때 시류에 따라 법을 제정하거

---

81) 분쟁해결포럼, 단국대학교 분쟁해결연구센터, 제13호(2006. 9. 15.)
82) YTN 2010. 1. 23.
83) 한겨레 2010. 2. 2.

나 개정하면 수많은 피해자가 양산되고 법치주의가 실현되기 어렵다. 따라서 이러한 피해를 줄이기 위해서는 일정한 기준과 원칙이 있어야 하고, 그 기준과 원칙이 없을 때는 사회의 합의가 필요하다. 그런데 노동관계법 처리와 시행문제는 단순하게 민주당만의 문제가 아니다. 여야 모두 기준과 원칙이 부재하고 합의도 제대로 하지 않았다. 정부는 법안의 필요성을 주장했지만, 이해 당사자의 설득과 실행 의지가 약했고, 노동계와 재계는 이기주의에 사로잡혀 팽팽한 입장 대립만 지속했다.

기준과 원칙이 없는 행동은 정부의 표리부동한 상벌제도 시행에서도 나타난다. 상벌은 엄격하게 운용되어야 함에도 그동안 정권에 따라 상벌제도의 운영이 크게 왜곡되어 훈장이나 포장이 지나치게 늘어나 상의 가치를 떨어뜨리고 있다. 심지어 어떤 수상자는 선정과정이나 수상 실적에 대한 의혹이 제기되는 경우도 있다. 무엇보다도 국민이 공감할 수 있는 시상이 이루어져야 하는데 그렇지 못한 경우도 적지 않은 것 같다. 최악의 물가가 상승한 2008년에 이루어진 '물가안정 유공자' 시상 논란도 그 중 하나에 들어간다.

서울신문 보도에 의하면 정부가 외환위기 이후 최악의 물가 상승률을 기록한 2008년에 '물가 관리를 잘 했다'는 명목으로 공무원 20여 명에게 훈장과 포장 등을 수여한 것으로 나타났다. 2009년 2월 13일 기획재정부 등에 따르면 정부는 2008년 말 물가정책을 담당한 재정부와 농림수산식품부 등 소속 공무원 21명과 2개 지방자치단체를 각각 물가안정 유공자와 기관으로 포상했다. 물가를 총괄했던 재정부 국장급 1명은 홍조근정훈장을, 농림수산식품부 사무관 등 2명이 근정포장, 재정부 사무관 1명 등 중앙부처·지방자치단체 공무원 8명과 경상북도가 대통령 표창을 받았다. 공무원과 농협, 소비자단체 관계자 등 10명과 강원도에는 국무총리 표창이 수여됐다. 그러나 '쑥스러운 포상'이라는 지적을 받았다. 2008년 고유가와 수입 원자재 가격 급등으로 소비자물가는 1998년 이후 최고로 높은 4.7% 급등했다. 경제협력개발기구(OECD) 회원국 전체 평균 소비자 물가 상승률 3.7%보다도 1%포인트나 높았다. 게다가 표창을 받은 강원도와 경상북도는 지자체 가운데 가장 높은 5.3%의 상승률을 보였다.[84]

  너무나 많은 상들이 남발되고 있는 것도 문제이다. 정부와 공공기관은 스스로 시상의 주최이면서 공공부문과 민간부문으로 구분하여 시상한다는 미명아래 이렇다 할 공적이 없는 사람도 평상시 하는 직무 내용을 나열해 돌아가면서 나누어 먹기 식으로 일정비율의 공무원과 공공기관 직원들에게 대량으로 시상하고 있다. 어떤 공공기관이나 공기업은 고객이나 민원게시판에 소비자와 고객의 불만이 비등한 데도 아랑곳없이 올해의 최우수기업이나 고객만족대상을 수상하기도 한다. 정부와 공공기관은 물론 언론사와 심지어는 재계를 대표하는 대한상공회의소 계열사까지 각각의 목적으로 상을 준다. 때로는 시상 주최와는 전혀 상관없는 소비자가 선정한 것으로 왜곡되어 버젓이 홍보되고 있어 국민들을 혼란스럽게 만들고 있다.

  (5) 기준 따로 실행 따로

  기준과 다르게 실행되는 것도 여러 가지가 있다. 국회나 국회의원, 정부, 공무원 모두 기준을 어기고도 별로 대수롭지 않게 생각하는 경향이 전반적인 부분에서 나타난다. 국회의원의 부정부패, 정부의 예산안 제출, 국회의 예산안 처리 기준 준수, 국정감사장 청문회 자료 제출 등이 대표적인 사례이다.

---

84) 서울신문 2009. 2. 14.

① 부정부패문제

국회의원의 부정부패 사례는 크게 두 가지이다. 한 가지는 금권선거나 부정선거이고 다른 한 가지는 뇌물이나 금품수수이다. 헌법 제46조 ① 국회의원은 청렴의 의무가 있다. ② 국회의원은 국가이익을 우선하여 양심에 따라 직무를 행한다. ③ 국회의원은 그 지위를 남용하여 국가·공공단체 또는 기업체와의 계약이나 그 처분에 의하여 재산상의 권리·이익 또는 직위를 취득하거나 타인을 위하여 그 취득을 알선할 수 없다고 명시하고 있기 때문에 국회의원은 부정부패를 저지르거나 인사 청탁을 해서는 안 된다. 그런데 우리는 언론을 통해 국회의원을 비롯한 정치가의 부정부패 내용에 대해 심심찮게 접한다. 또한 정치인들이 어느 정도 청탁에 개입하고 있는지 부정부패를 척결해야 할 공권력의 한 축을 이루고 있는 경찰 수장의 증언을 통해서도 알 수 있다. 중앙일보 보도에 의하면 강희락 경찰청장이 2010년 1월 11일 기자간담회에서 "나도 (인사 때만 되면) 수백 통의 청탁 전화를 받아 스트레스를 많이 받았다"고 말했다.[85] 경찰 수장에게 스스럼없이 압력성 인사 청탁을 할 수 있는 사람이 누구겠는가 정치인밖에는 없다. 정치인들이 이렇게 정부 인사체계의 질서를 무시하고 뒤집기를 시도하는 데는 자신이 권력을 가졌다는 오만, 이기주의, 자기합리화가 서려 있다. 내가 하면 연애 얘기(romance)고 남이 하면 불륜으로 몰아세우며, 부정부패 혐의로 적발이 되었을 때 재수 없어 걸렸다는 말을 하는 것은 이미 그러한 부정부패가 일상화되어 있는데 왜 자신만 비난과 처벌의 대상이 되어야 하느냐는 항변하고 싶은 마음이 저변에 깔려있다.

---

85) 중앙일보 2010. 1. 12.

② 정부의 예산안 제출과 처리시한 문제

헌법 제54조 ② 정부는 회계연도마다 예산안을 편성하여 회계연도 개시 90일 전까지 국회에 제출하고, 국회는 회계연도 개시 30일 전까지 이를 의결하여야 한다고 명시하고 있다. 그런데 정부도 국회도 이 규정을 잘 지키지 않는 경우가 많다. 2010년까지 국회는 8년째 예산안 처리 시한을 지키지 않았다. 2010년은 격렬한 몸싸움 속에 여당이 새해 예산안을 강행 처리했으며, 특히 2009년에는 19년 만에 처음으로 법정 시한이 지나도록 예결위 심사조차 착수하지 못하는 파행을 거듭하다가 12월 31일에야 겨우 통과시켰다. 국회를 통과해도 예산이 집행되기까지는 한 달 이상 걸리기 때문에 예산안 처리가 늦어지면 행정 처리의 지연으로 서민들이 피해를 입을 가능성이 커진다. 그런데 모든 정책을 일괄적인 시각에서 접근하다 보니까 한쪽이 예를 들어 갈등이 일으키면 모든 것이 중지되어버리기 일쑤다.[86]

③ 국정감사와 청문회 문제

국정감사와 청문회는 국회의 중요한 기능에 속한다. 그런데 국정감사와 청문회가 허술한 자료 요구와 준비로 계속 겉돌고 있다. 국회법 제128조(보고·서류제출요구) ① 본회의·위원회 또는 소위원회는 그 의결로 안건의 심의 또는 국정감사나 국정조사와 직접 관련된 보고 또는 서류의 제출을 정부·행정기관 기타에 대하여 요구할 수 있다. ⑤ 제1항의 요구를 받은 때에는 기간을 따로 정하는 경우를 제외하고는 요구를 받은 날부터 10일 이내에 보고 또는 서류를 제출하여야 한다. 다만, 특별한 사유가 있을 때에는 의장 또는 위원장에게 그 사유를 보고하고 그 기간을 연장할 수 있다. 이 경우 의장 또는 위원장은 제1항

---

86) KBS 2009. 12. 2.

의 요구를 한 의원에게 그 사실을 통보한다. 제129조(증인·감정인 또는 참고인의 출석요구) ① 본회의 또는 위원회는 그 의결로 안건의 심의 또는 국정감사나 국정조사를 위하여 증인·감정인 또는 참고인의 출석을 요구할 수 있다. 한겨레 보도에 의하면 정부 기관들의 막무가내 자료 제출 거부와 불성실한 답변이 '알맹이 없는 국감, 방탄 국감'을 만들고 있다는 비판이 들끓고 있다. "자료 제출 거부 문제가 어제오늘 일은 아니지만 2009년에는 유독 심한 것 같다. 이래서야 제대로 된 국감을 할 수 있겠느냐"(조기호 민주당 보좌관협의회 부회장)는 한숨이 곳곳에서 터져 나온다. 2009년 10월 12일 열린 국민건강보험공단의 국정감사는 자료 제출 거부 문제로 시작부터 파행했다. 양승조 민주당 의원은 "9월 2일 요구한 자료가 감사 전날인 10월 14일 밤 9시에야 도착했다"고 분통을 터뜨렸다. 그가 10월 14일 받은 답변 자료 분량은 무려 2천여 쪽에 이른다. 양 의원은 "이런 막대한 분량을 국감 하루 전에 제출한 것은 검토 시간을 주지 않겠다는 의도가 아니냐"고 따져 물었다. 뒤이어 "자정이 넘은 1시쯤에 사무실에 왔지만 요청한 감사 자료가 오지 않았다"(최영희), "있는 자료를 없다고 했다가 어제야 보냈다"(전현희)는 민주당 의원들의 추가 항의가 빗발친 데다 한나라당 의원들마저 비판에 가세하면서 결국 건보공단 국감은 2009년 10월 15일에 다시 하기로 했다. 같은 날 열린 국립환경과학원 국감에서도 자료의 늑장 제출이 도마에 올랐다. 국립환경과학원이 4대강 정비사업 관련 수질예측 기초자료를 제출하라는 김재윤 민주당 의원의 요구를 6개월 동안이나 묵살하다가 이날 국감 시작 30분 전에야 내놨기 때문이다. 역시 16상자에 달하는 분량이었다. 윤승준 국립환경과학원장은 "자료를 악용할 소지가 있어 미리 제출하지 않았다"고 말했다. 이처럼 감사 시작 코앞에 자료 제출을 하는 것은 아주 '고전적' 수법이다. 피감기관들은 무조건 '없다'고 발뺌하거나 '개인정보보호법'을 근거로 자료 제출을 거부하기도 한다. 하지만 '없다'던 자료가 엉뚱하게 나타나기도 한다. "총리실에서 자료 제출을 거부한 신종 플루 여행 경고 대상국이 외교통상부 자료에는 대국민 홍보사항으로 돼 있더라"는 이석현 민주당 의원의 말은 이를 입증한다. 차명진 한나라당 의원 역시 "통계청이 동일한 자료를 기획재정위원회 입법조사관에게는 제출하고 본 의원실에는 제출이 어렵다고 통보했다"고 말했다. 이성남 민주당 의원은 총리실 공직 윤리지원관실에 자료를 요구했다가 "묵비권 행사를 하겠다"는 황당한 답변을 받기도 했다. '있으나 마나 한 답변'을 보내오는 경우도 비일비재하다. 전현희 의원이 식품의약품안전청에 에이(A)4지 2장 분량으로 10개 문항의 질문서를 보냈더니, 질문을 마음대로 짜깁기해 에이(A)4지 반 장짜리로 답변한 게 대표적이다. 국회법에 따라 국회 위원회가 고발할 수 있도록 하고 있지만, 여야의 합의가 쉽게 이뤄지지 않아 정작 자료 제출 문제로 고발당하는 사례는 거의 없다. 조 보좌관은 "피감기관들의 자료 제출 거부가 나날이 심화하는 근본 원인은 야당이 힘이 없기 때문"이라고 말했다. "민주당 등 야당의 의석을 다 합쳐봤자 국무위원 해임 건의안을 낼 수 있는 100석이 안 되는데 뭐가 무섭겠느냐"는 것이었다.[87]

④ 정부 또한 기준 지키지 않기는 마찬가지

공직자윤리법 제4장 퇴직공직자의 취업제한 제17조(퇴직공직자의 관련 사기업체 등 취업제한) ① 대통령령으로 정하는 직급이나 직무분야에 종사하였던 공무원과 공직 유관단체의 임직원은 퇴직일부터 2년간 퇴직 전 3년 이내에 소속하였던 부서의 업무와 밀접한 관련이 있는 일정 규모 이상의 영리를 목적으로 하는 사기업체(이하 "영리사기업체"라

---

87) 한겨레 2009. 10. 15.

한다) 또는 영리사기업체의 공동이익과 상호협력 등을 위하여 설립된 법인·단체에 취업할 수 없다. 다만, 관할 공직자윤리위원회의 승인을 받은 때에는 그러하지 아니하다고 규정하고 있다. 그런데 행정안전부가 2009년 11월 20일 자유선진당 권선택 의원에게 제출한 '2008년도 퇴직 공직자 취업 여부 일제 조사 결과' 자료에 따르면 2006~2008년 퇴직한 취업제한 대상 공직자 1만 2천726명 중 211명이 취업이 제한되는 영리업체에 취업한 것으로 드러났다. 취업제한 대상 공직자는 4급 이상 고위공직자 및 인·허가, 세무, 경찰업무 등을 담당하다가 퇴직한 사람들이다. 211명 가운데 68명은 공직자윤리법 17조에서 정하고 있는 공직자윤리위원회의 사전 승인도 받지 않고 위법하게 취업했다고 행안부 측은 밝혔다. 이들 중에는 노무현 정부에서 건설교통부(현재의 국토해양부) 장관을 지낸 사람도 있었다. 특히 이번 일제조사 결과 적발된 68명 중 63명은 공직자윤리위원회의 사후 심의를 통해 '취업 가능' 결정을 받았고, 나머지 5명은 조사에 들어가자 스스로 퇴직하는 등 68명 모두 아무런 제재를 받지 않아 법 적용에 허점이 많은 것으로 드러났다. 행안부는 법을 위반한 이들의 신원조차 공개하지 않았다. 행안부 윤리과장은 "사전에 승인을 받지 않았더라도 윤리위의 심의 결과 업무 관련성이 없다고 판단해 취업 가능 결정을 내렸다. 개인 정보 보호를 위해 68명의 실명을 공개할 수 없다"고 말했다.[88] 법이 있는데도 처벌은 하지 않고 심의를 통해 취업을 허용할 것 같으면 법은 왜 제정했는지 그리고 국민들은 또 왜 법을 어긴다고 처벌을 받아야 하는지 이해하기 어려운 부분이다. 전형적인 법 따로 실행 따로 기준이 운영되는 셈이다.

정부, 대통령, 정치가, 행정기관에 대한 국민의 불신은 그냥 생기는 것이 아니다. 세상의 모든 일은 반드시 그 이유가 있기 마련이다. 원칙

---

88) 중앙일보 2009. 11. 21.

이 무너지고 기준이 지켜지지 않으면 혼란이 생기고 혼란은 갈등을 초래한다. 국민은 공정한 사회를 원한다. 공정한 사회는 법치주의가 실현되는 세상이다. 우리 사회를 선도해 나가야 할 정부와 대통령, 정치가는 법을 무시하고 지키지 않으면서 국민들에게 법을 지키라고 강요하는 것은 모순이다. 조금은 힘들고 어렵고 시작이 늦어지더라도 모두에게 그 정당성과 합리성, 도덕성과 정직성을 인정받을 수 있는 일을 해야 한다. 그래야 훗날 좋은 일을 한 것으로 평가받을 수 있고 후손들에게도 좋은 세상도 물려줄 수 있다.

(6) 권한 집착 책임은 전가

민주주의 국가에서 권한과 의무는 항상 함께한다. 누구나 자신의 행동에 대한 책임을 져야 한다는 것은 기본이다. 그런데 우리의 정치가들은 권한에 대해서는 지나칠 정도로 집착하면서 의무는 제대로 이행하지 않고, 자신들의 잘못된 행동에 대해 책임을 져야 할 것도 다른 사람이나 국민에게 전가하기 일쑤다. 미디어법 통과 후 나타난 국회와 야권 및 야권 인사들의 행태는 이를 잘 보여준다.

① 미디어법 통과 후 나타난 국회와 야권의 행태

미디어법 처리는 당연히 국회 내에서 대화와 타협을 통해 해결해야 할 문제였다. 그런데 여야가 폭력을 행사하고 절차를 무시한 채 표결을 통하여 통과시키는 과정에서 문제가 발생한 국회의 무능력함과 이전투구를 여실히 드러낸 사건으로 정치 문제를 법원과 헌재로 가져가는 '법원에 묻기, 헌재에 묻기' 행위 자체가 잘못된 것이었다. 인권을 제외한 정치사회적 문제를 대의기구가 아닌 법원에 호소하는 것처럼 민주주의에 반하는 처사도 드물다. 선출직 국민대표들은 군대 · 법원 · 재벌 · 로

펌[89]… 누구에 대해서도 배타적 책임을 져선 안 된다. 국가와 국민과 헌법에 대해서만 책임을 진다. 민주주의의 보루는 결국 시민과 대표들이기 때문이다.[90]

그런데 이해찬 전 국무총리는 2009년 10월 30일 헌법재판소의 미디어법 무효소송 기각과 관련, 사법개혁을 위한 범시민운동을 전개할 것이라고 선언했다. 친노(盧)계 인사들을 중심으로 구성된 '시민주권' 대표를 맡고 있는, 이 전 총리는 이날 보도 자료를 통해 "헌재는 대한민국의 사법체계에서 민주주의의 최종 수호자이다. 그러나 민주주의 파괴 행위를 스스로 인정하고 용인하는 어처구니없는 현실 속에서 헌재의 존재 이유를 묻지 않을 수 없다. 시민주권은 미디어법 무효화를 위한 행동을 조직하는 것은 물론 사법개혁의 일환으로 헌재를 다루는 범시민운동을 전개할 것이다. 깨어 있는 시민들의 주권운동을 강력히 펼쳐나갈 것이다"이라고 헌재를 겨냥했다. 그는 또 헌재 판결을 두고 "과정은 위법이나 결과는 정당하다는 것인데 어느 국민이 이를 납득하겠는가? 정치적 판단만을 일삼는 헌재는 더 이상 국민들로부터 그 존립의 정당성과 사법체계상의 권위를 인정받지 못할 것"이라고 비난했다.

한편 민주당 정세균 대표도 이날 확대간부회의에서 헌재에 대해 "과거부터 지나치게 정치적 결정을 하고 경우에 따라 자신들이 해야 할 결정을 회피하거나 책임을 지지 않는 점에 대해 국민의 걱정과 의문이 있다. 이번 언론악법 관련 결정을 보고 과연 헌재의 존재 의의가 있느냐는 질문이 대두된다. 여당과 대화가 되면 대화하고, 대화를 않고 일방

---

89) 로펌(Law Firm): 법무법인 또는 종합법률회사라고도 한다. 변호사들이 전문 분야별로 나뉘어 조직적으로 법률 서비스를 제공하며 한 번의 사건 의뢰로 고객이 추구하는 내용을 일사불란하게 처리하는 원스톱 법률 서비스가 특징이다. 국내에서는 김앤장 법률사무소가 처음 생긴 이래 태평양, 세종, 광장, 화우, 율촌 등 대형 로펌들이 활동 중이다.

90) 한겨레 2009. 11. 1.

주장을 하면 국민과 함께 언론악법 재개정 노력을 계속할 것"이라며 언론법 재개정 논의에 여당이 응해주지 않을 경우 투쟁하겠다는 입장을 확실히 했다.[91]

민주당 천정배 의원이 미디어관계법 유효(有效) 결정을 내린 헌법재판소의 일부 재판관을 향해 막말을 쏟아냈다. 2009년 11월 5일 열린 민주당 대구 시당(市黨) 정책간담회에서 천 의원은 "헌재 재판관들이 권력의 눈치를 보고 일신의 영달을 위해 말도 안 되는 일을 한 것이다. 일제 강점기 전통을 이은 친일 판검사들의 유전자가 현재 법조계 고위 인사들의 몸속에 흐르는 것 같다"고 헌재 재판관들을 모욕하는 발언을 했다. 천 의원은 열린우리당 원내대표를 지낸 4선의 중진 의원으로서 정치문화를 바로 세우는 데 누구보다 앞장서야 할 사람이다. 더욱이 법질서 수호의 책임이 있는 법무부 장관을 지낸 사람으로서 헌재 결정을 존중하고, 헌법재판에 대한 이해가 부족한 동료 의원들을 설득하는 것이 올바른 자세다. 헌재를 믿을 수 없다면 애초 미디어법의 유효 여부를 가려달라고 심판청구를 하지 말았어야 했다. 청구가 기각되자 근거 없는 망언으로 헌재를 헐뜯는 것은 의원의 품격과 자질을 의심케 할 뿐이었다.[92]

이제까지 사법당국이 정치가나 공무원의 정책에 대한 책임을 물은 일은 거의 없는 것으로 기억된다. 1997년 외환위기를 비롯하여 일부 공무원이 구속된 사례는 있지만, 그것은 엄밀하게 말하면 특정한 정책에 대한 책임보다는 포괄적인 직무에 대한 책임을 물은 것으로 볼 수 있다. 대통령과 국회의원, 지자체장 등 선출직 공무원이나 임명되는 정무직공무원에 대한 책임은 대부분 구두 사과나 인사를 통해 교체하는 것

---

91) 아이뉴스24 2009. 10. 30.
92) 동아일보 2009. 11. 7.

이 끝이다. 국회는 탄핵소추권을 통해 정부를 강력하게 견제할 수 있는 권한을 갖고 있지만, 정부 정책실패에 대해 책임을 추궁하는 자세는 찾아보기 어렵다. 기껏해야 말로 비난하는 것이 고작이다. 집권당 역시 책임을 지는 모습은 보이지 않고 오히려 정부를 두둔하려고 애를 쓰는 것이 우리의 현실이다. 그러다 보니 이해하기 어려운 일들이 많이 벌어진다.

② 신공항 및 도로건설 무분별한 공약

조선일보 '빈칸 메우기 게임의 승자는 누구?'라는 기사에 의하면 우리나라의 무분별한 공약의 폐해가 잘 드러난다. 지도 위에 신도시, 신공단, 신공항을 그리기 전에, 정치 신뢰와 합의를 앞세우기 전에, 정치지도자라면 경제성장과 출생률부터 따져봐야 한다. 김제공항을 건설하기로 결정한 시기는 김대중 정권 때다. "전국 10대 권역 중 오로지 군산－장항권역에만 공항이 없다", 지역 소외감이 엄지손가락으로 꼽히는 낙점 재료였다. 지금 그곳은 채소밭으로 변했다. 귀신 승객만 들락거릴지 모른다는 감사원 지적에 2007년 공사를 중단했다. 토지 수용에 들어간 500억 원은 배추·무 뿌리 아래 묻혔다. 피 같은 세금이 썩는 줄 알면서도 공항 유치 1등 공신이라며 표를 훑어간 정치인 중 누구도 반성이나 사과는 하지 않는다. '그래도 채소 풍년을 달성, 농가소득 올리는데 기여했다'고 치적 홍보 내용을 바꾸면 그만일 것이다. 이쯤 해서 포기하면 한국 정치인으로서 자격 미달이다. 보다 담대한 꿈을 유권자에게 팔아야 한다. 아니나 다를까 '새만금을 두바이처럼 만들려면 김제나 군산에 국제공항이 절실하다. 공항 부지를 몇 배 늘려 산업단지로 전환하겠다'는 주장이 쏟아졌다.

'빈칸은 나 몰라라'하며 유유자적하는 악취미 정치인이 의외로 많다. 표만 챙기고 개발 계획이 어떻게 가든 무책임하다. 공터를 보면서도 세금이 얼마 들어가도 쾌감을 느끼는 변태성 정치 연예 오락(entertainment)만 고속 성장해왔다. 외국 기업을 유치하겠다고 아우성이어서 경제특구(경제자유지역)로 지정해주고 나면 공장 아닌 잡초를 키운다. 기업도시를 지정해 주었더니 성급하게 들어선 미분양 아파트엔 거미줄만 엉킨다. 경제가 고속 성장 궤도에서 벗어난 지 벌써 20여 년이다. 지방에 만들어진 공항이나 공단, 신도시 중 알차게 꼭 채워진 곳은 없다. 외국인 전용공단엔 빈 공간이 더 넓고, 한산한 11개 지방공항은 만년 적자다.

송도국제도시가 그래도 성공했다는 주장이 있다. 아파트 값이 뛴다고 법석이고 투자 안내가 요란하다. 잭 니클라우스가 직접 설계했다는 골프장의 간판과 국제학교 건물이 조금은 이채롭다. 하지만 상하이 푸둥처럼 국제라는 수식어를 송도에 보태려면 큰 용기가 필요하다. 세계적인 기업의 간판이나 이국인을 마주치기란 힘들다. 외국인에게 1000세대를 분양하겠다며 온갖 특혜를 받아갔지만, 고작 6채 팔렸다고 들린다. 분당 일산과 마찬가지로 송도도 같은 방식으로 빈 공간을 채웠다. 아파트 오피스텔 투자에 앞장선 아줌마 세력이 송도를 메워준 금메달급 공로자다. 자산의 8할을 부동산에 집어넣는 개미 세력이 없다면 어떤 신도시나 어떤 단지도 채워지지 않는 게 한국 경제의 오늘이다. 송도가 아파트 분양가 상한제를 폐지해달라고 끈질기게 요구하는 이유도 이 때문이다. 오로지 거품만이 철부지 정치인들이 제멋대로 선을 그은 곳에서 빈칸을 채울 수 있을 뿐, 몇 개 정부 부처나 재벌 기업, SKY(서울·고려·연세)대학이 공간을 메워줄 수 있는 경제가 아니다.

채워지지 않을 빈칸 메우기 게임에서 주전 선수들이 발을 빼는 현실을 제쳐 놓은 채, 정치인들은 정치 신의(信義)와 신뢰를 앞세우고 여야 합의를 말한다. 지역 소외감이라는 김제공항식 정서(情緖)도 빠지지 않는 양념이다. 그렇다면 양양국제공항은 정치 신뢰와 합의를 깡그리 저버렸다가 국제노선 하나 없는 공항으로 왜 전락했을까. 18인승 꼬마 비행기가 매일 한두 번 뜨는 그곳에서는 여전히 4차선 진입 도로 공사가 진행 중이다. 하루 평균 2천만 원 꼴의 헌금성 세금을 적자 막음 용도로 다른 지역 주민들이 꼬박꼬박 입금해주고 있다. 전문가들은 잠재 성장률이 3%대로 떨어졌다고 말한다. 아무리 한국 정부가 유능하고 한국 기업이 경쟁력을 높여 봤자, 신도시와 공단을 채워주던 고속 성장은 미신이요 망상이라는 말이다.

저성장과 함께 인구도 문제다. 한때는 해마다 대구시가 하나씩 탄생했었다. 그런 인구 폭발이 값싼 공장 근로자와 번잡한 이동 인구를 공급해주던 시절은 지평선 너머로 사라졌다. 기업과 사람이 펑펑 늘면서 '형님 좋고 동생 좋던' 경제 판이 아니다. 줄어든 피자 조각을 저 동네가 챙겨가 버리면 이쪽은 황폐해지고 만다. 구미시에 아파트 단지가 들어서면 그때마다 김천 인구는 300명, 500명씩 줄어들고, 광양만 개발에 사람을 빼앗기는 구례군은 더 황량해지고 있다. 세종시 주변에서 벌어질 증상도 뻔하다. 지도 위에 신도시, 신공단, 신공항 따위를 그리기 전에, 그리고 정치 신뢰와 합의를 앞세우기 전에, 정치 지도자라면 경제 성장 속도와 출생률부터 봐야 한다. 나뭇가지 위의 참새를 유혹할 기술이라도 있다면 중국 동남아로 눈이 완전히 돌아가 버린 기업인 마음부터 되돌려 놓고 볼 일이다. '나부터 자녀 하나 더 낳겠다'는 정치인이 나오면 더 반갑겠고.[93]

다음은 중앙일보 '19조 들어간 고속도로에 차가 없네'라는 제목의 기사이다. 2001년 이후 정부가 건설한 13곳 예측 통행량에 미달, 익산~장수 구간 실제 이용 차 15% 불과해 예산 낭비를 하고 있다. 12일 오후 3시 경기도 안성 시내에서 3km 정도 떨어진 안성~음성 간 동서고속도

---

93) 조선일보 2009. 11. 6.

로의 남안성 톨게이트, 7개의 차량 진출입구 중 2개 차로는 입구 위에 붉은색 엑스(X) 표시등이 켜진 채 굳게 닫혀 있다. 통행료를 징수하던 김연옥 씨는 "(세 개 차로가 열려 있는데) 두 개 차로만 열어도 차량이 전혀 밀리지 않는다. 하루 평균 진입 차로에 평균 1,200대 정도가 들어 온다"고 말했다. 고속도로에 들어서니 덤프트럭과 버스 몇 대가 오갈뿐 차로가 한산했다. 회사원 최모(45) 씨는 "가끔 이 고속도로를 이용하는 데 어떤 구간에서는 나 혼자 달리는 경우도 있다. 차가 너무 없어 무서 운 생각이 들기도 한다"고 말했다.

왕복 4차로(31.3km)의 이 고속도로는 2008년 11월 개통됐다. 산악 지 대가 많아 전체 구간의 30%가 터널과 교량으로 돼 있다. 발광다이오드

[표 1-7] 수요 예측 잘못한 고속도로

(한국도로 공사 2008년 기준)

고속도로	일일 예측대수	실제이용	이용률(%)	사업비(억 원)	개통
안성~음성	3만 7624	1만 1348	30	6109	2008
익산~장수	4만 7776	7284	15	1조 3077	2007
청원~상주	4만 2526	2만 332	48	1조 4148	2007
현풍~김천	3만 9040	1만 4598	37	1조 471	2007
무안~광주	3만 1016	1만 4423	47	6117	2007
고창~장수	2만 7189	1만 52	37	3600	2007
장성~담양	4만 4453	8333	19	5144	2006
진주~통영	2만 7164	1만 7096	63	1조 809	2005
대구~포항	4만 6118	1만 9897	43	1조 9336	2004
중부내륙	3만 6665	3만 4797	95	2조 6992	2004
평택~안성	5만 4467	4만 8713	89	5564	2002
대전~진주	3만 6409	1만 7302	48	2조 3294	2001
서해안	4만 2314	3만 4360	81	4조 7757	2001
합계	51만 2759	25만 8535	50	19조 2418	

출처: 중앙일보 2009. 10. 13.

(LED) 시선 유도등과 생태습지 등이 설치된 친환경·최첨단 고속도로
다. 공사비만 6천109억 원이 들어갔다. 한국도로공사는 개통 당시 하루
평균 3만 7천여 대가 통행해 연간 1천43억 원의 물류비를 절감할 것으
로 내다봤다. 하지만 2008년 11, 12월 이곳을 통행하는 차량은 하루 평
균 1만 1천여 대에 그쳤다. 수요 예측치의 30%에 불과하다. 통행량이
적다 보니 스피드광들의 번개 모임 코스로 활용된다. 인터넷 카페에는
"동서고속도로에서 번개로 경주를 하자. (스포츠카) 브레이크를 길들이
는 데 안성~음성만한 데가 없다"는 말이 오간다.

2001년 이후 정부 예산으로 건설한 고속도로는 모두 13곳이다. 이 중
수요 예측치보다 실제 통행량이 많은 곳은 한 곳도 없다. 서해안선과
호남선·중부선 등 남북축 고속도로를 연결하는 익산~장수고속도로
(61km)는 1조 3천억 원을 들여 2007년 개통했다. [표 1-7]에서 보는 바
와 같이 도로공사의 수요 예측치는 하루 평균 4만 7천여 대였지만 지난
해 평균 통행량은 7천200여 대(15%)였다. 2006년 개통한 장성~담양 고
속도로의 통행량은 예측치의 19%에 불과하다. 이 고속도로들은 모두
국토해양부의 사전 타당성 검토를 거쳤다. 2009년 10월 12일 한국도로
공사 국정감사에서 부실한 수요예측이 도마에 올랐다. 한나라당 정희
수 의원은 "도공이 2001년부터 2009년까지 19조 원의 사업비를 들여 개
통한 13개 고속도로의 실제 통행량은 수요 예측치의 평균 50%에 불과
하다"고 지적했다. 한국도로공사 류철호 사장은 "안성~음성 간 고속도
로의 경우 1990년대에 타당성 조사를 거쳐 수요 예측을 했다. 당시 수
요예측 체계가 부실한 측면이 있어 정비하고 있다"고 말했다.[94]

위에 나타난 내용들을 살펴보면 당선되어 권력을 획득하기 위한 공
약과 당선 후 공약의 실행은 모두 국가발전을 위해 한 일로 당연한 것

---

94) 중앙일보 2009. 10. 13.

이고 책임에 대해서는 아무도 언급이 없다. 아마 모르기는 해도 자신이 해놓은 일 중에 가슴이 뜨끔함을 느끼는 사람도 있을 것이다, 하지만 그들에게 이러한 폐단을 말하려 하면 하나같이 담당 공무원이 일을 잘 못하거나 국민들이 원했기 때문에, 아니면 민원 해소나 지역균형발전을 위해서 그랬다는 구차한 변명만 늘어놓을 것이 틀림없다.

그렇다고 정치인들이 공약한 대행 국책사업이나 대규모 정부의 건설 공사가 모두 문제만 일으키는 것은 아니다. 돈은 많이 들었지만, 경부 고속철도의 건설은 전국을 일일생활권으로 만드는 편리함을 제공하고, 인천국제공항은 세계적으로 인정받는 우수한 공항으로 수도권의 관문 역할을 충분히 해내고 있다. 또한 건설 당시에는 크게 논란과 비판의 대상이 되었지만 소신을 갖고 축조해 그 기능을 충실히 하는 경우도 있다. 평화의 댐이 그것이다. 평화의 댐은 전두환 전 대통령 재임 시절이던 1986년 북한의 금강산댐 건설(현재 임남댐)에 맞서 착공한 대응 댐이다. 당시의 상황으로 봐서 정부는 평화의 댐 건설은 반드시 필요하다고 판단하였지만, 일부 사람들이 영구 집권을 위한 수단이라며 반발도 했다. 하지만 지금 와서 볼 때 북한의 임남댐 방류에 대한 유일한 버팀목과 한강수계의 수자원 관리에 상당한 도움이 되고 있다.[95]

대부분의 공적과 과오는 시간이 흐르면 자연스럽게 드러난다. 인간이 사는 세상에는 항상 문제가 발생한다. 인간이 갖는 불완전성, 능력의 한계, 자원 부족이 주원인이다. 하지만 잘못이 드러나면 그것을 개선하면 된다. 가장 심각한 문제는 문제가 드러났는데도 그것을 고치지 않고 잘못을 되풀이하는 것이다. 어제오늘의 문제점을 지적하는 것은 더 나은 미래를 기대하기 위함이다.

---

95) 중앙일보 2009. 10. 20.

③ 일본 답습하는 착각에 빠진 토건 한국

조선일보 '일(日) 얀바댐 건설 백지화' 기사에 의하면 50여 년 만에 정권교체에 성공한 일본 민주당 정부는 군마(群馬)현 얀바댐 건설을 중단하고 현재 계획 중인 댐과 도로·철도 건설계획의 전면 재검토를 선언했다. 특히 얀바댐 건설 중단은 충격적이다. 얀바댐은 1992년 착공, 이미 보상비와 공사비 등으로 3,200억 엔(4조 1천억 원)이 투자됐다. 공정률 70%의 댐 건설을 중단하면 이미 투자된 돈을 회수할 방법이 없는데다 물 공급에 차질이 발생할 것이라는 반발도 쏟아지고 있다. 그런데도 민주당 정부가 이를 밀어붙이는 것은 자민당 장기집권의 기반이 됐던 '일본열도개조론'에 종언을 고하기 위해서이다.

자민당 다나카 가쿠에이 총리는 1972년 일본열도개조론을 통해 댐 1,100개를 비롯한 도로·철도 건설로 일본 전역을 개조하는 토건사업을 발표했다. 열도개조론은 일본 경제 발전의 밑거름이 된 것은 사실이지만, 장기간 지속되면서 정치인·관료·기업 유착에 의한 세금낭비형 토건사업으로 변질됐다. 얀바댐이 대표적이다. 얀바댐은 당초 건설비가 2,110억 엔(2조 7천억 원)으로 책정됐지만, 중간에 설계 변경 등을 통해 이미 4,600억 엔(5조 9천억 원)으로 공사비가 늘어났다. 공사가 더 진행되면 공사비가 8천억 엔(10조 3천억 원) 이상으로 늘어날 가능성이 있어 지금이라도 중단하는 것이 예산을 절감할 수 있다는 것이었다. 공사비가 고무줄처럼 늘어난 것은 관료·토건기업 유착에 원인이 있었다. 최근 5년간 얀바댐 관련 공사를 수주한 업체를 조사한 결과, 국토교통성 출신 관료 93명이 재취업해 있었다. 공사를 발주한 관료들이 퇴직해 공사를 수주한 기업체 임원으로 근무하는 철밥통 관행은 담합을 낳았다.

얀바댐 공사와 관련이 있는 76건의 공사 중 65건의 낙찰률(예정가격 대비 낙찰가격의 비율)이 94%를 넘었고 8건은 99%나 됐다. 얀바댐 백지화의 결정적인 명분은 물 수요예측이 엉터리라는 것이었다. 70~80년대 얀바댐 건설계획을 세울 때 도쿄권에 인구와 공장이 계속 증가, 조만간 물 부족 사태에 직면할 것이라는 전제 조건이 있었다. 하지만 물 부족은 기우였다. 당초 예상과 달리 인구는 늘어나지 않았고 산업구조가 제조업에서 금융 · 연구 · 서비스 중심으로 바뀌면서 도쿄권의 공장이 폐쇄되거나 물 사용이 적은 업종으로 바뀌었다. 오히려 물 사용량이 감소하고 있다. 얀바댐은 인구증가와 제조업의 무한 성장이라는 고도성장의 신기루를 바탕으로 한 것이다. 일본은 이미 2005년부터 인구감소가 시작됐다. 인구 증가를 전제로 만든 도로 · 테마파크 · 산업단지 상당수가 텅 비어 있고 잡초밭으로 변했다. 1970년대에 만든 도쿄 다마 신도시조차 미분양 부지가 남아 있다. 이 때문에 국민들은 토건사업 비용을 아동과 고령자 복지에 투자하겠다는 민주당 정부에 대해 지지를 보내고 있다.

한국은 일본의 실패를 답습하고 있다. 국정감사 자료에 따르면, 2001년 이후 개통된 13개 도로노선 중 2008년 현재 당초 예측 수치에 비해 실제 이용률이 50%를 넘는 데는 4곳에 불과했다. 일부 도로는 이용률이 예상치의 10%대에 불과하다. 개발사업을 선거구민들에게 큰 선물을 하겠다는 정치인과 관료 · 업체의 유착관계가 뻥튀기 수요예측의 배경일 것이다. 정부는 "개통된 지 얼마 되지 않아서 통행량이 적을 뿐 시간이 지나면 정상화될 것"이라고 변명하고 있다. 엄청난 착각이다. 이미 상당수 지방에서 인구가 줄고 있고 2018년을 기점으로 한국의 인구증가가 마이너스로 돌아선다. 인구감소가 목전에 다가왔지만, 정부와 지방자치단체들은 여전히 1970~80년대식의 고도성장과 인구증가라는 신기루에 빠져 전국 곳곳에 신도시 만들고, 도로 뚫는 계획 만들기에 바쁘다.[96]

---

96) 조선일보 2009. 11. 17.

4) 포퓰리즘에 의한 선심성 공약 남발

(1) 포퓰리즘의 개념

일상생활 속에서 우리는 포퓰리즘(populism)이라는 말을 많이 사용하고 있지만, 아직 뚜렷한 개념 정의가 이루어지지 않고 있다. 정치용어로 빈번하게 사용됨에도 정의가 이루어지지 않고 있다는 것은 시대와 지역, 국가, 정치가의 행태에 따라 포퓰리즘에 대한 개념이 달리 사용되고 있다는 것을 의미한다. 우리말로 옮기면 '민주주의로 포장한 대중영합적 정치노선'이라고 할 수 있으며, '기성 질서 안에서 신분 상승을 꾀하는 정치 지도자가, 인민의 주권 회복과 이를 위한 체제 개혁을 약속하며, 감성 자극적인 선동 전술을 바탕으로 전개하는 정치운동'을 말한다.[97] 하지만 이러한 포퓰리즘에 대한 개념 정의는 그동안 진행되어 온 내용을 포괄적으로 정리하는 측면은 있지만, 오늘날 보편화되어 있는 포퓰리즘(populism)의 개념은 일반 대중의 인기에 영합하는 정치행태를 말하는 것이다. 대중주의라고도 하며, 인기영합주의·대중영합주의와 같은 뜻으로 쓰인다.

득표와 우호적인 여론 형성을 위해 인기에 영합하는 정책을 남발하거나 일반 대중을 정치의 전면에 내세우고 동원시켜 권력을 유지하는 정치체제를 말한다. 소수 집권세력이 권력유지를 위하여 다수의 일반인을 이용하는 것으로 이해되기도 하지만, 다수당으로 집권한 여당이나 대통령, 소수당으로 정권 획득을 추구하는 야당 등 유권자의 지지를 필요로 하는 정치가들에 의해 폭넓게 활용되고 있다. 현실 정치에서는 출신지역에 유리한 예산 배정을 통한 국회의원들의 지역구 챙기기, 대통령의 과잉된 선거공약, 사면 남발 등 여러 가지의 형태로 나타날 수

---

97) 서병훈(2008), 「포퓰리즘」, 책세상, pp.21~45

있는데, 그중에서 가장 대표적인 것이 선심성 정책이다.

많은 사람들이 1870년대 러시아에서 전개된 '인민 속으로' 운동을 포 풀리즘의 기원으로 꼽는다. 그러나 그 어원과 보다 본격적인 의미의 포 풀리즘은 1891년 미국에서 결성된 파퓰리스트당(Populist Party), 즉 인민 당(People's Party)에서 비롯된 것으로 보고 있다. 1892년 창당한 인민당 은 당시 미국의 양대 정당으로서, 1792년에 창당된 민주당(Democratic Party)과 1854년에 결성된 공화당(Republican Party)에 대항하기 위해 농 민과 노조의 지지를 목표로 경제적 합리성을 도외시한 과격한 정책을 내세워 소외된 농민들의 권익을 대변하면서 기성 정치 체제에 상당한 충격을 주었다. 러시아와 미국에서 태동한 이런 고전적 또는 낭만적 포 풀리즘은 20세기 중반 이후 라틴 아메리카에서 목격되는 포퓰리즘과는 큰 차이를 보인다.[98]

통상 정치 지도자는 반대편 정치세력 또는 정치 엘리트들의 저항에 직면할 때 국민에게 직접 호소하고, 그 대중적 지지를 권력유지의 기반 으로 삼는다. 제2차 세계대전 후 노동대중의 지지를 얻어 대통령에 당 선된 아르헨티나의 페론 정권이 대표적 포퓰리즘이다. 민중의 지지를 바탕으로 하였으나, 실제로는 특정 지도자나 독재자의 권력을 공고히 하는 정치행태이다. 포퓰리즘의 근본 요소는 개혁을 내세우는 정치 지 도자들의 정치적 편의주의(便宜主義)나 기회주의(機會主義)이다. 예를 들 면 선거를 치를 때 유권자들에게 경제논리에 어긋나는 선심 정책을 남 발하는 일이 전형적이다. 포퓰리즘을 이끌어가는 정치 지도자들은 권 력과 대중의 정치적 지지를 얻으려고 겉모양만 보기 좋은 개혁을 내세 운다. 민중 또는 대중을 위하는 것이 아니라 지나친 인기 영합주의로 빠지기 쉽고, 합리적인 정치·사회 개혁보다 집권세력의 권력유지에

---

98) 서병훈(2008), 「포퓰리즘」, 책세상, pp.27~28

악용되기도 한다. 사회 기득권 세력이나 특권 엘리트 계층과의 투쟁에서 일반 대중의 힘과 권리를 대변하는 정치적인 독트린[99]으로 사용되기도 한다. 포퓰리즘의 개념은 좌파와 우파 양쪽에서 적용된다.

현실 정치에서 정치가는 포퓰리즘에 의연하기가 어렵다. 대중의 인기나 여론을 무시하거나 역행하는 정책을 펼친다는 것은 정치가들에게 있어 큰 부담이다. 때로는 정권 유지와 창출에 직접적인 장애요인으로 작용할 수도 있다. 그 대표적인 사례가 2010년 1월 19일 공화당의 스콧 브라운 후보가 당선된 미국 매사추세츠 연방 상원의원 선거 결과이다. 이 지역은 1972년 이후 38년 동안 공화당 후보가 한 차례도 당선되지 못했을 정도로 민주당과 케네디 가문의 아성이었다. 하원과 주지사 역시 민주당 소속이며, 2008년 대선 때는 버락 오바마 후보가 존 매케인 공화당 후보를 무려 26%포인트 차로 눌렀다. 이 같은 배경 때문에 민주당은 당초 낙승을 자신했다. 그러나 선거가 막바지에 이를수록 분위기가 급변했다. 오바마 대통령까지 현장을 방문하는 등 총력전을 폈지만 흐름을 되돌리지 못했다. 선거 전문가들은 실업률이 두 자리 수대로 치솟은 상황에서 건강보험 개혁법안 등이 통과될 경우 세금 부담이 더 늘어날지 모른다는 우려가 커져 부동층의 표심이 공화당 쪽으로 기운 것으로 분석했다.[100]

기본적으로 국민들은 국가로부터 책임과 의무는 적게 부담하고 혜택은 많이 받기를 원하기 때문에, 언제든지 권력획득이나 유지를 목적으로 하는 정치가들이 일반 대중의 인기에 영합하는 정치행태에 말려들 수 있다. 또한 현재 민주주의는 다수결의 원칙에 의해 전반적인 의사가

---

99) 독트린(doctrine): 교리 · 교지 · 학설 · 교훈 등의 뜻으로, 국제 관계에서 어떤 나라가 그 나라의 정책상의 원칙을 공식적으로 표명한 것.

100) 중앙일보 2010. 1. 21.

결정되므로 언제든지 여론이나 정치가의 인기에 의해 사회에 보편화되어 있는 가치를 교란시킬 수 있는 가능성을 내포하고 있다는 점도 문제다. 우선은 대중의 인기에 영합하는 정치가들이 정치를 잘하는 것 같지만, 그들이 남긴 폐해는 모두 국민의 부담으로 돌아온다. 따라서 건전한 국가로 유지 발전되기 위해서는 국민들도 인내하며 합리적인 의무 부담과 이익을 추구하는 자세를 가져야 한다. 세상에 공짜는 없다. 반드시 누군가가 어렵고 힘든 일을 하고 부담을 떠안는다. 또한 세상에 노력하지 않고 항상 이익만 볼 수 있는 방법은 없다. 지금은 공짜 같고 나에게 이익만 되는 것처럼 보일지 몰라도 언젠가는 나와 내 가족이 부담을 안게 되어 있다. 그래야 세상이 돌아간다.

(2) 포퓰리즘이 만들어낸 비극 오늘날 아르헨티나

남미의 대국인 아르헨티나는 1세기 전인 1900년대 초까지만 해도 세계 5위의 경제규모를 자랑하는 부국이었다. 그러나 정치지도자들의 그릇된 정치로 말미암아 광대한 영토에도 불구하고 오늘날은 스스로의 채무도 감당하기 어려운 초라한 나라로 전락했다. 포퓰리즘의 폐해가 어떠한 결과를 초래할 수 있는가를 잘 보여주는 교훈적인 사례에 속한다.

포퓰리즘(populism)이 아르헨티나의 페론[101]과 그들의 추종자들이 보

---

101) 후안 페론(1895. 10. 8.~1974. 7. 1.)은 아르헨티나의 정치가 · 대통령(재임 1946~1955, 1973~
1974)이다. 쿠데타로 정계에 진출, 육군장관 겸 노동장관이 되어 노동조건의 개선과 임금인상으로 노동
자의 인기를 독점, 1946년 선거에서 대통령에 당선되었다. 독재정치를 행하여 군사혁명으로 국외로 추
방되었으나 망명 중에도 그에 대한 국민의 추억이 끈질기게 작용하여, 1973년 대통령선거에서 부활을
이룩하였다. 이탈리아계(系) 이민자의 아들로 부에노스아이레스주(州) 남부에서 태어났고 육군사관학교
를 졸업하였다. 1930년 일리고이엔 타도의 군부쿠데타에 참가하였고, 1943년의 쿠데타에서는 통일장교
단(GOU)의 리더로 쿠데타를 주도하고 정계에 진출하였다. 1944년 파레르 군사정권하에서 부통령으로
재임하였고, 육군장관 겸 노동장관이 되어 노동조건의 개선과 임금인상으로 노동자의 인기를 독점하였
다. 그에게 반대하는 세력으로부터 사임을 강요당하고 체포되었으나, 오히려 노동대중의 지지를 얻어,
1946년 선거에서 대통령에 당선되었다. 그는 국가사회주의를 표방하면서 언론 · 보도의 자유를 탄압하고,
외국자본의 배제와 산업의 국유화를 단행하였으며, 1949년 헌법을 개정하고 1951년 재선되어 독재정치
를 행하였다. 1952년 부인 에바의 사후에 급격히 단행하였던 모든 개혁의 파탄이 차차 표면화되고, 1955

여주는 정치행태를 말한다고 할 정도이다. 포플리즘은 '민중주의'라고 번역되기도 하지만 엄밀한 의미에서 민중을 위한다기보다는 '민중'을 빙자하거나 사칭한 엉터리 사회상·정치상의 관념 형태(ideology)에 가깝다고 할 수 있다. 포퓰리즘을 주도하는 정치지도자들이 개혁을 내세우긴 하지만 권력을 획득하고 대중의 정치적 지지를 얻기 위해 이것저것 가리지 않고 내세우는 허울 좋은 정당·단체 따위의 선전구호에 불과하다. 원칙과 일관성이 없이 '정의'니 '제3의 길'이니 하며 화려한 수사(修辭)를 동원하므로 정치적 편의주의, 기회주의적인 이데올로기라고 할 수 있다.

포퓰리즘의 특징은 주로 지나친 인기 영합주의나 개혁이라는 허울 좋은 명분으로 이용된다. 산업화의 물결 속에 수많은 사람이 도시로 몰려들었다. 돈도 없고, 일자리도 없는 가난한 사람들은 하루하루 생계가 걱정이었다. 이런 한계적 상황에 내몰린 처지에서 길게 볼 여유가 없었다. 사회를 합리적으로 개혁하는 일보다는 즉각적으로 실리를 얻는 것이 더 급했기 때문에 지나친 인기 영합주의는 국민들에게 잘 먹혀들었다. 그리고 개혁이라는 미명하에 저소득 계층의 임금을 올려주고 복지를 늘리는 등 각종 물량공세를 폈다. 중산층은 중산층대로 혜택을 보고자 했으므로 아무도 손해 보지 않는 누이도 좋고 매부도 좋게 하는 것을 지향하였다. 그 결과는 국고 및 재정 압박으로 이어졌다. 영부인인 에비타[102]는 손을 벌리는 사람이면 누구에게나 사랑을 베푼 결과 인기

년 교회억압을 계기로 하여 가톨릭교도와 군부의 지지를 잃게 되어, 9월 군사혁명으로 국외로 추방되었다. 그러나 망명 중에도 그의 내셔널리즘과 노동자정책 등에 대한 국민의 추억이 끈질기게 작용하여, 1973년 9월 대통령선거에 부통령후보인 이사벨 부인과 함께 기적의 부활을 이룩하였으나 1974년 7월 세상을 떠났다.

102) 에비타(Evita Peron)는 1940년대 중반 후안 페론 대통령의 부인 에바 페론(Eva Peron)의 애칭이다. 에바는 1919년에 아르헨티나의 시골 마을 로스 톨도스에서 사생아로 태어나 가난하고 어렵게 어린 시절을 보냈다. 그녀는 15세 때 부에노스아이레스로 무작정 상경하여 홀로 힘들게 지내던 중 1943년 당시 육군 대령이던 후안 페론을 만났다. 그녀는 페론의 출세를 위해 무엇이든 가리지 않고 최선을 다하였다.

가 하늘 높이 치솟았으나, 지나친 분배위주의 정책으로 막대한 재정 적
자를 초래하고 실질임금의 저하를 가져왔다. 정치인들로부터 기업인,
노동자들에 이르기까지 모두들 나라 살림은 안중에도 없는 것처럼 행
동했다. 무책임하고 기회주의적인, 그리고 눈앞의 이익에 급급한 세태
가 빚어졌다. 결국 엄청난 인플레이션[103]과 저성장의 악순환을 초래하
였다. 이것이 광대한 영토에도 불구하고 빈국으로 전락한 오늘날의 아
르헨티나를 만들어내게 되는 데 결정적 원인 중 하나가 되었다.

국민의 고혈로 만들어진 귀중한 국가 예산을 흥청망청하게 쓴 에비
타는 서민들에게 베푼 사람으로 오인되어 노래와 영화의 주인공이 되

그러자 페론은 헌신적인 그녀에게 신뢰와 사랑을 느껴 결혼하기에 이르렀다. 1946년 2월 대통령 선거
에서 페론이 당선되자 에바 페론은 남편을 설득하여 히틀러의 국가사회주의를 그대로 본뜬 '페론주
의'를 내걸었다. 페론주의하에서 외국자본의 추방, 기간산업의 국유화, 노동자의 처우 개선을 위한 노
동입법 추진, 노동자 생활수준 향상, 여성 노동자의 임금 인상 및 여성 시민적 지위 개선, 친권과 혼인에
서의 남녀평등의 헌법 보장, 이혼의 권리를 명시한 가족법 추진, 여성의 공무담임권 획득 등을 이뤄내
노동자와 여성, 빈민들이 그녀를 후원하고 지지하였다. 이렇듯 폭넓은 민중적 지지 및 정치적 권력 기반
이 서자 그녀는 남편과 자신의 우상화 작업에 착수했다. 초등학생들로 하여금 매주 페론 부부를 찬양하
고 기리는 글짓기 숙제를 하도록 하였으며, 스페인어 수업 시간에는 에바의 자서전 〈내 인생의 사명〉(상
당부분이 사실과 다름)을 교재로 채택하도록 압력을 넣었다. 그녀는 정부의 주요 요직을 마음대로 주무
르며, 그녀에게 대적하려는 정치가들을 핍박하였다. 무엇보다도 군대를 비대하게 증강시켰으며, 무리하
게 중공업 계획을 추진하였고 그녀의 사치스런 생활과 정부의 부패가 기승을 부렸다. 그에 따라 경제 상
황은 눈에 띄게 악화되어 갔으며, 국민들은 높은 물가고에 시달려야 했다. 그러던 중 그녀는 척수백혈병
에다 자궁암까지 겹쳐 34세의 젊은 나이로 사망하였다. 그녀의 장례식은 국장으로 한 달간 성대히 치러
졌다. 그러나 후안 페론이 가톨릭교회를 섣불리 탄압하다가, 1955년에 군부에 의해 쫓겨 망명길에 오름
에 따라, 그녀의 시신도 그를 따라 이곳저곳을 떠돌아다니게 되었다. 그리고 페론주의의 부활을 염려한
민주파 군부 지도자들이 그녀의 시신을 훔쳐 멀리 이탈리아로 옮겨 숨겨 버렸다. 그러자, 노동자들과 여
성들로 이루어진 군대 페론주의자들이 군부에 압력을 넣어, 그녀의 시신을 그 당시 마드리드에 망명 중
에 있던 후안 페론에게 넘기도록 했다. 1973년 10월의 대통령 선거에서 후안 페론은 '에바 시절'을
그리워하는 노동자들과 여성들과 빈민들의 적극적인 지지로 대통령에 재선되었다. 다시 정권을 잡은 후
안 페론은 망명지에서 결혼한 이사벨 페론을 부통령직에 앉히고, 페론주의를 다시 부활시키고자 했으나
대통령직을 수행한지 불과 10달도 못 되어 페론은 사망하였다. 페론의 죽음으로 대통령직을 물려받은
이사벨 페론은 '에바'의 관을 대통령 관저로 옮겨 자신에 대한 국민적 지지를 확대하고자 했다. 그러
나 이사벨 페론은 대통령이 된 지 21개월 만에 쿠데타로 물러나고 말았다. 새 정부가 들어 선 뒤에, 에
바 페론의 시신은 레콜레타 공동묘지의 가족 묘역으로 옮겨졌다. 죽은 지 24년 만의 일이었다. 빈민층
출신인 에비타는 온갖 역경을 딛고 '국모'가 된 후 노동자와 서민들을 위해 파격적인 복지정책을 내놓아
국민들의 인기를 한 몸에 받았다. 그러나 그런 선심성 정책으로 나라 경제를 피폐하게 만든 장본인이라
는 비판도 받고 있다.

103) 인플레이션(inflation): 사회 통화 수요량에 대해 통화량이 상대적으로 팽창하여 화폐 가치가 떨어지고 물
가가 올라가며 실질 소득이 줄어드는 경제 현상.

었지만 페론 정권이 남긴 상처는 오늘날 아르헨티나 국민들이 고스란히 떠안고 살고 있다. 그럼에도 불구하고 우리나라에서 민비를 가엽게 여기듯이 오늘날의 아르헨티나 사람들과 세계인들 중 상당수는 에비타의 인생역정에 대해 동정심을 갖고 있는 듯하다. 동정심을 보이는 것은 자유다. 하지만 그들의 행동으로 인해 망국의 단초가 되고 가난의 굴레를 짊어지고 살아가야 하는 사람들을 생각하면 값싼 동정심을 보일 것이 아니라 철저하게 책임을 묻는 것이 마땅할 것이다.

(3) 가장 대표적인 포퓰리즘 모습 선심성 정책

선심성 정책은 현실 정치에서 나타나는 가장 대표적인 포퓰리즘의 모습이다. 대중의 지지를 받지 못하면 현대 민주주의 사회에서 정권 창출과 유지가 곤란하기 때문에 정치가가 국민의 지지를 얻어 정권을 획득하기 위해서는 필연적으로 대중의 인기에 영합하여야 하는 측면이 있다.

발전을 지향하는 인간 삶의 속성상 국민이 현재보다 좀 더 나은 세상을 만들겠다는 지도자를 지지하는 것은 인지상정(人之常情)이다. 정치가는 지지를 이끌어 내기 위해 국민을 도와주는 착한 마음을 베푸는 것 같은 선심을 쓰는 내용을 정책공약으로 많이 내건다. 이것은 빈말로 끝나는 경우도 적지 않지만, 대개는 당선되었을 때 실행을 통하여 국민에게 수혜가 돌아가도록 하는 것 또한 당연한 책무라고 할 수 있다. 외형상 정치가가 일반 대중의 인기에 영합하는 정치행태도 문제가 없는 것 같아 보인다. 정치가는 당선되어 좋고 국민은 기대하고 원하는 일들이 정책으로 채택되어 흡족하다.

대중의 인기에 영합하고 선심성 정책을 취하는 것이 문제가 되지 않도록 하기 위해서는 선심성 정책이 당초 의도한 바대로 국민을 도와주는 것으로 매듭 되어야 한다. 그렇게만 될 수 있다면 선심성 정책공약은 국민을 위한 것이고 많을수록 좋다. 그런데 문제는 예산이나 자원이 선심성 정책을 수용하기 위해서는 대부분 턱없이 부족한데 일단 동원되는 재원은 종국에는 국민이 모두 세금으로 부담해야 한다는 점이다. 세금 부담이 늘어나더라도 발전이 이루어져 삶의 질이 향상되고 더 많은 세금을 부담할 수 있는 능력이 생기도록 선 순환되면 문제 될 것이 없는데, 세상은 그렇게 녹녹하지 않다. 대개의 선심성 정책들은 국민의 기대를 반영한 것으로 실행이 어려운 것들이다.

실행이 가능하고 국민 삶의 질을 높이는 데 도움이 된다면 그것은 선심성 공약이 아니라 정상적으로 좋은 정책이다. 대부분의 국가에서 선심성 공약은 도움이 되기는커녕 오히려 사회갈등을 조장하고 국민을 극단적인 대립과 분열로 몰아넣고 있는 경우가 많다. 지금 우리나라도 선심성 공약에서 변질된 세종시를 비롯한 지역균형발전, 4대강 정비 사업으로 온 나라가 대립과 갈등으로 몸살을 앓고 있다.

국민들에게 도움이 되어야 할 공약이 왜 국민들에게 부담만 가중시키는 역할을 하는가? 그것은 대부분 사회와 국민이 감당할 수 있는 수용력의 한계를 벗어난 내용을 공약하기 때문이다. 국가에서 시행되는 정책은 모두 국민의 부담을 전제로 한다. 정치가의 공약이 제대로 실행되어 순기능을 하기 위해서는 합리성과 정당성을 확보하고 규칙과 절차에 따라 실행되어야 하며 진행과정에 문제가 발생할 경우 내용을 조정하여 좋은 결과를 가져오도록 만들고 규모가 큰 것은 장기간에 걸쳐 단계적인 사업을 진행시키는 작업이 필요하다. 이 가운데 어느 것 한 가지라도 문제가 발생하면 당초에 의도했던 바의 목적을 달성하기 어렵다.

오늘날 대선공약이 우리 사회에서 갈등을 조장하고 국민을 대립과 분열로 치닫게 만드는 것도 공약들이 만들어질 때, 이미 정당성과 합리성을 고려하지 않는 문제를 안고 출발하는 데다, 정치가들이 지지표를 얻기에 급급해 뒷감당은 충분히 고려하지 않고, 인기에 영합하기 위해 무리한 내용들을 공약으로 채택한다는 데 있다. 당선자 스스로도 그렇지만 국민도 공약을 실행하기 전에 합리성과 정당성은 있는지, 충분히 감당할 수 있는 것인지, 다른 문제는 없는지, 꼼꼼히 따져보고 문제가 없는 것은 우선 시행하고 문제가 있는 것은 보완하여 시행에 들어가도록 요구하는 것이 마땅하다. 그런데 이기적인 국민들은 우선 나에게 돌아오는 이익만을 고려한다. 문제가 있고 논란이 벌어지는데도 불구하고 공약했으니 실행할 것을 강요하고, 다른 한편에서는 이성을 가진 국민들이 그러한 정책 실행을 저지하기 위해 맞선다. 이러한 결과가 만들어 낸 것이 극단적인 사회분열과 대립이다.

위정자들은 우선 당선되고 보자는 행동을 할 수 있지만, 국민까지 냉정함을 잃어서는 안 된다. 경제성장률이 떨어져 세수는 줄고 고령화 등으로 돈 쓸 곳은 많아지는 상황이 머지않았다. 지금 성장단계에서 조금 여유가 있다고 국가의 채무를 늘리고 돈을 헤프게 쓴다면, 그 결과가 어떻게 될지 뻔하다. 복지 만능 정책을 펼치다 재정적인 어려움에 처해 복지를 다시 축소하고 있는 국가들의 사례를 반면교사로 삼아야 한다. 우리에게 있어서도 국민연금 문제는 여전한 해결과제이다. 국민 모두에게 혜택이 골고루 돌아갔으면 좋겠지만, 그러한 일은 우리 경제가 지속적으로 성장하고 후손들이 부담을 감당할 수 있을 때나 가능한 일이다. 지금 우리나라는 세계에서 가장 빠른 속도로 노령화 인구가 증가하는 반면 출생률은 세계 최저수준을 보이고 있어, 낮은 출산율로 인해 국가경쟁력마저 추락하지 않을까 우려하는 사람들이 적지 않다. 후손에게 부담을 키우는 선심성 정책을 앞으로도 계속 남발하면, 우리에게도 아르헨티나와 같은 위기가 닥칠지 말라는 법 없다. 다시 쓰라린 고통을 맛보지 않기 위해서는 1997년 외환위기를 우리는 잊어서는 안 된다.

역대 대선후보나 대통령 중 대중인기에 영합하는 정책을 추진한 사례는 너무 많다. 김대중 정부는 최대 치적으로 국가 안전망 중 사회복지 강화를 들고, 노무현 정부는 지역균형 발전과 친서민정책을 했다는 말들을 많이 한다. 이명박 정부의 사교육비 절반도 좋은 사례다. 항상 사면할 때마다 내세우는 사회 통합이 누구를 위한 것인지 모르겠지만, 집권 후 대규모 사면은 역대 대통령의 단골메뉴였다. 법을 어기고 비리에 연루되거나 죄를 지은 사람에게 죄를 사하여 형벌을 면제하여 주는 사면(赦免)을 하더라도 그 기준이 엄격하고 제한적이어야 한다. 대통령이 사면권을 빙자하여 정부가 잦은 대규모 사면을 하는 것은 사실은 인기에 영합하여 법치의 근간을 흔들고 부정부패와 사회갈등을 조장하는 데 앞장서는 일이 될 수 있으므로 신중을 기해야 한다.

2008년 6월 이명박 대통령은 취임 100일 기념일에 282만 명, 8·15 때 34만 명, 2009년 운전면허 관련 대상 150만 5천 명을 포함한 152만여 명의 생계형 범죄에 대한 특별사면을 단행했다. 또한 2009년 8·15사면 때 김경한 법무부 장관은 광복을 경축하고, 서민 생활에 실질적 도움을 주어 민생 안정과 국민통합의 계기를 마련하고자 했다고 밝혔다.[104] 2010년 8·15 광복절 특별사면 대상에 비리를 저질러 사법 처리된 전직 판·검사 등 법조인 8명이 포함된 사실이 뒤늦게 밝혀져, '스폰서 검사' 파문을 계기로 고조된 법조비리 근절 여론에 역행하는 '제 식구 감싸기'라는 지적이 일었다. 이와 같은 비판 여론을 의식해 법무부가 발표 당시 이들의 명단을 고의로 공개하지 않았다는 의혹이 제기되기도 했다. 법조인 8명 외에 2006년 '수해 골프'로 물의를 빚은 한나라당 홍문종 전 의원도 특별복권 대상에 포함됐다. 김석기 전 울산시 교육감 등 전직 교육감 3명도 집행유예 잔여기간을 면제받고 복권됐다. 김희문

<hr>

104) KBS 2009. 8. 11.

전 봉화군수 등 기초자치단체장 9명도 특별복권 되었다. 2007년 김승연 한화 회장의 '보복 폭행' 사건에 대한 수사를 중단해달라는 청탁을 받고 이를 지시한 장희곤 전 서울 남대문서장과 수사를 지연시킨 강대원 전 남대문서 수사과장 등 공무원·공기업 관계자 8명도 특사에 포함됐다. 그러나 2010년 8월 13일 특사 발표 때 법무부는 이들을 제외한 78명의 정치인·고위공직자·기업인 명단만 공개했다. 당초 사면심사위원회는 비리 법조인 등이 포함된 107명의 명단을 공개하기로 결정했으나 29명을 누락시킨 것이다. 이 때문에 '스폰서 검사' 파문 이후 고조되고 있는 법조비리 근절 여론에 부담을 느낀 법무부가 비리 법조인 등의 명단은 일부러 공개하지 않은 것 아니냐는 의혹이 제기되었다. 법무부 관계자는 "107명 중 유명한 사람을 공개한 것일 뿐 다른 의도는 없었다"고 해명했다.[105]

이외에도 이명박 정부는 서민 범칙금 부담 내용의 조정, 종합부동산세금 감면 조치, 자녀보육지원 등 인기에 영합하는 것 같은 정책을 여러 가지 취한 바 있다. 우선 먹기는 곶감이 달지만, 사회복지 향상이나 복지정책의 강화는 모두 국민의 부담으로 전가된다. 대규모 감세나 사면은 재정 적자에 따른 이자 부담과 법질서 경시 풍조를 확산시킬 수 있다. 하지만 진정한 친서민 정책은 인기영합이 아닌 서민·약자가 자활할 수 있는 역량과 경쟁력을 키우는 방식이다. 능력 있는 다른 국민에게 부담을 떠넘기고 정치가는 생색만 내는 사회복지 정책은 누구나 할 수 있는 하책으로 예산효과에 지나지 않는다. 올바른 사면과 복지정책은 자유민주주의와 시장경제, 법치, 약자에 대한 배려라는 헌법적 틀 안에서 뿌리 내려야한다.[106]

---

105) 경향신문 2010. 8. 22.
106) 중앙일보 2009. 8. 4.

국가의 형벌은 죄지은 사람에게 대가를 치르게 해 앞으로 발생할지도 모를 탈법·불법을 사전에 억지(抑止)시키는 사회적 학습효과를 거두려는 데 있다. 잦은 사면권 행사로 형벌의 효력을 일거에 무효화시키는 일이 되풀이되면 국가 형벌권의 본래 목적이 퇴색(退色)되고 만다. 따라서 대통령의 사면권은 극히 예외적 상황에서 제한된 범위로 행사되어야 한다. 역대 정권이 사면권을 남용해 정치인·경제인 등 사회지도층의 전과(前科)를 주기적으로 지워주었기 때문에 대한민국에서 법이 누구에게나 공평하게 적용되고 있느냐는 의문이 끊임없이 제기돼 왔다.[107] 양식 있는 국민들을 중심으로 정치적 이해집단에 둘러싸여 무분별하게 이루어지고 있는 정치인 및 고위공직자의 부패 관련 처벌자들에 대한 대통령의 사면권 행사를 제한해야 한다[108]는 목소리가 점점 고조되고 있다.

현대 민주주의의 가장 큰 모순은 정책실패에 대해 지나치게 관용적인 태도를 취하고 있다는 점이다. 우리의 역사 속에서 민중이 고통의 나락으로 떨어지고 외세에 의해 나라나 짓밟히고 갈라져도 그 중심에 서 있었던 정치가들은 별다른 책임을 지지 않았다. 여기에 국민들이 깨어 있어야 하는 이유가 있다. 평상시에 정치가들이 잘못된 행동을 하는 것을 철저하게 견제하고 책임을 묻고 선거를 통해서 심판하지 못하면, 우리는 미래에 또 어떤 대가를 치를지 모른다.

5) 네거티브 전략 의존 이기주의적 권력쟁취 행태

(1) 네거티브 전략의 개념과 유래

우리 사회의 극단적 대립과 갈등의 본질은 네거티브전략에 의존한

---

107) 조선일보 2009. 12. 29.
108) 경실련 2006. 2. 16.

정치인의 이기주의적 권력 쟁취도 중요한 원인 중 하나이다. 누구든 선거를 눈앞에 둔 시점이라면 상대가 약할수록 좋은 것이 사실이다. 선거는 내가 잘하는 것이 아니라, 상대보다 조금이라도 더 잘하는 것이 중요한 상대 평가이다. 그러나 일단 선거에서 이겨 집권하고 나면 역사(歷史)가 채점하는 절대 평가가 기다린다.[109] 그러므로 당선이 되는 것도 중요하지만, 정책대결을 통한 정상적인 실력으로 당선되고, 그 실력을 국민을 위해 사용하고, 역사를 통해 평가받도록 하는 정책에 대한 정당성과 합리성 경쟁을 벌여야 한다.

후보자들은 누구 할 것 없이 막상 선거전에 돌입하면 대부분의 네거티브 전략에 빠져든다. 경쟁 상대나 정당과 차별화시킬 수 있는 실력은 부족하고 국민의 지지를 유인하기 어렵다는 판단을 하게 된다. 당선은 하고 싶고 묘안이 없으니, 그때부터 경쟁 상대와 정당의 흉이나 허물, 실책을 문제 삼아 집중적으로 부각시킴으로써 경쟁자와 경쟁정당에 대한 지지도를 떨어뜨리고 반사이익을 얻는 네거티브전략(negative strategy)을 추구한다. 네거티브전략이 쌍방 간에 난무하면 정책대결은 실종되고 국민의 판단을 흐리게 하는 혼란을 초래하여, 정치에 대한 불신과 혐오감을 고조시키는 혼탁한 선거로 전락하게 만들고 후보자 서로에게 앙금을 남긴다. 선거가 끝나도 패배한 후보자와 정당은 승복하지 않고 상대방의 잘못을 물고 늘어진다. 선거가 끝남과 동시에 새로운 투쟁으로 돌입하는 악순환이 만들어지는 것이다. 우리나라 선거가 축제가 되지 못하고 분열과 갈등의 원인으로 작용하게 만드는 사유 중 하나다.

일반적으로 상대의 부정적인 면을 공격하는 선거운동 방식을 네거티브 전략이라고 한다. 그 내용은 음해, 부정부패와 같은 비리폭로, 약점이나 인신공격(人身攻擊), 흑색선전, 험구 등을 통한 실수 유발 등 다양

---

109) 조선일보 2008. 12. 16.

하다. 선거철만 되면 유권자들은 정책중심과 포지티브 선거를 하라고 목소리를 높인다. 그러나 유권자들은 자신들의 요구와 달리 추악한 폭로전 등 부정적인 면에 더 민감하게 반응한다. 아무리 인품이 좋고 능력이 뛰어나도 부정적인 메시지가 감성적으로 유권자들에게 전달될 경우 치명적인 상처를 받게 된다. 상대후보에 비해 열세에 놓인 후보들이 쉽게 열세를 만회할 수 있다고 믿고 "저는 이런 일을 잘할 수 있습니다!", 대신 "저 후보는 이런 문제가 있기 때문에 절대로 뽑아서는 안 됩니다!"라고 상대방의 약점을 부각시켜 긍정적인 이미지를 덮어버리고 싶어 한다. 이렇게 정상적인 방법이나 정정당당한 전략으로는 경쟁자를 이길 수 없는 경우 사람들은 음해와 같은 네거티브전략을 동원하고 싶은 유혹을 강하게 느낀다. 그러나 이것은 비열한 짓일 뿐만 아니라 경쟁자는 물론이고 자신에게도 큰 피해를 입히는 것이 일반적이다. 그 경쟁이 제삼자에게 영향을 끼칠 경우 그 제삼자는 더 큰 피해를 입는다.

네거티브 전략은 선거에만 활용되는 것이 아니라 평상시에 야당이 정부를 비난할 때 많이 활용된다. 야당정치인에 의해 거론되는 경제나 금융 심지어는 남북관계에 대해 3월 위기설, 9월 위기설 같은 위기설의 실체는 현 정부의 문제해결능력이 부족한 것을 부각시키려는 네거티브 전략의 일종이다. 네거티브 전략의 가장 큰 문제점은 왜곡된 정보에 의한 선택은 모두에게 손해를 끼친다는 것이다. 네거티브 전략은 역량 있는 사람이 선거에서 패배하고 권모술수에 능한 사람이 당선될 수도 있게 함으로써, 국가 발전에 직간접적인 영향을 미칠 수도 있다. 많은 사람들이 네거티브 전략이 좋은 방법이 아니라는 것을 아는데도 불구하고 네거티브 전략이 먹히는 것은 사람은 자신이 좋아하는 것만을 보고 믿고 싶은 것만을 믿으려는 경향이 있기 때문이다. 네거티브 전략은 상대방의 약점을 공격해 그 후보에 대한 지지가 낮아지게 만들어 본인의 당선 가능성을 높이는 전략으로 지지율 차이가 크지 않을 경우에 실효성이 있다. 또한 공격을 받은 후보가 반박이나 해명, 대응할 시간적 여유를 주지 말아야 하기 때문에 선거 종반에 많이 나타나는데, 네거티브 전이 본격화되는 부정적 선거운동은 결국 '진흙탕 싸움'으로 치닫게 한다.

유세장에서는 험구는 물론 사실인지 흑색선전인지 식별이 어려운 미확인 소문들도 난무한다. 인신공격은 다반사다. 정책대결은 눈을 씻고 봐야 겨우 발견할 수 있을까. 비방전은 중앙당이 진두지휘하는 양상이다. 당직자들은 막말들을 속사포처럼 쏴댄다. 하지만 네거티브 선거운동이라고 해서 무조건 배척만 할 것은 아니다. "네거티브 전략도 정상적인 선거운동의 한 방식이다. 후보들 사이의 차별성을 드러내서 유권자의 선택에 도움이 될 수 있다. 단 사실에 근거해야 한다. 문제는 근거가 없는 중상모략이나 사실을 날조한 비방·흑색선전·침소봉대 등이다. 이런 것이 아니고 정당한 비판과 사실에 근거한 공격이라면 국민의 알권리 충족을 위한 후보검증 차원에서 인정할 수 있다. 선거에서 병역문제나 납세문제 등 공적인 영역의 문제를 사실에 근거해 지적하는 것까지 나무랄 수 없다. 선관위에서 전과경력 등을 공개하는 것도 이런 맥락에서다.110)

그럼 네거티브 전략은 우리나라에만 있는 것인가? 아니다. 오히려 선거제도와 대의민주주의가 가장 발달한 미국에서 그 개념이 정립되고 발전했다. YTN 보도에 의하면 미국의 경우 네거티브 캠페인이 역사를 바꾼 최악의 선거전이 비일비재했다. 1950년 미국 캘리포니아주 상원의원 선거에서 리처드 닉슨의 핵심참모였던 머레이 터너가 '착한 사람들과 겁쟁이들은 선거에서 승리할 수 없다'고 한 말은 네거티브 선거운동의 필요성을 적나라하게 표현한 말로 널리 인용된다. 네거티브 선

---

110) 한겨레21, 제412호(2002. 6. 5.)

거 운동의 대표적인 예는 1970년 앨라배마 주지사 민주당 예비 선거를 들 수 있다. 현직 주지사였던 앨버트 브루어는 네거티브 캠페인을 벌인 전 주지사이자 대선 후보였던 조지 월러스에게 패했다. 월러스는 인종 차별주의 운동을 벌이면서 브루어를 동성연애자, 브루어 두 딸은 흑인 아이 임신, 아내인 마사는 알코올 중독자라고 중상모략 했다. 반면 브루어는 처음부터 끝까지 선거과열을 막기 위해 자제하는 대조적인 모습을 보였다.

선거 전략가들이 네거티브 선거운동에 집착하는 이유를 잘 알 수 있다. 미국 케네소 주립대 교수인 커윈 C. 스윈트는 지난 200년간 미국역사를 바꿔온 최악의 네거티브 선거전 25개를 골라 순위를 매겼는데 월러스와 브루어의 선거전이 1위의 불명예를 차지했다. 2위로 선정된 1828년 앤드루 잭슨과 존 퀸시 애덤스 간의 대선전에서는 '요부'와 '이중결혼자' 등으로 공격받았던 잭슨의 부인은 극심한 우울증을 앓다 숨을 거두는 사태까지 빚어졌다. 네거티브 캠페인의 새로운 현대적 기준을 만들었다고 평가되는 2004년 존 케리와 조지 W. 부시의 대결은 25위에 기록됐다. 이밖에 인신공격에 막대한 선거 자금 투입, 후보의 섹스와 뇌물 추문(scandal)에다 심지어는 후보의 어머니가 성매매 여성이라고 비방한 사례도 있었다. 그러나 네거티브 전략은 종종 자기 자신을 파멸로 몰고 갈 수 있음도 여실히 보여주고 있다.111)

(2) 가장 대표적인 네거티브 전략 사례, 병풍 사건

우리나라 선거에서도 여당 야당 할 것 없이 모두 일상적일 정도로 네거티브 전략을 많이 사용한다. 역대 대통령선거에서 나타난 가장 대

---

111) YTN 2007. 7. 13.

표적인 네거티브 전략은 병풍사건과 BBK 주가조작 사건[112]이다.

2002년 초 조선일보 기사는 이회창 후보의 승리를 장담하는 여론조사 결과를 보도하고 있었다. 후보 간 가상구도에서 이회창 후보는 이인제 후보에게는 10%, 노무현 후보에게는 16%를 앞서는 것으로 나타났다. 당시 여러 신문이 이회창 후보의 승리를 예측하는 결과를 보도하고 있었다. 그러나 이회창 후보의 지지율은 두 아들의 병역기피 의혹이 제기된 지 사흘 만에 16.9%가 빠지는[113] 등 여론이 크게 악화되었고 결국 노무현 후보에게 패배했다. 소위 병풍 사건은 2002년 12월 16대 대통령 선거를 7개월 앞두고 의정(의무) 하사관 출신인 김대업 씨가 오마이뉴스 등 인터넷 매체와의 대담을 통해 이회창 후보의 장남 정연 씨의 불법 병역면제 은폐 의혹을 제기했다. 이에 대해 2005년 5월 9일 대법원은 2002년 대선 때 한나라당이 김대업 씨와 오마이뉴스를 상대로 낸 이른바 '병풍공작사건'과 관련한 손해배상청구소송에서 원고승소판결을 내렸다. 한나라당 김무성 사무총장은 이날 열린 상임운영위원회에서 "병풍공작과 관련한 손해배상청구소송에서 대법원이 최종 판결을 통해 김대업과 오마이뉴스 등 피고들에게 총 1억 6천여만 원을 배상하라고 확정 판결을 내렸다. 뒤늦은 감이 있지만 지난 대선에서 김대업과 오마이뉴스가 주도한 공작이 심판을 받은 것이다. 지난 대선에 결정적인 영향을 미치고 그 결과 노 정권이 탄생해 나라를 어지럽히고 국민을 불편하게 만들었다. 더 이상 공작정치가 발붙일 수 없는 계기가 되길 희망한다"고 덧붙였다.[114]

---

112) BBK 주가조작 사건은 김경준이 1999년에 설립한 회사인 BBK를 통해 주가 조작으로 수백억 원의 차익을 남기고 이 돈을 횡령한 사건이라고 알려져 있다. 김경준은 이명박이 BBK의 실제 소유주이며 자신도 피해자라고 주장하고 있으며, 이명박은 자신도 김경준에게 사기를 당했다고 주장했다. 이 사건에 대해 한국에서는 이명박과는 관련이 없고 김경준과 그 가족들의 범행인 것으로 법적 결론이 났다.

113) 한겨레21, 제412호(2002. 6. 5)

114) 문화일보 2005. 5. 9.

병풍공작사건 승소와 관련해 당시 한나라당은 16대 대선 당시 제기
된 이회창 전 총재 아들의 병역비리 은폐 의혹인 소위 '병풍 사건'과 설
훈 전 의원이 제기한 이회창 전 총재의 20만 달러 수수설, 이 전 총재의
부인 한인옥(韓仁玉) 여사의 기양건설 10억 원 수수설 등을 3대 정치공
작사건으로 규정하고 진실 규명을 위한 특별법 제정을 추진하기도 했
다.115) 박근혜 대표는 "이들 3가지 사건이 모두 정치공작이며 흑색선전
이었다는 게 백일하에 드러났다. 우리나라 정치문화 현주소가 이 정도
인가 개탄하지 않을 수 없다. 정부 여당의 주장이 전부 거짓말로 드러
난 것과 관련해 국민이 납득할만한 입장표명이 있어야 한다. 앞으로도
이런 기막힌 일들이 되풀이될 수 있는 만큼 정치발전을 위해서나 대선
에 악영향을 미치는 이런 일들이 되풀이되지 않도록 필요하면 법까지
제정해 강력하게 대처할 방침"이라고 강조했다. 강재섭 원내대표도 "지
난 대선에서 여당은 병풍사건과 기양건설 수뢰설 등 전형적인 거짓말
을 선거에 악용했다. 당시 대통령 후보였던 노 대통령이 직접 사과해야
한다"고 말했다.

2007년 대통령선거를 뜨겁게 달군 논쟁점(issue)은 단연 BBK 주가조
작 사건이었다. 수백억 원의 주가조작과 수백 명의 피해자를 낳은 BBK
사건 핵심은 이명박 대통령 후보와 김경준 씨와의 연관성이었다. 김경
준 씨는 1999년 BBK라는 회사를 만들었고 BBK 후신인 옵셔널벤처스
를 만든 뒤 주가조작 등을 통해 수백억 원을 챙겨 미국으로 달아났
다.116) 핵심 쟁점은 김경준 씨가 만든 BBK라는 회사가 한나라당 이명
박 대통령 후보의 소유냐는 것이었다. 만약 이 후보의 소유로 판명 날
경우 선거에 치명적인 영향을 입을 수도 있는 상황이었다.

---

115) MBN 2005. 5. 13.
116) 일요서울 2009. 10. 20.

대통합민주신당은 BBK 개정 정관에 최종 의사 결정자가 '발기인 이명박'으로 표시돼 있는 점, 그리고 이 후보의 큰형과 처남이 소유한 다스의 투자금이 BBK 자본금으로 쓰였다는 의혹 등을 제기하며 이 후보가 BBK의 실소유주라고 주장했다. 하지만, 한나라당은 이 후보에게는 BBK 주식이 전혀 없고 김씨가 개정 정관을 조작했다고 주장하면서 관련이 전혀 없다고 반박하며 논란을 벌였다. 또 다른 핵심 쟁점은 주가 조작에 동원된 MAF 펀드라는 회사와 이 후보의 관계였다. 대통합민주신당은 홍보 책자를 근거로 이 후보가 MAF 펀드의 회장이라고 주장하는 반면, 한나라당은 펀드에 투자한다고 펀드 경영권을 가질 수 없으며, 홍보 책자 역시 김씨가 조작했다고 맞섰다. 나머지 쟁점은 그렇다면 이 후보가 동업자인 김씨의 주가 조작을 전혀 몰랐는지 하는 것이었다. 대통합민주신당은 LKe뱅크는 모든 자금을 MAF 펀드에 투자해 운영비를 BBK에서 조달한 만큼 LKe뱅크 대표 이사인 이 후보가 회사 일을 몰랐을 리 없다며 관련성을 강하게 제기했다. 그러나 한나라당은 이 후보는 이미 2001년 4월 LKe뱅크 대표에서 물러났을 뿐만 아니라 김씨가 사장으로서 사실상 회사 업무를 총괄해 전혀 몰랐다고 주장했다. 결국 양측의 공방은 대선 정국의 핵심 변수인 BBK 사건의 의혹을 풀 열쇠가 검찰에게 주어졌다.[117]

사건 담당은 서울중앙지검 검사가 맡았고 방어팀은 홍준표 전 원내대표를 중심으로 한 클린정치위원회 법률팀 율사들이 담당했다. 대선을 코앞에 두고 그것도 유력한 대선 후보를 겨냥한 창과 방패의 대결은 보는 이로 하여금 땀을 쥐게 하기에 충분했다. 사건의 절정(climax)은 대선 한 달을 앞두고 당사자인 김경준 씨가 미국에서 국내로 소환되면서 최고조를 이뤘다. 하지만 2007년 12월 5일 당시 김홍일 서울 중앙지검

---

117) YTN 2007. 11. 16.

3차장이 이명박 한나라당 대선후보의 BBK 주가조작 및 횡령 개입 의혹에 대해 무혐의 처분을 내렸다고 발표, 이 대통령 후보에 대한 '먼지털기식 무혐의 처리'로 마감됐다.[118] 결국 BBK 주가조작 사건은 문제를 제기한 민주당과 정동영 후보보다는 한나라당 이명박 후보에게 호재로 작용해 대통령에 당선되는 데 상당한 영향을 미쳤다.

한겨레신문 보도에 의하면 선거에 네거티브 전략이 동원되는 근본적인 이유는 네거티브 전략이 다른 어떤 선거운동보다 잘 먹히기 때문이라는 것이다. 1995년 서울시장 선거 당시 박찬종 후보는 참신한 이미지로 각광받고 있었다. 그러나 과거 부산의 한 일간지에 유신을 찬양하는 기고를 한 적이 있다는 네거티브의 대상이 된 이후 1개월 사이에 지지도가 10.5% 곤두박질쳤다. 여론조사 전문가인 김학량 씨는 "유권자는 장점보다는 약점과 험담, 비방을 잘 기억한다. 유권자들은 네거티브 선거운동에 대해 순간적으론 혐오하지만 계속 들으면 그것을 사실로 인정하고 비난받은 후보를 지지하지 않는 경향이 있다"고 말했다. 유권자들의 눈과 귀를 돌리기가 쉽지 않은 상황이다. 그래서 나온 게 자극적인 처방전이다.[119]

민주주의의 꽃이라고 불리는 선거지만, 선거전(選擧戰)이라는 말처럼 전쟁으로 비유되는 것만큼 각 후보들은 사용 가능한 모든 수단을 써야 할 유혹을 충분히 느끼게 한다. 승자가 모든 것을 가져가는 구조이기 때문이다. 정책으로 평가를 받아야 한다는 당위론이 있지만, 실제에서는 그러하지 못하는 이유이기도 하다. 지지율에서 앞서건, 뒤지는 후보이건 간에 모두 네거티브 전략을 쓸 수밖에 없는 것이 현재의 구조이다. 네거티브 전략에 의해서 진 후보는 굉장히 억울해하고 자신은 왜

---

118) 일요서울 2009. 10. 20.

119) 한겨레21, 제412호(2002. 6. 5.)

그러한 방법을 쓰지 못했을까 하는 탄식을 남길지도 모른다. 하지만 이러한 네거티브 전략의 피해자는 선거에서 진 후보만이 아니다. 잘못된 정보로 인하여 합리적인 투표를 하지 못한 국민에게 상당한 피해가 가기 마련이다. 네거티브 전략이 끼치는 폐해는 책임을 져야 하는 사람과 이익을 얻는 사람의 불일치에서 시작된다.

2002년 대선에서 '김대업 사건'으로 국민들은 일종의 사기를 당했지만, 노무현 후보에 대한 환불이나 교환이 가능하지 않은 것과 같다. 노무현 후보가 의도했건 하지 않았건, 당시 노 후보는 김대업 씨의 거짓말로 상당한 이익을 얻었지만, 거짓으로 드러난 후에도 어떠한 책임을 져야 할 필요가 없었다.[120]

(3) 네거티브 전략 구사 원인 후보자 자질 부족

네거티브 전략은 실력과 능력이 부족한 사람들이 사용하는 전형적인 방법으로 생각다 못해 짜낸 계책인 궁여지책(窮餘之策)이 아니라, 좋지 않은 것인 줄 알면서 의도적으로 사용하는 저급한 행동이다. 그것은 무엇보다 정치가 스스로 그 내용을 가장 잘 안다. 네거티브전략이 항상 좋은 결과를 가져다주는 것도 아니지만, 실력은 부족하고 권력에 대한 욕심이 날 때 주로 사용되는 방법이다. 잘못 구사하면 오히려 선거 패배의 원인으로 작용하고 때로는 처벌받기도 한다. 단순한 선거 전략이나 정쟁의 전략으로 보이기에는 그 폐해가 너무 크다.

우리나라 공직선거법 제250조(허위사실공표죄) ① 당선되거나 되게할 목적으로 연설·방송·신문·통신·잡지·벽보·선전문서 기타의 방법으로 후보자에게 유리하도록 후보자, 그의 배우자 또는 직계 존·비속이나 형제자매의 출생지·신분·직업·경력·재산·인격·행위·소

속단체 등에 관하여 허위의 사실(학력을 게재하는 경우 제64조 제1항의 규정에 의한 방법으로 게재하지 아니한 경우를 포함한다)을 공표하거나 공표하게 한 자와 허위의 사실을 게재한 선전문서를 배포할 목적으로 소지한 자는 5년 이하의 징역 또는 3천만 원 이하의 벌금에 처한다. ② 당선되지 못하게 할 목적으로 연설·방송·신문·통신·잡지·벽보·선전문서 기타의 방법으로 후보자에게 불리하도록 후보자, 그의 배우자 또는 직계 존·비속이나 형제자매에 관하여 허위의 사실을 공표하거나 공표하게 한 자와 허위의 사실을 게재한 선전문서를 배포할 목적으로 소지한 자는 7년 이하의 징역 또는 500만 원 이상 3천만 원 이하의 벌금에 처한다. 제251조(후보자비방죄) 당선되거나 되게 하거나 되지 못하게 할 목적으로 연설·방송·신문·통신·잡지·벽보·선전문서 기타의 방법으로 공연히 사실을 적시하여 후보자(후보자가 되고자 하는 자를 포함한다), 그의 배우자 또는 직계 존·비속이나 형제자매를 비방한 자는 3년 이하의 징역 또는 500만 원 이하의 벌금에 처한다. 다만, 진실한 사실로서 공공의 이익에 관한 때에는 처벌하지 아니한다고 규정하고 있다.

법을 위반하고 네거티브 전략을 구사할 경우 당선되어도 그 직위를 상실할 수 있다. 대통령 선거는 그런 일이 없지만, 국회의원 선거는 그러한 사례가 더러 있었다. 따라서 이런 위험한 네거티브 전략은 가급적이면 하지 않는 것이 좋다. 법만 제대로 지키면 흑색선전이나 비방은 상당 부분 줄어들 것으로 보인다. 하지만 현실은 다르다. 왜 그럴까? 그 이유는 권력에 대한 이기적인 탐욕에 있다. 교묘하게 대중 속에 은밀하게 믿거나 말거나, 존재하거나 하지 않거나 하는 이른바 '설'을 제기하는 것은 그렇게 많은 비용이 들지 않는다. 윤리적인 문제가 있기는 하지만, 일단 성공하면 역전의 카운터펀치[121](counterpunch)로 쓰일 수 있다. 즉 위험이 따르기는 하지만 당선은 권력을 독점하게 해주기 때문에 모험을 하게 만드는 것이다. 선거에는 변수가 많다. 그중에서 가장 대표적인 것이 부동표이다. 부동표(浮動票)는 특정 후보자나 특정 정당에 투표될 것으로 정해진 것이 아니고 그때의 정세나 분위기에 따라 변화할 가능성이 있는 표이다. 그런데 이 부동표를 움직이는 데도 네거티브 전략이 상당한 효과를 발휘한다. 후보자들은 다급한 마음에 유혹에 쉽게 빠져든다. 유권자에 의해 선택된 정치인들이 알려진 모습이 잘못되어 정치를 할 능력이 안 될 수도 있고, 권력을 이용해 부패를 저지르는 정치인일 경우 국민소환제도 등이 있어 바꿀 수는 있지만, 그 과정에 많은 비용이 들어 결과적으로 국민이 큰 손해를 받는 것은 바뀌지 않는다.[122]

네거티브 전략이 지나치면 유권자들이 정치에 염증을 느껴 이쪽도 저쪽도 다 싫으니 투표를 하지 않겠다는 생각을 갖게 할 수도 있다. 이런 경향이 심화되어 행동으로 나타난 것이 투표율 저하다. 무슨 경쟁이든지 승리는 정당한 것이어야 하고 정치가는 국민을 혼란에 빠뜨리고 사회에 갈등과 대립을 조장하는 것이 아니라 국론을 통합하고 국민에게 희망을 주며 좋은 세상을 만들기 위해 선도적인 역할을 수행해야 한다. 한국 사회의 극단적인 분열과 대립, 갈등의 원인은 스스로 수양이 덜 된 사람들이 권력을 탐욕 한 것이 원인이다. 능력이 부족한 사람은 정치 일선에 나서지 말고 정당도 그러한 사람들을 공천하지 말며 국민들도 그런 정치인을 선출하지 않아야 한다. 그런데 이 세 가지 분야의 기능이 현재까지 모두 제대로 작동되지 못한 상황 속에서 이기적으로 권력을 쟁취하려는 정치가가 양산되어 왔다. 네거티브전략을 통해 정

---

121) 카운터펀치(counterpunch): 카운터블로(counterblow)와 같은 뜻이다. 권투에서, 상대편의 공격을 피하면서 되받아치는 강력한 펀치를 말한다.

122) 자유기업원 2007. 10. 30.

치권력을 탐하면서 당선된 정치인은 국민이 정치를 혐오하게 만들고 있다. 정치에 대한 국민의 혐오는 악순환을 거듭하여 더욱 불공정한 사회를 만들고 결국은 혼란과 갈등을 배태한다.

6) 실력 부족, 합리적 정치철학 부재

대통령의 실력 부족이 국가를 어떤 상태로 몰아갈 수 있는지 보여주는 대표적인 사례가 국제통화기금(IMF: International Monetary Fund) 관리체제이다. IMF 관리체제는 1997년 12월 3일 대한민국이 외환위기를 겪으며 국제통화기금에 자금지원 양해각서를 체결한 사건이다. IMF 경제 위기, IMF 외환위기, IMF 환란, IMF 구제금융사건, IMF 시대라고 부르기도 한다. 당시 김영삼 대통령은 11월 10일 홍재형 부총리와의 통화 이전까지 외환위기의 심각성조차 모르고 있었다. 이로 인해 대한민국의 경제가 큰 위기를 겪게 되었다. 이를 극복하기 위해 국제통화기금에서 요구하는 조건들을 수행해야 했다. 이 과정에서 많은 회사들의 부도 및 경영 위기를 초래하였고 대량 해고와 경기 악화로 인해 대한민국의 온 국민이 큰 어려움을 겪었다. 이후 여당이던 신한국당은 대선에서 패배하여 정권이 교체되었다.

우리나라 정치현실에서 가장 안타까운 것은 국민적 지지와 존경을 받는 정치가가 아직 출현하지 못하고 있다는 점이다. 분명히 국내외에서 인정받을 수 있는 최고의 실력을 갖춘 정치가가 우리 내부에 있음에도 불구하고 그 모습을 드러내지 않고 있다. 그러나 머지않아 그런 지도자가 출현할 것으로 확신한다. 국민적인 존경과 지지를 받는 실력이 있는 정치가는 어떤 사람이어야 할까? 사회에서 발생하는 각종 이해관계를 조정하고 국민을 통합하는 역할을 해야 하는 정치가에게 요구되는 것은 무엇보다 뛰어난 지도력과 문제해결능력이다. 이해관계를 조율하여 갈등을 해소하고 사회 통합을 달성하기 위해서는 사람들의 마음을 읽고 경청할 줄 알아야 하며 대화와 타협하는 기술을 갖추어야 한다. 감정을 억제하고 설득하기 위해서는 많은 노력과 인내도 필요하다. 한쪽에 편중되지 않는 균형감각과 합리적인 사고를 가져야 하며, 신뢰를 확보하기 위해 정직성과 도덕성이 있어야 한다. 우리의 정치 현실에 대해 논리적으로 명쾌하게 설명할 수 있는 지식과 때로는 국민들에게 발전적인 미래상(vision)도 제시해야 하기 때문에 드러난 문제와 사물의 본질을 꿰뚫어 보고 미래 변화를 예측할 수 있는 안목도 갖추어야 한다. 또한 정치는 이상이 아니고 현실이므로 생각이나 말로 그치지 않고 행동이 수반되어야 하므로 일련의 소양(素養)을 갖추고 이해관계가 발생하는 현장을 찾아다니며 이해를 조정하고 사회를 통합하는 역할을 실천해 보이는 것으로 국민으로부터 역량을 인정받을 수 있다.

그럴듯한 말로 국민을 현혹시키기면서 엉뚱한 행동을 하거나 이해관계나 상황에 따라 카멜레온처럼 변화하는 표리부동한 모습을 보이는 사람들은 곤란하다. 권력의 향유에 집착하여 개인적인 입신출세를 지향하는 이기주의자와 보좌관과 비서관을 대동하고 좋은 차를 타고 다니며 밀실에서 야합하는 행동을 하는 정치인이 되어서는 안 된다. 첨예한 이해관계를 조정해야 하는 특성상 정치가가 모든 사람들에게 존경받기는 쉽지 않지만, 적어도 운동선수와 예술가처럼 이론과 실력으로 국민들에게 감동을 주고 존경은 받도록 정치가들도 노력해야 한다. 특히 계파나 지역주의 같은 파벌 조성이나 분파주의를 추구해서는 안 된다.

공적과 과오의 크기가 같으면 결과는 아무것도 없는 것과 같다. 이것은 제로섬게임보다 못하다. 공적을 보고 추종자들은 환호하지만 과오를 보고 비판자들은 비난한다. 그런데 추종자와 비판자의 수가 많아지면 반목이 형성되어 갈등을 만들어내고 국론을 분열시키기 때문이다. 따라서 공적과 과오가 동시에 많은 정치가는 좋은 정치가가 아니다. 좋은 정치가는 살아 있을 때는 국민들에게 미래상(vision)을 제시하고 지도력과 문제해결능력을 발휘하여 그 능력을 인정받고, 죽어서는 생전의 삶이 반추되어 귀감이 되는 것으로 존경받을 수 있는 사람이어야 한다. 공적이 크고 권위 있는 기관이 수여하는 상을 받았다고 하더라도 뚜렷한 과오를 범하거나 국민과 국론을 분열시키는 사람은 대통령을 지냈다고 하더라도 후학들의 사표가 될 수 없다. 만약 그런 사람을 존경 대상으로 받들고 사표가 되면 상황에 따라 표리부동하는 사람, 입신출세를 위해 행동하는 탐욕에 찬 사람들이 양산될 수밖에 없다. 그런 국가의 미래는 기약되기 어렵다.

누구나 실력을 갖춘 정치인이 되기 위해서는 끊임없는 지식 습득과 자기 성찰(省察)의 노력을 통해 지도력과 문제해결능력을 키워야 한다. 그럼에도 불구하고 우리나라 정치인들은 최고의 권력자를 지향하면서도 탐욕이 묻어나는 과거의 경력이나 전직을 내세우며 실력이 충분한 것으로 착각하는 사람들이 적지 않다. 정치가로서 제대로 된 실력을 갖춘다는 것은 그렇게 쉬운 일이 아니다. 오늘날 우리나라 정치가들이 존경과 비난을 동시에 받는 가장 대표적인 이유도 모두 실수를 줄일 수 있도록 고도로 훈련되지 못하고 덜 다듬어진 실력 부족 탓이다. 어느 세계든 실력이 최고에 이르면 실수는 줄어들고 기량은 최고조에 이른다. 그러면 누구에게나 인정을 받는 실력으로 공적을 쌓으면서도 실수에서 기인한 과오는 거의 나타나지 않아 훌륭한 사람으로 평가받는다. 오늘날 스포츠 선수나 예술가 중 규칙을 모두 지키고 별다른 과오 없이 최고의 실력을 발휘하여 국민적인 존경의 대상이 된 사람들이 적지 않다.

정치가가 뛰어난 지도력과 문제해결능력을 갖추고 압도적 지지를 받을 수 있는 합리성과 정당성에 근거하는 실력을 바탕으로 국민의 지지에 의지해 일을 처리해 나가면 야당도 쉽게 물리력을 행사하지 못한다. 여론의 역풍을 받으면 존재 자체가 위협받을 수 있기 때문이다. 그런데 그동안 우리나라 정부·여당은 역량 있는 정치지도자의 부재로 의석수에 비례하는 실력을 갖추지 못한 경우가 대부분이었다. 국회에서 다수의석을 차지하는 것이 일을 잘하는 것을 담보하지 않는다. 민주주의는 다수결의 원칙에 근거하기 때문에 다수의석은 일을 잘 할 수 있는 바탕이 되기는 하지만, 실제 일을 잘하고 못하는 것은 다수의 힘이 아니라 개개인의 사람과 그들의 자질에 달렸다. 합리성과 정당성에 입각해 국가발전과 국민의 복리증진을 위하여 기여할 수 있는 선도적인 역할을 하는 지도력을 갖춘 지도자가 구심적인 역할을 할 때, 비로소 다수의 힘이 제대로 발휘되고 제 역할도 할 수 있는 것이다. 그런데 우리나라 여당은 국민이 다수당이 되게 만들어 주었는데도 항상 그 역할을 하는 데는 미흡했다. 다수당을 선도해나갈 지도력을 갖춘 인물이 부재하다는 말이다. 출중한 지도자의 부재는 정국 운영과정에서 다수라는 숫자에 의존해 법률안이나 예산안의 강제적 날치기 통과라는 형태로 부작용이 더 많이 나타났다.

　과거 우리 국회의 의정 역사에서 자주 나타나는 그 전형적인 모습이 정치파동이다. 1952년의 부산정치파동, 54년의 사사오입개헌파동, 58년의 국가보안법 2·4파동, 69년의 3선개헌파동, 그리고 96년의 노동법 날치기 통과 등이 그 대표적인 사례들이다. 그러나 이러한 날치기도 정당성과 합리성을 확보하기 위해 형식절차는 지켜졌다. 하지만 이와 같은 사례들이 공통적으로 보여주고 있는 것은 집권 여당이 야당의 반대를 강제적으로 제압하거나 아예 야당을 따돌리고 법안을 일방적으로 통과시켰다는 점이다.[123] 명분과 실력은 부족하고 반대하는 야당이나 국민들을 설득할 묘안은 없다. 이런 때일수록 대화와 타협이 필요한 것이다. 그런데 대화와 타협은 제대로 추구하지 않았다. 정국을 주도하고 정권을 재창출하고 싶은 마음에서 결국 정부·여당이 선택한 것은 대부분 다수당은 국민 다수의 지지에 기반을 둔다는 오판에 근거하여 힘으로 밀어붙이는 실력 행사를 통해 법안과 예산안 통과를 강행했고, 야당과 국민의 강한 저항에 부딪힌 것이 정치파동이었다.

우리는 여전히 위태위태한 국회운영의 모습을 보며 살고 있다. 정치파동까지는 안 가더라도 한국 정치에 있어 숫자와 힘에 의존한 정치가 일상화되어 있다는 것은 정치가의 실력부족도 문제지만, 특히 정치철학이 부재한 것이 큰 원인이다. 철학(哲學)은 자기 자신의 경험 등에서 만들어 낸 기본적인 생각을 말한다. 철학이 없으니 계파의 수장이나 당론에서 요구하면 무조건 거수기 역할을 하고 사리에 맞지 않는 무분별한 행동을 일삼는 것이다. 따라서 앞으로 한국의 정치가 국민의 기대와 요구에 부응하기 위해서는 다수의 사람들이 물리적인 행동이나 폭력을 전적으로 바람직하다거나 바람직하지 않다고 생각하지 않기 때문에, 어떠한 행동이 도덕적으로 옳은지 그른지를 판단하는 기준, 즉 사람들이 가지고 있는 내적 기준에 대한 연구도 필요[124]하지만, 당내 동료 의원이나 국민들로부터 공감을 이끌어낼 수 있는 정치철학을 갖춘 지도력과 문제해결능력이 뛰어난 정치가 양성이 시급하다.

7) 부정부패

현재 우리 정치구조는 돈 없으면 선거에 나가기 어려운 구도가 되어

---

123) 미디어오늘 2009. 8. 5.
124) Jeffery H. Goldstein 저, 홍성열·임영식 옮김(2002), " 환경이 범죄자를 만드는가", 교육과학사, p.135

있다. 많은 돈을 쓰고 당선된 사람들은 본전을 뽑아야 하기 때문에 갖은 방법을 동원하여 부정부패를 일삼는다. 그동안 우리 정치판에서 장막에 가려 있던 부분 중 하나가 국회의원 공천헌금 문제였는데 친박연대 양정례 국회의원 당선자의 공천헌금 파문은 밀실 공천의 속내를 잘 드러내 보여주었다.

오마이뉴스 보도에 의하면 비례대표 공천파문이 터진 이후 친박연대 측은 "양정례 당선자가 특별당비로 1억 100만 원을 냈고, 그의 모친인 김순애 씨로부터 텔레비전·신문 광고비 명목으로 15억 5천만 원을 빌렸다"고 밝혀왔다. 하지만 녹음파일에서 사실상 공천을 중개한 것으로 알려진 이모 씨가 증언하고 있는 내용을 헤아릴 때, 친박연대가 차입했다는 15억 5천만 원은 양 당선자 측이 따 놓은 당상이라는 비례대표 1번 공천을 대가로 당에 지원한 돈으로 보인다. 즉 사실상 공천헌금에 해당한다는 얘기다.[125] 대법원 3부(주심 박일환 대법관)는 2009년 5월 14일 비례대표 후보 공천 대가로 거액의 금품을 받은 혐의로 기소된 서청원 친박연대 공동대표(6선)에게 징역 1년 6개월을 선고한 원심을 확정했다. 또 공천헌금을 건넨 혐의로 기소된 김노식 의원(재선)에게 징역 1년, 양정례 의원(초선)에게 징역 10개월에 집행유예 2년을 확정했다.[126]

금권 선거는 중앙이나 지방이나 크게 다를 것이 없다. 단지 차이가 난다면 금액 크기 정도다. 특별시, 광역시, 도의 단체장과 의원에 출마하기 위해서는 어느 정도의 돈이 필요한지 2009년 11월 강원일보 보도를 보면 쉽게 이해할 수 있다. 선거비용 제한액은 선거법이 각각의 선거에서 규정하고 있는 기본금액에 인구수와 읍·면·동 수 등을 감안한 가산금액을 근거로 산출된다. 도지사 선거비용 제한액은 2002년 9억

---

125) 오마이뉴스 2009. 8. 5.
126) 매일경제 2009. 5. 14.

4,400만 원이었으나, 2006년 11억 7,900만 원으로 25% 증가했다. 시장·군수 선거비용 제한액은 2006년 원주가 1억 7,300만 원으로 가장 많았고 춘천이 1억 6,700만 원으로 뒤를 이었다. 화천과 양구는 1억 원으로 가장 낮았다. 원주의 경우 2002년 지선(1억 3,300만 원) 때보다 30%가 올랐고 고성군은 2002년 6,700만 원에서 2006년 1억 200만 원으로 무려 52%가 올랐다. 도의원은 2006년 5,500만~4,100만 원 수준이었다. 역시 인구가 많은 원주시 1·2 선거구가 5,500만 원으로 가장 높았고 양양군 제2선거구, 양구군 제2선거구가 4,100만 원으로 가장 낮았다. 비례대표 도의원의 선거비용 제한액은 1억 1,600만 원이었다. 2006년 도입된 기초의원 중선거구제로 시·군 의원 후보들의 선거비용 부담도 늘었다. 춘천시 다 선거구, 원주시 마 선거구, 동해시 가 선거구가 4,200만 원으로 가장 많았고 양구군 나 선거구가 3,600만 원으로 가장 적었다. 도의원 선거의 기본금액은 4천만 원, 시·군 의원 선거 기본금액은 3,500만 원으로 큰 차이가 없었다.

선거비용 제한액은 말 그대로 선거비용의 상한선을 정해 놓은 것으로 모든 후보자가 그만큼의 비용을 쓴다는 의미는 아니다. 그러나 막상 선거가 시작되면 후보자 대부분은 제한액까지 비용을 지출하고 있으며, 일부는 불·탈법까지 동원해 더 많은 비용을 쓰기도 한다. 득표율에 따라 돌려받을 수 있기 때문이다. 당선과 낙선에 관계없이 유효투표 수의 15% 이상을 득표했을 경우 전액 돌려받을 수 있다. 10%를 득표하면 절반을 돌려받는다. 득표율 10%가 넘지 않으면 선거비용은 말 그대로 길바닥에 날리는 돈이 된다. 도 선거관리위원회 관계자는 "2010년 1월경 도지사 선거를 시작으로 각급 선거에 따른 선거비용 제한액이 차례차례 공고될 것"이라며 "물가변동률 등도 감안하면 2010년 6·2지방선거에서는 지난 선거 때보다 30% 안팎 상향되지 않겠느냐"고 말했다[127]

이러한 상황은 강원도만 그런 것이 아니라 다른 지자체도 거의 비슷한 실정이다.

정치가의 부정부패하면 우리는 그동안 무슨 게이트라는 이름으로 식상할 정도로 많이 들어왔다. 매번 선거철만 되면 금권선거로 구속되는 사람들이 수두룩하다. 그렇지만 부정부패는 단순한 정치가들만의 문제가 아니다. 정치가와 공무원의 부패는 대부분 기업과 연관된다. 이렇게 뇌물은 항상 연결고리를 갖고 있으며 주는 자와 받는 자가 존재하기 때문에 우리나라에서 부정부패가 근절되지 않고 있다는 것은 국민들의 삶 속에 부정부패가 이미 일상화되어 있다는 것을 의미한다. 재벌이나 이름 있는 대기업 총수 중에서 부정부패나 뇌물혐의로 곤욕을 치르지 않는 사람이 없을 정도다.

부정부패는 사회악으로 여러 가지 사회문제를 불러일으킨다. 만약 공무원이나 정치인이 헌법 제27조 ④ 형사피고인[128](刑事被告人)은 유죄판결이 확정될 때까지는 무죄로 추정된다는 무죄추정 원칙에 의해 부정부패를 저지르고도 그 죄의 내용이 드러나지 않을 경우 불공정한 사회가 심화된다. 불공정은 갈등을 양산한다. 처벌을 받지 않는 것은 물론 오히려 모범적인 정치가나 공무원으로 인정받을 수 있는 기회가 제공되고 축재의 수단으로 이용될 수 있으므로 정의사회 구현도 어렵게 만든다. 이러한 부정부패가 만연하면 국가와 사회의 이익보다는 개인의 이익을 우선하는 경향이 나타날 수밖에 없다. 권력을 가진 사람들은 예산을 분배할 때 자신에게 이익을 제공하거나 연고가 있는 사람에게 더 많은 수혜가 돌아가게 만들거나 승진에 있어서도 자신을 추종하는 사람을 중용하려 할 것이다. 편파적인 정실인사는 가장 먼저 합리적인

---

127) 강원일보 2009. 11. 23.

128) 형사피고인(刑事被告人): 범죄의 혐의가 있어 검사에게 기소되어 법원의 심리를 받고 있는 피의자.

인사체계를 무너뜨린다. 조직 내에 파벌을 조성하여 합리적인 사고와 뛰어난 실력을 갖추고 좋은 실적을 내는 사람들의 정상적인 승진을 막는다. 왜곡된 인사는 갈등과 대립을 조장하고 궁극에는 정부와 공권력을 불신하게 만든다. 다수의 공무원이 조직과 상부에 대해 노골적인 불신을 드러내면서 공직기강을 문란하게 하고 명령체계를 흔들어 놓는 상황에 이르면 국가는 심각한 위기에 직면할 수 있다.

감사기관의 감사를 비롯한 사정기관의 지속적인 단속에도 불구하고 여전히 부정부패가 끊이지 않는다. 그 실상은 국제투명성기구의 부패인식지수에서도 잘 나타난다. 2008년 40위에 이어 2009년도 부패인식지수(CPI: Corruption Perceptions Index)가 39위에 머물고 있는 것은, 우리나라 정치·사회·문화적 구조가 상당한 문제점을 안고 있는 데다, 국민권익위원회를 비롯한 부패관리기관의 관리기술과 기법이 그만큼 엉성하다는 점을 시시해 준다. 부정부패 예방이 제대로 이루어지지 않는 출발은 교육에 의한 인재양성의 잘못에서부터 시작되고 있다. 그리고 정치인들의 탐욕과 이기주의에 의한 권력 향유, 기업가의 부도덕성, 이기적인 공직자의 선발과 부정부패 관리체계 및 기술 부족이 총체적으로 어우러져 나타나고 있는 현상이다.

부패방지의 최일선을 담당하고 있는 국민권익위원회는 계좌추적권이나 수사권을 가지면 부정부패를 줄일 수 있을 것으로 생각하지만, 그것은 반쪽짜리 대책에 불과하다. 계좌추적권이나 수사권은 이미 발생한 부패를 적발해 내는 것이 목적이다. 부패를 원천적으로 방지할 수 있는 방안을 제대로 강구하지 못하면서 적발에 치중하는 방법은 하책이다. 이제까지 법이나 공권력이 부족해서 우리나라에 부정부패가 이렇게 만연한 것이 아니다. 법은 필요하면 내일이라도 만들면 되고, 공권력은 이미 오래전부터 부정부패 혐의가 있으면 언제든지 투입될 수 있는 체계가 갖추어져 있다. 있는 법규도 제대로 적용하고 교육하지 않으면서 또 다른 법규나 권력으로 부정부패를 방지한다는 생각은 근본적으로 잘못된 발상이다. 현재적 위치에서 유관기관과 협조를 통하여 드러난 부패는 척결하고 잘못된 관리체계는 보완해야 한다. 자원봉사와 고객 만족, 친절교육을 강화하는 등 원천적으로 부패를 방지할 수 있는 체계를 만드는 작업에 심혈을 기울일 필요가 있다. 외국제도 베끼지 말고 우리 안에 있는 최고의 부정부패 방지방안을 끄집어내 우리 실정에 맞는 체계를 만들어 나가지 않으면 안 된다.

(1) 부정부패의 근원

근원(根源)은 사물이 생겨나는 본바탕을 말한다. 사회악인 부정부패의 근원을 자연 속에 존재하는 재화의 부족으로 생각하는 사람들도 있다. 그렇지만 그것으로는 상대적으로 많은 것을 가진 사람이 더 많은 것을 얻기 위해 법규를 위반하는 행동과 별로 가진 것이 없는 사람들이 법규를 지키며 주어진 재화에 만족하며 사는 것을 설명하기 어렵다. 그리고 아무리 좋은 제도를 만들어도 부패는 생긴다. 따라서 부정부패의 근원은 완벽한 제도를 만들 수 없는 인간의 불완전성과 개인의 욕망 절제(節制)에 대한 실패, 즉 탐욕이다.

부패의 근본적인 원인은 인간의 만족할 줄 모르는 탐욕에 있다. 인간은 재화 같은 물욕과 신분 같은 명예욕을 추구하는 속성은 물론 장래의 불확실성에 대한 자기 보호 내지 안전 욕구를 갖고 있다. 원래 인간의 욕망에는 한계가 없다. 따라서 인간은 이러한 욕망을 충족시키는 데 치중하게 되므로 법규를 위반하거나 행동규범에서 일탈할 수 있는 소지는 항상 내포하고 있다. 뇌물수수 행위, 공금횡령, 강탈행위 등으로 부정축재를 하려는 것은 재산상의 물욕에 근거하고 있다. 인간은 또 의지나 체면유지 때문에 자신의 영향력을 이용하여 가족이나 연고자를 정실에 입각해서 차별대우를 하거나 보직 임용에 유리한 결정을 내리게 함으로써 소위 '인맥의 울타리'를 확대하려고 한다. 이는 신분상의 명예욕에 근거하고 있거니와 부정 축재나 정실에 입각한 족벌주의는 장래의 불확실성에 대비한 자기보호 내지 안전욕구의 발로로 볼 수 있다.[129]

사람들이 일반적인 부정부패의 근원을 법, 정책, 제도 자체를 포함 넓은 의미에서의 제도라고 말하는 이유는 인간의 불완전성이 제도를 통해 나타나기 때문이다. 그러므로 제도가 부정부패의 근원이라고 말한다고 해서 잘못된 것으로 보기는 어렵지만, 엄격한 의미에서 부정부패는 제도에서 발생하는 것이 아니라 인간의 불완전성으로 인해 발생하는 것이다. 욕망에 의한 부정부패의 경우 욕망 실현 대상을 개인인 나에 국한하는 것이 아니라 내가 세상을 살아가는 데 울이 되고 도움을 주는 우리로 확대하여 인식할 때는 나와 친분이 있는 사람까지 우리의 범주에 포함하고, 그들에게 수혜가 돌아가도록 조치를 하는 행동으로 이어지기도 한다. 나와 우리의 단계를 벗어나는 경우에는 반대급부를 기대하고 그들에게 수혜가 돌아가도록 의도적으로 행동한다. 누구도 완벽한 제도를 만들 수 없고 인간의 마음은 순간순간 바뀌기 때문에 같은 직위에서 같은 직무를 수행하더라도 부정부패를 일삼는 사람과 그렇지 않은 사람이 있다. 어떤 사람은 다른 사람들보다 상대적으로 직위가 높고 좋은 보수를 받는데도 부정부패를 일삼지만, 또 다른 사람은 하위직에 있고 보수가 훨씬 적음에도 부정부패하지 않는다. 그렇다고 부정부패가 권력이나 직위, 직책의 문제와 전혀 연관이 없다는 것은 아니지만 각 개인의 인간적 자질에 따라 다르다는 것을 뜻한다.

부정부패의 근원은 다른 말로 하면 부정부패의 씨앗이라고 할 수 있

---

129) 전수일(2008), 「이명박 정부의 반부패 정책 검토와 과제」, 한국투명성기구, p.21

다. 모든 사람은 부정부패의 씨앗을 갖고 있지만, 부패의 싹이 자라고 자라지 않는 것은 개인에 따라 큰 차이를 보인다. 아주 청렴한 사람으로 평가되던 사람도 가치판단 요소를 비롯한 환경 변화나 순간적인 욕망 통제의 실패로 얼마든지 부정부패한 사람이 될 수 있다. 부정부패를 일삼는 사람이라고 엄청나게 나쁜 사람이나 전혀 특이한 사람이 아니다. 인간은 누구나 부정부패의 씨앗인 욕망을 갖고 있고 제도는 불완전하기 때문에 끊임없는 재교육과 견제, 제도 보완 등의 관리가 필요한 것이다.

대부분 부정부패를 일삼는 사람들은 자신의 행동이 법규를 위반하는 것이라는 점을 잘 안다. 그럼에도 부정부패를 일삼는 것은 직무를 수행하는 동안 법규를 위반하지 않기 위해서는 정도를 넘지 않도록 알맞게 조절하여 제한하는 절제(節制)가 필요한데 더 많은 재화를 얻고자 하는 탐욕에 의해 절제에 실패하기 때문이다. 여기에는 직위를 이용하여 불법적인 이익을 취하더라도 자신의 잘못된 행동이 적발되지 않을 것이라는 안이한 생각, 부정부패를 통하여 얻은 재화가 가져다주는 달콤한 유혹이 강하게 작용한다. 이들은 대개 강화를 통하여 자신이 저지른 부정부패가 적발되지 않으면 더 자주 더 규모가 큰 부정부패를 저지르려고 하는 경향을 보인다. 부정부패가 드러나더라도 처음에는 '나는 모르는 일이다. 나는 그런 일을 하지 않았다'며 부인으로 일관하다가 증거가 드러나면 '나만 그런 것이 아니다. 잘못된 줄은 알지만, 그것은 관행이었다'고 항변하고 때로는 자신의 인맥 등 배경을 동원 무마를 시도한다. 그러나 결국 모든 내용이 백일하에 드러나 부정부패에 대한 책임을 져야 할 상황이 되면 그때야 비로소 자신의 잘못된 행동에 대해 후회한다.[130]

---

130) 이진호(2010), 「부정부패 원인과 대책」, 팔모, p.24~25

(2) 부정부패의 발원

발원(發源)은 물줄기가 처음 생김 또는 그 근원, 사회 현상이나 사상 따위가 맨 처음 생겨남 또는 그 근원을 말한다. 시발(始發)은 맨 처음의 출발이나 발차, 어떤 일의 처음, 병세가 처음 생기는 것이다. 근원(根源)은 물이 흘러내리기 시작하는 곳 또는 사물이 생겨나는 본바탕을 말한다. 근원이 물이 흘러내리기 시작하는 곳이라는 의미로 사용될 때는 발원이나 시발과 거의 비슷하다. 그러나 사물의 본바탕이라는 의미로 사용될 때는 발원이나 시발과는 다소 차이가 있다. 부정부패의 개념 구분에 있어 그 본바탕인 근원은 인간의 불완전성과 욕망에 대한 절제의 실패이다. 그러나 모든 인간이 이 부정부패의 씨앗을 가지고 있음에도 부정부패를 저지르는 사람과 그렇지 않은 사람이 있기 때문에 씨앗이 곧 근원이지만 발원은 아니다. 좀 더 쉽게 말하면 땅속에는 어디에나 물이 있지만, 그것이 물줄기를 형성하기 전의 물은 근원이고 땅이 머금을 수 있는 한계를 넘어 땅 밖으로 드러나 물줄기를 형성한 것이 발원이나 시발이라고 할 수 있다. 따라서 적발이 되든 되지 않든 구체적인 부정부패의 행위가 형태를 갖추어 시작되는 곳이 발원이다.

현대 민주주의 국가에 있어 부정부패의 발원은 국민이 위임한 정치권력이다. 정치권력은 공무원에게 다시 위임된다. 하지만 모든 정치권력이 부정부패한 것은 아니다. 물이 맑고 좋은 물과 오염된 더러운 물이 있듯이 정치권력에도 국가발전을 선도하고 국민의 복리를 증진시키는 좋은 정치권력과 개인의 입신출세와 축재 등 권력 향유에 이용되고 국가발전을 저해하고 국민들에게 불신을 받는 좋지 않은 정치권력, 즉 부정부패한 권력이 있다. 정치(政治)는 여러 권력이나 집단 사이에 생기는 이해관계의 대립 등을 조정·통합하는 일로 국가의 주권자가 그 영토 및 국민을 통치하는 것, 국가 권력을 획득하고 유지하며 행사하는 활동을 말한다. 권력(權力)은 남을 지배하고 복종시키는 힘이다. 특히 국가나 정부가 국민에게 행사하는 강제력을 뜻한다. 따라서 이해관계를 조정하기 위해 활동하고 권력을 행사하는 과정에서 합리적으로 정치권력이 사용되면 국가발전과 국민에게 도움이 되지만 그렇지 못하면 부정부패가 만연하게 된다.

정치권력의 행사과정에서 나타나는 부정부패는 권력의 생산, 이해관계를 조정하는 핵심 요소인 재화, 정보, 인사에 의해 태동한다. 권력의 생산은 공천과 금권선거가 문제가 되며 이해관계를 조정하는 핵심요소들은 재화의 분배, 시장조정, 인·허가, 인사, 정보에서 문제가 발생한다. 이해관계를 조정하는 사람은 이미 권력을 획득해 기득권을 가진 기존 정치가이다. 이들 정치가는 권력이 생산되는 과정에서 파벌이나 계파의 영향력을 이용 불합리한 공천을 일삼고 선거과정에서 금품을 살포하여 유권자들을 매수하는 금권선거를 조장하는 등 부정부패를 통하여 세력을 확장해 나간다. 이런 과정을 거쳐 선거에 당선된 신진 정치가는 자신이 권력을 획득하는 선거과정에서 들인 비용을 만회하기 위해 불법적인 인·허가에 개입하거나 청탁을 받고 인사를 하는 등 각종 부정부패를 저지른다. 따라서 부정부패의 발원으로 작용하는 정치권력이 생산되는 과정에서의 불합리한 공천과 금권선거를 예방하지 못하는 한 앞으로도 계속적인 사회적 논란의 대상이 될 것이며, 한국이 선진국으로 나아가는 데 걸림돌로 작용할 것이 분명하다.[131]

(3) 부정부패의 존재 위치

사람들은 누구나 자기중심적인 사고를 하기 때문에 자신은 부정부패하지 않다고 생각한다. 심지어는 부정부패를 일삼고 있는 사람까지 그

---

131) 이진호(2010), 「부정부패 원인과 대책」, 팔모, p.25~26

렇게 생각하는 경향이 있다. 이것은 그들의 생각이 잘못된 것이 아니라 부정부패가 무엇인지에 대한 지식이나 이해가 부족한 데 그 원인이 있다. 또한 이기심에 의해 자신의 타고난 본능인 욕망에 충실하여 자신의 입장에서 자신을 변론하거나 정당화하려는 경우, 불완전한 존재인 인간의 한계성을 지적하여 제도적 문제 또는 관행, 부정부패한 다른 사람들을 척결하고 책임을 묻지 않은 것에 대해 문제를 제기하는 경우에 나타날 수 있는 모습으로 사회화가 미흡한 것이 문제이다.

어려서부터 철저한 법규준수를 생활화하고 교육을 충분히 받았다면 다른 사람과 더불어 살아가는 사회생활에서 법규를 위반하여 자신의 편익을 도모하면 그에 상응한 벌을 받아야 한다는 것을 알기 때문에 구차하게 변명하지 않고 잘못된 행동을 한 점에 대해 자신의 부족함이나 실수 또는 스스로 욕망을 절제하지 못한 점에 대해 자신을 책망하거나 후회한다. 그러나 사회화가 제대로 이루어지지 않으면 법규준수가 생활화되지 않아 그것이 나쁜 것이고 잘못된 것이라는 인식을 갖지 못하면 성인이 되어서도 유사한 행동을 하기 마련이다. 이러한 행동의 반복은 자신의 가치관에 의한 가치판단에 있어 당연한 일이나 자신의 행동이 잘못된 것이 아니라는 인식을 형성시키므로 위법을 통해 편익을 취해도 정당하거나 잘못된 것이 아니라는 생각을 하게 된다. 범죄자들이 죄를 저질러 체포되었을 때 국가와 사회가 나에게 무엇을 해준 것이 있다고 나를 괴롭히느냐며 공권력의 처벌에 불만이나 피해의식을 나타내는 것이 대표적인 사례에 해당된다.

부패행위는 권력을 남용하고 법을 위반하여 자신의 이익을 취하거나 반대급부를 받을 목적으로 의도적으로 다른 사람의 편익을 제공하는 것으로, 인위적으로 규정되고 설정된 것이다. 따라서 규정자의 설정내용에 따라 그 내용이 다르게 나타날 수도 있다. 우리나라의 부패행위에 대한 정의도 국민의 권익보호를 위해 정해진 것이다. 판단과 행동의 기준으로 규정에 의해 제시된 것이지 처음부터 부정부패의 특별한 형태가 존재한 것은 아니다. 그러므로 부정부패의 규정을 모르는 사람은 자신이 부정부패한 행동을 했으면서도 무엇이 잘못된 것인지 이해하지 못하는 일이 발생할 수도 있다. 하지만 부정부패의 근원과 존재위치는 비교적 뚜렷하다.

부정부패의 근원은 인간의 욕망 절제 실패와 불완전함에 있고, 행동을 통하여 모습이 나타난다. 법규를 위반하여 이익을 취하는 부정부패를 하거나 하지 않는 것은 개인의 마음이므로 부정부패의 존재는 바로 자신의 마음속에 있다. 일반적으로 사람들이 부정부패가 권력에서 나온다고 하는 것은 그 근원과 존재에 대한 지식과 이해가 부족한데다 권력을 남용하는 행사과정에서 시현되는 것으로 인식하기 때문에 그렇게 말하는 것이다. 하지만 권력을 갖고 있다고 하여 모두 부정부패 행위를 하는 것도 아니고 사람이 부정부패를 하거나 하지 않는 것은 고정된 것이 아니라 순간적인 상황판단에 의한 행동이 좌우한다. 주어진 상황에 따라 '나에게 이익이 된다. 도움이 된다는' 판단을 하면 행동으로 옮기는 일이 많다. 그렇지만 부패행위에 대한 유혹을 받고 생각하고 행위를 해야 하겠다는 판단을 한다고 해서 실제 반드시 행동으로 이어지는 것은 아니다. 많은 사람들이 평상시에 부정부패에 대한 유혹을 받고 하고 싶은 충동을 느끼며, 한번 해보고 싶다는 판단을 하기도 하지만 행동을 하거나 하지 않는 것은 주위의 환경요소 등에 따라 다르게 나타난다.

가령 부정부패 행위를 해야 하겠다고 작심을 했다고 하더라도 그것을 할 수 있는 기회가 주어져야 할 수 있다. 주위의 견제와 감시가 조밀하게 이루어질 경우에는 대부분 실행에 옮기지 못한다. 부정부패 전력이 있거나 유혹을 받는 사람도 이런 이유 때문에 일상 속에서는 법을 어기지 않고 정상적인 행동을 하게 된다. 그러므로 부정부패의 존재위치는 모든 사람의 마음속에 있다. 행동을 하고 하지 않는 판단은 마음속에서 이루어지므로 부정부패는 마음에서 시작되어 행동에 의해 나타나는 것이다. 우리가 수신을 강조하는 것도 욕망을 실현하기 위한 행동 여부를 마음에서 판단할 때 위법의 기준 범위를 넘지 않는 선에서 행동이 이루어지게 하는 절제심을 키우는 것이 수신에 의해 이루어지기 때문이다.[132]

(4) 부패인식지수로 본 대한민국의 부패정도

지난 10여 년간 우리나라는 부패방지법 제정과 국가청렴위원회의 설치 등 기본적 반부패 법제 마련으로 민주주의와 경제발전이라는 두 마

[표 1-8] 한국의 부패인식지수 변화 추이(1996~2010)

연도	CPI	순위	조사대상국
1996	5.02	27위	54개국
1997	4.29	34위	52개국
1998	4.2	43위	85개국
1999	3.8	50위	99개국
2000	4.0	48위	101개국
2001	4.2	42위	91개국
2002	4.5	40위	102개국
2003	4.3	50위	133개국
2004	4.5	47위	146개국
2005	5.0	40위	159개국
2006	5.1	42위	163개국
2007	5.1	43위	180개국
2008	5.6	40위	180개국
2009	5.5	39위	180개국
2010	5.4	39위	178개국

출처: 한국투명성기구(http://ti.or.kr)

---

132) 이진호(2010), "부정부패 원인과 대책", 팔모, p.26~28

리 토끼를 잡았다고 국제적 평가를 받아오면서 지속적으로 부패인식지수가 상승하여 2005년 5점대로 진입하였다. 그러나 [표 1-8]에서 보는 바와 같이 최근 몇 년 사이 부패인식지수는 뚜렷한 정체경향을 보이고 있어 반부패 정책 재정비가 시급한 것으로 나타났다.

2010년 10월 26일 국제투명성기구(Transparency International, TI/본부, 독일 베를린)의 2010년 국가별 부패인식지수(Corruption Perceptions Index, CPI)에서 한국은 10점 만점에 5.4점으로 178개국 중 39위에 머물렀다. 이는 우리나라가 절대부패에서 갓 벗어난 상태임을 나타내지만, 2009년 5.5점에 공동 39위와 비교 정체와 하락세가 고정되는 추세로 보인다. 부패인식지수[133](CPI)는 공무원과 정치인 사이에 부패가 어느 정도로 존재하는지에 대한 인식의 정도를 말한다. 조사대상 국가에 거주하는 전문가를 포함하여, 전 세계의 기업인과 분석가(analyst) 등의 견해를 반영하고 있는데, '0점'(가장 부패)으로부터 '10점'(가장 청렴)까지의 지수와 국가별 순위를 발표한다. 3점대는 사회가 전반적으로 부패한 상태(일본, 미국, 영국 등), 5점대는 절대 부패에서 벗어난 상태, 7점대는 사회가 전반적으로 투명한 상태(미국, 일본, 프랑스 등)를 말하기 때문에 우리나라는 부패 측면에서는 여전히 해결해야 할 과제를 많이 안고 있다고 볼 수 있다.

관행적 부패 청산 없이 청렴 선진국 진입은 불가능하기 때문에 한국투명성기구는, 첫째는 정부는 국가 반부패체계의 필수기관이자, 유엔 반부패협약 필수과제인 독립성과 권한을 제대로 갖춘 '독립적 부패방

---

133) 부패인식지수(CPI: Corruption Perceptions Index): 국제투명성기구(TI)의 부패인식지수(CPI)는 공무원들과 정치인들 사이에 부패가 어느 정도로 존재하는지에 대해 인식된 정도에 따라 이를 각 국가별로 순위 매긴 것으로 다양한 독립적이고, 저명한 기관들에 의해 수행된 전문가 조사들 중에서 부패와 관련된 데이터들에 의거한 복합적 지수이다. 여기에는 조사대상 국가들에 거주하는 전문가들을 포함한 전 세계의 기업인들과 애널리스트들의 견해가 반영된다. 공공 부문에서의 부패에 초점을 맞추고 있다. 부패를 "사적 이익을 위한 공적 직위의 남용"으로 정의하며, 국제투명성기구(TI: Transparency International, 독일 베를린에 본부)에서 매년 발표한다.

지기구'를 설립하고 공공, 정치, 시민사회 공동의 노력으로 활동했던 투명사회협약 정신을 계승하여 모든 주체의 적극적인 참여와 실천이 보장된 투명사회협약이 추진되도록 준비 지원할 것, 둘째는 기업은 단기적 이익에 매몰되기 보다는 지속 가능한 성장을 추구하기 위해 투명성, 청렴성, 윤리성을 기업정신으로 채택하고 국제적 경쟁력을 갖추며 발전과 국리민복의 번영을 이끌어갈 것, 셋째는 국회는 국민의 대표로서 역할을 명심하여 부패통제와 투명성 개선을 위한 법제를 강화할 뿐 아니라 유엔 반부패협약 등 국제법의 준수를 위해 노력하여야 할 것, 넷째는 시민사회와 언론 등은 공공과 정부, 기업의 부패 감시를 더욱 강화하고 우리 사회의 부패 관용적 문화를 타파하기 위해 노력에 매진할 것을 권고했다.

국제적으로 CPI지수를 살펴보면 2010년 조사에 포함된 나라는 178개국으로 3개국이 제외되고, 코소보가 추가되어 2009년보다 2개국이 적은 규모인데, 세계 평균 CPI는 4.1점으로 2009년과 비슷했다. 2010년의 1위는 9.3점을 얻은 뉴질랜드와 덴마크, 싱가포르가 공동으로 차지하였고, 뒤를 이어 스웨덴과 핀란드가 9.2점으로 공동 4위를 기록하였다. 이들 상위그룹 국가들은 해마다 큰 변동 없이 9점대의 높은 점수를 유지하고 있는데, 높은 투명성, 충실하고 엄정한 공권력으로 건강한 거버넌스를 갖추고 있다는 특성을 갖는다. 반면 소말리아는 1.1점으로 2009년에 이어 최하위를 차지하였고, 뒤를 이어 아프가니스탄과 미얀마가 1.4점, 그리고 이라크가 1.5점으로 하위그룹을 차지하였다. 이들 국가들은 전쟁과 독재에 시달리는 나라로, 정치적 안정성과 부패의 상관관계를 보여주고 있다.

2010년 CPI에서 점수가 상승한 국가는 부탄, 칠레, 마케도니아, 에콰도르, 감비아, 아이티, 자메이카, 쿠웨이트, 카타르이다. 주목할 만한 국가는 부탄으로, 국민권익위원회로부터 반부패 기술을 전수받은 국가 중 하나이다. 2009년 우리나라와 함께 5.5점으로 공동 39위를 차지했던 부탄은 올해 5.7점으로 36위로 상승하여 반부패 정책을 수출한다고 자랑했던 우리를 부끄럽게 했다. 점수가 하락한 국가는 그리스, 니제르, 마다가스타르, 미국, 이탈리아, 체코, 헝가리 등이다. 이중 그리스의 경우 2009년 국가재정 파탄으로 IMF(국제통화기금) 구제금융을 받은 바 있어, 국가 재정 건전성과 부패의 상관관계를 보여준다.

경제협력개발기구(OECD) 30개국의 평균은 6.97이며, 한국은 2009년과 같은 22위를 차지하여 경제력에 비해 낮은 등급에 머물렀다. 아시아 지역에서는 싱가포르(9.3점)와 홍콩(8.4점)이 꾸준히 상위를 차지했으며, 일본은 7.8점으로 2009년의 상승세를 지속하였다. 대만도 0.2점이 상승한 5.8점을 기록한 것으로 나타났다. 국제투명성기구는 2010년 CPI 발표와 함께 '부패불관용 원칙으로 지구의 위기를 극복하자(Response to global crises must priorities zero tolerance for corruption)'라는 논평을 발표하여, 부패가 금융시장의 불안정, 기후변화, 빈곤과 함께 세계가 가장 치열히 극복해야 할 장애라고 주장하였다.

2009년 9월 G20 정상회담은 투명성과 도덕성의 새로운 초석이 될 국제적 규제 지지를 선언하였다. G20은 금융부문의 규제, 경제 개혁의 추진을 통해 지속가능한 세계 경제를 이끌어 갈 것과 개발도상국으로 원조 자금 유입의 투명성을 증진하기 위한 정책을 지지할 것을 약속한 바 있다. 특히 유엔 반부패협약의 이행점검체계가 당사국 상호 간의 방문점검을 도입하고, 그 과정에 전문가들과 시민사회가 참여하도록 하며, 또한 그 결과보고서를 모두 공개하는, 이른바 "효과적이며, 포괄적이고, 투명한" 것이 되도록 약속한 바 있으나, 카타르 도하에서 개최된 제3차 당사국총회에서 선택적 배제[134](opt out) 방식의 도입으로 말미암아 상당 부분 훼손되었다. 따라서 시민사회에서는 이들 약속들도 립 서비스[135](lip-service)에 그치지 않을까 우려를 표명하고 있는 실정이다.

국제투명성기구는 뇌물과 카르텔과 같은 부패 관행이 가난한 나라를 비롯한 모든 국가의 자원을 고갈시키고 있다며, 그 예로 1990년부터 2005년까지 283개의 국제적 카르텔이 전 세계 소비자에게서 3천억 달러 정도의 부당 이득을 취했음을 폭로했다. 국제투명성기구는 "부패는 인류 공공의 적이다. 분쟁과 독재와 착취가 있는 곳에 부패가 존재하고, 강력히 저항한다. 전 세계 부패의 해소를 위해서는 반부패 법제와 감독 기관이 좀 더 효율적이고, 강력하게 작동하도록 국제적인 노력과 국가적 노력이 병행되어야 한다"고 주장했다.[136]

(5) 우리나라 부정부패의 심각성

우리나라 부정부패는 국가발전을 선도해야 할 정치가에서 말단 공무원까지 이미 사회 전반에 확산되어 있다는 데 문제의 심각성이 있다. 대표적인 공권력 기관으로 법질서를 확립하는 데 앞장서야 할 검찰이나 경찰도 예외는 아니다. 언론을 통해 거의 매일같이 부정부패 혐의자들에 대한 보도가 잇따르고 있다. 비리와 연루된 사례는 넘쳐난다. 여기에 비교적 최근에 일어난 대표적인 부정부패 사례 몇 가지를 소개하면 다음과 같다.

① 박연차 게이트 정·관계 관련 인사 모두 유죄

서울중앙지법 형사합의 23부(홍승면 부장판사)는 2009년 9월 16일 박

---

134) 옵트아웃(opt out): 전자 우편을 보내서 받은 사람이 수신을 거부하면 이후에는 보낼 수 없도록 하는 일. 또는 그런 방식.

135) 립서비스(lip-service): 말을 그럴듯하게 해서 상대방이 공감하기 좋도록 하는 것.

136) 한국투명성기구 2010. 10. 26

연차 전 태광실업 회장에 대한 뇌물공여와 조세포탈, 입찰방해 혐의 등 검찰의 공소사실을 모두 유죄로 인정해 징역 3년 6월에 추징금 300억 원을 선고한 데 이어, 불법 정치후원금을 받은 정치인과 금품을 수수하거나 뇌물을 받은 공무원 등 '박연차 게이트' 관련자 모두 유죄를 인정하는 선고 판결을 했다.[137]

② 국회의원 이어 보좌관 비리도

공성진 의원과 현경병 의원의 불법 정치자금 수수 사건에 이어, 이번에는 보좌관들이 연루된 비리가 터져 나왔다. 한나라당 소속 서울 강남 지역 의원의 보좌관들이 금융기관 로비 대가로 수천만 원씩을 나눠 가진 저축은행 대출 알선 혐의로 검찰 수사를 받았다.[138]

③ 시장 선거 빚만 62억…시달리다 수뢰…또 선거철

지방자치단체의 타락상이 어디까지 가려는지 걱정이다. 2009년 11월 27일 자살한 오근섭 양산시장의 비리(非理) 관련 수사에 대한 울산지방검찰청의 2010년 1월 25일 발표를 보면 자치행정을 크게 바꾸고, 보완하지 않으면 안 된다는 절박감을 느끼게 된다. 오 시장에게 선거 빚으로 남은 것이 62억 원이라고 한다. 빚 독촉에 시달리다 24억 원의 뇌물을 받고 산업단지 구획을 변경해 주었다고 한다. 가장 큰 문제는 고비용 선거다.

검찰이 확인한 오 시장의 빚 62억 원은 2003년과 2004년 사이에 빌린 것이다. 2004년 보궐선거 한 번에 쓴 돈 중 빚으로 남은 돈만 그 정도라는 말이다. 얼마나 더 썼는지는 알 수가 없다. 2010년 양산시장 후보의

---

137) 서울투데이 2009. 9. 16.
138) 내일신문 2010. 1. 8.

공식 선거비용이 1억 6천9백만 원으로 책정됐으니 빚만 따져도 37배다. 그런데도 선거비용을 많이 썼다고 문제 제기가 없었던 걸 보면 다른 지역이라고 법정(法定) 한도를 지켰을지 의문이다. 더욱 심각한 것은 단체장과 토착 세력의 비리 담합구조다. 검찰이 일단 밝혀낸 것은 부동산업자들이 24억 원의 뇌물을 주는 대가로 자신들의 땅을 산업단지에 편입시켜 달라고 요구했다는 것이다. 이들은 270억 원대의 땅을 매입해 1천억 원대의 이익을 남기려 했다고 한다. 그런데도 내부 분란만 없었다면 모르고 넘어갈 뻔했다. 이 밖에도 인사 비리, 인허가 관련 비리 의혹도 제기돼 왔지만 확인되지는 않았다. 오히려 오 시장은 2009년 예산 조기 집행과 관련해 대통령상까지 받았다. 그러니 이런 지방자치단체의 비리가 양산에만 있는 게 아닐 것이다.

민선 4기 기초자치단체장 가운데 비리 혐의로 이미 물러난 사람만 36명이다. 아직도 수사 중인 사람까지 포함하면 그 숫자는 더 늘어난다. 지방 공기업, 문화단체 등의 자리를 나눠 가지거나 인사 청탁과 관련한 비리는 공공연하게 거론된다. 양산의 전임 시장도 모두 비리에 연루됐다. 한 사람은 폐기물사업 허가와 관련해 수천만 원을 받은 혐의를 받았고, 한 사람은 아파트 사용 승인을 둘러싸고 뇌물을 받아 시장 직책을 내놨다. 민선 4기, 16년이나 지났지만, 자치제가 뿌리내리기는커녕 비리만 키우고 있는 셈이다. 무엇보다 토착비리에 대한 감시체계가 더 강화돼야 한다. 자치단체마다 벌이고 있는 사업이 과거보다 훨씬 많아졌다. 인허가와 인사 등 중앙정부보다 주민의 생활에 더 직접적인 영향을 미치는데도 감시는 소홀하다. 중앙정치가 개입하는 것도 이런 현상을 더욱 부추기고 있다는 지적이다. 기초자치단체장과 기초의원을 굳이 정당이 공천할 필요가 있는지 재고해야 한다. 그동안 선거비용을 줄이기 위해 많은 노력을 해왔다. 하지만 아직도 투명성이 확보되지 않고

있다. 고비용 선거구조에서는 깨끗한 지방행정을 기대할 수 없다. 오
시장의 사례에서 보듯 많이 뿌려대면 거둬들여야 하고, 발목이 잡힐 수
밖에 없다. 제도 개선뿐 아니라 선거법 위반과 토착비리에 대한 엄중한
단속으로 지방행정의 틀을 뜯어고쳐야 한다.[139]

④ 홍성군청과 같은 사건 막으려면

2009년 12월 24일 오후 충남 홍성군청, 3층 부군수실로 올라가는 계
단 세로 면마다 파란 바탕에 흰 글씨로 '투명하고 깨끗한 청렴 홍성 건
설', '청렴한 공직자, 부패 없는 깨끗한(clean) 홍성, 같은 표어들이 붙어
있었다. 전체 공무원(677명)의 16%인 108명이 지난 5년 동안 복사용지,
복사기 토너[140](toner) 같은 소모성 사무용품을 구입한 것처럼 허위로
서류를 꾸며 군청 예산 7억여 원을 빼돌린 사실이 검찰 수사로 드러난
곳과는 전혀 어울리지 않는 표어였다. 홍성군은 2006년 당선된 이종건
군수가 2007년 버스 공영터미널 이전과 관련해 5천만 원의 뇌물을 받
았다가 2009년 12월 10일 대법원에서 징역 3년 6월에 추징금 5천만 원
이 확정돼 중도에 하차한 곳이다. 그래선지 군청 차원에서 수년째 청렴
을 강조해왔지만, 이번에 집단 횡령 사건이 또 터지자 공무원들은 거의
넋을 잃은 표정들이었다.

홍성군청에서 예산 횡령은 16개 과 중 축산과 한 곳을 뺀 15개 과와
11개 읍·면 중 9곳에서 일어났다. 이 사건 연루 공무원들은 검찰 조사
때 "누구나 그 자리(과 서무)에 있으면 그렇게 할 수밖에 없다"는 말을
많이 했다고 한다. 기초자치단체에 대한 감사가 제대로 되지 않는 점도
문제를 키웠다. 홍성군청에서 이런 비위를 자체적으로 적발해내야 할

---

139) 중앙일보 2010. 1. 27.
140) 토너(toner): 복사기나 레이저 프린터에서 잉크 대신 사용하는 검은색 탄소 가루.

감사실도 같은 수법으로 5년간 2천만 원을 횡령한 사실이 드러났을 정도로 한통속이었다. 그렇다고 충남도가 제대로 감사하는 것도 아니었다. 충남도는 횡령이 진행되던 2006년과 2008년 홍성군에 대해 행정사무감사를 벌였지만, 이런 예산 집단횡령은 낌새조차 알아채지 못했다. 행정안전부나 감사원 같은 중앙정부 기관들은 특별한 일이 없는 한 기초자치단체에 대한 감사를 하지 않는다.[141]

⑤ 시청간부들 직인 32개 위조…직원 근무평점 멋대로 조작

시청간부들이 직인 32개를 위조 직원 근무평점을 멋대로 조작하는 등 '인사담당 직원' 자살을 부른 용인시(市) 인사비리는 요지경이었다. 경기도 용인시 인사비리를 수사 중인 수원지검 특수부(송삼현 부장)는 2009년 12월 23일 올 1월과 7월, 직원들의 근무평점을 조작하고 국·과장의 도장 32개를 위조해 날인한 혐의로 용인시 전 자치행정국 행정과장 김모(53·5급) 씨와 인사계장 이모(48·6급) 씨에 대해 구속영장을 청구했다. 검찰은 "김씨와 이씨는 감사원의 인사비리 관련 감사 중 스스로 목숨을 끊은 7급 김모(31) 씨의 상관으로, 김씨를 시켜 도장을 위조하는 등 인사비리를 저질렀다"고 밝혔다. 검찰은 2009년 12월 4일 시장 비서실과 자치행정과 등 12곳을 압수수색해 컴퓨터 하드디스크와 인사 관련 서류 등을 확보하는 등 인사 비리의혹 관련 수사를 해왔다.

용인시의 '인사비리' 의혹은 2009년 10월부터 불거졌다. 용인시 인사담당 7급 공무원이었던 김모(31) 씨가 감사원 감사 기간인 2009년 10월 15일 용인시 고기동 용인~서울고속도로 서분당 나들목 인근 빈터에 세워진 승용차 안에서 숨진 채 발견된 데 따른 것이었다. 경북 울진군 출신 김씨는 2005년 용인시 7급 공채를 통해 임용돼 2008년 6월부터 인

---

141) 조선일보 2009. 12. 25.

사 업무를 담당해왔다. 김씨는 인사 비리를 제보 받은 감사원이 용인시 감사에 나선 지 20일 만인 2009년 10월 12일 연락이 끊겼고, 사흘 뒤 주검으로 발견됐다. 김씨의 승용차 안에선 불에 탄 번개탄이 놓여 있었고 유서는 없었다. 당시 김씨는 2009년 초 단행된 인사에서 시청 간부 30여 명의 도장을 위조해 인사서류에 찍는 방법으로 근무 평점을 조작했다는 혐의를 받고 있었다. 하지만 석연치 않은 김씨의 자살 직후 용인시의회 의원과 유족들을 중심으로 배후설이 끊임없이 제기됐다.

시의원들은 "임용된 지 5년도 안 된 7급 공무원이 시청 인사를 좌지우지했다는 걸 누가 믿겠는가"라며 의혹을 제기했다. 2009년 10월 26일에는 김씨 유족이 자살을 둘러싸고 제기된 의혹에 진실규명을 요구하는 내용의 진정서를 검찰에 제출했다. 용인시는 김씨의 자살사건 이후 상관인 자치행정과장 김씨와 인사계장 이씨를 주민센터로 전보 발령했다. 용인시에서는 2006년 7월부터 3년 동안 4,591명이 자리를 옮겼고, 이 중 5급(사무관) 간부 직원만 241명이 인사 이동돼 인사를 둘러싼 잡음이 끊이질 않았다.[142]

⑥ 직불금 390명 기소 마무리

쌀직불금[143] 수사가 모두 끝났다. 검찰이 기소 대상으로 삼은 기준은 쌀 직불금을 자진해서 반납하지 않은 경우, 또 3백만 원 넘는 직불금을 받아간 경우이다. 2009년 7월까지 1만 6천여 명이 허위로 타낸 쌀 직불

---

142) 조선일보 2009. 12. 24.

143) 쌀직불제는 2001년부터 부분적으로 실시해 온 '논농업직불제', '쌀소득보전직불제'를 『쌀소득등보전직불제』로 통합 추곡수매제 폐지에 따라 쌀값이 떨어질 경우 이를 보전해 주기 위한 방안으로 농산물 시장개방 확대에 따라 예상되는 벼 재배 농가의 소득감소를 보전, 농가소득을 일정 수준에서 안정시키기 위해 2005년 7월부터 시행에 들어갔다. 목표가격이 수확기 평균 산지 쌀값에 미치지 못할 경우 차액의 일정 비율을 지급하되, 고정직불금과 변동직불금으로 구분 지급한다. 지급기준은 『쌀소득 등의 보전에 관한 법률』에 따라 대상 농지에서 "실제로 논농업에 종사하는 농업인"이다. 목표가격과 수확기 산지 쌀값과의 차액의 85%에서 고정직불금을 차감된 금액을 지급한다. 다만 논 농업에 이용하는 농지면적이 1,000㎡ 미만인 자, 농지법에 의하여 농지처분명령을 받고 농지처분을 이행하지 않은 자는 제외된다.

금을 모두 반납했다. 이에 따라 검찰은 농림수산식품부에서 명단을 넘겨받은 전체 쌀 직불금 부당수령자 1만 9천 명 가운데 390명을 추려 사기와 농지법 위반으로 기소했다. 2005년부터 허위로 쌀 직불금 3천1백만 원을 받아간 60세 황모 씨를 비롯해 10명에 대해선 정식 재판을 청구했고, 380명은 벌금형으로 약식 기소했다. 하지만 서울중앙지검에 고발됐던 이봉화 전 보건복지부 차관과 김성회 한나라당 의원에 대해선 무혐의 처분했다. 같은 세대원인 가족이 실제 경작했기 때문에 문제가 없다는 것이다. 함께 고발된 김학용 한나라당 의원에 대해선 직불금 수령 금액이 156만 원으로 3백만 원 미만인 데다 이미 반납했다는 이유로 기소유예 처분을 내렸다. 대검찰청은 2009년 5월 입수한 부당수령자 1만 9천 명의 정보를 전국 57개 검찰청으로 내려 보내 수사를 벌여왔다.[144)]

⑦ 5년간 공무원 수당 137억 부당 수령

중앙 및 지방공무원들이 최근 5년간 부당 수령한 가족수당과 자녀학비 보조수당이 137억 원에 달하는 것으로 나타났다. 국회 행안위 유정현(한나라당) 의원이 행정안전부 자료를 분석한 결과 43개 중앙부처 공무원 5천176명과 16개 시·도 공무원 2만 3천944명이 각각 35억 5천만 원, 101억 6천만 원의 공무원 수당을 부당 수령한 것으로 분석됐다. 가족수당의 경우 부양가족 중 직계존속은 주민등록상 세대를 같이 하면서 해당 공무원의 주소 또는 거소에서 생계를 같이 해야 함에도 불구하고, 같이 거주하지 않는 직계존속에 대해 수당을 지급하거나 이중 지급한 사례가 많았다. 또 자녀학비 보조수당은 중·고등학교 취학 자녀가 있는 공무원이 공납금 납입영수증을 제출할 경우 지급하도록 돼 있으나 가족관계 변동, 취학사항 변동 등으로 인해 지급 대상이 아닌데도

---

144) MBC 2009. 10. 2.

지급한 경우가 상당수 적발됐다.

중앙부처별 부당수령 규모를 보면 교육과학기술부가 가족수당과 자녀학비 보조수당을 합쳐 1천138명이 총 8억 3천만 원을 부당 수령해 중앙부처 중 1위를 기록했으며 대검(546명, 4억 1천만 원)과 노동부(359명, 3억 6천만 원)가 그 뒤를 이었다. 대통령실에서도 4명이 268만 원의 가족수당을 부당 수령한 것으로 나타났다. 지자체 중에서는 2천968명이 16억 7천만 원을 부당 수령한 충남과 3천255명이 14억 6천만 원을 부당 수령한 경남이 다른 시도에 비해 압도적으로 많았다. 경기도와 서울의 수당 부당수령 규모는 각각 2천267명에 8억 2천만 원, 875명에 3억 2천만 원이었다. 유 의원은 "쌀 직불금 부당수령에 이어 또다시 대규모 수당 부당수령이 확인됨으로써 공무원들의 도덕 불감증이 얼마나 심각한지 여실히 드러났다. 아직 조사가 이뤄지지 않은 입법부와 사법부, 302개 공공기관에 대해서도 철저한 검사가 이뤄져야 한다"고 말했다.[145]

음주운전하다 적발되는 공무원, 그것도 중앙부처 간부가 늘고 있다. 하지만 제 식구 봐주기인지 징계가 너무 가볍다. 지난 2007년, 한 차량이 중앙선을 넘어 마주 오던 승합차와 정면으로 충돌해 1명이 숨지고 4명이 다쳤다. 박재후 당시 견인차 운전기사는 "큰 사고였어요. 완전히 폐차됐으니까… 가해차량 운전자는 총리실 소속 사무관 최모 씨로 당시 혈중 알코올농도는 만취상태인 0.113이었습니다." 같은 해 이곳에서는 한밤중에 교통사고를 내 2명을 다치게 한 뒤 달아나던 뺑소니 차량이 붙잡혔다. 운전자는 노동부 사무관 정모 씨로 0.222의 만취상태였다. 중앙징계위원회에 회부된 두 사람에게 내려진 징계는 정직 1개월이었다. 이밖에 음주교통사고를 낸 국가보훈처 국장은 경고, 음주 뺑소니를 한 관세청과 교과부 사무관은 각각 견책과 감봉 3개월의 경징계를 받았다.

---

145) 동아일보 2009. 10. 5.

최근 5년간 혈중 알코올농도 0.1 이상의 만취상태로 적발된 중앙부처 간부공무원은 모두 50명, 매년 8명 안팎이던 적발 건수가 2009년에는 21건으로 2배 이상 늘었다. 이 가운데 정직 이상 중징계는 5명에 불과했고, 7명은 아무런 징계도 받지 않았다. 만취운전으로 적발되더라도 대부분 이렇게 가벼운 징계만 받기 때문에 공직 기강을 다잡는 데 별 역할을 하지 못하고 있다. 징계의 수위를 결정하는 곳은 중앙징계위원회로, 위원 9명 가운데 8명이 같은 식구인 중앙부처 공무원들이다. 권경석 한나라당 의원은 "간부직공무원이 만취운전을 하는 사례가 늘어나고 여기에 대한 처벌이 솜방망이로 처벌한다면 공직기강의 강화는 요원하다"고 말했다. 반면, 경찰청은 2009년 들어 음주운전으로 적발된 경찰관 68명 가운데 절반이 넘는 39명을 파면 또는 해임시켜 중앙부처 공무원과 대조를 보였다.146)

⑧ 나도 수백 통 청탁전화 받아 서울청장 인사개혁 지지

강희락 경찰청장이 2010년 1월 11일 기자간담회에서 조현오 서울지방경찰청장의 인사개혁 방안에 대해 "참신한 시도"라고 평가했다. 강 청장은 "나도 (인사 때만 되면) 수백 통의 청탁 전화를 받아 스트레스를 많이 받았다. 조 서울청장의 인사개혁에 대한 원칙을 지지한다"고 말했다. 앞서 조 청장은 2010년 1월 10일 "인사청탁을 사전에 막기 위해 경정·경감 승진 대상자들을 전원 인터넷에 공개하겠다"고 밝혔다. 조 청장도 이날 기자들과 만나 "청렴도 평가에서 경찰이 꼴찌를 하게 된 원인 중 하나는 (투명하지 못한) 경찰 내부의 승진 문제다. 해법을 찾지 못하면 국민의 실망은 더욱 커질 것이다"라고 말했다. 그는 자신의 인사개혁안에 대해 "제자리를 찾도록 해야 한다는 생각에 몸부림치는 과

---

146) KBS 2009. 10. 9.

정이다. 2010년 1월 10일 일대일 면담을 하러 너무 많은 이들이 몰려와 두려운 생각이 들었다. 모든 이들이 만족하는 인사는 없고, 내가 이런 시도를 해도 바뀌는 게 없다는 불만이 있을 수 있다. 인사 때 소위 '백'을 쓰지 말라는 메시지로 받아들여도 되는가"라는 취재진의 질문에 대해 "일만 열심히 하면 승진은 알아서 된다"고 말했다.

조 청장이 인사개혁 방안을 들고 나오게 된 것은 강희락 청장이 밝힌 것처럼 '수많은 청탁' 때문이라고 한다. 통상 경찰은 승진인사를 앞두고 대상자를 5배수로 추린다. 물론 비공개다. 이때부터 5배수에 들지 않는 경찰관을 포함해 인사 대상자들은 정치인 등 유력 인사를 동원해 청탁을 통한 '막판 뒤집기'를 시도한다는 것이다. 이 때문에 "상당수 경찰관이 승진을 위해 1년 내내 청탁하러 뛴다"는 말까지 나온다. 조 청장의 '2~3배수 공개'는 이런 지적에 대한 처방전이다. 성과 평가를 통해 승진 가능성이 큰 이들의 범위를 줄이고, 이를 경찰 인터넷망에 공개해 쓸데없는 청탁을 하지 말라는 것이다. 이날 경찰 내부 게시판에는 "작은 부서에서나 시도되던 인사개혁방안이 서울경찰청에서도 실현됐다. 의미 있는 실험인 것 같다"는 글이 올라왔다. 하지만 일각에선 "충격요법에 불과하다"는 비판도 있었다.[147]

공권력 기관으로 법을 집행하고 질서를 바로 세워야 할 경찰의 수장이 인사 청탁으로 스트레스를 받는 것이 현재 우리나라의 모습이다. 부정부패가 얼마나 심각한지를 단적으로 보여주는 대표적인 사례라 할 수 있다. 문제는 부정부패를 두고서는 공정한 사회 건설도 어렵고 이해관계가 부정부패로 왜곡되기 때문에 국가사회적인 갈등이 증가한다는 점이다. 누구나 자신이 갖춘 실력으로 경쟁하고 같은 기회가 주어지는 살기 좋은 공정한 사회를 만들기 위해서는 부정부패를 반드시 척결해

---

147) 중앙일보 2010. 1. 12.

야 한다. 또한 사회 갈등 해소를 위해서도 부정부패는 막지 않으면 안 된다.

(6) 부정부패 반드시 척결해야 할 이유

오늘날 민주주의 사회를 법치사회라고 부르는 것은 법의 테두리 안에서 경쟁하고 법이 정한 규정과 규칙을 준수해야 하기 때문이다. 그러나 그 법을 어겼을 경우, 국가는 징벌권을 행사할 수 있는 권한을 갖게 된다. 그런데 국민이나 기업, 공무원, 정치인들이 법을 전혀 두려워하지 않으면 민주국가의 체계가 훼손되기 시작한다.

한번 뇌물을 통하여 재미를 본 사람들은 1천만 원 상품권이 오고 가는데도 뇌물이 아니라는 주장을 한다. 상품권을 준 것이 드러나자 이번에는 '상품권을 준 것'을 인정한 뒤 감사의 마음을 표현한 것으로 '대가성은 없다'는 주장을 하는 등 상식을 뒤집는 기상천외한 주장을 버젓이 한다. 현실 속에서도 이러한 사례들을 찾는 것은 크게 어렵지 않다. 그 대표적인 사례가 2009년 8월 한 용기 있는 교수에 의해 드러난 파주시 발주 공사 입찰심사 관련 비리 사건이다. 이러한 부정부패는 민주국가의 체계에 대한 도전과 가치 훼손으로 우리 사회를 공정한 규칙에 의한 경쟁이 이루어지지 않는 사회로 이끌어 가는 폐단을 낳을 수 있다. 몇 사람만의 문제가 되는 초기에는 별로 문제가 되지 않는다. 하지만 사회 전반으로 이러한 분위기가 확산되어 규칙은 온데간데없고 반칙만 난무하게 되면, 그때는 국민 모두가 혹독한 대가를 치러야 한다. 작은 것부터 시작하여 민주주의 체계와 질서가 위협받는 것에 대해 국민 모두가 견제하고 압력을 가하며, 규칙이 지켜지는 사회가 되도록 부정부패를 막아야 하는 이유가 바로 여기에 있다. 그런데 우리 사회에는 여전히 경쟁 규칙이 제대로 지켜지지 않고[148] 부정부패는 만연해 있다.

하루가 멀다 하고 온갖 방법의 부정부패를 저지른 자들에 대한 내용이 언론의 사회면을 장식하고 있다. 방법도 가지가지이다. 이제는 부정부패의 유형이 하도 다양하다 보니 백화점식이라는 말까지 생겼다. 업무시간에 술 마시고 화투를 치고, 시민들과 싸움하고, 청탁으로 뇌물을 받고, 살인까지 하는 사람도 있다. 색출을 해내도해내도 끝없이 계속 나오는 것을 보면 얼마만큼 많은 정치가와 공직자들이 부정부패에 연루되어 있는지 알 수 없다. 이는 부패가 아주 넓게 확산되어 상존하고 있다는 것을 의미한다. 그렇다고 열성적으로 책임을 다하는 다수의 공무원을 매도하려는 것은 아니다. 문제가 되는 것은 항상 부정부패 혐의를 저지르는 사람들이 공무원 중에 있고 계속 새롭게 발생한다는 사실이다. 이들로 인하여 자신의 직무에 충실하며 열성적으로 일하는 다수의 선량한 공무원이 욕을 먹지만, 이 다수도 욕먹을 일을 하고 있는 부분이 있다. 개인적으로 억울하다고 생각할 사람은 많겠지만, 용기를 내어 적극적으로 내부에서 부정부패를 막거나 견제하는 역할을 제대로 하지 않았다는 비난까지 피하기는 어렵다. 누가 뭐라고 하더라도 부패문제는 조직의 내부문제이다. 내부에서 같이 일하는 사람들이 견제하고, 문제 근원을 제거하려는 노력을 지속하며 부패가 발을 붙이기 곤란한 체계를 만들어 가면 부패도 줄어들고 더불어 욕먹을 일도 줄어들 것이기 때문이다.

체제부패는 그 규모가 잘 노출되지 않는데 공직자의 부패 구조를 이해하기 쉽도록 명료하게 설명해 주는 것이 [그림 1-2] 부패 빙산 모형이다. 부패 빙산 모형에 따르면 수면 위에 드러난 얼음과 같이 부패에는 표면화되고 해결된 부패현상과 노출되었으나 미해결된 부패가 있고 수면 아래 잠겨 보이지 않는 얼음과 같이 노출되지 않고 은폐된 부패현

---

148) 미디어오늘 2009. 8. 5.

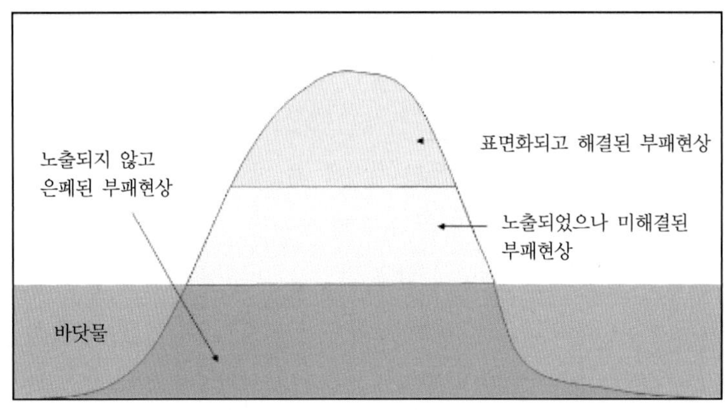

출처: 조은상(2003), 「기업 내 부패의 유형, 원인 및 반부패 제언」, 전경련 간담회자료, p.6

[그림 1-2] 부패 빙산 모형

상으로 구분된다. 드러난 부패현상은 잘못을 저지른 사람에게 어떤 형태로든 징계나 처벌이 가해지는 대가를 치르게 함으로써 처리하고 갈무리가 되기 때문에 더 이상 문제 될 것이 없다. 그러나 노출되지 않고 은폐된 부패현상은 다르다. 노출되지 않고 은폐된 부패현상은 그로 인하여 국민이 직·간접적인 피해를 입고 사회를 병들게 만들고 사람들이 살아가기 힘들게 한다. 하지만 그들은 권력을 악용하여 자신의 탐욕에 따라 재물을 획득하는 잘못을 저지르고도 그것이 은폐되어 있기 때문에 청렴한 공무원으로 포장되어 명예로운 삶을 한 것으로 전도된다.

이러한 상황을 방치하면 누가 힘들여 노동을 하려 하겠는가? 아마 권력을 가진 자들은 하나같이 모두 권력을 악용해 사적인 이익을 채우기에 급급할 것이다. 부정부패를 통한 권력의 악용은 뇌물을 제공하는 사람들에게 수혜가 돌아가도록 왜곡함으로써 정상적으로 혜택을 받아야 할 사람들이 오히려 피해를 보게 만드는 등 사회 갈등을 더욱 심화시키고 질서를 교란하게 만들고 자원 분배를 왜곡시켜 그들과 결탁한 소수에게만 특전이 주어지게 만드는 폐해를 불러일으킬 것이 확실하다. 이뿐이 아니다. 부패가 노출되지 않는 상태에서 정년퇴임을 하면 연금 제도에 의해 노후까지 평생 기본적인 생활보장이 이루어진다.

부패가 드러났을 때는 혹독한 대가를 치르는데도 여전히 수많은 공무원들이 끊임없이 부정부패의 유혹에 빠져들고 있다. 걸리지만 않으면 부정부패의 열매는 너무나 달고 맛있다. 여기에 더하여 그 어떤 것에서도 맛보기 어려운 긴장감과 두려움이 뒤섞인 쾌감까지 느끼게 한다. 이 맛에 길들여져 쉽게 헤어나지 못하고 같은 잘못을 되풀이하는 사람이 적지 않다. 그렇기 때문에 한번 부정부패를 저지른 사람은 다시 부정부패 행동을 할 가능성이 크다. 우리가 노출되지 않고 은폐된 부패 현상에 관심을 갖고 반드시 척결해야 하는 이유가 여기에 있다. 뒤에서는 권력을 악용하여 탐욕을 추구하면서 앞에서는 모순되게 박봉 운운하고 공무원의 권리를 주장하는 파렴치한들을 어떤 일이 있더라도 그냥 두어서는 안 된다. 부정부패를 그대로 두고서는 살기 좋은 세상의 바탕이 되는 사회정의 실현, 공정한 사회 건설이 요원하다.

8) 문제점에 대한 개선 노력과 의지 미흡

오늘날 우리 사회의 극단적인 분열과 대립의 원인은 교육정책의 실패와 일부 잘못된 사회풍토에 있다. 하지만 그것은 국민적인 입장에서 볼 때 그렇다는 것이지 실제 정치가로서 실무를 하는 정치인들의 관점에서 그렇다는 것은 아니다. 오히려 잘못된 사회풍토나 교육정책 실패 못지않게 사회적 갈등을 유발하는 원인으로 작용하고 있는 것이 정치인과 고위공직자 스스로 문제점과 잘못이 드러났는데도 불구하고 그것을 개선시키기 위한 의지와 노력이 미흡하다는 데 있다.

그럼 정치가와 고위공직자들은 왜 문제가 드러나는데도 잘 개선하려고 하지 않을까? 이 또한 교육과 사회풍토가 연관되어 있다. 교육정책의 실패는 교육을 통해 배출되는 인재들이 지도력과 문제해결능력이 부족한 것은 물론, 국가와 사회에 봉사하고 배려하는 사람으로 양성되지 못하고 있다는 점이다. 잘못된 사회풍토는 권위주의, 학벌주의, 연고주의, 부정부패 만연, 이기주의적인 경쟁 등으로 교육과정의 상당한 노력에도 불구하고 사회에 진출하면 국가와 사회발전을 위해 노력하기보다는 개인의 이익과 탐욕을 실현하는 이기주의자로 만들어진다는 것이다. 하지만 정치가는 지도자로서 이러한 문제를 스스로 해결하고 개선해 나갈 책무가 있다. 그런데도 우리나라 정치인들은 스스로 이기적으로 행동함으로써 갈등을 조장하고 사회 분열을 획책해 왔다. 이것이 오늘날 우리 사회의 갈등과 대립의 원인이 정치가에게 가장 큰 책임이 있다고 지목되는 이유이다.

먼저 잘못된 사회풍토의 문제를 살펴보면, 외눈박이 사회에 두 눈을 가진 사람이 오면 비정상적인 사람이 되는 것과 같다. 사회에 잘못된 여러 가지 풍토가 조성되어 있는 상태에서는 교육을 통해 정상적인 사람이 유입되어도 그들과 동화되지 않으면 살 수 없는 상황이 전개된다. 대부분 처음 얼마 동안은 법과 질서를 지키고 원리와 원칙에 따라 행동하려고 노력하지만, 결국 오래지 않아 기성세대와 그들이 만들어 놓은 체계에 동화되어 살아간다. 따라서 원천적으로 청렴 사회, 배려하고 자신이 가진 재능을 나누는 문화가 정착되어 있지 않은 상태에서 청렴한 정치가와 고위공직자가 늘어나도록 만드는 것은 용이한 일이 아니다. 갖가지 장애를 극복하는 강한 의지와 인내, 노력과 용기, 때로는 희생까지 필요한데 자유민주주의 사회에서는 선발과 교육, 견제를 통해 노력은 할 수 있지만, 누구도 이러한 것들을 개인에게 강요할 수는 없다.

다음은 교육문제이다. 교육은 공교육과 사교육이 있다. 교육정책의 실패는 인성보다는 성적과 입시위주 교육으로 이기적인 인재가 양성되도록 한 공교육 실패가 사회문제로 이미 대두되어 있다. 여기에 인성형성에 결정적인 영향을 미치는 사적인 교육에 해당하는 가정교육과 개인의 잘못된 수양도 포함된다. 공부는 공교육체계 내에서 이루어지는 것만을 의미하는 것이 아니기 때문에 교육체계의 존재 여부와 상관없이 정치지도가 되기 원하는 사람들은 정치가에게 요구되는 기본 자질인 수신제가치국평천하[149](修身齊家治國平天下)를 위해 자신의 역량을 제고시키는 노력을 게을리 하지 않으면 안 된다. 아무리 정치권이 혼탁하고 이기주의자들이 활개를 치고 다니더라도 올바른 정치가는 자신의 양심과 신념에 따라야 행동할 줄 알아야 한다. 설령 정당과 정당지도부에서 부당하고 불합리한 행동이나 입장 표명을 요구했다고 하더라도 이에 대한 동조 여부는 자신이 결정할 문제이다. 그 결과에 대한 책임 역시 자신이 져야 한다. 당론이 책임을 회피할 수 있는 핑계나 변명의 대상이 될 수는 없다.

정당과 정당지도부의 요구가 정당성과 합리성을 결여했을 때는 자신에게 불이익이 돌아오더라도 맞설 수 있는 용기가 있어야 한다. 스스로 끊임없는 노력을 통해 역량을 강화하고, 그 강화된 역량으로 당내에서 영향력을 확장하여 지도부로 진출하고, 정당성과 합리성을 갖는 정당으로 탈바꿈시켜 나가는 것이 올바른 지도자가 지향해야 할 길이다. 국민들부터 그러한 노력이 인정을 받아 정권을 창출할 때 존경받는 지도자가 될 수 있다. 이 일은 누가 해줄 수 있는 일이 아니라 정치가 스스로 풀어나가야 할 문제이다. 그동안 국가 최고지도자인 대통령을 역임

---

149) 수신제가치국평천하(修身齊家治國平天下): 심신(心身)을 닦고 집안을 정제(整齊)한 다음 나라를 다스리고 천하(天下)를 평정(平定)함.

하고도 불명예스럽게 퇴임한 전직 대통령들에게 나타난 공통된 현상은 자신의 심신을 수양하고 집안을 다스리는 수신과 제가를 게을리 해 역량을 제고시키지 못했다는 점이다. 오늘날 정치권이 오히려 갈등의 원인으로 국민을 분열 대립시키는 구태를 벗어나지 못하는 원인도 결국은 자신들의 부족한 역량을 제고시키기 위해 치열한 노력을 하기보다는 이기주의에 지배되어 눈앞에 보이는 이익을 탐하고 그에 현혹되는 행동을 하는 데 있다.

발전은 문제점이 드러났을 때 그것을 개선하고 보완하는 과정에서 이루어진다. 정치인들도 사람이므로 잘못을 할 수는 있다. 국민은 국회의 잘못된 운영과 국회의원들의 그릇된 행태에 대해 그동안 여러 차례 개선을 촉구해 왔다. 모두가 마찬가지이지만, 특히 정치인은 문제가 드러났을 때 책임을 지는 자세를 보이고 그것을 개선하기 위해 치열하게 노력해야 한다. 개선 노력만 하면 오늘날 한국 정치권과 국회가 보여주고 있는 온갖 추태를 하루아침에 일소(一掃)하지 못할 이유가 없다. 그런데도 구태를 벗어나지 못하는 것은 잘못을 알고도 모르는 체하며 개선 노력을 기울이지 않는 데 원인이 있다. 정당과 정당지도부가 불합리한 요구를 하더라도 그것을 거부하고 정당성과 합리성을 쫓아 행동하는 역량 있는 지도자가 많아지면 정치권에 의한 국론 분열과 갈등의 폐해는 모두 사라질 것이 확실하다. 이제 용기 있는 정치가들이 더 이상 주저하지 말고 행동에 나설 때가 되었다.

9) 전략적 분열주의 추구와 후광편승

1971년 대통령 선거와 1987년 대통령 선거과정을 통해 한국 정치에 뚜렷한 지역주의 경향이 나타나기 시작했다. 이러한 지역주의는 대통령 후보자나 전직 대통령이 자신이나 소속 정당 후보자를 많이 당선시키기 위해 잘못된 방법을 사용해 남긴 후유증이다. 그동안 국민투표를 통해 당선된 전직 대통령과 대통령 선출 경선에 참여한 후보자들은 자신과 참모에 의해 정도의 차이는 있을지라도 대부분 지역주의를 부추겼다. 선거가 없는 평상시에도 정치인들은 정국 주도권을 잡거나 재·보궐선거 등을 의식하여 전략적 분열주의를 추구한다.

민주당 정세균 대표는 2009년 8월 6일 호남을 방문 광주의 한 호텔에서 열린 기자간담회에서 "공직사회에서 호남출신 공직자들을 숙청하다시피 하고 있다는 하소연을 접수했다. 이명박 정권 들어 공직사회에서 호남출신들을 홀대하는 풍조가 시작됐고, 지금은 전 방위적으로 확산됐다. 호남출신 인재들이 차별받는다면 국민적 저항에 부딪힐 것임을 분명히 경고한다. 앞으로 정당과 의회활동을 통해 이 정권의 인사편중 및 호남인사 씨 말리기를 철저히 파악해 바로잡을 것"이라고 강조했다.[150] 호남 출신 중에서 얼마나 많은 공직자가 정세균 대표에게 하소연했는지 모른다. 실제 하소연했다고 하더라도 공당인 제1야당의 대표가 그렇게 광주시민들 앞에서 말한 것은 바람직한 일로 보기 어렵다.

하소연이란 억울한 일, 딱한 사정 등을 간곡히 호소하는 것을 말한다. 진짜 억울한 일을 당했다면 법을 통해 구제받을 수 있는 길이 있다. 실제 1980년대 초 제5공화국에 의해 해직된 공직자 중 상당수는 법에 호소하여 복직되거나 보상을 받았다. 이런 정상적인 방법을 두고 호남출신 공직자는 왜 정당대표에게 하소연했을까? 숙청(肅淸)은 조직 내의 반대자들을 없앰, 특히 독재 국가 등에서 내부의 반대파를 제거하는 일이다. 그런데 정 대표는 왜 어정쩡하게 '숙청하다시피'라는 표현을 사용했을까 하는 의문도 든다. 공무원은 법으로 정년을 보장하는데 씨를

---

150) 동아일보 2009. 8. 6.

말리기 전에 바로잡겠다는 것은 또 무슨 말인가? 정권이 바뀌었다. 구 정권에 의해 임명되었던 것처럼 새로운 정권에 의해 밀려나는 것은 어쩌면 당연한 일일지도 모르겠다. 그런 과정에서 욕심을 모두 채우지 못했다고 하소연하는 그런 사람들을 빙자해 공당의 대표가 광주광역시민을 자극하기 위해 이런 선동적인 말을 하는 것은 저급한 행동이다.

정치가들은 특정지역에서 분열주의 획책을 통한 절대적 지지 확보는 당선과 지지 기반으로 작용한다는 것을 이미 잘 알고 있다. 이제까지 상당수 정치가들이 자신의 지지 세력 강화와 결집을 위해 공공연하게 역차별을 거론하고 다녔다. 그러한 행동을 통해 다져진 지지기반으로 세력 확장과 권력화에 성공함으로써 우두머리(boss) 정치가 가능했다. 지역의 맹주가 되면 국회의원 후보 공천 등에 개입하여 지방의 조직력을 강화하고 정치자금을 후원하는 공존의 틀을 만들어 왔다. 그리고 반기를 드는 정치인이나 타당의 경쟁 관계에 놓인 사람들에 대해서는 노골적인 배척과 공격을 일삼았다. 그 결과 신진정치인으로 국회에 진출하기를 희망하는 사람들에게 특정 정치인, 정당, 지역의 후광을 입어 계파 소속으로 당선되는 데 결정적인 역할을 했다. 지역주의가 기승을 부리면서 대선후보자들은 확실한 자기편을 만들기 위해 분열주의를 더욱 조장했다. 기존 국회의원들은 공천을 활용하여 계파를 만들고 영향력을 확대하며 중진으로 성장하고, 신진정치인들은 연줄을 대며 후광정치에 편승하기에 급급하는 악순환을 만들어냈다. 이러한 결과가 구체적인 형태로 나타난 것이 패거리문화다.

패거리문화에 빠지면 국회가 제구실을 못한다. 그런데 국회에만 들어가면 이게 문제라는 사실조차 깨닫지 못하게 된다. 전(前) 정권 시절 한 여당 실세는 당론에 반대 의견을 펴는 의원을 향해 "절이 싫으면 중이 떠나라"고 공개 면박을 주기도 했다고 한다. 심지어 당내 계파 보스와 다른 의견을 폈다는 이유만으로 온갖 비난을 받는 경우도 비일비재하다. 의원 개개인의 소신과 의견은 사라지고 대신 '패거리 문화'가 그 자리를 차지하는 것이다. 우리 헌법 46조는 국회의원은 국가이익을 우선하여 양심에 따라 직무를 수행한다고 규정하고 있다. 새로 국회의원이 되면 모두 이 헌법 조항과 같은 내용의 선서를 한다. 그러나 이 선서가 끝난 순간부터 국회의원은 당론의 졸개가 되고, 몸싸움의 행동부대원으로 전락하는 게 관행처럼 굳어진 한국 정치의 악습이다.

국회의원의 용도가 이 정도밖에 안 될 바에는 굳이 선거로 뽑을 필요도 없다. 체력장에서 몸 튼튼한 순서로 뽑아 제식훈련을 시킨 뒤 국회의원에 임명하면 된다. 그런데 국회의원들은 국회에만 들어가면 이러한 정치 풍토가 잘못됐다는 생각 자체를 머릿속에서 지워버리는 듯하다. 이런 상태에서는 국회가 정부를 견제하고, 국가적 쟁점을 푸는 역할을 하기 어렵다. 국회와 정치가 제구실을 하려면 여당은 정부에 대해 "노(No)"라고 할 수 있고, 야당은 "예스(Yes)"라 할 수 있어야 한다. 무엇보다 국회의원들이 자신이 차지한 자리의 엄중함을 깨달아야 한다.[151]

패거리문화와 후광 정치가 이어지는 것은 정당이나 권력자에게 잘 보이면 공천을 통해 신분 상승을 하거나 권력을 향유할 수 있는 기회가 주어진다고 생각하는 데다 전체 국민에게 욕을 먹어도 특정지도자나 정당에 영합하면 당선이 보장되는 후광 정치의 실체를 잘 알고 의원 스스로 이를 이용하려 하기 때문에 나타나는 폐해다. 그런데 이런 저급한 행동을 일부 국회의원은 오히려 얼굴을 알릴 기회로 생각하는 경향까지 나타나고 있다. 한심스러운 일이지만 그것이 우리의 엄연한 정치 현실이다. 지난날 걸핏하면 국회의장석에 뛰어들어 의사봉을 빼앗던 의원이 "이래야 열심히 한다고, 지역구에서 또 뽑아줍니다"라고 말한 바

---

151) 조선일보 2009. 12. 29.

있다.152) 또한 다른 한 의원은 "국정감사 우수 의원에 열 번 선정되는 것보다 '친박'이란 직함(title)이 (다음 총선에서) 훨씬 더 도움이 될 것"이라고 했다153)는 말은 우리나라 정치에서 무엇이 문제이고 잘못되었는지에 대해 시사하는 바가 크다.

공천 받으면 100명 중 99명이 당선되는 정치 풍토가 개선154)되지 않고서는 후광 정치에 편승하려는 경향과 그로 인한 폐해는 사라지기 어렵다. 더 이상 정치적인 폐해와 폭력이 난무하는 국회를 보지 않으려면 정치가에게 잘못된 것에 대한 시정요구와 함께 국민 스스로도 지역주의와 후광 정치를 일삼는 바탕이 되는 표를 몰아주는 행동을 자제하고 정당성과 합리성을 가진 정책공약을 하는 사람들에게 투표하는 노력을 기울여 나가야 한다.

10) 양 김씨가 만든 잘못된 우두머리 정치 답습

한국사회의 정치 갈등 문제의 핵심은 다름 아닌 전·현직 대통령의 자질문제와 직접 연관되어 있다. 자질(資質)이 부족한데도 억지로 권력을 획득하고 유지하기 위해 불합리하고 부당한 방법을 동원한 데서 대부분 문제가 발생했다. 그 핵심에 김영삼·김대중 양 김씨가 있다. 양 김씨는 박정희 대통령의 공화당에 대한 민주화 투쟁과정에서 지역의 맹주가 되어 정당의 당내 민주주의를 가로막고 우두머리 정치로 절차적 민주주의를 훼손하며 대통령이 되었다. 하지만 스스로 추구한 민주화나 민주주의에 대한 이상적인 모형은 없었다. 행동이 모범도 되지 못

---

152) 동아일보 2009. 11. 4.
153) 뉴데일리 2009. 12. 11.
154) 동아일보 2010. 1. 27.

했다. 만일 모범이 있었고 그것을 답습한 것이 오늘날 우리 정치의 모습이라면 국민들은 혐오감을 보낸 지 오래다. 결국 그들이 추구한 민주화에 대한 일련의 과정과 결과는 양 김씨 모두 민주화를 권력 획득을 위한 방편으로 활용했음을 느끼게 하기에 충분하다.

현재 우리나라의 민주주의에 대한 평가는 상반된다. 이명박 대통령은 2009년 제22주년 6·10 민주항쟁[155] 기념식을 통해 "6·10 민주항쟁 20여 년이 지난 지금 우리나라의 민주주의는 누구도 되돌릴 수 없을 만큼 확고하게 뿌리내렸다"고 선언했다. 이렇게 한쪽에서는 민주주의가 확고하게 뿌리를 내렸다고 주장하지만, 국민이 체감하는 민주주의는 생각만큼 시원하지가 않다. 그 사이의 간극은 한강에서 낙동강까지의 거리보다 멀다. 문제는 오늘의 한국사회에 이 간극을 메워줄 권력의 지도력도, 정치의 조정 능력도, 지성의 권위도 존재하지 않는다는 것이다. 정치는 말할 것도 없고 시민사회, 종교계, 문화계에서부터 대학에 이르기까지 분열되어 있다. 민주주의의 제도적 외형적 틀은 갖춰져 있지만, 운용과 의식은 아직도 미흡한 부분이 많으며, 자신의 주장을 관철시키기 위해 법을 어기고 폭력을 행사하는 모습도 우리가 애써 이룩한 민주주의를 왜곡하고 있다.[156]

실천되지 않는 법은 의미가 없다. 민주주의를 스스로 짓밟으면서 민주주의가 확고하게 뿌리를 내렸다고 하면 오늘날 우리가 갖추었다는 그 민주주의의 제도적 틀과 실체는 무엇을 말하는지 이해하기 어렵다.

---

155) 6월 항쟁은 1987년 6월 10일부터 6월 29일까지 대한민국에서 전국적으로 벌어진 반독재, 민주화 운동이다. 6월 민주항쟁, 6.10 민주항쟁, 6월 민주화운동, 6월 민중항쟁 등으로 불린다. 대통령 선거인단이 대통령을 뽑는 간접선거를 골자로 한 기존 헌법에 대한 대통령 전두환의 호헌 조치와, 경찰의 박종철 고문치사 사건, 이한열이 시위 도중 최루탄에 맞아 사망한 사건 등이 도화선이 되어 6월 10일 이후 전국적인 시위가 발생하였고, 이에 6월 29일 노태우의 수습안 발표로 대통령직선제로의 개헌이 이루어졌다. 2007년 6월 10일 정부 차원의 첫 기념식이 열렸다.

156) 신동아 2009. 7. 1(통권 598호), p.164~167

우리의 헌정사를 뒤돌아보면 과거에 이미 직접민주주의나 지방자치제도 있었고 대통령제도 있었다. 단지 오래가지 않았을 뿐이다. 과거와 현재의 달라진 점이 있다면 정치사회적인 환경, 경제적 여건이 크게 바뀐 정도다. 국회 안에서 몸싸움하고 장외 집회를 통해 설전을 일삼는 것은 과거와 다를 것이 없다. 민주화되었다고 하지만 이런 것이 민주화의 본 모습이 아닐 것은 틀림없다.

그럼 민주주의가 확고하게 뿌리 내렸다고 하는 사람들은 무엇을 보고 그런 말을 할까? 그것은 아마 국민의 언론에 대한 자유와 공권력에 의한 억압의 감소를 말하는 것으로 생각된다. 물론 그런 측면도 없지는 않다. 하지만 우리는 초대 대통령을 국민의 힘으로 하야하게 만들었다. 그리고 1987년 6·10 민주항쟁을 통하여 직접민주주의를 복원시켰다. 국민은 이 모든 것을 몇십 년 전에 이미 이루어냈다. 그런데 지금 새삼스럽게 공권력에 의한 억압의 감소와 언론의 자유를 거론할 이유가 없다. 단지 언론의 자유가 증가하였다면 국민의 교육을 통한 지적 수준의 증가와 경제성장으로 삶의 질이 향상되고 1990년대 이후 공산주의의 붕괴가 시작된 이후 국제질서의 재편으로 대내외적인 환경이 변화하고 경제규모가 커진 것이 오히려 더 큰 영향을 미쳤을 것으로 보인다. 정치적으로 지방자치제 시행과 정권 교체 등의 변화도 있었지만, 그것이 한국 민주주의 발전에 얼마만큼 크게 이바지했는지는 의문이다. 정치의 핵심적인 역할이 이해관계의 조정과 통합 그리고 국가발전을 선도하는 일인데 우리의 정치는 지도력을 발휘하지 못하고 오히려 갈등과 대립을 유발하고 있다는 것은 국민 모두가 알고 있는 사실이다.

민주화를 했다고 하는데 정작 정치는 구태를 벗어나지 못하고 있다. 왜 이런 일이 생겼을까? 그것은 지도자의 실력 부족이다. 대체로 지도자가 가져야 할 일반적인 역량은 리더십과 문제해결능력이 핵심이다.

문제해결능력을 원활하게 발휘하기 위해서는 조정력, 종합력, 통찰력이 필요하다. 리더십은 다른 사람을 설득하여 리더가 원하는 방향으로 움직이게 할 수 있는 능력이다. 조정력은 상충하는 가치와 이익에 타협점을 발견하여 통합을 이룰 수 있는 능력, 종합력은 대상을 여러 측면에서 분석한 후 다시 넓은 각도에서 묶는 능력으로 정의할 수 있다. 이것은 현상을 분(分)하고 석(析)하여 개별적으로 이해한 후 다시 전체적인 시각에서 각각의 비중과 의미를 판단하는 능력이다. 통찰력은 이에 비해 현상의 흐름과 미래에 대한 판단 및 예지력을 뜻한다. 그런데 혁신을 위해 일차적으로 요구되는 지도자의 자질은 발전을 위한 통찰력과 강한 의지이다. 성공적인 혁신의 지도자들은 미래의 바람직한 상, 혹은 조직의 일반 구성원들이 보지 못하는 변화에 대한 감을 보유하는 경우가 대부분이다. 그리고 이것을 향한 강력한 의지가 필요하다.[157]

대의민주주의에서 국회의원은 국민을 대표하기 때문에 독자적인 의정 활동이 보장된다. 그런데 오늘날 우리나라 국회를 지켜보면 법률이 보장하고 있는 독자적인 의정 활동을 하는 국회의원은 거의 보이지 않는다. 하나같이 몇몇 당직을 맡은 우두머리의 지시에 따라 꼭두각시처럼 거수기 역할을 하고 있다. 상임위원회의 회의나 본회에서 독자적인 판단에 따라 자유로운 표결을 하는 것은 거의 찾아보기 어려운 것이 현실이다. 특히 여당과 야당이 대립된 입장을 취하는 법안이나 예산안의 경우 국회의원 개인의 의사는 공공연하게 무시된다. 국회에서 상호 설전(舌戰)이나 몸싸움을 일삼다가 국민 여론이 따갑게 느껴지면 당의 수장인 몇몇 우두머리의 주도하에 막후 밀실에서 대표회의, 원내총무회담, 간사회의 등을 통하여 협상을 전개한다. 협상 결과가 각 당에 보고되어 어느 정도 만족하면 상임위원회나 본회의에서 개별 국회의원들은 당론에 따라 거수기

---

157) 이종수(2006), 「정부혁신과 인사행정」, 다산출판사, p.19

역할을 하라는 지시가 내려진다. 이러한 지시에도 불구하고 국회의원이 개인적인 판단에 따라 독자적인 행보를 하면 우두머리에 의해 인위적으로 조정하려 한 당론이 오히려 문제가 되어 혼란을 만들어 낸다. 금산 분리 완화 관련 2개 법안의 처리가 그 대표적인 사례에 해당한다.

2009년 4월 임시국회 마지막 날인 30일 국회에서 어이없는 일이 있었다. 금산 분리[158] 완화 관련 법안 두 건이 의장 직권 상정됐다. 그런데 하나만 통과돼 반쪽 법안이 되고 말았다. 금융지주회사법과 산업은행법 등 금산 분리 완화 관련 2개 법안 가운데 은행법 개정안이 가결됐다. 산업자본의 은행 지분소유 한도가 기존 4%에서 9%로, 산업자본의 사모펀드 투자회사 출자 한도는 기존 10%에서 18%로 상향 조정됐다. 그러나 자정이 임박해 상정된 금융지주회사법은 민주당의 반대에 한나라당 반란표까지 겹쳐 원안과 수정안이 모두 부결되고 말았다. 결과적으로 금산 분리 완화가 반쪽만 허용된 셈이 됐다. 당시 임태희 한나라당 정책위 의장은 한쪽의 수정안이 통과되면, 다른 쪽도 수정안이 통과돼야 제도가 일관성 있는데, 제도를 불구로 만들어 놓은 것이라고 말했다. 예를 들어 은행법 적용을 받는 씨티은행과 SC 제일은행 등은 산업자본이 9%까지 지분을 가질 수 있게 됐다. 반면, 금융지주회사법의 적용을 받는 신한, 국민은행 등은 기존대로 4%로 묶여 형평성에 문제가 생기게 됐다.[159] 결국 2009년 7월 22일 여야의 격렬한 논란과 몸싸움 속에 금융지주회사법이 통과되어 모양새를 갖추었지만 꼴불견이었다.

당론에 따르지 않을 경우 각 당은 개별행동을 한 국회의원들을 공개적으로 강력하게 비판하고 심한 경우에는 당 윤리위원회에 회부하거나

---

158) 금산분리(金産分離)란 산업 자본이 은행에 대해 4% 이상의 의결권을 행사할 수 없도록 제한한 은행법 조항이다. 1982년 대기업 등 산업자본이 자기자본이 아닌 고객 예금으로 은행 등 금융산업을 지배하는 것을 막기 위해 도입되었다. 금산분리에서 '금'은 '금융', '산'은 '산업'을 뜻한다.
159) SBS 2009. 5. 1.

공공연하게 출당을 요구하기도 한다. 대부분의 국회의원들은 개별적인 행동으로는 정국을 주도하기 어렵다는 것을 잘 알기 때문에 당의 요구를 받아들여 행동 공조에 나선다. 당의 입장을 반대하고 당론에 맞서서는 차기 공천 등에서 불이익이 돌아오기 마련이다. 그것을 미리 예방하고자 하는 의도도 있다. 전체 국민의 입장에서 볼 때, 정당의 이해관계가 국익이나 국민 삶의 질 향상보다 우선하는 것은 용납하기 어려운 일이다. 또한 당직자를 중심으로 구성되는 몇몇 우두머리에 의해 국회가 운영될 것 같으면 대의민주주의제도 자체가 의미가 없다. 많은 국회의원들을 선출할 필요 없이 당을 대표하여 협상에 참여할 당직자 몇 사람만 뽑는 것이 옳다. 하지만 우리나라 정치 현실은 여당은 대통령이 추진하는 정책을 무조건 지지하고, 국회의원은 당의 요구와 당론을 따르는 것이 관행화된 지 오래다. 그 결과 정부·여당의 무리한 법률과 예산안 통과로 이어져 국회에서 몸싸움과 온갖 추태가 난무하는 행동으로 나타난다. 이 모두 국회의원 개인의 의사라기보다는 우두머리 정치의 폐해가 만들어낸 저급한 우리 국회의 모습이다.

우리나라에 우두머리 정치를 만들어낸 장본인이 양 김씨다. 입으로는 민주화를 부르짖으면서 실제 정치는 가장 비민주적인 방법으로 실행하였다. 지금은 모두 퇴역하였지만, 그분들이 원했든 원하지 않았든, 그분들의 정치 방법을 답습한 사람들에 의해 지금도 우리 국회와 정치권은 현대 민주주의의 가장 대표적 정치형태인 대의민주주의가 얼마나 추악해질 수 있는가를 여실히 보여주고 있다.

11) 직분 망각, 직업의식 상실

지금 우리나라는 유례를 찾아보기 어려울 정도의 사회적 대립과 갈등이 존재한다. 정치인이 해야 할 직무 속에는 이렇게 권력이나 집단 사이에 생기는 이해관계의 대립 등을 조정·통합하는 일이 엄연하게 포함되어 있다. 제대로 된 정치인이라면 맡은바 직분(職分)에 따라 우리 사회의 대립과 갈등 현장을 찾아다니며 대립과 갈등을 해소하기 위해 노력해야 하는 것이 마땅하다. 그런데 우리의 정치인들은 대립과 갈등을 해소하는 것이 아니라 오히려 조장하고 있다.

올바른 정치인이라면 직분을 잠시 망각(忘却)했다고 하더라도 자기 직업에 대한 생각이나 자각 또는 그 직업과 관련되는 특유한 의식이나 감각인 직업의식(職業意識)은 갖고 있어야 한다. 그런데 이 직업의식마저 상실(喪失)한 것으로 보인다. 취미로 즐기는 사람이나 비전문가인 아마추어(amateur)라고 하기에는 너무 이기적이고 잘난 체한다. 스스로 가치를 창출하는 전문가인 프로(professional)라고 하기에는 너무 저급한 수준이다. 라이거160)(liger)와 같이 정체성도 창의성도 발휘하지 못하고 맹수 기질을 드러내며 존재하다가 사라지는 기형적 존재로 여겨진다. 하나같이 어떻게 하면 한 자리를 차지할까 하고 눈알만 빙글빙글 돌리며 기회를 엿보고 있는 이기주의와 탐욕에 찬 군상(群像)들만 우글거리고 있는 것 같아 가슴을 답답하게 한다.

국민들은 운동선수는 운동으로, 성악가는 노래로, 기사는 운전으로, 등반가는 등산으로 각자 자신의 주어진 위치에서 최선을 다하고 있다. 오늘도 서로에게 희망과 감동을 주고 격려하며 선진국을 향해 대한민국을 앞으로 힘차게 움직여 나가고 있다. 피겨요정 김연아, 축구선수

---

160) 라이거(liger)는 수사자와 암호랑이와의 사이에서 태어난 동물을 말하며 야생에서는 태어날 수 없고 단지 동물원 등에서 사자와 호랑이가 같이 살 수 있는 인위적인 조건을 만들어 주었을 때만 태어날 수 있다. 이렇게 서로 다른 종끼리 교배가 가능한 것은 일단 유전자 수가 같기 때문이며, 종의 계통이 매우 근접하기 때문이다. 한국에서는 에버랜드 동물원에서 1989년 8월 교잡에 성공하였다. 몸집은 사자보다 약간 크고 몸 빛깔은 사자와 비슷하나 약간 어두운 색으로 호랑이처럼 갈색 줄무늬가 있는데 뚜렷하지는 않다. 수컷은 암컷보다 크고 짧은 갈기가 있다. 이들은 번식능력이 없으므로 1대에서 끝난다. 한편 수컷 호랑이와 암컷 사자 사이에서 태어난 동물을 범사자(타이곤, Tigon)라고 부른다.

박지성, 골프선수 박세리, 야구선수 박찬호와 이승엽, 피아니스트 서혜경, 나눔 실천에 앞장서는 연예인 문근영, 장나라, 김장훈 등등 우리 사회에는 희망과 감동, 기쁨을 주는 사람들이 너무 많다. 하지만 우리나라의 정치인 중에는 눈을 씻고 보아도 국민들에게 희망과 감동, 기쁨을 주는 정치가가 잘 보이지 않는다. 참으로 안타까운 일이다. 의리를 지키기 위해 목숨을 걸고 동료의 시신 수습에 나선 엄홍길[161] 대장과 같은 용기 있는 행동까지는 못하더라도 이제 우리의 정치가들도 자신의 직분으로 돌아와 직업의식을 갖고 주어진 일에 최선을 다 해야 할 때가 되었다. 국민들은 더 이상 지각과 회의 중 주인 없이 썰렁하게 비어 있는 의석, 고성에 멱살 잡고 단상 점거하는 모습을 보고 싶어 하지 않는다.

어차피 권력은 정치가들에게 돌아가도록 되어 있다. 권력을 향유하는 것도 정치가들만이 갖는 특권이다. 국민들은 정치가들에게 권력을 모두 준다. 이전투구를 한다고 크게 달라질 것은 없다. 하지만 방종(放縱)하라고 권력을 주는 것은 아니다. 앞으로는 우리의 정치가들이 국민과 함께 희망과 감동, 기쁨을 나누어 주는 정치를 펼쳐주길 기대한다.

12) 선거 승리와 공적, 지나친 집착

우리 정치권은 선거 승리에는 지나칠 정도로 집착하지만 이기고 나서의 국정운영 문제는 차후로 미루기 일쑤다. 국정운영의 효율성이나 책임성은 개의치 않는다. 이기고 살아남기에 급급해 협애(狹隘)한 지역

---

161) 엄홍길(嚴弘吉, 1960년 9월 14일~)은 세계의 고봉인 히말라야 8,000m 14좌를 세계에서 8번째로, 그리고 대한민국에서는 최초로 등정한 산악인이다. 1985년 9월 히말라야 에베레스트(8,848m) 남서벽 원정을 시도하였다가 실패하였으나, 1988년 9월에 다시 도전하여 에베레스트 등정에 성공하였고, 2000년 7월에는 K2(8,611m)마저 등정에 성공하여 12년 만에 14좌 등정을 모두 성공했다. 2003년에는 얄룽캉(8,505m) 등정에 성공하였으며 2007년 5월 31일에는 로체샤르까지 등정하여 세계 최초로 14+2좌를 완등 했다. 2005년에는 에베레스트 휴먼원정대를 이끌고 에베레스트 등반 도중 사고로 사망한 고 박무택 대원 등의 시신을 수습하여 전 세계인의 찬사를 받기도 하였다.

의 이해를 넘어서는 국가 차원의 일반이익은 제대로 보지 못한다. 공공이익을 구현하는 국정운영자로서의 정치는 뒷전으로 돌린다. 또한 지방의 문제들이 청와대와 여의도 정치로써 다 풀릴 것이라 착각하고, 중앙 정치인이 지방정치에 지나치게 간섭한다.

정치는 서로 다른 세력들이 정책과 이를 실현할 수 있는 권력을 놓고 겨루는 것이다. 미성숙한 정치에서는 정책과는 동떨어진 적나라한 권력투쟁만 판친다. 다수파의 일방적 강행과 이에 대항하는 소수파의 극력 저지가 바로 그런 면모를 보여준다. 반면 선진정치에서는 권력의지가 세련되게 발현되고 정책을 둘러싼 이성적인 경쟁이 펼쳐진다. 경쟁은 투쟁과 달리 상대방의 존재를 인정하는 것이기에 상대방과의 공생·협력 가능성을 열어 놓고 겨루는 것이다. 경쟁에서는 겨루는 세력들이 정해진 절차를 준수하고 패배하면 상대방에 승복한다. 요컨대 집권세력과 대안 세력은 국가의 일반이익을 구현하기 위해 사회갈등을 확대하는 투쟁 대신 그 해소에 기여하는 경쟁을 일상화해야 한다. 경쟁하는 세력은 상대방의 장점을 서로 배우는 지혜가 필요하다.[162]

공적도 마찬가지이다. 진정한 공적은 정당하고 합리적인 방법으로 최선의 노력을 기울일 때 자연스럽게 만들어지는 것이다. 권모술수나 편법으로는 결코 국민이 공감하는 공적을 쌓을 수 없다. 역사는 위정자들의 가면을 벗겨 낸다. 아직 안 벗겨졌다고 해서 안도할 일이 아니다. 오늘도 과학과 기술은 계속 발전하고 있다. 일국의 대통령은 특별한 능력을 갖추지 않더라도 국가의 위상과 규모, 체계와 예산, 조직이 갖는 특성상 상당한 일을 할 수밖에 없다. 역대 대통령 중 비판받거나 존경받는 분도 있지만, 제각기 시대적 역할을 무난하게 수행해 왔다. 모두 나름대로 공적과 과오를 가지고 있지만, 망국(亡國), 전쟁, 절대 빈곤, 억

---

162) 중앙일보 2010. 1. 6.

압, 그리고 상대적 빈곤의 공포와 같은 그 시대에 주어진 '공포'와 맞서 왔다. 이승만의 독립운동과 자유민주주의 체제로의 건국, 세계에서 거의 유일하게 국민을 절대 빈곤에서 해방시킨 박정희, 인권과 자유 신장에 공헌한 김대중과 노무현 전 대통령이 있다. 이렇게 보면 역대 한국 대통령들은 연구하거나 배울 것이 너무 많다.[163]

공적이 많고 배울 것이 있다는 것은 다행스런 일이다. 하지만 한글을 창제하고 과학기술을 숭상한 성군으로 통하는 세종대왕에 대한 전용 기념관 하나 제대로 없는 상황에서 전직대통령들이 기념관을 만들기 위해 출신지역 행정기관과 추종자들이 나서고 논란을 벌이는 것은 참으로 안타깝게 여겨진다. 전직 대통령의 기념관 건립은 공적에 집착하는 우리 사회의 한 단면이다. 대통령을 비롯한 우리나라 정치인들의 공적에 대한 관심은 유난하다. 그러나 무슨 일이든 집착이 지나치면 화를 부른다. 돈을 지불하고 회담을 성사시킨 2000년 김대중 대통령과 김정일 위원장의 6·15 남북공동선언, 잔여 임기 4개월여를 앞두고 2007년 10월 평양을 방문한 노무현 대통령의 10·4 남북공동선언[164]도 모두 지나치게 무리한 정치적 행보라는 비판을 받았다. 또한 그렇게 독설을 퍼붓던 김영삼 전 대통령이 김대중 전 대통령 사망 직전 병상을 방문해, 이희호 여사를 만나 기자들 앞에서 양 김씨가 '화해한 것으로 보아도 좋다'고 말한 것도, 아마 후세의 평가를 염두에 둔 행보가 아니었나 하는 생각이 든다. 이와 같은 정치가의 공적에 대한 관심은 자연히 기념관 건립으로 이어진다.

전직 대통령 기념관 건립이 표면화된 것은 1997년 당시 김대중 대통령 후보에 의한 선거공약에서 본격화된 것으로 보인다. 하지만 김대중

---

163) 중앙일보 2009. 10. 1.
164) 동아일보 2009. 6. 17.

전 대통령이 박정희 대통령 기념관 건립을 공약한 것은 득표 전략적인 측면도 있지만, 내심은 자신의 기념관을 건립하고 싶었던 것으로 보인다. 결과론적인 측면에서 볼 때 그렇게 되고 말았다. 박정희 대통령 기념관은 건설되지 못했지만, 자신의 기념관은 건설된 셈이다. 노무현 전 대통령은 재임 중 기념관 건립을 모색하다 포기했다. 김대중 전 대통령은 연세대의 김대중도서관, 광주의 김대중컨벤션센터처럼 기념관 성격을 겸한 시설들이 이미 있다. '제2 김대중컨벤션센터'도 논의 중이다. 2009년 봄 경남 거제시에서는 '김영삼 대통령 기록전시관' 기공식이 열렸다. 그 외 대통령들의 기념사업은 지지부진이다. 특히 박정희 전 대통령의 경우는 해도 너무했다.

1997년 대선을 앞두고 김대중 대통령 후보가 기념관 건립을 공약하고, 당선 후 1999년 '박정희 대통령 기념사업회'를 발족시킨 것까지는 좋았다. 그러나 지금은 기념관 명칭조차 제대로 정하지 못한 채 둥둥 떠다니고 있다. 기념사업회와 정부 · 서울시 그리고 박정희를 옹호 · 기피하는 측이 뒤엉켜 10년간 드잡이한 결과다. 특히 노무현 정부 당시 행자부가 국민모금 부진을 핑계로 지원금 회수에 나서면서 결정적으로 비틀거렸다. 정부 지원금 잔액 170억 원을 회수하고 김대중도서관에는 기념사업비 조로 60억 원을 지원하기로 한 2005년 4월 12일의 국무회의 결정이 가장 상징적이다. 현재 박정희 기념관 부지는 서울시 마포구 상암동의 외진 택지개발지구에서 터파기 공사를 하다 만 채 8년간 방치돼 있다. 명칭도 '박정희 기념 · 도서관'이라는 희한한 이름으로 변형됐다. 시립 '도서관'이 주된 목적인 탓에 '기념'은 뒷전으로 밀려났기 때문이다. 일부에서 굳이 우긴다면 박정희 시대의 '과(過)'도 함께 전시하면 된다. 그렇게 해도 박정희 대통령의 커다란 업적에 별로 흠이 가지 않을 것이다.[165]

　국민에게 역사에 대한 자부심을 심어주고, 국민 통합을 이뤄내기 위해서는 '공(功)과 과(過)'를 과감하게 드러내고 역대 대통령에 대한 냉정한 평가가 필요하다. 우리의 역대 대통령들은 이런 호화로운 대접은커녕 아직도 어두운 그늘 속에 내팽개쳐져 있다. 국부인 이승만 전 대통령은 그 공적에 대한 객관적 평가를 받지 못한 채 '분단을 부른 장본인' 취급을 받고 있다. 외국에서는 '한국 경제를 일으킨 위대한 지도자'로 평가받는 박정희 전 대통령이 정작 국내에서는 번듯한 기념관 하나 갖고 있지 못하다. 우리 현대사는 결코 실패했다고 하기 힘든 성취를 이뤄냈다. 그런데도 우리 아이들의 가슴에는 '부끄러운 대통령'만 많고, 내놓고 자랑할 만한 '위대한 대통령'은 적다. 정치적 허물과 갈등을 용광로 속에 녹여 경제 대국으로 가는 동력으로 활용하는 중국의 정치적 지혜가 우리에게도 필요하다.166)

　자기 세대의 '공포 경험'을 바탕으로 현재의 과제가 무엇인지 다투는 현상은 어느 나라나 마찬가지다. 그러나 다투더라도 과거 경험을 제대로 정리하고 성찰할 여건은 갖추어 놓고 다퉈야 한다. 내가 추종하는 대통령에 대해서는 기념관 건립을 강력하게 추진하면서 내가 비판하는 대통령의 기념관 건립에 대해서는 나서서 방해하는 것은 바람직한 행동이 아니다. 기념관은 미화시키는 데 목적이 있는 것이 아닌데도 건립 그 자체를 예우나 존경의 상징, 우상화나 미화의 기회제공으로 착각하기 때문이다. 공적과 과오 등 생애와 관련된 자료들을 가능한 한 모두 모아 공적은 공적대로, 과오는 과오대로 동시에 보고 평가할 수 있는 것이면 충분하다. 인물에 대한 평가는 기념관 건립자나 건립 참여자가 하는 것이 아니라 국민이나 역사가 하는 것이다. 대명천지 밝은 세상에

---

165) 중앙일보 2009. 10. 2.
166) 조선일보 2009. 10. 10.

공적만 모아 왜곡을 하려고 해도 한계가 있겠지만, 공적만 모아 우상화 놀음을 하는 것은 애초부터 그만두는 것이 바람직하다. 오히려 비판자들이 제시하는 태도와 자료를 수용하는 겸허한 자세를 보이는 것이, 인간은 완전한 존재가 아니라 과오를 줄이기 위해 노력해야 한다는 것을 후학들에게 보여주는 진정한 역사의 장이 될 수 있다.

지금과 같이 추종자에 의해 우후죽순 격으로 자기 공적의 과대포장에 골몰하도록 내버려 둘 것이 아니라 역대 대통령에 대한 올바른 평가를 통해 우리 역사가 바로 서도록 하는 데 도움이 된다면 개별 기념관뿐만 아니라 국가 차원에서 통합기념 건립을 추진하는 것도 나쁘지는 않을 것 같다. 특히 분파주의에 의한 편 가르기를 막고 사회 갈등 해소 차원에서는 더욱 그렇다.

13) 인내와 설득보다 힘에 의존하는 정치

성숙한 사회인일수록 완력보다는 대화와 타협에 의존하고, 미래의 변화를 보는 안목과 균형감각을 갖춘 인재들이 많다. 그런데 상시로 티격태격하는 우리 국회의 모습이 꼭 주의력 결핍 과잉행동 장애에 걸린 아이 같다. 소아정신과를 찾는 아이들 중 상당수가 주의력 결핍 과잉행동 장애(ADHD: Attention Deficit Hyperactivity Disorder)를 갖고 있다고 한다. 이런 아이들의 경우 부모든, 선생이든 남의 말을 잘 듣지 않는 게 특징이다. 조심성과 주의력이 부족하기 때문에 실수도 자주 한다. 종종 공격적인 언동으로 또래 아이들과 갈등을 일으키고 싸움판도 벌인다. 작은 일도 뜻대로 되지 않으면 화를 내는 경향이 있다. 그러니 부모의 걱정은 태산이다. 여기서 주의력 결핍 과잉행동 장애 아동의 문제를 떠올린 건 우리 국회의 자화상과 닮았기 때문이다.[167]

나와 생각이 다른 상대방을 설득하는 데는 시간과 노력, 인내와 양보가 필요하다. 그런데 우리나라 정치는 시간과 노력, 인내와 양보하면서 설득하는 것보다 힘에 의존하는 정치를 추구한다. 정치에 있어 힘은 국회의석과 여론이다. 국회뿐만 아니라 대통령도 여론을 강하게 의식한다. 이미 한국인의 상징처럼 된 '빨리빨리'라는 특유의 조급증도 힘에 의존하는 정치를 하게 하는데 한 몫 한다. 무엇이든 문제가 생기면 국민은 정부가 바로바로 해결해야 능력이 있는 것으로 평가하고 또 그렇게 요구한다. 정치가들도 업적을 고려하여 자꾸 무엇인가 만든다. 공무원은 대통령이나 장관이 문제를 지적하면 대개 사흘 안에 대책이라는 것을 들고 온다.

정부·여당이 아무리 조급해도 숫자 부족으로 세력이라는 힘에 밀리는 야당은 정부·여당의 독주를 인정하지 않는다. 세력을 물리력으로 저지하려 든다. 결국 문제는 빨리 처리되는 것이 아니라 대개는 갈등만 양산한 채 더 느리게 처리된다. 때로는 느림의 미학이 필요한데 우리 정치권은 그러한 미학에는 별로 관심이 없는 것 같다. 세상은 누군가의 희생과 양보, 배려와 노력의 대가 위에 굴러간다는 평범한 진리를 우리 정치권은 잊고 있음이 틀림없다. 나라가 발전하기 위해서는 대통령, 국회의원, 공무원, 노조, 국민 모두가 각각 조금씩 양보하고 인내력을 발휘하며 서로 배려해야 한다.

조선일보 박두식 논설위원은 칼럼을 통해 정치가 인내와 설득에 의존하는 사례를 소개했다.「벤 넬슨 미국 상원의원은 오바마 대통령과 절친한 사이다. 넬슨이 2006년 상원의원 재선에 도전할 때 지역구까지 찾아와 지지 연설을 했던 유일한 사람이 오바마였다. 오바마가 이듬해인 2007년 대선 도전에 나서자 가장 먼저 지지 선언을 한 현역 의원이

---

167) 중앙일보 2009. 12. 27.

넬슨이었다. 한국식 분류법에 따르면 넬슨은 오바마 정권 주류에 속하는 의원이다. 그런 그가 오바마가 정권의 명운을 걸고 추진하는 건강보험 개혁안에 제동을 걸고 나섰다. 야당의 의도적인 의사진행방해[168](filibuster)를 돌파하려면 상원 100석 중 60석이 필요했는데 넬슨이 마지막까지 정부·여당 안(案)에 공개적으로 '노(no)'를 되풀이한 것이다. 오바마는 2009년 12월에만 세 번이나 그를 따로 만나 설득했고, 피트 로즈 백악관 선임보좌관을 넬슨 전담자로 지정했다. 여당인 민주당 지도부도 매일처럼 넬슨을 만났다. 이런 긴 설득과 지역구 지원 약속까지 내놓은 뒤에야 그의 마음을 돌릴 수 있었다. 여당 주류이자 대통령과 가장 가까운 의원이 대통령이 가장 역점을 두는 법안을 처리하는 데 이렇게 애를 먹인다는 것은 한국 정치 풍토에선 보기 드문 일이다. 그러나 미국 의회의 건보 개혁안 처리 과정을 보면 정도의 차이는 있지만 제2, 제3의 넬슨이 수두룩하다고 한다.[169]」

우리 국회와 정치권에도 인내하며 설득하는 정치인이 많이 나오고, 한번 결정된 일은 존중되는 풍토가 조성되어야 한다. 정책은 일관성 있고 끊임없이 그런 방향으로 가는 것이 중요하다. 어떤 정책이나 결정이 내려질 때 사람들을 이해시키려고 하는 노력, 국민과 함께 가려는 노력, 과정관리(process management)의 중요성 같은 것을 생각해야 한다. 국가조직 하나하나의 역할과 기능에도 나름대로 의미와 역사·철학이 있다. 따라서 너무 단기적인 처방은 바람직하지 않다. 대중에 영합해 성공한

---

168) 필리버스터(filibuster)는 의회 안에서의 합법적·계획적인 의사진행방해 행위를 일컫는 말이다. 주로 소수파가 다수파의 독주를 막거나 기타 필요에 따라 의사진행을 견제하기 위하여 합법적인 수단을 동원해 의사진행을 고의적으로 방해하는 것이다. 16세기의 해적 사략선(私掠船)을 가리키던 이 용어는 1800년대 중반에 들어 정치적인 의미로 사용되었다. 장시간연설, 의사진행 또는 신상발언의 남발, 각종 동의안과 수정안의 연속적인 제의 및 장시간의 설명, 총퇴장 같은 방법이 대표적이다. 이는 모두 합법적이라는 점에서 폭력 등에 의한 방해와 다르다. 그러나 폐단 또한 적지 않기 때문에 많은 국가에서 의원의 발언시간을 제한하거나 토론종결제 등으로 보완하고 있다.

169) 조선일보 2009. 12. 29.

정책은 없다. 국책 사업은 국가의 미래 경제에 미치는 영향, 다음 정권과 세대에 미치는 효과를 고려해야 한다. 지금 우리 정치는 국민의 불신을 받고 있다. 여야가 모두 한 걸음씩 물러서야 한다. 국회는 여당의 국회도 아니고 야당의 국회도 아니다. 국민의 국회다. 정부는 민심을 중요하게 생각해야 하고 '민심이 천심'이라는 생각을 항상 가져야 한다. 국민과 항상 소통하고 야당과도 소통하는 소통의 정치를 해야 한다. 권력은 자기 것이 아니라 주권자인 시민으로부터 위임받는 것이다.

정치가는 갈등하는 복잡한 힘의 구조를 다룬다. 힘의 구조가 어느 방향으로 모일 때 바람직한 선택의 결과를 가져올 수 있을지를 판단하지 않으면 안 된다. 이제는 갈등의 시대를 끝내고 통합의 시대를 열어야 한다. 미움의 시대를 끝내고 사랑의 시대를 열어 생산적인 정치 문화를 만들기 위해 힘의 정치를 끝낼 때다. 거대 담론부터 시작해서 진척이 없는 것보다 할 수 있는 것부터 차근차근하는 게 중요하다. 느리지만 오래가는 변화를 추구해야 한다. 국가 경영과 정치는 공동작품이다. 누구 한 사람이 만드는 시대는 오래전에 지났다. 수천만 명이나 되는 국민에게 즐거움을 주는 공동창작, 집단 창작의 영역이다. 여러 사람이 작업을 하는 데는 나의 주의주장만 내세워서는 안 된다. 인내하고 협력하며 지혜를 모아야 한다는 것은 우리 모두가 잘 아는 사실이다. 이것부터 실천해 나가면 세계에서 가장 모범적인 국회와 정치권도 우리 손으로 만들 수 있을 것이 틀림없다. 대한민국에는 그만 한 저력이 있다.

14) 물고 늘어지고 억지 쓰고 편 가르기 골몰

공정한 사회를 건설하는 데 앞장서온 정치가, 새로운 시대를 선도해온 사상가와 지식인은 항상 고뇌하는 삶을 살았다. 어느 시대를 막론하고 다른 사람들에게 사표(師表)가 될 만한 분들은 가급적 타인에게 피해는 끼치지 않고 도움이 될 모범을 보이기 위해 스스로 수행하며 절제했다. 국민의 대표가 되는 정치가들도 의당 선각자로서 자세와 역할이 필요하다. 그런데 오늘날 우리나라 정치가들은 그런 모습은 보이지 않고 물고 늘어지고, 억지 쓰고, 편 가르기에 골몰하고 있다. 내 편이 아니라는 생각이 미치면 어디서나 노골적으로 공격적인 자세를 취하거나 적대시하는 행동을 서슴지 않는다.

반드시 정당이 아니라도 주권자로서 국민은 누구나 정부정책, 정치가의 공약, 공당에 소속된 정치가의 정견이나 특정 정당의 정책에 대해 비판할 수 있는 권리가 있다. 그러므로 비판을 한다는 것 자체는 잘못되거나 문제될 것이 없다. 정치인도 마찬가지다. 문제가 되는 것은 비판 자체가 아니라 대개 방법과 내용이다. 우선 비판을 하려면 비판하려는 내용에 대한 뚜렷한 판단 기준과 근거를 갖고 제대로 해야 한다. 그래야 비판을 하는 쪽이 잘못된 것인지, 비판을 받는 쪽이 잘못된 것인지, 아니면 양쪽 모두 잘못하고 있는지 구분할 수 있고 대안 마련도 가능하다. 그런데 현재 널리 행해지고 있는 우리의 비판 중에는 옳은 비판은 드물고 거의 비방이나 비난 수준에 가깝다. 특히 정당의 상대정당에 대한 공격적 행태, 야당의 정부·여당에 대한 비평이나 비판이 그 전형적인 모습이다.

비판(批判)은 비평하고 판단함 또는 잘잘못을 들어 따짐이다. 다른 사람에게 잘못이 있을 때는 호되게 비판한다. 비평(批評)은 사물의 선악·시비·미추(美醜)를 평가하여 논하는 일, 비방(誹謗)은 남을 헐뜯어 말함, 비난(非難)은 남의 잘못이나 흠을 나쁘게 말함을 뜻한다. 국가 정책이나 정치가의 공약, 정당에 소속된 정치가의 정견은 내용에 따라 비난 대상이 될 만한 것도 없지는 않지만, 일반적인 내용들은 거의 비판 대상이다. 그런데 이렇게 비판의 내용에 대해 비방과 비난을 하려고 하니까 문제가 발생한다. 비판하려는 정당성과 합리성은 부족하고 그렇게 할 마땅한 근거도 없다. 정국을 그대로 주도하도록 두어서는 안 되겠다는 생각에서 하는 가장 대표적인 행동이 물고 늘어지고, 억지 쓰고, 편 가르기이다. 이것들은 모두 자기중심적인 사고에 기초한 내 생각이나 우리 생각대로 하지 않지 않는다는 데 대한 불만 표출에 지나지 않는다. 스스로가 생각해도 옹색할 것이다. 결국 자의 반 타의 반으로 동원된 당원이나 추종자, 뜻이 통하거나 연대 가능한 사회단체가 표시하는 의사를 반대여론이라는 명분으로 내세운다. 상대정당은 물론 이제는 국민들도 대부분 짜고 하는 그들만의 놀음이라는 것을 잘 안다.

여러 가지 사례가 있지만, 세종시, 4대강 사업, 미디어법 통과 등 쟁점이 되는 사안마다 제대로 된 비판은 거의 없고, 물고 늘어지고, 억지 쓰고, 편 가르기로 일관했다. 정부·여당과 야당 모두 자기중심적 사고에 빠져 일을 추진하고 그 근거로 내세우는 것이 공약과 여론밖에 없었다. 정책이나 사업을 추진해야 할 정당성과 합리성은 실종되고 권력을 잡았으니까 우리 마음대로 하겠다며 힘에 의존하여 밀어붙였다. 야당도 무슨 일이든 전혀 문제를 발생시키지 않고 추진할 수 있는 것은 없다는 점을 잘 알면서 반대를 위한 반대에 나선다. 누구나 인정하고 공감할 수 있는 정당성과 합리성을 갖춘 대안도 없으면서 작은 문제들을 끊임없이 지적하며 물고 늘어지고, 사업을 하지 말라고 억지를 쓰며, 편 가르기를 한다. 어떻게 하면 여론을 우리에게 유리한 방향으로 이끌어 정권을 잡을 수 있을까 하는 것밖에는 관심이 없는 것 같다. 정치가의 역할을 망각한 지극히 무책임한 행동이다. 그렇게 하여 학수고대하던 정권을 잡고 여야가 바뀌어도 여전히 야당은 정부·여당이 입맛대로 정치를 하도록 내버려 두지 않는다. 끝없는 소모적인 정쟁과 갈등이 지속된다. 이것이 오늘날 우리 정치의 자화상이다.

정상적인 사람이라면 선의의 경쟁을 통해 공동의 발전을 지향해야 한다. 오늘날 우리 정치권은 스스로 실력을 키우는 것은 생각대로 안 되고 정치권력은 공유가 곤란한 것으로 인식하기 때문에 계파를 만들어 억지를 쓰고, 물고 늘어진다. 이러한 일은 비단 상대 정당에 대해서만 하는 행동이 아니라 자당 내에서의 권력 투쟁에서도 흔하게 나타나는 현상이다. 2009년 10월 1일부터 2010년 6월 28일 사이에 선거 실시 사유가 확정된 선거를 대상으로 진행된 2010년 7월 28일 재·보궐선거 패배에 대해 민주당 비주류가 정세균 대표의 책임을 요구한 것이 대표적인 사례에 속한다.

살다보면 경우에 따라 상식과 정도를 벗어난 일이 통용되는 일도 있다. 일시적으로 여론을 왜곡하고 국민의 판단을 흐리게 하여 득을 볼 수도 있을 것이다. 그러나 정당성과 합리성에 기인한 판단 준거가 없는 치졸한 행동에 의해 형성된 지지와 여론은 오래가지 않는다. 정치가는 정당성과 합리성을 쫓아야 하고 정치는 길게 보고 해야 한다. 그래야 우리가 소속된 정당이 정권을 잡으면 오래 유지되고 국민으로부터 존경받는 정치가가 배출된다. 향락을 추구하는 사람은 다른 사람의 모범이 될 수 없고, 급하게 음식을 먹는 사람은 맛을 제대로 음미할 수 없다. 권력을 탐욕하고 집착하는 정치가가 정권을 잡으면 나라가 혼란에 빠지고, 고뇌하지 않는 정치가는 국민을 선도할 수 없다.

4. 지식인 언론 편파 균형감각 갖춘 전문가집단 부재

다원화된 민주주의 사회에서는 모든 사람들이 자신의 이해관계에 따라 자유롭게 행동한다. 그러므로 사회가 한쪽으로 치우치지 않고 앞으로 나아가도록 하기 위해서는 세상의 모순을 있는 그대로 이야기할 수 있는 사람이 필요하다. 이것이 지식인과 언론, 전문가집단에 거는 국민의 기대이다. 그런데 이들이 국민의 기대를 저버리고 때로는 일반인보다 더 편향된 모습을 보이는 일이 적지 않아 우려를 자아낸다. 지식인과 언론, 전문가가 균형감각을 상실하면 거대 여당의 출현에 의한 정치권의 독주에도 견제가 어려워 혼란이 가중되고 갈등이 증폭되어 사회와 국가는 위기에 봉착할 가능성이 커진다.

현대 민주주의 사회에서 국가통치의 근거가 되는 합리성과 정당성의 실체는 무엇이며, 그것은 어디에서 나오는가? 그것은 국민이 가진 주권과 법률, 과학적 지식에 기초하고 그 근원은 지식인이 속한 전문가 집단에서 나온다. 국민이 주권 행사를 통하여 당선된 정치가가 정당성을 인정받아 정권을 인수하고 공권력을 행사하지만, 그 공권력은 법률에 따라 정해진 내용범위 내에서 행사될 때에 그 합리성을 인정받는다. 그러면 공권력 행사에 있어서 합리성을 판단할 수 있는 기준인 법률은 어떻게 만들어지는가? 실무는 국회의원, 정부의 주무부서 공무원, 국회의 전문위원에 의해 처리되지만, 포괄적으로 보면 지식인에 의해 만들어진다. 지식인 속에는 정치가, 고위관료, 학문을 연구하는 대학교 교수, 연구기관의 연구원, 사회적으로 공인된 일정한 자격을 보유한 사람 등등 사회를 선도하며, 법 제정의 실무 작업이나 이론적 근거를 제공하고 언론과 여론의 자정작용에 의해 법규가 만들어지는 데 직간접적인 역할을 담당한다.

법률의 내용에 의해 제도가 만들어지고 정책은 물론 통치와 관리감독이 이루어지기 때문에, 법률을 어떻게 만들고 운용하느냐에 따라 사회 갈등과 분열은 고조될 수도 있고 해소될 수도 있다. 다원주의 사회에서 복잡한 이해관계를 조정하고 질서를 부여하고 유지하기 위해 국가는 많은 법규를 만든다. 그러나 아무리 잘 만들어도 근본적으로 법률을 통한 규제에는 한계가 있다. 운영자가 운영을 잘 못 하면 좋은 법규도 그 기능을 제대로 발휘하지 못하기 때문에 좋은 법률을 만드는 일 못지않게, 공권력 기관은 운용의 묘를 잘 살리고 국민들도 잘 지켜야 한다. 실질적인 법규의 제정과 운용은 국회의원과 정부 관료에 의해 주도된다. 하지만 그 내용이 논란의 대상이 되었을 때, 국회 내에서 국회의원에 의해 조정되지만, 여야가 대립하여 정치인에 의한 대화와 타협이 어려울 때는 언론, 시민사회단체와 국민여론이 중요한 역할을 할 때가 적지 않다. 국민 중에서도, 특히 전문가 집단의 행동과 태도가 아주 중요한 변수로 작용한다. 문제의 본질을 파헤치면서 사실을 전달하고 전문가 집단이 합리적인 이론적 근거를 제시할 경우 잘잘못을 판단하는 데 상당한 도움이 된다. 현재 심야토론을 비롯한 각 방송국에서 운영하는 토론이 이러한 역할을 담당하고 있다. 또한 전문가집단의 올바른 제언(提言)은 사회적 논란을 갈등이나 대립으로 발전하지 않고 해소할 수 있는 직접적인 방법이 되기도 한다.

여러 가지 법규와 제도적 장치 등의 노력에도 불구하고 오늘날 우리 사회에 분열과 대립, 갈등이 고조되는 일들이 끊이지 않고 발생하는 것은 언론과 지식인의 편파 그리고 전문가 집단의 부재가 한 원인이 되고 있다. 언론에 종사하는 사람이나 지식인 중에는 두 가지 부류의 집단이 존재한다. 여당이나 야당 등 어느 한 쪽에 편들지 않는 합리성과 균형감각을 갖춘 것으로 평가받는 사람으로 양식은 있지만, 용기가 없는 집단, 합리성과 균형감각을 상실한 채 탐욕에 찬 행동으로 편향된 활동을 일삼는 집단이 그것이다. 양식을 갖추었으되 용기 없는 집단은, 어느 한 쪽을 지지했을 때 돌아올 수 있는 피해를 예방하기 위해 침묵하거나 사회정의 실현을 위한 행동에 잘 나서지 않는다. 자신의 주어진 영역 내 역할에 집중한다. 하지만 탐욕에 찬 행동으로 편향된 활동을 일삼는 집단은 진보 진영과 보수 진영으로 편이 갈라져 국론을 분열시키는 데 앞장선다. 그리고 이들은 대개 스스로는 공정한 보도를 하고 전문가라고 자부하지만, 사실은 공정한 보도를 하는 것도 아니고 전문가도 아닌 탐욕자에 불과하다. 선거철만 되면 특정한 정당의 대통령 후보자를 지지한다는 입장을 표명하거나 특정한 후보에게 유리한 보도를 일삼고, 여당과 야당의 정책적 대립 현상이 나타날 때는 언제나 양쪽으로 편이 갈려져 자신이 소속된 편이 옳고 상대편은 옳지 않다고 주장한다. 이렇게 양식이 있는 전문가 집단이 침묵하는 사이 탐욕에 찬 편향된 활동을 일삼는 집단이 설치면서 사회적 갈등과 대립을 조장하며 국론분열을 심화시켜 왔다.

사회정의 구현을 위해 지식인과 언론, 전문가 중 합리적인 균형감각을 갖춘 사람들에 의한 용기 있는 행동이 어느 때보다 절실하게 요구된다. 지금 우리는 남북통일과 세계를 선도할 수 있는 중요한 시기에 직면해 있다. 우리는 이번 기회를 반드시 살려 세계 중심 국가가 되어야 한다. 그것이 우리 시대에 주어진 역사적 사명이다.

1) 언론과 언론인 편파 문제

방송(放送)은 라디오·텔레비전의 전파에 실어 뉴스·음악·강연·연예 등을 보냄, 신문(新聞)은 새로운 사건이나 화제에 따른 보도·해설·비평을 신속하게 널리 전달하는 정기 간행물을 말한다. 현대 민주주의 사회에서 국민에게 정보를 제공하는 첨병 역할을 하는 것이 신문과 방송을 포함한 언론이다. 언론(言論)은 말이나 글로 자기 사상을 발표하는 일, 또는 그 말이나 글을 뜻한다. 언론기관(言論機關)은 인쇄·방송·영화 등에 의해 언론을 담당하는 기관을 말하는데, 가장 보편적인 언론기관은 조선일보, 중앙일보, 동아일보 같은 신문사나 한국방송(KBS), 문화방송(MBC), 서울방송(SBS)을 포함하는 방송국을 들 수 있다. 개인이 그 사상이나 의견을 언론 등을 통해 발표하는 자유인 언론(言論)의 자유(自由)는 근대 헌법이 보장하는 기본적 국민권리 중 하나로 언론의 사회적 영향력은 막강하다.

언론이 사회적으로 어느 정도 영향력을 발휘할 수 있는가 하는 점을 단적으로 보여주는 대표적인 사례가 MBC PD수첩에서 방송한 '미국산 소고기 안전한가?'이다. 미국산 쇠고기 수입 결정이 몰고 온 2008년 5월에서 7월 초 서울 도심을 비롯한 전국에 걸쳐 100만 명 이상이 참여한 촛불시위를 촉발시키는 하나의 기폭제가 되었다. 또한 KBS를 비롯한 여러 언론이 집중적으로 보도한 강호순 사건 이후 어린이 성범죄자에 대한 형량 확대 추진도 마찬가지이다. 이처럼 일상 속에서 사회적 논란의 대상이 되는 것은 거의 대부분 언론 보도에 의해 형성된 여론이 결정적인 역할을 한다. 여당과 야당이 2009년 우리 사회를 뜨겁게 달구었던 미디어법 제정을 두고 세계에 망신을 사면서까지 국회에서 첨예하게 대립한 것도 향후 정치권에 언론이 미치는 영향력을 자기 당에 유리한 내용으로 제정하려는 저의(底意)가 숨어 있었다.

이런 사회적 영향력을 고려할 때 언론의 중립성과 공정성은 대단히 중요한 요소이다. 일반적인 언론사는 사유자산에 속하지만, 공기(公器)라는 인식이 강하기 때문에, 규모가 큰 언론사는 정부가 지분제한 등 강제 조항을 이행할 것을 상당 부분 요구하는 제도적 장치를 마련해 두고 있다. 이것은 정치적 중립성과 공정성을 확보하기 위함이다. 각 언론사에는 편집방침이 있어 나름대로 특색을 살릴 수 있다. 신문의 경우

구독자, 방송의 경우 시청자의 시청률, 직간접적인 비판 등이 자정기능을 하기 때문에 국민에 의한 직접견제가 가능하다. 또한 방송통신 정책 및 규제 기능을 종합적으로 수행함으로써 합리적인 언론발전을 선도하는 역할을 하는 방송통신위원회도 있다. 하지만 민주주의에서는 표현의 자유가 인정되기 때문에 기사의 내용을 일일이 시비를 가리는 일은 현실적으로 어려움이 따른다. 규정과 지침이 있기는 하지만, 특히 정치 사회적인 문제의 경우에는 더욱 그러하다. 하지만 전반적인 기사내용은 사회 현상인 사건이나 사실에 근거하고 타당성과 객관성을 인정받아야 한다. 언론사 내에서도 공정성과 합리성을 확보하기 위한 노력은 이루어진다. 따라서 잘못된 보도 내용이 사회적 논란 대상이 되는 일은 그렇게 많지 않다. 하지만 사람이 만드는 것이기 때문에 기사의 보도 내용이 모두 옳은 것만도 아니다. 때로는 실수로 오보를 내거나 편향된 보도로 피해자가 발생하기도 한다. 이에 대해 직접적인 피해를 입은 소비자는 보도된 내용에 대해 정정을 요구하거나 개인적 판단에 따라 손해배상을 청구할 수 있다.

문제는 대부분의 언론사들이 공정보도를 지향하지만 우리 사회 현실 속에는 엄연하게 보수언론사와 진보언론사가 존재한다. 기자들도 그러한 성향을 가진 사람들이 적지 않다. 신문사의 경우 방송사에 비해 상대적으로 그러한 구분 성향이 강하다. 그렇다고 보수언론사는 항상 보수진영을 대변하고 진보언론사는 진보진영만을 대변하는 것은 아니다. 신문이나 방송 모두 선임된 임원의 성향, 내부 직원 중에 내재하는 보수와 진보적 성향을 가진 사람 중에서 누가 편집이나 보도 결정권을 장악하느냐에 따라 때로는 보수적인 보도 태도를 갖기도 하고, 때로는 진보적 보도 태도를 보이기도 한다. 보도에 있어서 정확한 중립의 개념이 설정되어 있지 않고 사회적 합의나 법규 등에 기초한 판단과 경험을 바탕으로 보도내용을 결정하기 때문이다. 정치나 사회관련 부분에 대해 신문은 사설이나 해설, 기고, 방송은 논평이나 시사프로그램 등을 통해 일부 편향된 보도가 나오는 때도 있지만, 우리나라 언론의 전반적인 보도 태도는 중립성과 공정성을 비교적 잘 지키고 있는 것으로 보인다.

그러나 개별적인 기사 내용으로 들어가면 언론이 은근히 사회갈등을 부추기고, 특정 정당이나 정치인을 편애하는 성향이 강하게 나타난다. 소위 말해 우리가 선호하지 않는 정당이나 정치인의 주의주장은 간단한 기사로 취급하고 실수나 잘못에 대해서는 심층적으로 몇 단짜리 기사를 작성하여 보도한다. 이에 반해 우리가 선호하는 정당이나 정치인의 주의주장은 심층적인 기사로 취급하고 실수나 잘못에 대해서는 단순하고 평이하게 보도하거나 기사로 취급하지 않는 행태를 보이는 경우도 심심찮게 볼 수 있다. 언론사에 따라 때로는 의도적으로 진보진영에 대한 비판이나 폄하 등에 관하여 공격적인 내용으로 보수진영의 논객이 쓴 기사를 집중적으로 게재하기도 한다. 반대로 보수진영에 대한 비판이나 폄하 등에 관하여 공격적인 내용으로 진보진영의 논객이 쓴 기사를 주로 게재하여 사회적 갈등을 조장하고 국론이 분열되도록 하는 원인을 제공하기 일쑤다. 또한 툭하면 불거져 나오는 방송과 신문의 상호 비방과 편향성에 대한 주장은 전형적인 이전투구(泥田鬪狗)의 모습을 보여준다.

예를 들어 한 신문사의 논설실장이 사설을 통해 한국 텔레비전에는 설익은 논평, 균형이 잡히지 않은 기획이 비일비재하다. 20, 30대 방송 기자들이 사건 보도를 한 뒤에 간혹 세상을 준엄하게 꾸짖을 때면 시청자들은 당혹스럽다. 프로그램 제작자(PD)들이 만드는 기획물은 거개가 젊은 비정규직 작가들이 대본을 쓴다. 방송국의 이사를 지낸 한 교수는 "일부 방송프로그램이 균형 잡힌 눈으로 세상을 보지 못하는 데는 새파란 PD와 비정규직 작가의 사고가 걸러지는 과정 없이 그대로 전파를 타는 문제가 도사리고 있다"고 말했다[170]고 하자. 이 사설은 방송국의 일반론을 말한 것이기 때문에 문제 부분을 지적한 측면도 있지만, 전체적인 측면에서 볼 때 합리적으로 제대로 된 역할을 하는 부분에 대해서는 언급하지 않았기 때문에 방송국을 자극할 가능성이 크다. 평상시에 방송국에 대한 고정관념이나 경험을 갖고 있는 독자들도 이 기사에 공감할 수도 있고 아닐 수도 있다. 이때 방송국의 입장에서는 기분이 좋지 않을 것이 틀림없지만 어떤 자세를 취하느냐에 따라 결과는 전혀 달라질 수 있다. 제대로 된 언론사라면 상대를 비판하기보다는 스스로 정당성과 합리성을 제고하는 품질경쟁을 통해 소비자를 만족시키고 본분을 다하는 공정경쟁을 해야 한다. 그리고 한쪽에서 비판하더라도 그것을 공격이나 트집으로 생각하여 바로 상대편의 약점을 찾아 대응하며 공격할 것이 아니라, 우리의 부족함을 채우고 한 단계 더 발전하는 기회로 삼는 여유가 필요하다. 그러면 신문과 방송 모두 상생의 발전이 가능하다.

지식이나 사물에 대한 이해 정도가 제각기 차이 나고 생각도 다르기 때문에 법규를 어기지 않고도 얼마든지 글은 보수나 진보적 입장을 대변하는 방향으로 작성할 수 있다. 하지만 언론 보도의 기본적인 방침은 방송이나 신문할 것 없이, 그 사주가 누구이든 사실보도라는 점은 주지의 사실이다. 기사는 불완전한 존재인 사람이 작성하는 것이므로 완전한 사실보도나 중립적인 기사의 작성은 어렵다고 하더라도 기자는 항상 그러한 기사를 작성하도록 치열한 노력을 벌여야 한다. 기사가 보수나 진보, 특정한 정당이나 정치인 등으로 편향되었다면 이미 기사작성에 개인의 감정이 개입되었고 공정성을 잃었다는 것을 의미한다. 그런

---

170) 동아일보 2009. 10. 19.

기사의 보도는 언론인 스스로 언론이 갖는 가치를 그만큼 훼손시키는 행위이다. 외형상 언론사들은 우리는 항상 공정한 보도를 한다고 항변하겠지만, 사실은 글을 쓰고 편집권을 행사하는 당사자들이 이미 편향되었다는 것을 가장 잘 안다.

사회가 건전하게 발전하기 위해서는 적절한 경쟁과 견제가 필요하다. 스스로 진보진영의 언론인이나 보수진영의 언론이라고 자칭하는 사람들이 있다고 해서 문제 될 것은 없다. 하지만 가장 중요한 점은 언론이 중립성과 공정성을 잃었을 때 언론사 자체의 존속에도 위협이 가해질 수 있지만, 국가와 국민들을 불행 속으로 몰고 갈 수 있다는 것이다. 그래서 언론을 공기(公器)라고 한다. 공기(公器)는 공중의 물건, 공공기관은 개인의 사유가 아니라는 뜻으로 이르는 말이다. 국민 모두를 위해 언론은 언제나 깨어 있어야 하고 본연의 주어진 역할에 충실해야 한다. 지금 우리 사회에 나타나고 있는 대립과 분열, 갈등의 이면에는 언론의 책임도 적지 않다.

편파적인 보도도 그렇지만 특히 국민이 올바른 판단을 하도록 하기 위해 정보를 제공한다는 측면에서 진행되는 텔레비전의 토론 프로그램은 지나치게 자기주장만 내세우고 합리화할 수 있는 기회를 제공하는 반면 대안 도출은 되지 않고 끝냄으로써 국민의 갈등과 대립, 분열을 크게 조장하는 경향이 있다. 같은 사건에 대해 때로는 한 언론사에서 수백 차례에 걸쳐 보도를 하기도 한다. 이쯤 되면 불난 집에 기름을 부어 계속 활활 타게 하는 것과 같다. 좋은 일로 그렇게 많이 보도하면 그래도 봐줄 만한데 좋은 일은 몇 번 반복되지 않는다. 반복보도 횟수가 많은 것은 거의 사회적 갈등이 수반되는 안 좋은 내용들이다. 선동(煽動)은 남을 부추기어 일을 일으키게 함인데 언론이 선동적인 역할을 해서는 안 된다. 현실적으로 균형감각을 잃으면 본인의 의사와는 상관없이 언론도 언제든지 선동적인 역할을 할 수 있다는 점을 염두에 두어야 한다. 국민이 언론에 요구하는 중립성은 그 핵심이 바로 균형감각을 갖추라는 것이다.

언론인이라면 누구나 한번 쯤 들어 보았을 말이 정론 직필이다. 어느 언론사나 외형상으로는 모두 정론 직필을 강조한다. 그런데 실상이 그럴까 하는 점에 대해서는 의문을 갖게 된다. 사심이 끼어든 것이 심심찮게 보인다. 정론(正論)은 바른 언론, 이치에 맞는 의견이나 주장이고, 직필(直筆)은 무엇에 구애함이 없이 사실 그대로 적음 또는 그 글을 말한다. 정론 직필하면 언론의 편파문제는 자연히 사라지고 사회갈등의 원인으로 작용할 이유가 없다. 적어도 자신이 언론인이라고 생각한다면 정론 직필해야 한다. 사회에 대한 언론인과 언론매체의 역할과 책임은 막중하다. 언론은 비판적 기능을 존재 이유로 한다. 그러나 그것은 투명성과 균형감각에 기초한 진정한 사회통합을 향한 노력, 정부와 국민 간에 원활한 의사소통을 촉진하기 위한 공익적 기능이어야 한다. 서로 다른 생각을 가진 측을 매도하고 존재 이유마저 부정하려 든다면 민주주의는 중우정치[171]로 전락한다. 특히 막강한 힘을 가진 시청각 매체들이 선동적 편파방송에 대해 사과하라는 해당 기관의 지시도 무시하는 무소불위의 공룡이 되고 인터넷 매체 악용에 대한 대처방법도 없다면, 그런 매체에 의존도가 높은 순진한 사람들은 특정 세력의 정치적 도구로 쉽게 전락하고 대중민주주의는 독으로 변질될 수 있음을 알아야 한다.[172]

---

171) 중우정치(衆愚政治, mobocracy)는 고대 그리스 폴리스(polis)의 정치를 고찰한 플라톤과 아리스토텔레스가 『국가론: Politeia』과 『정치학: Politica』에서 '민주제의 타락한 정체(政體)'에 부여한 명칭이다. 플라톤은 중우정치를 다수의 폭민(暴民)에 의한 정치(폭민정치: mobocracy)로 규정하였고, 아리스토텔레스는 다수 빈민의 정치(빈민정치: ochlocracy)라고 규정하였다. 민주제가 상황에 적합한 효과적인 리더십을 결여하였을 때 나타나는 정치현상이며, 중세·근대에 이르러서도 대중에 의한 정치를 혐오하는 많은 보수적 정치가나 사상가들에 의해서 민주제·민주주의에 대한 멸시의 뜻으로 사용되기도 하였다.

비행기는 앞뒤, 좌우 양 날개에 방향 판이 있기 때문에 균형을 유지하며 하늘을 날 수 있다. 경쟁과 견제는 발전을 지향할 때 의미가 있는 것이기 때문에 지금은 모두 보수나 진보가 통합되어 국가발전의 원동력으로 승화될 수 있도록 국익과 국민화합을 위하여 언론과 언론인 스스로 편향된 보도를 자제하고 균형을 유지하고 방향을 제대로 잡을 수 있도록 공정성과 중립성 확보를 위해 더욱 노력할 때다.

2) 균형감각을 잃은 지식인

지식인이 균형감각을 잃은 모습을 가장 뚜렷하게 볼 수 있는 것이 100분 토론 같은 방송사의 토론회이다. 방송을 시청하면 지겹고 혐오감을 들게 할 정도로 상대방의 주장에 대한 반박 일색이다. 다른 한편으로 보면 토론회는 반대 의견을 갖는 출연자집단(panel)을 통해 사회문제의 진단과 공론화의 장 역할을 하는 등 긍정적인 측면도 적지 않다. 그러나 지식인의 잘못된 행동과 연구결과가 사회문제를 해결하는 것이 아니라 오히려 더 혼란 속으로 몰아넣는 경우도 있다. 그 대표적인 사례 중 한 가지가 미디어법과 관련된 정보통신정책연구원(KISDI) 이슈리포트의 '방송규제완화의 경제적 효과분석'이다. 정보통신정책연구원 이슈리포트의 '방송규제완화의 경제적 효과분석'은 2000년 이후 우리나라 방송부문 고용 인력은 약 2만 9천 명 수준에서 정체되고 있는 상황에서 정부가 신 성장 동력으로 미디어산업의 합리화 정책을 추진하는 데 결정적인 역할을 하였다. 그리고 미디어 관계법 개정안의 국회통과를 두고 여야가 극한적인 대치를 일삼게 만들었던 원인 중 하나로 작용했다.
'방송규제완화의 경제적 효과분석' 요약 내용을 살펴보면 다음과 같

---

172) 동아일보 2008. 6. 9.

다. 「방송법 개정안의 효과를 규제 완화 이전과 이후 상황의 차이로 측정했다. 방송규제 완화로 국내 방송시장 규모가 상대적으로 규제가 적은 선진국수준으로 성장할 것으로 가정할 경우, 추정된 방송시장 규모 변화를 이용하여 '방송을 포함한 전체산업'에 대한 취업 및 생산유발 효과를 계산하면 소유 겸영 규제 완화의 효과를 낙관적으로 예측할 경우, '2007년 기준으로 전체 방송시장 규모는 1조 6천억 원(15.6%) 증가될 것으로 예상했다. 지상파, 유선방송 및 위성방송을 포함하는 방송플랫폼[173](platform)의 매출은 7천 6백억 원(12.7%), 방송채널사용사업자(PP)들의 매출은 8천억 원(20%) 증가할 것으로 추산할 경우, 방송산업 내 고용은 4천5백여 명 정도 늘어날 것으로 예상하고 있다. 규제 완화 이후 자본투입 또는 사업자 진입수준을 보수적으로 예측할 경우' 2007년 기준으로 전체 방송시장 규모는 9천억 원(9.1%) 증가할 것으로 예상되며, 이중 방송플랫폼부문은 3천억 원(5.2%), 방송채널사용사업부문이 6천억 원(15%) 증가하는 효과가 발생할 것으로 예상되고 방송산업 전체의 고용은 약 2천 500여 명 정도 증가할 것으로 전망된다. 이러한 방송산업의 활성화가 우리 경제 전체에 미치는 영향은 낙관적으로 예측할 경우 생산 유발효과가 2조 9천억 원에 이르고, 취업유발 효과는 2만 1천 명 수준에 달할 것으로 추정된다. 경제 전체 유발효과를 보수적으로 예측할 경우에는 생산유발 효과가 약 1조 7천억 원, 취업유발 효과는 약 1만 3천 명인 것으로 나타났다. 방송부문 규제 완화로 인해 신규 사업자 진입과 추가 자본유치가 이루어지는 경우 투자 여력을 확보한 사업자 간의 콘텐츠[174](Contents) 품질경쟁이 확대될 것으로 예상된다.

---

173) 플랫폼(platform)은 무대를 만들거나 세트를 세울 때 토대가 되는 깔판이다. 높이가 35피트, 폭이 3피트, 길이가 6피트 정도의 마루와 같은 목제 깔판이 기준인데 크고 작은 여러 종류가 있고 삼각형·원형으로 된 것도 있다.

174) 콘텐츠(Contents)는 통신망 또는 방송망을 타고 흐르는 영상 등 각종 정보를 통칭하는 용어이다. 원래는

이러한 선순환구조가 정착되면 우리나라 방송시장은 새로운 성장 기회 (moment)를 얻을 수 있을 것으로 기대된다[175]」고 분석했다.

그러나 방송시장 규모는 한국은행의 산업연관표[176]에 대입시켜 산출하면 어떤 분야의 시장 규모가 커질 때 생산유발 효과가 어떻게 나타나는지 가늠할 수 있다. 일자리 창출도 마찬가지다. 단, 전 세계의 경기 변동 등 외부 효과는 배제된다는 문제점을 안고 있다. 따라서 단순히 2003년 산업연관표의 취업유발계수, 취업계수 추정치, 생산유발계수 등을 대입해서 수치를 계산한 것에 불과하다는 지적이 나올 수 있다. 채수현 전국언론노동조합 정책실장이 정보통신정책연구원(KSDI) 방송규제 완화의 경제적 효과분석에 대해「정보통신정책연구원은 2003년도 기준 방송서비스(통합부분 소분류 코드 146)의 취업유발계수[177] 13.7607을 적용해서 2만 1,465개의 일자리가 창출된다고 했다. 그러나 10억을 투자해서 방송관련 일자리가 14개가 생긴다는 것은 난센스[178](nonsense) 다. 직접 일자리가 줄어드는 상황에서 관련 일자리는 늘어날 수 없다.

책이나 논문 등의 내용이나 차례를 지칭하는 용어였다. 종래 디지털 통신에서는 글자나 음성이 주류였으나 디지털 혁명으로 방송도 디지털화되면서 통신, 컴퓨터, 방송이 융합되는 추세에 있다. 콘텐츠는 이 같은 디지털화된 정보를 말하며 콘텐츠산업은 각종 프로그램이나 CD롬 등 문자, 소리, 영상 등 융합된 디지털 정보를 다루는 산업을 말한다. 특히 인터넷 시장이 확대되면서 양질의 콘텐츠를 확보하려는 업체들의 경쟁이 더욱 치열해지고 있다. 이에 따라 최근에는 이러한 콘텐츠만을 전문적으로 공급하는 CP(contents provider)가 신종 유망 직종으로 떠오르고 있다.

175) 염용섭 외(2009), 「방송규제완화의 경제적 효과분석」, 정보통신연구원, p.4~9

176) 산업연관표(産業聯關表, inter-industry relations table)는 국민경제 내에서 일어난 재화와 서비스의 모든 거래를 나타낸 표. 각 산업의 거래 및 산업부문과 최종수요와의 거래를 일정한 형식에 따라 체계적으로 기록한 통계표이다. 산업부문 간의 상호의존관계 등 국민경제구조를 총체적으로 나타내고 있어 경제구조 분석은 물론 경제정책의 파급효과 측정 등에 이용된다. 산업연관표에는 일정 기간 동안 재화와 용역의 생산과 직접 관련된 거래만 기록한다. 따라서 소득의 이전, 대출금, 전도금, 채권매매 등 금융거래는 기록대상에서 제외된다. 산업연관표는 1930년대 초 레온티에프(W. W. Leontief) 교수에 의하여 시작된 이후 현재 선진국으로부터 대부분의 개발도상국에 이르기까지 많은 나라에서 작성되어 경제구조 분석 및 각종 경제정책의 파급효과 측정 등에 이용되고 있다. 우리나라의 경우 한국은행이 1960년 최초로 작성한 이래 5년마다 한 번씩 발표하고 있다.

177) 취업유발계수: 특정산업에 10억 원을 새로 투자(최종수요발생)할 경우 해당산업을 포함해서 모든 산업에 직간접적으로 유발되는 취업자 수

178) 난센스(nonsense): 이치에 맞지 않거나 평범하지 않은 말. 또는 그런 일

늘어난다면 비정규직일 개연성이 높다. 취업유발계수로 신규 일자리를 예측하는 것은 불가능하다」고 비판하는 등 방송규제완화의 경제적 효과분석은 한동안 정치권과 우리 사회 일각에서 논란의 대상이 되었다.

MBC가 2009년 7월 9시 뉴스데스크에서 "정보통신정책연구원 보고서가 출처 불명의 엉뚱한 GDP(국내총생산) 수치를 넣어 예상 효과를 부풀리는 등 통계를 왜곡했다"고 보도하자 '뉴스데스크 첫머리에 정정보도문을 게재하라'는 소송을 냈다. 서울 남부지법 민사15부(부장판사 김성곤)는 2010년 1월 21일 정보통신정책연구원(KISDI)이 '방송산업 보고서를 조작했다는 거짓 보도로 명예가 훼손됐다'며 MBC를 상대로 낸 정정보도 청구소송에서 "허위 보도가 아니다"며 원고의 청구를 기각했다. 재판부는 "보고서에 적힌 2006년 한국 GDP 1조 2천948억 8천만 달러는 한국은행의 자료(약 9천억 달러)와 큰 차이를 보였다. 비록 국제전기통신연합(ITU)의 유료 데이터베이스(DB)에서 얻은 수치라고 해도 다른 공식 자료에 비춰 매우 이해하기 어려운 수준인 만큼 '출처 불명'이란 표현이 허위라고 볼 수 없다"고 밝혔다.[179)]

대학교수들의 편향된 행동이 야당에 명분을 주어 정부와 여당을 비판하는 정치공세와 사회갈등을 부추기는 촉매 역할을 한 경우도 적지 않았다. 우리나라에서 대학교수들은 아는 게 가장 많은 지식인으로 분류된다. 하지만 오늘날 우리나라 경제에 큰 도움이 되고 있는 경부고속도로나 자동차산업 육성 등에 대해서도 상당수 교수들이 처음에는 '반대의 목소리'를 높였다. 그 외에도 지난날 적지 많은 수의 교수들이 여러 가지 국책사업에 반대했지만, 정부는 경제 번영을 이끌었다. 더구나 작금엔 전공 분야를 가리지 않고 거의 파당화(派黨化)한 교수들이 떼 지어 국가정책에 반대하는 사례가 많다. 진짜로 뭘 알고 그러는지 의문이

---

179) 조선일보 2010. 1. 21.

생길 지경이[180]라고 말하는 사람도 있다.

　지식(知識)은 배우거나 실천하여 알게 된 명확한 인식이나 이해, 알고 있는 내용을 말하지만, 철학에서는 인식에 의해 얻어진 성과, 넓은 뜻으로는 사물에 관한 개개의 단편적인 사실적·경험적 인식, 엄밀한 뜻으로는 원리적·통일적으로 조직되어 객관적 타당성을 요구할 수 있는 판단 체계를 뜻한다. 사전적 의미의 지식인(知識人)은 지식 계급에 속하는 사람을 의미하지만, 우리 사회에서 보편적으로 사용되는 뜻은 사회적으로 공인되는 전문적 식견과 지성(知性)을 갖춘 사람을 말한다. 가장 대표적인 사람들이 대학교수나 연구기관의 연구원 같은 학자, 법률가, 고위공직자, 정치인 등이 포함될 수 있다. 하지만 정확하게 어디까지가 지식인의 범위에 포함되는지는 명확하지 않다. 전문가(專門家)는 어떤 특정한 부문을 오로지 연구·담당하며, 특히 그 부문에 정통한 사람을 말하므로 지식인의 범주에 전문가가 포함될 수는 있지만, 지식인이라고 모두 전문가는 아니며, 전문가라고 모두 지식인으로 보기도 어렵다. 일반적인 경우 박사학위를 획득하거나 의사, 변호사자격을 획득한 사람들은 전문가 집단으로 분류되지만, 박사학위를 획득했다거나 의사, 변호사가 되었다고 모두 같은 실력을 갖는 것도 아니다. 박사학위를 취득하고 다른 분야에 종사하는 사람도 있다. 그리고 교수라고 다 같은 교수가 아니다. 대학교수 중에는 박사학위를 획득하고 30년 이상 뛰어난 연구 실적을 내는 석좌교수 같은 분이 있는가 하면, 기능부분을 인정받아 겸임교수로 경우에 따라 석사나 박사 학위를 취득하지 않은 사람도 교수라고 한다. 의사 중에도 이제 막 전문의 자격을 취득한 의사와 자타가 공인하는 실력을 보유한 명의도 있다. 변호사 역시 마찬가지다. 개인적인 실력은 차치(且置)하고 사회 통념상 공인된 전문적 학식과

---

180) 동아일보 2009. 12. 2.

견문을 갖추고 인간의 지적 능력인 사고, 이해, 판단하는 능력을 갖춘 사람들은 지식인이라고 통칭한다.

　이러한 지식인들은 사회 중추 세력으로 제반 분야에서 선도적인 역할을 수행하기 때문에 이들의 사회문제에 대한 태도는 중요한 의미를 갖는다. 때로는 정당과 정치인의 그릇된 행태를 비판하고 정치행위의 근거가 되는 지식을 제공하는 등 여론 조성은 물론 국가와 사회가 바람직한 방향으로 나아가도록 하는 데 기여할 수 있다. 그런데 오늘날 우리 사회에는 편향된 지식인이 너무 많다. 편 가르기를 일삼는 정치의 폐해가 영향을 미친 점도 있겠지만, 오히려 입신출세를 위해 스스로 정당이나 특정정치인과 친분을 쌓고 그들의 주의주장에 동조하는 사람들이 더 많다. 가장 대표적인 사례 중 하나가 교사와 교수들의 시국선언[181]이다. 교사와 교수의 현실적인 직분은 학생들을 잘 가르치는 일이지만, 사회발전 방향이 편향되거나 시대상황에 역행할 때는 선각자로서 시국선언을 할 수도 있다. 2009년 6월, 전국 93개 대학 교수 4,500명 이상을 포함하여 각계 인사 1만 명 이상이 시국선언에 동참하였다. 발표된 내용은 주로 노무현 전 대통령의 운명과 관련 정부의 민주주의 후퇴 우려와 경고 등 대체로 이명박 정부에 비판적인 입장을 취했다.

　시국선언이 갖는 긍정적 효과에도 불구하고 문제는 이와 같은 우리나라의 시국선언은 상당수가 정치적으로 이미 편향된 연관관계를 갖는 사람들에 의해 자신이 선호하지 않는 정권이 들어섰을 때, 정부나 정책을 비판하거나 자신들의 이해관계에서 불리할 것으로 판단하는 경우,

---

181) 시국선언문이란 현재 당면한 국내 및 국제 정세나 대세 그 나라의 시대상황 특히 정치나 사회적으로 큰 혼란이 있거나 뭔가 문제가 있다고 판단될 때 교수들이나 재야인사들 같은 지식인들이나 종교계 인사들이 자신들의 우려를 표명하며 해결하기를 촉구하는 것을 말한다. 우리나라에서는 박정희, 전두환 군사정권 시절 시국선언문 발표가 자주 있었다. 시국 선언문을 발표한다고 해서 당장 문제가 해결된다든가 하는 것은 아니지만 교수들이나 재야, 종교계 인사들은 우리 사회 지식인들이기 때문에 이들이 시국 선언문을 발표할 때 마다 국민적인 관심을 불러 일으키게 되고 집권세력에도 상당한 부담감으로 작용하게 된다.

집단의사 표출방식으로 나타낸다는 점이다. 시국선언을 할 때는 무엇보다도 그렇게 해야 하는 이유와 명분이 뚜렷해야 한다. 단순히 내 생각과 다르고 우리에게 그렇게 느껴진다는 것으로는 곤란하다. 국가에는 엄연하게 법규가 있고 정치사회적인 문제는 국회와 정부, 정당을 중심으로 한 정치권에서 제반 문제를 해결해 나갈 임무가 주어져 있다. 정상적으로 대학에서 학생들을 가르치고 진리를 탐구하는 교수들이 잘못된 현실 정치에 대해 비판하고 올바른 방향을 제시하는 방법은 연구결과를 통해 잘못된 것을 입증하고 합리적인 방향을 제시하는 것이다. 그런데도 정상적인 방법보다 극적인 시국선언을 선택한다. 여론 형성을 통하여 주위를 환기시키려는 의도가 있다고 하더라도 이런 경우, 그것을 액면 그대로 받아들이기는 어렵게 된다. 문제점에 대한 정확한 분석 자료에 대한 근거를 제시하지 않으면서 몇몇 사건이나 사회현상을 두고 굳이 시국선언이라는 방법을 사용하는 것은, 그들이 이미 모두 정치적으로 편향되어 있음을 말해준다. 대개의 경우 시국선언이 이루어지면 반대쪽에서 즉시 반박하는 내용의 정견발표나 주장이 나온다. 이 또한 뚜렷한 근거가 없기는 마찬가지이기 때문에 사회적 논란만 가중시킨다.

지금 우리 사회에는 이러한 정치 성향을 띤 지식인이 너무 많다. 매번 정권이 바뀌면, 그들 중 일부는 장관이나 차관, 청와대 수석이나 무슨 위원회 위원 등으로 정권에 합류하여 권력을 향유한다. 이들의 실상은 지식인이라기보다는 개인의 입신출세를 지향하는 이기주의자이지만 사회 속에서는 버젓이 지식인 행세를 하고 다닌다. 진정한 지식인은 정권에 영합하여 입신출세를 노리는 사람들이 아니라 자신이 주어진 위치에서 균형감각을 잃지 않고 국가와 국민을 위하여 합리적인 행동을 할 수 있는 사람이다. 지금 우리에게는 그런 사람들이 필요하다.

3) 문제해결능력 갖춘 전문가 집단 부재

문제해결능력을 가진 전문가 집단이 많은 사회일수록 갈등은 줄어든다. 전문가 집단이 사회 구심점으로서 중추적인 역할을 다하기 위해 필수적으로 요구되는 기본조건은 소신(所信)과 균형감각을 갖추는 것이다. 소신은 최고의 지식에 기초하여야 하며 균형감각은 합리성과 정당성, 타당성이 바탕이 되어야 한다. 전문가 스스로 자기가 확실하다고 굳게 생각을 하더라도 합리성을 결여하여 균형 감각을 잃었을 때, 전문가의 사회적 역할은 발전에 기여하는 것이 아니라 오히려 발전을 저해하고 사회를 분열과 대립, 갈등으로 몰아넣은 원인으로 작용할 수 있다. 그 가장 대표적인 사례가 미디어법에 대한 합리적인 방안 도출과 여론 수렴을 위한 사회적 논의기구였던 '미디어 발전 국민위원회' 운영에 참여한 민간전문위원단이 보여준 태도와 결과, 세종시 건설에 따른 한국행정연구원이 보여준 이중적 연구결과이다.

국회 문화체육관광방송통신위원회는 2009년 3월 6일 오전 전체회의를 열고 쟁점 미디어법의 여론 수렴을 위한 '사회적 논의기구' 구성에 대한 3개 교섭단체 합의사항을 보고받고 이를 의결했다. 문방위는 논의기구의 명칭을 간사 간 합의에 따라 '미디어발전 국민위원회'로 하고, 위원구성은 한나라당(10명), 민주당(8명), 선진과 창조의 모임(2명) 등 각각 추천키로 했다. 국민위원회에는 현역 국회의원을 비롯한 정치인은 배제하고, 언론계 시민사회단체와 교수 등 전문가들이 참여키로 했으며, 활동기간은 3월 2일 3개 교섭단체 원내대표 합의에 따라 이날부터 2009년 6월 15일까지 100일간이었다.[182] 미디어발전 국민위원회는 국회로부터 100일간의 유예기간을 얻어 활동에 들어갔다. 그러나 결국 여

---

182) 연합뉴스 2009. 3. 6.

야 양측이 추천한 위원들마저 대립함으로써 결국 아무런 합의안도 도출하지 못하고 각각 입장을 발표하는 파행으로 끝나고 말았다. 대립과 갈등을 해소하기 위한 지식인마저 아무런 역할을 하지 못하고 오히려 갈등을 증폭시켰다.

미디어법의 조율과정에 참여한 전문가 집단은 100일 동안 논란만 벌이다가 통합된 보고서 하나도 제대로 만들지 못하고 말았다. 그들이 그러한 결과를 낳을 수밖에 없었던 이유는 이미 야당 입장 대변자와 정부·여당 입장 대변자로 선임됨으로써 출발 전부터 여야 양 당의 대리전이 진행될 것으로 예상된 일이기도 했다. 어쩌면 그들이 그런 결과를 낸 것은 전문가의 흉내를 낸 정치인의 하수인에 불과했기 때문에 당연한 일이었는지도 모른다. 무릇 전문가라고 하면 자신의 양심에 비추어 자기가 확실하다고 믿는 것에 따라 행동해야 하고 내용이 공감을 받을 수 있는 합리성을 갖추어야 한다. 다른 사람들의 견해와 대립(對立)될 때 자신의 주장이 더 합리적이라는 점을 입증하지 못하면, 상대방 의견을 수용하여 가능한 한 최대한 합리적인 방안을 도출하기 위해 노력해야 한다. 그럼에도 끝까지 자신들의 주의주장에만 집착하여 대안을 마련하기 위해 제공된 논의의 장에서 아무런 결과를 도출하지 못하고 사회적 대립과 갈등을 더욱 고조시켰다. 이는 학문적 소양뿐만 아니라 인간적 소양도 부족한 사람들이었다고 볼 수밖에 없다. 만일 상대가 수긍할 수 있는 탁월한 학문적 소양이 있었다면 그것을 입증해 보였어야 한다. 또한 인간적 소양이 제대로 되어 있었다면 상대의 주장이나 의견을 존중하고 합리적인 방안을 찾기 위해 노력해야 마땅한 일이었다. 그런데 그러한 모습은 어디에서도 찾기 어려웠다.

세종시 건설에 따른 비용 연구를 담당한 한국행정연구원 또한 전문가집단의 무책임과 무지함을 단적으로 보여주었다. 이렇게 말하면 한국행정연구원은 '연구 참여자와 연구 관점이 달랐기 때문에 그러한 연구결과가 나왔다'고 변명할 가능성이 크다. 제한된 연구기간 내에 정해진 비용 범위에서 연구결과물을 생산해내야 하는 현실적인 제약으로 인해 완벽한 연구결과를 기대하기는 어려울 수도 있다. 하지만 그것은 연구 기관이 다를 경우 어느 정도 인정될 수 있을 것이다. 하지만 노무현 정부 첫해인 지난 2003년 12월에 국토연구원과 한국행정연구원 등 7개 기관이 참여해 실시한 '행정수도 이전의 효과분석 및 국내외 사례조사 연구'에 참여한 주요 연구기관에 한국행정연구원도 참여한 바 있다. 같은 연구기관 내에서 동일한 세종시와 관련된 비용 연구결과가 다르게 나왔다는 것은 과거 정부에서는 과거 정부의 요구에 따라 그들의 입맛에 맞는 연구결과를 만들어 주었고, 현재 정부에서는 현재 정부의 요구에 따라 연구결과를 만들어 준 정권에 아부하는 비열하고 저급한 행태에 지나지 않는다는 비판을 면하기 어렵다.

어떤 연구든 유사 내용의 선례를 참고하는 것이 기본적인 연구 자세이다. 선행된 연구가 타당성을 갖는다면 후행 연구도 당연히 선행연구 내용과 비슷한 결과가 나와야 한다. 그럼에도 선행연구와 후행연구가 전혀 다른 결과가 나온 것은 양쪽 연구결과 모두 타당성을 인정받기 어렵게 만들 수 있다. 만일 제대로 된 연구였다면 선행 연구를 할 때 후행 연구의 관점에 대한 고찰이 이루어져야 하고, 후행 연구에서도 선행 연구의 관점에 대한 고찰이 이루어져 전후의 내용이 양쪽 내용을 모두 포함하고 있어야 한다. 전부는 아니라도 적어도 어느 정도 연관성을 갖고 있어야 타당하다. 그런데 한국행정연구원의 연구는 같은 코끼리를 두고 연구를 하면서 전체 몸 중에서 선행연구와 후행연구에서 한쪽은 심장과 가슴을 기준으로 한쪽은 머리를 기준으로 비용을 산출했다는 것과 같은 내용으로, 그 어느 쪽도 공정성과 타당성을 인정받기 어렵게 됐다. 그런데 노무현 정부와 이명박 정부는 이러한 자료를 근거로 원안과 수정안을 추진해야 한다며 논란을 벌여 사회갈등을 증폭시켰다.

현재 우리나라 수많은 연구기관의 연구 결과 또는 환경영향평가 결과가 이렇게 연구발주자의 의사를 반영하여 그들의 편익에 따라 모양을 갖추는 형식적 내용으로 채워지고 있다. 이론과 원리를 정립할 정도의 실력도 갖추지 못했으면서 전문가 행세를 하며 요식적인 문서작업(paper work)을 통해 사람들을 현혹시키고 있는 것이다. 건강한 정상적인 사회라면 저들을 척결해야 한다. 그런데 우리 사회는 이들의 잘못을 알면서도 그것을 청산하는 것이 아니라 정부부터 시작하여 행정기관이나 공기업, 심지어는 사기업까지 적절하게 활용한다. 이러한 일들이 관행화되다 보니 어떤 연구발주자는 자신의 요구대로 연구 결과를 만들지 않고 양심에 따라 소신껏 중간 연구 결과를 발표하자 계약을 파기해 후속 연구를 중단시키고 다른 연구기관에 연구를 맡기는 사례까지 나타나는 것이 현실이다. 시민단체들이 환경영향평가 결과 등에 대해 의구심을 제기하는 등 논란의 대상이 되는 국책사업으로 상당수 사람들이 불만을 표시하는 곳은 이러한 모양 갖추기 연구가 횡행한 결과일 가능성이 크다.

정치권이 첨예하게 맞서고 있는 세종시 문제의 경우 전문가들이 일치된 견해를 밝혔으면 상황이 크게 달라졌을 가능성이 크다. 그런데 국내 도시공학 전문가들은 2010년 1월 12일 정부가 세종시 수정안으로 제시한 '교육과학중심 경제도시'에 대해 엇갈린 평가를 내렸다. 세종시의 새로운 구조가 경제도시에 미칠 영향에 대해선 찬반이 크게 엇갈렸다. 전문가들은 국제과학비즈니스벨트의 세종시 유치에는 후한 점수를 줬지만, 국토 균형 발전에는 우려의 목소리가 더 컸다.[183] 우려와 의문, 의

---

183) 국민일보 2010. 1. 12.

견과 주장은 있었지만 문제 해결을 위한 대안은 아무도 내놓지 않았다.

진정한 전문가는 뛰어난 문제해결능력을 갖춘 사람이지 문제를 제기하거나 야기하는 사람이 아니다. 세계적인 영국의 경제학자 케인스[184]가 미국이 대공황에 직면했을 때, 남의 나라임에도 해법으로 재정지출을 늘려 난국을 타개해야 한다는 충고의 편지를 미국 루스벨트 대통령에게 보냈다는 점을 우리는 들어서 알고 있다. 우리에게 그러한 전문가가 있는지 의문이지만 전문가라고 자처하는 사람들 스스로 자신이 진정 문제해결능력을 갖춘 전문가이고 그러한 역할을 제대로 하고 있는지 사이비는 아닌지 가슴에 손을 얹고 한번 생각해 볼 일이다.

영리병원 도입 전망과 관련, 한국개발연구원(KDI)과 보건산업진흥원이 정반대의 연구결과를 내놓았다. 국책연구기관들이 정부 부처의 자동판매기로 전락했다는 지적도 많다. 이처럼 상반되는 분석이 엇갈릴 때 어느 쪽을 믿어야 하나. "이동걸 전 금융연구원 원장이 사임하면서 했던 말을 생각해 보자. 이 전 원장은 정부가 학자들의 연구결과까지 짜 맞추려 한다고 폭로했다. 국책연구원은 정부의 압력에서 자유롭지 못하다. 학자들의 양심이 위협받는 상황이다. 국책연구기관이나 기업부설 연구기관이나 마찬가지다. 학자는 파리 목숨이다. 권력의 눈치를 보고 자본의 눈치를 보게 돼 있다", 영리병원 도입을 둘러싼 논란은 국책

---

184) 존 메이너드 케인스(John Maynard Keynes, 1883년 6월 5일~1946년 4월 21일)는 영국의 경제학자이다. 정부의 재량적인 정책에 따른 유효수요의 증가를 강조하는 케인스 경제학의 이론을 창시하였다. 그의 이론은 경제학에 큰 영향을 미쳤으며 기존의 고전경제학자들의 이론을 비판하고, 정부의 단기적인 정책실행을 중요시하였다. 케인스 경제학이 이른바 보이지 않는 손에 의한 경제의 자가 조정기능을 부정하고 단기적인 관점에서만 경제를 바라보는 것에 대한 비판에 대해, "장기에는 우리 모두는 죽는다(In the long-run, we are all dead)"라고 언급한 것으로도 유명하다. 경제학에 관한 초기의 관심은 주로 화폐와 외환문제에 있었으나, 제1차 세계대전 후부터는 자본주의 사회에 있어서의 고용 및 생산수준을 결정하는 요인에 관하여 종래의 경제이론을 재검토하게 되었다. 그 결과 대표적 저서인 ≪고용·이자 및 화폐의 일반이론≫(1936)에서 완전고용을 실현·유지하기 위해서는 자유방임주의가 아닌 소비와 투자, 즉 유효수요를 확보하기 위한 정부의 보완책(공공지출)이 필요하다고 주장하였다. 이 이론 및 이에 입각한 정책, 그 기반을 형성하는 사상의 개혁을 '케인즈 혁명'이라고 한다. 흔히 프랭클린 루스벨트 대통령의 뉴딜 정책이 케인즈의 이론에 입각한 것으로 생각하는 경향이 많지만, 뉴딜 정책과 케인스의 이론은 사실 우연히 비슷한 시기에 나왔을 뿐 초기에 상호 영향을 준 것은 아니었다.

연구기관이 얼마든지 정부의 주문에 따라 전망과 통계를 조작할 수 있다는 사실을 일깨워 준다. 영리병원 도입에 찬성하는 기획재정부가 연구용역을 맡긴 한국개발연구원이 의료 서비스 가격이 2,500억 원 줄어들 거라는 전망을 내놓은 반면, 반대 입장인 보건복지부 산하 보건산업진흥원은 개인병원 가운데 20%만 영리병원으로 전환해도 최대 4조 3천억 원 늘어날 거라는 상반된 전망을 내놓았다.[185]

발주자의 입맛에 맞추는 연구기관의 연구결과는 정부에 국한된 것이 아니다. 공공기관이나 공기업은 물론 사기업까지 일반화되어 있으며, 환경영향평가도 마찬가지이다. 전문가 집단이 문제를 해결하는 것이 아니라 오히려 갈등을 유발시키거나 조장시키는 데 일조하고 있다는 것이다. 현실 속에서 각종 정부 정책 사업이나 사기업이 추진해 사회적 논란이 되는 사업은 하나같이 연구기관의 연구가 이루어지지만 상반된 연구결과가 나오기 일쑤다. 누구나 공감할 수 있는 내용은 거의 나오지 않는다. 이는 전문가 집단이 사회문제에 대한 실질적인 역할을 제대로 못 하고 있다는 것을 의미한다. 꽤 똑똑한 것처럼 행세하는 사람들은 많지만 정작 전문가다운 전문가는 거의 없고, 소신이나 학자적 양심도 찾아보기가 쉽지 않다. 진정한 전문가는 자기가 아는 것으로 대안을 내놓고 문제가 해결되도록 하는 데 자신이 가진 역량을 발휘하는 사람이다.

5. 정치과열이 만들어 낸 왜곡된 국민지지

오늘날 우리 국민은 한국 정치와 정치인이 혐오스럽지만, 그들과 결탁하고 관심을 가질 수밖에 없는 여건 속에서 한편으로 고뇌하며 다른

---

185) 미디어오늘 2009. 12. 24.

한편에서는 정화(淨化)를 위해 정치 관련 내용을 일상 속에서 화제로 삼는다. 이제는 국민도 아는 것이 많아졌고 자신들의 생각을 서슴없이 쏟아낸다. 모두 한마디씩 한다. 교수는 최고대학이나 학생들 실력 제고보다는 민주주의를 외치는 시국선언을 하고 교사와 공무원도 하지 말라는 시국선언을 끝까지 강행하며 정치에 참여하려 한다.[186] 우리 사회에서 자율적이고 독립적인 개인의 존재는 차츰 줄어들고 일그러진 이기주의와 집단주의가 추악하게 착종된 상황에서 내 편, 네 편만 따질 뿐 사실에 근거한 합리적 논의의 설 자리가 사라지고 있는 것 같다.[187] 이런 속에서 한국 정치에 나타나고 있는 불승복, 불인정, 불만족 등 3불(不) 현상이 국민 불안과 갈등을 더욱 고조시키고 있다. 모두 정치가 지나치게 과열되고 정치에 너무 많이 오염된 탓이다.

국민의 입장에서는 자신이 사회 권력으로부터 피해 입는 것을 보호해주고 어려움이 생기거나 앞으로 출세를 지향해 나가는 데 있어 기댈 언덕이 필요하다. 그런데 우리나라에서는 그것이 정치권에 연줄을 대는 것으로 인식되고 있다. 실력이 있어도 배경이 될 연줄이 없으면 자리의 보존은 물론 올라가기가 힘들다는 생각이 사회 저변에 널리 확산되어 있다. 국민이 지지하는 정치인은 유권자의 생활 터전과 연관된 지역출신이고, 이들에 대한 지지는 주로 개인적인 측면에서는 안정적인 삶을 영위하기 위한 선의에 의해 시작된다. 즉 어려움이 생겼을 때 같은 비용을 들여 도움을 청하더라도, 면식이 있거나 동향 사람인 경우 최소한 박절하게 거절은 하지 않기 때문에, 정치인을 통한 어려움 해소를 시도하는 것이다. 하지만 정치인들이 이러한 국민 정서를 권력 획득에 이용하기 위해 왜곡함으로써, 오늘날 사회 갈등의 원인이 되는 지역

---

186) 중앙일보 2009. 8. 7.
187) 중앙일보 2009. 7. 21.

주의가 출현하게 되었다.

　민주주의 사회에서 국민은 누구나 자신의 자유로운 의사에 따라 정당에 가입하여 당원이 될 수도 있고, 선거에서 좋아하는 정치인에게 지지표를 행사할 수 있다. 따라서 수많은 국민이 당원으로 가입하는 거대정당의 출현은, 어느 시대와 국가를 막론하고 기본적으로 국론을 분열시키고 국민 간 갈등을 조장할 수 있는 가능성을 항상 내포하고 있다. 정당이 국가와 국민의 이익보다 당리당략을 우선시하고, 정치지도자가 국가와 국민을 위한 봉사보다는 입신출세를 위해 이기주의적인 행동을 하며, 각종 시민사회단체와 대중이 정치권에 편승하여 개인의 이익을 강하게 추구하는 사회는, 국론은 분열되고 갈등이 고조되는 것을 막을 방도가 없다. 그럼에도 불구하고 양대 정당체제로 운영되는 나라들 중에서 정당 간 대립이나 갈등이 국론 분열로 발전하지 않는 것은, 각 정당이나 정치지도자, 국민이 국가이익을 우선시하고 질서를 유지하기 위해 법과 절차를 따르며, 정당성과 합리성을 쫓아 정치활동을 벌이는 규칙에 의한 정치를 지향하기 때문에 가능한 일이다.

　우리 사회에 나타나는 극단적인 대립과 분열 그리고 갈등은, 정당이나 정치인에 편승하여 이익을 쫓는 시민과 시민사회단체의 편향된 행동과 태도, 정치가의 이기주의가 결합되어 빚어낸 폐해다. 국가발전과 국민 권익 신장을 위해 봉사하고 헌신하며 선도적인 역할을 해야 할 본분을 망각한 정치권에도 책임이 있지만, 저급한 정치인을 지지한 국민의 잘못도 크다. 민주주의 국가에서 주인은 국민이고 주권행사를 통하여 올바른 정치가가 당선되고 합리적인 정치가 이루어지도록 할 책무는 국민에게 있다. 오늘날과 같이 갈등과 분열, 대립을 조장하는 정당과 정치인이 존재할 수 있는 것도 모두 그들을 지지하고 선출해준 국민이 있기에 가능한 일이다. 저급한 행동과 태도를 보이는 정치인은 주권

행사를 통하여 강력하게 견제하면, 잘못을 금방 시정시킬 수 있는데도 잘못된 정치인의 행태가 지속되는 것은, 국민 중에 국가와 전체 국민의 이익보다는 개인의 이익을 앞세워, 정치권과 결탁(結託)하고 정치권력에 편승하려 하는 사람들이 만들어 낸 부작용이다. 민주주의가 성숙한 국가에서 국민의 정당 활동이나 지도자에 대한 지지는, 자신이 선호하는 정당이나 그 정당에서 공천을 받은 후보가 당선되고 정권을 획득하여, 국민 모두에게 도움이 되는 정치를 하도록 조력(助力)하는 것으로 끝나야 한다. 정치가 안정된 나라에서는 실제로 수많은 사람들이 선거 활동에 적극적으로 참여하지만, 그들 스스로 봉사활동이라고 생각하여 자발적으로 행동하고 선거 후 개인적인 이익을 바라거나 요구하지 않는다. 이에 반해 후진적인 정치 풍토가 존재하는 나라에서는, 소수의 이기적인 국민이 자신이 지지하는 지도자와 정당에 편승하여 이익을 챙기려는 경향이 노골적으로 드러나기도 한다.

어느 나라 할 것 없이 국가 최고 권력을 갖는 대통령에 당선되더라도 자신을 지지해준 지지자에게 이익을 나누어 주는 데는 한계가 있다. 현실 정치에서 분배되는 이익은 소수의 정치에 직접적으로 관여하는 정치가와 선거 자금 공급원이 되는 기업에게 주로 돌아간다. 나누어 줄 자리와 예산 등 자원이 제한돼 있어 국민이 기대한다고 권력이나 이익을 모두에게 분배할 수는 없다. 대다수 국민도 이러한 사실을 잘 알고 있다. 국민이 정치가와 정당 지지를 통하여 얻고자 하는 이익은 직접적으로 권력을 분배받는 것이 아니라 지지를 통하여 정치인과 친분을 쌓고 청탁 등 부탁을 하거나 억울한 일을 당할 경우 민원 해소 차원에서 도움을 청할 때 박절하게 거절되는 것을 피하기 위한 소박한 것이다. 자기보호 본능적 행동 경향이 강하다. 지지가 필요한 정치인들은 이러한 지역민들의 요구를 수용하고 해결하기 위해 다양한 노력을 기울인다. 그러나 지역적으로 고착화된 지역민과 정치인의 이해관계 교환은 정치가의 권력 향유 욕구와 결부되어 우리 사회 전반에 정치가 개입하는 심각한 정치오염 현상을 만들어냈다. 일부 정치가는 정치면 무엇이든지 할 수 있다는 정치 만능사상까지 가지고 있는 것으로 보인다. 청탁을 부끄럽게 생각하지 않는다. 청탁을 한 후 안 되면 마는 것으로 끝나는 것도 아니고, 일부는 어디 한번 두고 보자는 식으로 거침없이 감정까지 드러내며, 사회 전반에 걸쳐 은밀한 청탁과 압력 행사를 서슴지 않는다.

개인인 국민의 입장에서 볼 때 내가 어떤 정치인이나 정당에 지지표를 행사하고 그들의 정책이나 주의주장에 동조한다고 해서 문제될 것은 없지만, 그것이 왜곡되어 사회적인 문제로 인식될 단계까지 이른 것은 정치가 과열되었다는 뜻이다. 경쟁이 바탕이 되는 민주주의에서 합리적인 결론에 도달하기 위해 적절한 수준의 견제와 주의주장은 사회발전에 큰 원동력이 된다. 하지만 그것이 정도를 넘어 과열(過熱)되면 본래의 동기와 목적은 상실되고 소모적인 논쟁이나 정쟁으로 변질되어 사회발전을 오히려 저해하게 된다. 그런데 우리의 현실이 이 과열상태에 이르러 국가발전에 직접적인 걸림돌이 되는 상황에 도달해 있다. 국민은 언제든지 소모적인 정쟁을 일삼으며 추태를 보이는 정치인과 정당에 대해 비판을 제기하고 본연의 역할에 충실하게 할 수도 있지만, 안타깝게도 아직 우리 국민은 스스로 정치권을 비판하는 것이 아니라 편승하는 경향을 보인다. 결국 소모적인 논쟁을 부추기는 정치권의 그릇된 행태에 대한 폐해는 모두 국민에게 되돌아온다. 하지만 이런 속에서도 얕은 생각을 가진 사람은 내가 취하는 이익이 더 크면 된다는 생각을 갖는다.

국민 스스로도 이러한 악순환의 실체와 사실을 잘 안다. 그럼에도 불구하고 왜 국민은 모두를 피해자로 만들면서까지 정치권의 그릇된 행태를 묵인하고 그들에게 편승하느냐 하는 의문이 생긴다. 국민들이 그렇게 행동하는 이유는 개인적인 위기의식 때문이다. 각각의 개인이 당면하는 현실적인 어려움, 대표적으로 고용불안, 불합리한 인사제도, 정치권력의 비대화 등이 위기의식을 부추기고 있다. 중산층 이하 일반 국민의 관점에서 볼 때, 1997년 외환위기는 우리 사회와 국민에게 엄청난 충격이었다. 그런데 외환위기를 극복하는 과정에서 거의 모든 짐이 고스란히 힘없는 국민에게 전가되었다. 특히 중산층과 서민들에게 직접적인 타격으로 작용했다. 수많은 사람들이 직장에서 해고되어 길거리로 내몰렸지만, 김대중 정부는 기업가의 노동 유연성 필요 요구에 따라 정리해고를 할 수 있는 법을 만들고 시행에 들어갔다. 이는 직장에 근무하는 사람 누구나 언제든지 해고를 할 수 있는 상황을 만들었고 파견근로 제도를 도입함으로써 고용을 보장받을 수 없게 되었다. 엄청난 사회적 부작용을 만들었다. 정부의 이런 조치는 직장인의 정년이 45세에서 38세까지라는 것을 빗대어 생겨난 사오정 삼팔선이 유행한 지도 오래되었다. 실업자의 재취업과 이십 대의 취업은 바늘구멍이다. 특히 40대와 50대 가장의 경우 자녀 교육비와 결혼비용, 자신의 노후대비를 위해 많은 수입이 필요함에도 불구하고 사회구조가 조기 퇴직으로 흐르면서 심각한 사회문제로 발전했다. 결국 10여년이 지나 이명박 정부 들어 뒤늦게 장기 일용직 노동자에 대한 정규직 전환을 추진하는 제도 보완에 나섰지만, 큰 실효를 보지 못하고 있다. 기업들은 그렇게 호락호락하게 비정규직을 정규직으로 전환해 주지 않는다.

다른 한편으로 정부에서 사회보장제도 강화에 나서고 있지만, 그것도 기초생활보장 수급자 같은 최하위 계층에 지원이 국한되기 때문에 중산층이나 서민층에는 실질적으로 전혀 도움이 안 된다. 결국 국가와 정부로부터 보호받기 어려운 직장인의 수입 감소와 고용불안은 위기의식을 크게 고조시켰다. 여기에 지방자치제도 시행 이후 기초자치단체장을 중앙당에서 공천하도록 함으로써 중앙정치권이 지방의 행정조직에까지 직접 영향력을 발휘하는 상황이 만들어지면서 지방공무원의 승진에 대한 불안도 커지고 있다. 외형상으로는 기초자치단체장에 대한 공천이지만 중앙당의 공천을 받은 단체장들은 암암리에 자기 사람 심기와 편중된 인사를 자행한다. 여야 정권교체에 따른 물갈이로 기득권을 가지고 있던 많은 사람들에게 타격을 가함으로써, 일반 국민까지 정치적 배후를 갖지 않으면 승진은 물론 고용에 위협을 느끼는 상황이 연출되고 있다. 결국 정치권에 편승하려는 움직임은 더욱 강해졌다.

실제 정무직공무원, 중앙부처의 3급 이상 고위공무원, 공기업의 기관장과 1·2급 직원, 지방자치단체의 주요 보직에 있는 사람들 중 정치적인 영향 없이 공정한 인사제도에 의해 승진될 수 있다고 생각하는 사람은 그렇게 많지 않다. 심지어 사기업의 임원 인사에도 정치권력의 영향력이 작용하기도 한다. 직접 정치권력이 요구하지 않더라도 기업의 특성상 회사의 매출 관리를 위해 친정부 인사들을 발탁하거나 영입하는 것이 이미 관례화된 지 오래다. 이제는 신입사원 모집까지 국가권력기관의 청탁이 공공연하게 이루어지고 있다. 국회의원과 고위공직자의 주요 업무 중 하나가 연줄을 통해 들어오는 민원성 인사 청탁 처리라는 것은 모두가 아는 사실이다. 이러한 정치권의 전 방위적인 청탁과 인사 개입은 악순환을 만들어 연줄이 없는 일반 국민에게는 커다란 위기의식으로 작용 오히려 정치권에 강한 줄 대기 집착을 불러왔다. 정권이 바뀔 때마다 인사 청탁과 불합리한 인사의 횡행, 이권사업 개입은 불공정한 사회의 대명사로 정치 만능과 정치과열이 빚어낸 폐해로 사회 곳곳에서 여러 가지 갈등을 빚어내며 물의를 일으키고 있다.

결국 정치가가 아닌 일반 국민이 이익을 기대하고 정당이나 정치인

을 지지하고 정치권력에 편승할 수밖에 없는 왜곡된 현상이 나타나게
된 것이다. 고용불안과 불합리한 인사제도의 문제도 있지만, 법과 절차,
원칙과 기준이 제대로 통용되지 않기 때문에 나타나는 사회적 폐단으
로 정치권력의 비대화로 정치가 어디든 개입하는 정치과열이 불러온
정치 만능 풍조가 원인이다. 고용 보장을 비롯한 사회안전망의 강화와
합리적인 인사제도 마련도 필요하지만, 중앙당의 공천권을 국회의원과
광역자치단체장으로 국한하고, 공기업 임원의 임기 보장을 통한 철저
한 책임경영 풍토를 마련하는 등 비대화된 정치권력을 축소하지 않는
한 사회 갈등과 대립은 앞으로도 계속될 가능성이 크다.

6. 정부와 공무원 역량 부족

국가발전과 국민 삶의 질을 향상시키기 위해 정부에서 공권력을 동
원하여 여러 가지 정책을 수행하거나 제도를 도입하면, 기존 사회질서
속에서 형성되어 있는 이해관계가 재조정되거나 변화가 발생하므로,
어느 정도 반발이나 갈등이 발생하는 것은 불가피한 측면이 있다. 정책
이 정당성과 합리성을 충분히 갖추었다고 하더라도, 국민들은 정책시
행 과정에서 사유재산이 침해되거나 개인의 자유가 억압되는 등 직간
접적인 피해 발생을 우려하여 반대하기도 한다. 특히 특정인에게 많은
혜택이 돌아가게 하거나 사회 혼란은 가중시키고 효과를 제대로 거두
지 못하는 부당하고 불합리한 정책이나 제도에 대해 일반 국민이 반대
하는 것은 당연한 일이다. 이러한 정책의 가장 대표적인 사례가 교육정
책, 지방행정기관 통합, 보이스피싱(전화금융사기), 불합리한 인사, 공권
력 문제 등이다.

그동안 정부는 확신도 없으면서 거의 매번 정권이 바뀔 때마다 대학 입학시험제도를 바꾸어 왔다. 지금도 사교육비 절감 문제를 두고 곳곳에서 논란이 빚어지고 있다. 친일 잔재 청산과 불합리한 표기체계를 개선한다며 시작된 구미식 주소변경, 행정의 비효율성을 제거해야 한다는 취지로 주민들의 혼란만 가중시키고 용두사미로 끝난 지자체 통합, 합리적인 인사제도 부재로 정권이 바뀔 때마다 불거지는 공기업 인사를 둘러싼 끊임없는 불협화음은 정부 정책이 오히려 국민들을 혼란 속으로 몰아넣고 사회갈등과 대립을 증폭시키는 역할을 하였다. 공권력은 질서를 통해 국민들이 안심하고 생업에 종사할 수 있도록 해야 한다. 그런데도 국민이 많은 피해를 입고 있지만, 제 역할을 다하지 못해 불신의 대상이 되고 사회 혼란을 부추기는 결과를 만들기도 한다. 그 단적인 예가 보이스피싱이다. 보이스피싱은 벌써 최소 7년 이상 국민을 괴롭히고 있지만, 아직도 뿌리가 제대로 뽑히지 않고 있다. 요즈음은 전화금융사기가 메신저[188](messenger)나 인터넷으로 옮겨가고 있는 것으로 알려졌다. 이러한 사기는 국민들로 하여금 서로 의심하게 만들고 사회에 대한 불신으로 이어짐에도 불구하고 정부는 이렇다 할 대책을 내놓지 못하고 있는 실정이다. 경찰과 검찰이 노력은 하지만 여전히 국민들의 피해는 계속되고 있다. 그런데 중요한 점은 전화사기는 유선이든 무선이든 모두 위치 추적이 가능한데도 유무선통신사들은 막대한 이익을 내면서도 통신으로 인한 피해에 대해서는 함구하고 있다.

국민의 입장에서는 정치권이 제 역할을 못할수록 정부의 문제해결능력이 더욱 필요함을 느낄 수밖에 없다. 그런데도 우리 정부는 오히려 잘못된 정책과 제도로 국민을 혼란과 갈등 속으로 몰아넣고 있다. 정권이 계속 바뀌기 때문에 공무원이라도 소신이 있었으면 좋겠는데 아부

---

188) 메신저(messenger): 지시, 명령, 물품 따위를 다른 사람이나 기관에 전하여 이르게 하는 사람. 전달자.

하고 입신출세와 개인적인 영달 추구에만 급급하다. 대선공약이나 정권이 요구하는 정책이라도 무리한 것이나 잘못된 것은 거부하고 기존에 추진해오던 것이 타당할 때는 그것을 지키기 위해 노력하는 국민을 위한 진정한 공무원은 찾아보기 어렵다. 정부 정책은 일관성이 있어야 국민들이 믿고 따를 수 있는데 우리나라 정책은 정권에 따라 부침이 심하다. 부처의 통폐합이 잦고 상호 손발이 안 맞거나 아예 담당 부서가 무시되는 일까지 생긴다. 그리고 정권에 따라 입장을 바꾸고 때로는 정부 정책이 예산을 낭비하게 만들기도 한다. 이 모두 정부와 공무원의 역량이 부족하기 때문이다. 보건복지가족부가 추진한 2009년 8월 대형 국책사업의 공모방식에 의한 첨단의료단지 입지 선정[189] 등 그 사례는 얼마든지 많다. 대표적으로 정부와 공무원의 역량부족이 사회갈등을 초래하는 몇 가지에 대해 살펴보면 다음과 같다.

1) 대학입시제도와 사교육비 경감 방안 논란

2009년 12월 업무보고에서 교과부는 2010년을 사교육비 절감 원년으로 선포했다. 사교육비는 학부모와 아이들에게 부감을 가중시키는 사회적 문제 중 하나로 합리적인 사교육비 경감 방안이 있다면 마다할 이유가 없다. 이명박 대통령의 대표적인 교육부분 공약사항 중 하나가 사교육비를 절반으로 줄이는 것이다. 이를 위해 2009년 한 해 동안 정부는 여러 가지 사교육비 대책을 발표했지만, 그때마다 거센 논란이 일었다. 외고 폐지 논란도 그것 중 하나였다. 이명박 정부가 발표한 사교육비 대책은 여러 가지가 있다. 그중에서 가장 핵심적인 내용은 대학입시와 관련된 입학사정관제도 확대 시행이다. 현 정부와 이주호 교과부 장

---

189) KBS 2009. 8. 10.

관은 입학사정관제도가 마치 대학입시문제를 해결할 수 있는 해법인 것처럼 말한다. 하지만 그 속내를 들여다보면 입학사정관을 통한 서류심사와 면접강화로 기존에 해온 수시입학과 크게 다를 것이 없다.

그동안 우리나라는 16차례 이상 대학입시정책이 바뀌었다. 거의 정권이 바뀔 때마다 한 번씩 대학입시정책이 바뀌었다고 볼 수 있다. 그런데 대학입시정책이 바뀌고 사교육 대책이 발표될 때마다 국민은 혼란을 겪었다. 외국에서는 100년 이상 일관성을 유지하는 정책을 펴는 나라도 있다. 그런데 우리나라는 왜 채 5년을 넘기지 못하고 번번이 대학입시제도를 바꾸어야 할까 하는 의문이 생긴다. 그것은 교과부와 정치권에 국민적인 공감을 받는 대학입시제도를 만들 수 있는 안목과 능력을 갖춘 사람이 없거나 그런 사람을 발탁하지 못하는 데 원인이 있다. 실력이 부족하면 새로운 일을 벌이기보다는 기존 제도와 정책의 문제점을 보완하는 관리에 치중하면 된다. 관리를 잘하면 많은 문제들을 해결할 수 있다. 그런데 교육과학기술부는 외국 제도를 베끼는 데 급급하다. 우리 실정에 맞는 가장 좋은 최고의 제도는 모두 우리 내부에 있다. 그런데도 외국에서 그들의 실정에 맞게 고안해 놓은 제도를 도입하여 무리하게 적용하려 하기 때문에 부작용이 생기고 국민으로부터 공감 받지 못하는 것이다. 입학사정관제도도 마찬가지이다.

미국에서 이미 100년 전에 입학사정관제도를 도입한 목적이 학업성취도에 의존한 학생 선발이 안고 있는 문제점을 개선하기 위한 것이었다. 그동안 여러 가지 문제점이 노출되어 보완되었지만, 지속적으로 유지되고 있다. 미국의 학부모들도 아이들이 명문대학에 진학하도록 하기 위한 스펙[190](specification)을 쌓기 위해 어릴 때부터 사교육에 많은

---

190) 스펙(specification)은 직장을 구하는 사람들 사이에서, 학력 · 학점 · 토익 점수 따위를 합한 것을 이르는 말이다.

투자를 하는 것으로 알려져 있다. 그런데도 지금 우리나라는 입학사정
관제도가 마치 사교육비를 줄일 수 있는 만능처방이라도 되는 것처럼
정부가 나서서 홍보한다. 참으로 한심스러운 일이라 하지 않을 수 없다.
입학사정관제도는 나름대로 특징이 있다. 그러므로 그냥 창의성 교육
기반 조성이라든가 객관식 문제를 통한 평가의 부작용을 줄이기 위해
입학사정관제도를 확대할 수밖에 없다고 솔직하게 말하는 것이 훨씬
설득력이 있다. 그러면 정부가 정책을 잘못하고 있다는 것이 드러나고
누군가가 책임을 져야 할지도 모른다는 편협한 생각에 엉뚱한 사교육
비 명분을 가져다 대는 저급한 방법을 사용한 것에 지나지 않는다. 정
책을 추진하면서도 이렇게 우리 정부는 당당하지 못하다.

　오늘날 사교육비 부담 증가는 정부의 공교육정책 실패에 기인한다.
그런데 정부 스스로 잘못하고 있는 문제에 대한 철저한 자기반성과 개
선 없이 외부적으로 나타나는 현상에 대응하는 방법으로는 결코 문제
를 해결할 수 없다. 학원의 교습시간 제한 위반과 불법과외를 단속하기
위해 학파라치 제도를 운영하고 있지만, 이것은 사교육비 경감을 위한
근본적인 대책이 되지 못한다. 정권이 바뀌어 다음 대통령이 집권하여
도 현재와 같은 사교육비 경감 대책을 계속 추진할지는 의문이다. 교육
은 국가 백년대계의 근본인데 대통령이 바뀔 때마다 정권에 편승하고
아부하는 일시적인 대책에 골몰해서는 안 된다. 확신도 없고 근본적인
방안이 아닐 때는 거부할 줄도 알아야 한다. 그래야 최소한 혼란에 따른
피해는 막을 수 있다. 아이들은 정권에 의한 정책 실험용이 아니다.

2) 보이스피싱 횡행

　민생치안 확립을 위한 행정안전부 2010년도 업무보고 자료에 의하면

서민 생활을 위협하는 민생범죄 척결을 위해 절도·사기·보이스피싱 등 서민대상 범죄 근절 방안으로 '서민보호 치안강화구역'(598개소) 운영, 서민피해 철저 예방, 상습소액사기 집중수사제 도입 및 피해예방 홍보활동 강화, 현지 범죄조직 단속을 위한 한·중 경찰 간 정보공유 및 교류를 강화한다. 또한 아동·여성 등 사회적 약자 대상 범죄예방 활동 강화를 위해 아동안전 보호협의회 (244개), 청소년 대상 성범죄자 (835명) 1:1 전담경찰제를 실시하고 조직폭력·불법사채 등 고질적 생계침해 범죄에 강력 대응하기 위해 불법수익 환수 등 폭력조직 와해에 주력하는 금융범죄 전담수사팀을 신설하기로 했다.[191]

정부 어느 부처나 마찬가지이지만 매년 업무보고는 그럴듯하다. 행정안전부도 마찬가지다. 가장 중요한 점은 실천이고 문제해결능력이다. 매번 방안이 보고는 되는데 여전히 문제는 해결되지 않는다. 국민이 원하는 것은 보고서가 아니라 문제를 해결하는 능력이다. 근절(根絶)은 아주 뿌리째 없애 버리는 것을 말한다. 그런데 업무보고 자료에 나타난 방안에서는 보이스피싱과 같이 벌써 7년 이상 기승을 부리고 있는 민생범죄를 근절하겠다고 밝히고 있다. 그렇게 간단하게 될 일을 왜 이제까지 제대로 못 했을까? 행정안전부는 근절이라는 뜻을 제대로 알고 있는지 의문을 갖게 한다. 그런데 더 우스운 것은 청와대의 태도다. 보고가 요식행위로 끝나지 않으려면 신년 계획을 보고받았으면 연말에 그 결과를 따져보고 잘한 것은 포상하고 잘못한 것은 문책해야 하는 것이 상식이다. 그런데 청와대는 연말에 결과를 제대로 따지지도 않으면서 매번 새로운 보고를 받고 앉았다. 그들만의 요식행위 노름이다. 그러니 사회문제가 개선되지 않는 것은 당연하다. 가끔 대통령은 화를 내거나 호기롭게 관심을 보이며 때로는 호언장담하기도 하지만 약발은 오래가

---

191) 행정안전부(2009), "활기찬 지역경제와 선진정부 실현을 위한 2010년 핵심 정책과제", 행정안전부, p.24

지 않는다. 사회적 쟁점이 되는 사건이 터져도 내 책임이라는 의례적인 사과의 말 한두 마디로 끝나고 실제 책임은 전혀 지지 않는다.

피싱(phishing)은 금융기관 등으로부터 개인정보를 불법적으로 알아내 이를 이용하는 사기수법을 말하며, 보이스피싱으로 널리 사용되는 전화금융사기(voice phishing)는 범행 대상자에게 전화를 걸어 허위 사실을 이야기하고, 송금을 요구하거나 특정 개인정보를 불법으로 수집하는 사기 수법을 뜻한다. 영어 Phishing(피싱)은 개인정보(private data)와 낚시(fishing)를 합성한 조어(造語)라고 하는 설과 fishing(낚시)라는 말에서 파생된 것으로 타인의 개인정보를 낚는다는 의미 또는 그 정보를 이용해 사기를 친다는 의미로 통용된다. 보이스피싱은 음성통화(voice), 즉 전화를 통해 피싱을 한다는 뜻으로 알려져 있는데, 해를 거듭할수록 진화를 거듭하며 서민들을 울리고 있다.

전화사기 범죄자들의 수법을 살펴보면 가족관계 및 피해자·자녀 휴대전화 번호 입수, 자녀에게 지속적인 욕설 전화를 하여 휴대전화기 전원 차단을 유도하거나, 학교 홈페이지 내 행사 및 시험일정 파악 후 전화받지 못하는 상황을 악용 자녀 납치를 빌미로 금전 요구, 종친회 및 동창회 명부 입수 후 동창회비 및 교통사고 보상금 등을 빙자하여 송금 요구, 국민연금관리공단 및 국민건강보험공단 사칭 세금 환급, 은행, 카드사, 통신회사 사칭 카드 대금 및 서비스 이용 요금 연체, 검찰 및 경찰 등 수사기관 사칭 출석 요구 및 범죄 연루를 빙자한 개인정보 및 금융거래 정보를 요구, 세금 환급, 대학 등록금 환급, 장학금 지급을 위해 에이티엠[192](ATM: Automatic Teller Machine)으로 불러내어 기기를 조작하도록 요구하거나 범죄 연루 및 카드 도용 등으로 인해 계좌 정지가

---

192) 에이티엠(ATM: Automatic Teller Machine): 현금 인출 카드나 예금 통장을 사용하여 현금의 인출, 예입, 기장(記帳), 잔고 조회 따위를 자동적으로 할 수 있는 장치.

필요하니 이를 위해 에이티엠 기기 조작을 요청하는 등 다양하다. 이들은 각각 콜센터[193] 운영(중화인민공화국), 현금송금(대한민국), 대포통장 개설(대한민국) 등으로 사전에 치밀하게 준비한 역할이 분담되어 있었으며, 중화인민공화국, 중화민국, 대한민국 등 국적도 다양하다.

현재로서는 보이스피싱이 정확하게 언제부터 국내에서 시작되었는지는 알 수 없다. 하지만 2004년 10월, 정보통신부가 ① 은행, 카드사 등에 직접 전화를 걸어 전자우편(E-mail, electronic mail)에서 안내한 사항이 사실인지를 확인한다. ② 전자우편에 링크(link: 두 개의 프로그램을 연결하는 일)된 주소를 바로 클릭하지 말고, 해당 은행, 카드사 등의 홈페이지 주소를 인터넷 창에 직접 입력해 접속한다. ③ 출처가 의심스러운 사이트에서 경품에 당첨됐음을 알리는 경우, 직접 전화를 걸어 확인하고 사실인 경우에도 가급적 중요한 개인정보는 제공하지 않는다. ④ 피싱이 의심되는 메일을 받았을 경우 해당 은행, 카드사 및 한국정보보호진흥원 등에 신고한다. ⑤ 은행, 신용카드, 현금카드 등의 내역을 정기적으로 확인한다는 피싱 대응요령을 발표한 점으로 미루어 보아 대략 외환위기 발생 직후인 1998년에서 2000년 사이일 것으로 추정된다.

전화사기에 대응하기 위해 정부는 한국정보보호진흥원 개인정보침해신고센터에서 신속한 신고 접수 및 대처 요령에 대해 상담을 하고 금융감독원과 은행 및 카드회사 상담 전화, 창구는 물론 경찰청과 검찰청 등의 수사기관에서 신고를 받고 있다. 2009년 12월 24일 대구지방경찰청이 신용카드 택배 직원을 사칭한 전화금융사기(보이스피싱)로 1억 3천여만 원을 받아 챙긴 혐의(사기)로 조선족 김모(27 · 여) 씨와 대만인

---

193) 콜센터(call center)는 고객의 전화를 단순히 받는 곳이라고 알려져 왔으나 요즘은 보다 넓은 개념으로 마케팅, 고객 서비스 등과 관련된 고객의 전화를 응대하면서 가치를 창조해내는 장소를 일컫는다. 필요에 따라서는 조직을 위한 모금 활동이라든지 내외부의 도움센터(help desk)역할도 한다. 최근 콜센터들은 외부에서 조달되는 추세다.

4명 등 모두 6명을 구속하고, 이들에게 대포통장[194]을 판매한 혐의로 최 모(22) 씨 등 6명을 불구속 입건하는 등 보이스피싱 조선족, 대만인 등 총 12명을 적발했다.[195]

뛰는 사람 위에 나는 사람 있다고 최근에는 메신저(쪽지창) 아이디를 해킹해 지인들로부터 송금을 요청하는 식의 신종 사기수법도 등장[196] 하는 등 '인터넷 해킹'에도 비상이 걸렸다. 메시지가 도착했다는 문자 를 받아도 일단 버튼을 누르지 말아야 한다. 돈만 뜯어가는 사기일 가 능성이 크다. 메시지가 수신됐다는 문자를 받고 무심코 확인 버튼을 누 르면 음란 사진이 뜨면서 2,990원이 결제돼 버릴 수 있다. 이와 같은 수 법에 당한 사람은 2년 동안 무려 240만 명, 액수는 71억 원이 된다. 이 재홍 부산경찰청 사이버수사대장은 "3천 원 미만의 소액결제에 대해서 는 개인 인증을 거치지 않은 이동통신사의 자체적인 약관에 문제가 있 다", 수천 건의 항의와 환불 요구가 이어졌지만, 현행법상 결제대행업 체와 통신사에 책임을 물을 방법이 없다. 2009년 한 해 동안 발생한 휴 대전화 결제피해액만 4천3백억 원에 달한다. 그러나 관련업계의 이해 관계와 규제 허점 때문에 피해가 방치되고 있다.[197]

전화사기는 빠른 속도로 진화하고 있으나, 정부의 의지는 미흡하고 공권력은 사회악이 자신들을 사칭하며 도전하는데도 불구하고 제 역할 을 다 하지 못하는 가운데 국민들의 시름은 깊어지고 있는 것이 우리나 라의 현실이다. 전화금융사기 발생현황 등을 살펴보면 정부의 노력에 도 불구하고 불법 대부업, 유사수신행위, 다단계방문판매 등 우리 사회

---

194) 대포통장은 금융실명제를 위반하고 제3자의 명의를 도용해 만들어, 통장의 실사용자와 명의자가 다른 통장을 말한다. 금융경로의 추적을 피할 수 있어 주로 탈세·금융사기 등의 범죄와 연결될 가능성이 높다.

195) 세계일보 2009. 12. 24.

196) 소비자가만드는신문 2009. 12. 23.

197) KBS 2010. 08. 12.

전반에 민생침해범죄가 여전히 기승을 부리고 있다. [표 1 - 9], [표 1 -
10], [표 1 - 11]에서 보는 것처럼 불법 사금융 범죄는 2006년 1,170건에
서 2009년 8월 14,465건으로 3년간 12.36배가 증가했다. 인터넷 사기는 연
간 3만 6천 건으로 하루 평균 100건씩 발생하고 있다. 일본의 24배 수준
이다. 전화금융사기는 최근 3년간 4배로 급증했다.198)

중요한 점은 사기의 횡행으로 국민 불안이 고조되는 것도 문제이지
만, 사기범들이 공공연하게 정부기관 심지어 공권력인 경찰까지 사칭

[표 1 - 9] 불법 사금융 범죄 발생건수

(단위: 건수)

구분	2006년	2007년	2008년	2009년 8월
계	1,170	3,744	5,840	14,465
불법 대부업	537	3,065	4,872	12,533
유사수신행위	436	486	745	1,267
불법 다단계	197	193	223	665

출처: 경찰청과 [표 1 - 10] 인터넷 사기범죄 발생현황 사이 줄 간격 조정 검토

[표 1 - 10] 인터넷 사기범죄 발생현황

(단위: 건수)

구분	2004년	2005년	2006년	2007년	2008년
한국	40,283	42,675	33,041	31,685	36,591
일본	542	1,408	1,597	1,512	-

출처: 경찰청

[표 1 - 11] 전화 금융사기 범죄 발생현황

(단위: 건수, 억 원)

구분	2006년	2007년	2008년	2009년 8월	계
피해신고건수	1,488	3,980	8,450	5,562	19,480
피해액	106	434	877	510	1,927

출처: 경찰청

---

198) 안경률(2009), 「성숙한 사회, 선진 일류국가로 가기 위해 버려야 할 WORST 12」, 의정보고서, p.19

하여 불신 풍조가 사회 전반으로 확산되고 있는데도 정부와 정치권은 전화사기를 해결할 이렇다 할 방안을 내놓지 못하고 있다는 것이다. 통신망을 이용한 사기는 통신의 특성상 발신과 수신이 정확하게 드러난다. 그리고 예금인출이나 송금을 할 때 금융결제원을 통한 결제나 은행의 전산망을 통해 거래가 이루어지기 때문에 사기범들이 소위 말하는 주인을 알기 어려운 대포통장이나 대포전화를 이용한다는 것은 정부, 통신업체와 은행, 금융결제원의 관리에 허점이 있다는 것을 말해준다. 통신사와 은행, 금융결제원에 전화사기를 막을 수 있는 제도적 장치를 마련하고 경찰과 검찰이 합세한다면 충분히 해결이 가능할 것으로 생각되는데도 정부기관들은 궁색한 변명을 일삼거나 따로 움직인다는 인상을 지울 수 없다. 결국 정치권, 정부와 대통령의 관심과 의지부족이 문제이다. G20 같은 국제회의 개최를 위해서는 테러에 대응하기 위해 기동대까지 구성하여 특별훈련을 하면서도 보이스피싱에 대해서는 이런 조치를 취하지 않는다.

국가가 나서면 전쟁도 막는데 국내에서 발생하는 이런 일들을 소탕하지 못한다는 것은 변명에 불과하다. 오늘이라도 특정한 고위공직자를 책임자로 선정하고 국가 전반적인 기관이 합세하면 금방 해결할 수 있다. 우리나라 공무원은 문제가 생기면, 특히 정부와 대통령이 화를 내면 무슨 일이든지 빠르면 3일 아무리 늦어도 2달을 넘기지 않고 대책을 내놓는다는 것을 정부와 대통령은 잊고 있는 것 같다. 국민들은 아마도 "대통령님 참지 말고 화를 한번 내주세요"라는 말을 하고 싶은 심정이라는 것을 청와대는 아직 모르는 모양이다.

3) 지자체 통합

　　조선일보가 국회의원 183명을 대상으로 실시한 설문조사에 따르면,
국회의원의 79%가 "현행 행정구역을 60~70개 정도로 묶어 광역화하는
방안에 찬성한다"고 대답했다. 대선과 총선, 지방선거, 재·보선이 별도
의 주기(週期)를 갖고 있어 매년 크고 작은 선거를 치러야 하는 현행 선
거제도를 고칠 필요가 있다는 데 정치권의 공감대가 어느 정도 형성되
어 있다[199]고 한다. 지방자치단체의 통합은 행정업무의 효율화를 위해
상당 부분 필요한 측면이 있다. [표 1-12]에서 보는 것처럼 그동안 여
러 차례 지자체 통합이 이루어져 왔다. 그러나 2009년에 진행된 지방자
치단체 통합은 대통령의 정견발표에 맞추기 위해 다분히 정치적인 의
도를 갖고 시작된 것으로 지역 주민과 의회·자치단체장 간 오히려 갈
등만 조장한 측면이 없지 않은 것 같다.

[표 1-12] 지방행정체제 개편 경과

연도	추진 내용
1995년	역사적 동질성, 주민의 생활·경제권 등을 고려, 시·군 통합 (40+38군 → 39시) - 도농복합시 설치 특례법을 제정(1994년 12월), 행정·재정적 특례 부여
1998년	여수시, 여천시, 여천군의 '3여(麗)' → 여수시로 통합
2006년	제주도 행정체제개편(4개 시·군 → 2개 행정시) - 제주도 행정체제 등에 관한 특별법 제정(2006년 1월)
2005~2006년	국회 지방행정체제 개편특위, 「시·군·구의 광역화」개편방향 제시
2008~2009년	지방행정체제개편 특별법안 의원대표 발의 - 권경석 의원(한나라당, 2008년 11월), 우윤근 의원(민주당, 2008년 12월), 　이명수 의원(자유선진당, 2009년 3월), 박기춘 의원(민주당, 2009년 6월), 　허태열 의원(한나라당 2009년 6월), 차명진 의원(한나라당, 2009년 8월), 　백재현 의원(민주당, 2009년 10월), 최인기 의원(민주당, 2009년 11월)

---

199) 조선일보 2009.8.27

연도	추진 내용
2009년 2월	기초지방자치단체 간 자율적 통합 촉진을 위한 특별법안(노영민 의원) 발의
2009년 3월	국회, 지방행정체제개편특위 구성결의안 의결 －위원 20인, 활동시한 2010년 2월28일
2009년 5월	지방자치단체의 자율통합 지원을 위한 특례법안(이범래 의원) 발의
2009년 6월	지방행정체제개편 특위 출범
2009년 8월	국회 지방자치단체 자율통합 지원계획 발표
2009년 9월	18개 지역(46개 자치단체) 대상 통합건의 접수
2009년 10~11월	주민의견조사를 거쳐 4개 통합 추진 지역 선정 －창원·마산·진해·청주·청원·성남·하남·광주·수원·화성·오산
2010년 1월	창원·마산·진해 통합준비위원회 발족 －지방자치단체의 통합 및 지원특례법안(정부발의) 국회 제출

출처: 행정안전부

2009년 8월 16일 정부는 이명박 대통령이 광복절 경축사에서 밝힌 국정운영 방향을 실행하기 위해 구체적인 후속대책 마련에 착수 각 부처에서 올린 24개 추진과제를 선별 청와대 내부회의에서 논의했다. 행정구역 개편 추진은 청와대의 선(先) 행정구역 개편 후(後) 선거구 개편 방침에 따라 추진되었다. 청와대는 행정구역 개편과 관련, "일부에서 행정구역 개편이 선거구제 개편과 맞물려 있지 않나 하는 의구심을 갖고 있지만 선거구제 개편은 행정구역 개편 후 정치권에서 충분한 논의를 거쳐 합의할 사안으로 대통령이 추진하려는 행정구역 개편은 선진화된 행정모델을 염두에 둔 것으로 중앙정부 권한을 강화하려 한다는 지적은 오해"라고 해명했다. 청와대는 행정구역 개편의 경우 "자율통합 논의가 활발한 지역에 대해 범정부적인 획기적 지원으로 성공적인 통합 모범사례를 창출할 것이다. 교부세 추가지원 등 지역경쟁력 강화를 위한 행정·재정적 지원을 확대하고 지역발전 및 주민생활여건 개선 지원 등 행정특례를 부여하겠다"고 강조했다.[200]

---

200) 중앙일보 2009. 8. 16.

행정안전부(장관 이달곤)가 2009년 8월 26일 발표한 지방자치권 강화와 지역경쟁력 제고를 위해 시·군·구가 지역 주민의 결정에 따라 인근 자치단체와 자발적으로 통합을 추진할 수 있도록, 기획재정부, 교육과학기술부, 문화체육관광부, 농림수산식품부, 지식경제부, 국토해양부 등 7개 부처 합동으로 자치단체 통합에 대한 다양한 행·재정적 지원과 통합절차를 명시한 '자치단체 자율통합 지원계획'이었다. 주민자치 기반 확충과 지역경쟁력 강화를 목표로하는 이 계획에 따르면 10년간 최소 3조 9천억, 주민 1인당 49만 원의 통합 효과가 발생하는 것으로 전망하고 있었다.

구체적으로 보면, 도시지역은 자치기반 확충과 발전에 필요한 입지가 부족하고, 농촌지역은 인구 감소로 지역경제 활력이 저하되고 있다. 전국 면 지역의 평균 면적(62.46㎢) 이하의 시가 구리 33㎢, 군포 36㎢, 광명 38㎢, 오산 42㎢, 목포 49㎢, 안양 58㎢ 등 10개에 달한다. 광역교통망, 도시계획, 환경 및 자연보전계획 등 광역계획을 위한 광역적 도시행정 수요와 쓰레기 소각장, 추모공원, 하수처리장 등 비 선호시설 설치 문제에서 있어서 지역 간 갈등 조정이 필요한 사안에 대한 적절한 대처가 곤란하다. 확대된 생활·경제권과 행정구역 간의 불일치로 인해 주민 불편과 부담을 초래하고 있다. 또한, 좁은 국토를 230개로 잘게 쪼갠 현행 행정구역은 작은 규모 자치단체의 지역 발전을 크게 제약하고 있으며, 국가재정에 의존한 청사 또는 문화·체육시설 신축, 지역축제 증가 등 방만한 예산운용이 나타난다. 1995년 이후 청사를 신축한 54개 자치단체 중 46개(85%)가 재정자립도 50% 미만인데도 2003년 3,731억 원에서 2008년에는 7,354억 원으로 축제성 경비가 지속적으로 증가하고 있다. 새만금(김제·부안·군산), 전북혁신도시(전주·완주) 등 지자체 간 경계를 넘는 광역적 지역발전 사업에도 걸림돌이 되고 있다.

이러한 제반 문제를 해결하기 위해 당정협의를 거쳐 최종 확정한 정부의 '자치단체 자율통합 지원계획'은 지역주민의 삶의 질 개선과 지역 경쟁력 강화를 위한 다양한 유인책(incentive)을 담고 있다. 지역개발을 위한 재정지원으로 통합 자치단체 지역개발 재원으로 활용할 수 있도록, 통합이전 관계 자치단체의 교부세액 수준을 5년간 보장하고, 통합 자치단체 추진사업에 대해 국고보조율을 10% 상향 조정하고 통합이전의 지출 한도(ceiling)를 5년간 보장하는 등 지역개발 계정상 특례를 강화한다. 기존 혜택 보호 및 행정특례 확대하여 농어촌 지역 주민들이 현재 누리고 있는 혜택을 보호하기 위해, 읍·면이 동으로 전환 시에도 면허세 세율, 특례입학 자격 등 기존 혜택을 유지하고, 통합으로 인한 공무원의 인사상 불이익을 배제하기 위하여 통합 자치단체에 대해 한시기구·정원을 10년간 인정하고, 인구가 50만 명 미만이라도 행정구의 설치를 허용하며, 사무처리 권한을 확대할 예정이다. 이외에도 여러 가지 혜택이 포함되어 그야말로 장밋빛 일색이었다. 이러한 자치단체 자율통합지원계획의 세부방안 중 일부는 국회 행정안전위에 계류 중인 자율통합 지원 법안에 반영되어 있는 사안으로 정부는 국회와 적극 협조하여 조속한 시일 내에 입법화되도록 노력할 예정이라고 밝히고 있다. 통합 자치단체에 대한 교부세 추가 지원, 주민의 기존 혜택 유지, 인구 50만 명 미만이 통합할 때 등 10년간 최소 3조 9천억 이상, 주민 1인당 49만 원의 통합효과가 기대된다는 것이었다.

통합으로 인한 편익과 효과를 잠정적으로 분석해 보면, 주요 통합 제기지역은 청주·청원, 여수·순천·광양, 안양·군포·의왕, 의정부·양주·동두천, 남양주·구리, 마산·창원·진해, 전주·완주, 목포·무안·신안, 성남·하남·광주, 부산 중·동구 등이었다. 구체적으로 보면, 우선 25개 자치단체가 인센티브로 제공받는 재정지원(지방교부세)은 모두 2조 866억 원으로 지역개발을 위한 투자재원으로 활용된다. 상하수도 요금 등 각종 공공요금 인하, 장수 수당과 출산 지원 대상 확대, 행정 효율화 등으로 총 1조 8천316억 원 이상의 비용 절감 및 주민 편익 효과를 거둘 수 있다. 청주·청원 통합효과는 총 4천480억 원(1인당 523,994원), 남양주·구리 통합효과는 총 2천115억 원(1인당 280,488원), 전주·완주 통합효과는 총 4천798억 원(1인당 639,392원) 등 10개 지역 통합효과는 지역주민 1인당 487,666원 정도로 전망하고 앞서 제시한 3조 9천182억 원은 2009년 기준으로 추계 가능한 통합 효과로, 이에 더하여 인구와 면적 등 규모 확대에 따른 파급효과, 공장·주택 용지 확대와 지역 이미지 개선 등 향후 지역경쟁력 강화에 따른 이익, 지역 숙원사업 해소에 따른 지역 발전 촉진 등을 감안하면 주민들이 받는 혜택은 훨씬 더 클 것으로 전망했다.

행정안전부는 자치단체의 통합결정과정에서 주민의사를 최우선적으로 반영한다는 계획이었다. 이를 위해 주민투표 등 법정 절차는 물론 필요 시 여론조사 등을 실시하고, 주민들이 올바른 판단을 할 수 있도록 객관적 정보를 제공하는 등 공정한 관리자의 역할을 성실히 수행해 나갈 예정이라고 했다. 특히 행정안전부장관 소속으로 민간전문가로 구성된 '자치단체 자율통합지원위원회'(위원장 남궁근 서울산업대 교수)를 발족하여 자치단체 자율통합 전반에 걸친 자문 업무를 담당토록 할 예정이라고 밝혔다. 자치단체 자율통합의 향후 일정을 살펴보면, 행안부는 9월 말까지 다른 시·군·구와 통합을 원하는 해당 지역주민, 지방의회, 또는 자치단체장으로부터 통합건의를 받을 예정이며, 특히, 지역주민의 통합의사가 반영될 수 있도록 인구 50만 이상 대도시는 주민의 1/100, 시·군·구는 주민 1/50의 연서로 통합을 건의할 수 있도록 할 계획이었다. 행정안전부는 통합건의를 받아, 필요시 건의지역을 대상으로 여론조사를 실시하고, 이를 토대로 자치단체와 지역주민의 의사를 확인하기 위하여 지방의회의 의견을 청취하거나 주민투표를 실시하여 2009년 안으로 통합 여부를 결정할 예정이었다.

이러한 정부 방침에 따라 한동안 전국 18개 지역 46개 자치단체에서 통합건의가 접수되어 활발한 통합논의가 이루어졌다. 말할 것도 없이 인근지역과 통합 논의가 거론되었으나 통합되지 않는 지역은 주민 간 갈등만 부추겨 놓은 셈이 되었다. 그 대표적 사례가 경기도 성남과 하남, 광주시 통합과정이다. 경기도 성남, 광주, 하남시 통합 안이 2010년 1월 22일 새벽 성남시의회에서 여당 의원들에 의해 단독으로 통과됐다. 이 과정에서 의원들끼리 멱살을 잡고 뒹구는 등 여야 의원들 간에 난투극이 벌어졌다. 시의회는 완전히 난장판이 됐다. 폭력국회의 복사판을 보는 듯했다.

장애인 의원 한 명은 실신해 병원으로 실려 갔다. 난장판 속에서 의장은 성남권 행정구역 통합 안이 가결됐음을 선포했다. 전국적으로는 마산·창원·진해에 이어 두 번째, 수도권에서는 첫 번째 통합 결정이었다. 성남, 광주, 하남시가 통합되면 면적은 서울보다 넓고 인구도 울산보다 많은 광역시급 기초자치단체가 탄생하게 된다. 예산도 2010년 기준으로 3조 1천5백억 원으로 광주, 대전, 울산광역시를 추월하게 되고 10년 동안 3천4백억 원의 성과보수(incentive) 등 정부의 지원도 뒤따른다. 성남, 광주, 하남시장은 일제히 환영했지만, 야당 의원들은 불법 날치기라며 소송을 제기하기로 했다. 야당 의원들은 안건 처리 과정에서 여당이 의회 규칙을 어기는 등 문제가 있었다며 성남권역 통합 안은 원천 무효라고 주장했다. 지관근 의원은 상임위원회에서 진행되는 사안은 본회의에 임의로 상정처리 할 수 없음에도 불법적으로 본회의에서 안건처리를 한 것은 불법 날치기로 원천무효라고 주장했다. 적법성 논란과 함께 여전히 남아 있는 통합반대 여론과 통합 시 위치나 명칭 문제 등 통합 추진 과정에서 풀어야 할 과제가 아직도 산적해 있었다.[201] 성남·광주·하남시 통합 안은 결국 주민 반대여론과 정부의 모호한 태도 등으로 무산되고 말았다.

[그림 1-3]에서 보는 바와 같은 물리력 행사가 이루어진 것은 다수에 의존하여 힘으로 밀어붙이고 절차를 무시하는 미숙한 의회진행도 문제가 있지만, 정부의 잘못된 지자체 통합 추진이 근본적인 원인을 제공했기 때문이다. 민주주의의 원리인 여론 수렴, 대화와 타협, 절차의 준수는 무시되고 폭력과 반목만 남았다. 과연 누구를 위한 무엇을 위한 통합인지 납득하기 어렵다. 이렇게까지 하여 통합하면 무엇이 달라질지 의구심이 든다. 주민들은 형식으로 통합된 거대도시를 원하는 것이 아니라 진정으로 시민을 위해 봉사하고 고객 만족을 실천하는 행정을 원한다. 따라서 통합은 애초부터 시작을 하지 말든지 여론 조사 등의 정지작업을 통해 통합이 성사되도록 하는 것이 바람직하다. 행정안전부에서 계산하는 정도의 효과가 실제 기대되는 일이라면 정부는 더욱 적극적으로 대처해나갈 필요가 있다. 그런데도 주민들에게 맡겨 놓아

경기도 성남시의회 민주당, 민노당, 국민참여당 등 야당 의원 10명이 2010년 1월 21일 통합의견 제시안 처리를 막겠다며 쇠사슬로 서로의 몸을 묶고 본회의장 의장석을 점거했다(동아일보 2010. 1. 21).

[그림 1-3] 국회와 닮은꼴 지방의회의 추태

---

201) SBS 2010. 1. 22.

갈등만 만들도록 한 것은 책임을 회피하기 위한 얄팍한 행동에 불과하다. 절차를 제대로 지키지 않는 통합에 대해서는 특혜(incentive)를 주지 않겠다는 입장을 분명히 밝혔어야 했다. 2009년에 시작된 지자체 통합 계획이 기대 이하의 성과를 거두고 갈등만 양산한 것은 기간을 정해 놓고 특혜를 부여하여 통합을 유도하도록 한 일회성 행사로 만들었다는 데에 그 원인이 있다.

지자체 통합이 실제 어느 정도의 효과가 나타날지 알 수는 없지만, 만약 정부가 계산하는 정도의 효과가 기대된다면 정부가 해야 할 일은 지자체 통합을 일회성 행사로 만들 것이 아니라 주민들이 상시로 통합을 추진할 수 있도록 법제화하고 특혜를 제공하는 등 행정 지원체계를 먼저 갖추어야 한다. 공적만을 고려하여 생색내기 식의 일회성 지자체 통합은 주민의 대립과 갈등만 부추길 뿐 별다른 도움이 되지 못한다. 당시 정부는 공무원 등을 동원해 행정구역 자율통합을 반대했다는 제보가 접수된 경기도 구리시와 충북 청원군, 전북 완주군 단체장들을 행정안전부가 고발할 계획인 것으로 알려지는 등 지방자치단체 통합의지와 기세가 상당했다. 지자체의 통합 반대와 관련하여 행정안전부 지방행정국장은 2009년 10월 14일 "여러 개의 시·군이 합쳐질 경우 자신의 자리가 없어질 것을 우려한 시장·군수 등 민선 단체장의 '신(新) 관권 개입'으로 통합이 큰 차질을 빚고 있다"고 말하기도 했다.[202]

하지만 중앙일보 사설칼럼 이범훈의 시시각각 '장관의 맥 빠진 리더십에 의하면'이라는 기사를 보면 정부의 다른 의도를 파악할 수 있다. 「주무(행정안전부) 장관이라는 사람이 이틀 만에 국회에 불려 와서 한다는 소리가 (의원님들이 문제 삼는) 2곳은 실질적으로 통합에서 제외된다는 거였다. 행안부 실무자들까지 경악시킨 그 말을 듣고 나서야 이

---

202) 중앙일보 2009. 10. 15.

미 다른 곳을 달리고 있던 그들의 속셈이 짚였다. 향후 100년을 가늠할 국가 개조 작업을 진두지휘할 장관이나, 그것을 뒷받침해야 할 집권당 의원 나리들이나 애초부터 통합에는 관심이 없었던 거다. 그러니 4곳은 모양이 빠지고 6곳 정도는 돼야 뭐라도 하는 것처럼 보인다는 얄팍한 계산이 나올 수 있었던 거다. 그렇게 구색을 갖춰 놓으면 지방의회가 알아서 거부해줄 테고, 그게 안 돼도 주민투표에서 통과되기 어려운데 무슨 걱정이냐는 거였다. 이제 장관은 할 만큼 했고 행정구역 개편 문제는 또다시 미결과제로 구천을 떠돌면 그만이었다. 억울한 건 주민들 뿐이다. 그것도 모르고 찬성이니 반대니 지역끼리 싸우고 이웃끼리 다투다 의만 상했다. 그 상처가 보였다면 장관은 안상수 대표의 모순된 논리를 뒤집었어야 했다. 행정구역이 바뀌면 달라지는 게 선거구지 선거구에 따라 행정구역이 움직일 순 없는 게 진리라고 말이다.[203]」

굳이 중앙일보 기사 내용이 아니라도 정부가 내건 지원내용을 보면 한꺼번에 대규모 통합이 이루어질 경우 예산문제가 발생할 가능성이 커 비교적 뚜렷한 한계성을 갖고 있었다. 따라서 시·군 통합은 주민들의 생활 편의와 행정효율 극대화라는 차원에서만 논의돼야 하고 정부 예산이나 주민 갈등을 고려하면 불필요하게 많은 지역이 달려들게 유인하는 것보다는 철저한 사전 조사를 통해 제한된 지역을 대상으로 단계적으로 실시하는 것이 타당하다. 주민의 갈등을 해결해도 시원찮을 정부가 주민들 간에 반목과 갈등 원인을 제공하는 것은 이해하기 어려운 처사이다. 모든 일에는 절차와 단계가 있다. 정부가 정치적인 의도가 아니라 진정 주민의 편익을 위해 지자체를 통합할 생각이 있다면 미리 일정과 목표를 정해 놓아야 한다. 무리하게 추진할 것이 아니라 먼저 관련 법률을 정비하고 제도를 마련한 후 문호를 개방하고 순리를 쫓

---

203) 중앙일보 2009. 11. 17.

아 주민들이 스스로 원하는 곳만 통합을 추진하는 것이 마땅하다.

2010년 9월 현재 주민의견조사를 거쳐 통합 추진이 실제로 이루어진 곳은 창원·마산·진해가 통합된 창원시뿐이다. 지자체 통합이 대단히 필요하고 시급한 일인 것처럼 강조했던 이명박 대통령은 말이 없고, 호들갑을 떨던 이달곤 장관은 6·2지방선거에서 민선 경남지사로 출마하기 위해 물러났다가 선거에서 패배했다. 마치 지자체 통합에 반대하는 자치단체장을 고발이라도 할 듯이 한동안 목에 핏대를 세우던 행안부 고위공직자들과 법안통과로 정부정책을 보조할 것처럼 나대던 국회의원들의 관심이 떠난 지도 오래되었다. 지방자치단체의 자율통합 지원을 위한 특례 법안은 여야 처리 합의에도 불구하고 1년 이상 표류하면서 창원시는 통합업무 추진에 어려움을 겪었으며, 창원시와 시민들의 청원에 의해 겨우 2010년 정기국회에서 관련 법안이 처리 되었다. 한자리 해 먹고 공적을 의식해 그저 대책도 없고 책임도 지지 않을 일을 벌이고 보자는 군상들의 모습을 우리는 여기서 또 보고 말았다. 속으로 화가 나고 애를 태우는 국민은 있어도 일을 잘못한 것에 대해 반성하는 사람도 책임을 지는 사람도 단 한 명이 없다. 그런데도 대한민국은 씩씩하게 잘 굴러간다. 신기한 일이다.

4) 주소체계 변경사업

전국의 주소를 바꾼다는 것은 예삿일이 아니다. 개인의 주민등록증이나 운전면허증을 비롯하여 행정기관의 호적 및 주민등록 관련 서류 전체와 지적 관련 서류는 물론 우편, 통신, 운송, 세금, 지적, 도로 표지, 마케팅에 이르기까지 국가의 기본 정보체계의 큰 틀이 바뀐다고 해도 과언이 아니다. 그만큼 주소를 중심으로 이루어지는 일들이 많다는 말이다.

큰일을 할 때는 그만큼 준비도 철저해야 한다. 대충하면 되겠지 하는 생각이라면 처음부터 시작하지 않는 것이 혼란을 줄이는 방법이다. 주소체계 변경사업 시행은 예삿일이 아니다. 100년간 써온 지번 주소를 변경함에 있어 뒤따르는 불편함이나 행정적인 문제가 발생할 것을 고려하면 충분한 준비기간이 필요하다. 그런데 노무현 정부 시절 일제잔재 청산과 불합리한 표기 문제를 해소한다는 명분하에 2006년 10월 '도로명 주소 등 표기에 관한 법률'이 공포됨에 따라 2007년 이후 일제강점기에 만들어져 현재까지 사용 중인 '일제 지번' 주소체계 변경사업이 본격화되기 시작했다. 현행 사용되는 지번 주소제도는 1910년대 일제가 토지수탈과 조세징수 목적으로 만든 지적제도의 지번 방식으로 현재까지 대표적인 주소체계로 사용하고 있다. 현행주소는 자치구, 법정동명, 지번 순으로 구성되어 있으나 도로명 주소로 전환되면 자치구, 도로명, 건물번호 순으로 주소가 구성된다.

새로 도입된 건물주소제(建物住所制)는 전국 모든 도로에 이름을 부여하고, 그 도로에 맞춰 체계적으로 건물에 번호를 붙이는 제도이다. 선진국의 경우 주소와 지도만 있으면 아무리 낯선 곳이라도 찾아갈 수 있는 데 비해, 우리나라의 주소체계는 일제가 식민통치와 조세징수 등을 목적으로 읍·면·동과 토지번호를 결합해 만든 것으로, 그동안 급속한 도시화에 따라 토지를 분할하고 조밀하게 사용해 지번이 매우 불규칙하고 혼란스러웠다. 선진국은 모든 길, 심지어 집이 한두 채 밖에 없는 골목길까지 모조리 가로명칭을 붙인 뒤 집집마다 번호를 매기고 있는데, 번지수를 붙일 때에도 서에서 동으로, 남에서 북으로 숫자를 키우고, 길 양쪽으로 홀수·짝수로 구분 방향을 명확히 하고 있다. 미국의 경우 이런 원리에 따라 모든 주소가 번지수·길 이름·도시 이름·주(州) 이름·우편번호 순으로 통일되어 있다.

　주소체계 변경 작업 시행에 따라 지금 전국의 도로에 새로운 이름이 붙여지고 번지도 새로 부여되고 있다. 그런데 이 작업이 오히려 국민의 혼란을 부추기고 있다. 건물주소제가 효과적일 것으로 예측하여 도입을 시작했으면 곧장 밀고 나가야 한다. 그런데 어째 어정쩡한 것 같다. 없던 도로명칭을 새로 붙이고는 있지만, 행정기관은 물론 국민은 시큰둥하다. 오랫동안 살아온 동네에 전혀 생소한 도로 이름이 붙는 것도 그렇지만 바꾸려면 확 바꾸든지 아니면 바꾸지 말아야 하는데 부분적으로 바꾸어 나가기 때문에 기존의 주소 표기를 훨씬 더 많이 사용한다. 건물주소제 도입은 섣부른 정책이 오히려 국민을 혼란으로 빠뜨리고 있는 것이다. 그런데도 정부는 느긋하다. 국민이 불편을 겪든 말든 되는대로 한다. 교체 기간이 길어지면 당연히 혼란과 불편도 늘어난다. 제대로 된 정부라면 지금이라도 결단을 해야 한다. 바꾸는 효과가 탁월할 것 같으면 전격적으로 밀어붙이든지 아니면 포기를 하든지 말이다.

　건물주소제 도입은 당초 본질 자체가 잘못되었다. 기존제도의 변경과 새로운 제도의 도입은 반드시 정당성과 합리성에 입각한 평가에 근거해 이루어져야 했다. 주택이 불규칙적으로 지어지므로 지번 표기에 혼란이 생긴 것은 맞다. 그러나 도로명칭을 붙인다고 깔끔하게 정리되는 것만도 아니다. 어느 정도의 불규칙적인 것은 시간이 지나면 또 나타나게 되어 있다. 그리고 일제 잔재가 좋든 싫든 그것은 어찌할 수 없는 아픈 우리 역사의 한 부분이고 중요한 점은 국민의 생활 속에 뿌리내린 내용을 바꿀 때는 그것이 일제잔재의 청산이 기준이 될 수 없다. 일제잔재 몇 가지 바꾼다고 지나간 역사나 민족의 자존심이 달라지지 않는다. 일본식을 지금 미국이 세계를 선도한다고 미국식으로 바꾸면 중국이 급부상하고 있는데 앞으로 중국이 세계 선도국가가 되면 그때는 또 중국식으로 바꿀 것인가? 그것은 아니지 않은가?

무슨 일이든지 오늘날 대한민국을 이끌어 나가고 발전시키는 데 도움이 되는 일을 해야 한다. 그것이 일제잔재라 하더라도 마찬가지이다. 정권이 바뀔 때마다 정치권과 공무원이 소신 없이 왔다 갔다 하면 궁극에는 우리 것으로 뿌리내릴 것은 아무것도 없어질지 모른다. 국민을 혼란 속으로 몰아넣는 섣부른 정책이나 제도는 오히려 시행하지 않는 것이 좋다. 기존 제도가 다소 문제가 있더라도 그것은 이미 국민에게 습관화되어 있는 편안함을 제공한다. 우리가 가장 중요하게 많이 사용하는 주민등록증의 글자 한 자만 틀려도 출입국이 어렵고 등기에 오자가 있으면 다시 등기해서 경정해야 한다. 그리고 이미 전산화되어 있는 모든 서류와 자료 또한 모두 교체하는 엄청난 사업이다. 기존 체계를 바꾸는 일은 어차피 한번은 혼란을 겪어야 끝이 난다. 그런데 2012년부터 새로운 주소제도가 시행에 들어간다고 한다. 그동안의 일처리 행태를 보면 정부가 제대로 준비를 하고 있는지 우려된다.

5) 불합리한 인사

공무원(公務員)은 국가 또는 지방자치단체의 사무를 맡아보는 사람을 말한다. 일반적으로 국가공무원과 지방공무원으로 크게 구별하지만, 선발방법과 선발주체, 직무의 특성 등에 따라 여러 가지 종류로 분류할 수 있다. 정무직공무원(政務職公務員)은 특수 경력직 공무원의 한 갈래이다. 선거에 의해서 취임하거나 임명에 국회의 동의를 필요로 하는 공무원이다. 감사원의 원장·감사 위원 및 사무총장, 국회의 사무총장 및 차장, 헌법 재판소의 재판관 및 사무처장 등이 이에 속한다.

국가공무원은 보통 국가에 의하여 임명되어 국가의 사무를 집행하는 공무원이고, 지방공무원은 지방자치단체에 의하여 임명되어 지방자치단체의 사무를 집행하는 공무원이다. 임명에 의하지 않고 선거에 의하는 공무원도 있고, 국가공무원이 지방자치단체의 사무를, 지방공무원이 국가사무를 집행하는 경우도 있기 때문에, 양자의 구별은 오히려 공무원이 근무의무를 지는 행정주체의 여하와 보수, 기타 경비부담의 주체 여하를 기준으로 하는 편이 타당하다. 양자의 구별은 과거 관리·공리의 구별에 대응하는 것인데, 양자는 적용법규를 달리한다. 즉 국가공무원은 국가공무원법, 지방공무원은 지방공무원법의 적용을 받는다.

공무원(public servant)은 공무에 종사하는 사람을 말하는데 공무원의 개념은 제도적 산물이므로 극히 다의적(多義的)이다. 현재 우리나라 실정법상 개념으로는 대체로 다음과 같은 세 가지가 있다. ① 최광의로는 일체의 공무담당자를 의미한다. 즉 국가 또는 지방공공단체의 모든 기관구성자가 이에 해당한다. 국가배상법 또는 형법상의 공무원 개념이 그 예이다. ② 광의의 공무원이란 국가 또는 공공단체와 광의의 공법상 근무관계를 맺고 공무를 담당하는 기관구성자를 말하며, 그 신분과 지위에 있어 일반 사인(私人)과는 다른 특별한 법적 취급을 받는다. ③ 협의의 공무원이란 국가 또는 공공단체와 공법상 특별권력관계를 맺고 공무를 담당하는 기관구성자를 말한다. 일반적으로 행정법상의 공무원은 이 협의의 공무원을 주된 대상으로 하고, 필요에 따라 광의 또는 최광의의 공무원에 관하여 언급하는 것이 보통이다. 협의의 공무원은 단순한 노무에 종사하는 자(고용원)나 잡급직원·계약직원 같은 것도 포함하고 있는 까닭에 과거의 관리(官吏)·공리(公吏)의 개념보다 넓은 것이다.

모든 공무원은 승진을 소망한다. 그 소망이 이루어지고 이루어지지 않는 것은 인사에 의해 좌우된다. '인사가 만사'라는 말은 인사의 중요성을 잘 나타내 준다. 현재 우리나라에는 인사청문회법이나 국가공무원법 같은 여러 가지 인사기준과 능력평가방법이 마련되어 제도화되어 있다. 이 기준에 따라 인사를 하면 문제될 것이 없다. 만일 문제가 있다면 그 부분을 수정하거나 보완하면 된다. 그런데 매번 정권이 바뀔 때마다 끊임없이 인사에 대한 논란이 일어나고 있다. 왜 그럴까? 답은 간단하다. 기준대로 인사가 되지 않고 있다는 것이다. 즉 내외부에서 인사에 개입하여 영향력을 행사하여 비정상적인 정실인사가 판을 치고 있다.

인사가 정상적으로 이루어지면 능력 있고 도덕성과 정직성을 갖춘 사람들이 승진하고 임명되어야 한다. 그런데 최상부 인사인 정무직공무원의 임명과정을 보면 우리나라 인사체계에 무슨 문제가 있는지 쉽게 이해할 수 있다. 정무직공무원을 임용하기 위한 인사청문회는 무성의한 공직후보자의 태도와 위법, 국회의원들의 일방적이고 고압적인 태도, 대통령이 위법한 것이 드러나 도덕성에 문제가 있는데도 불구하고 그러한 후보자를 버젓이 임명한다는 점이다. 능력, 자질, 도덕성 그리고 국민의 뜻에 관계없이 대통령 자신과 뜻이 맞는 사람을 장관직에 임명하는 경향이 강하게 나타난다. 국가공무원에 대한 인사는 중앙인사위원회에서 인사를 하면 되는데도 청와대가 개입한다. 자격 미달의 낙하산인사로 정권에 영합하거나 편승하는 사람들이 요직에 기용되고 전 정권에 영합하거나 편승한 사람들은 한직으로 밀려나거나 임기를 제대로 채우지 못하고 압력을 받아 물러나면서 논란이 벌어진다.

준공무원의 부류에 속하는 중앙부처의 산하기관이나 공기업 인사는 해당 주무부처에서 관리를 담당하는 부서나 인사권을 가진 부서에서 임원에 대한 인사를 단행하면 된다. 그런데 외형상으로는 주무부처에서 인사를 하는 것처럼 모양새를 갖추지만, 실질적으로 청와대와 정치권이 인사에 공공연하게 개입한다. 심지어 전 정권이 임명한 사람에 대해 법률로 정한 임기를 보장하지 않고 감사의 방법을 동원하거나 뒷조사를 통해 비리를 캐고 압력을 넣어 중도에 하차하게 하거나 보직을 해임하기도 한다. 이러한 무리한 인사로 인해 현 정부의 인사에 불복하여 법원에서 부당성이 제기된 것만 하더라도 여러 건 있다. 그 대표적인 사례가 한국문화예술위원회 한 지붕 두 위원장 사태이다.

(1) 문화체육관광부 김정헌 위원장 강제 해임

문화체육관광부의 무리한 인사가 결국 김정헌 위원장의 강제 해임과 '한 지붕 두 위원장' 사태라는 꼴사나운 모습을 만들어 냈다. 법원에서 '해임효력 정지' 결정을 받아내고 출근을 시도한 김정헌 한국문화예술 위원회 위원장이 2010년 2월 1일 오전 혜화동 한국문화예술위원회 3층 위원장실로 출근하지 못한 채, 옆 건물 아르코미술관 관장실에 별도로 마련된 위원장실로 출근했다. 신재민 문광부 1차관은 2월 4일 기자간담 회를 열고 "김 위원장의 직위는 인정하지만, 권한은 논란의 여지가 있 다"고 말했다.[204] 하지만 한국문화예술위원회의 위원장이 2명인 상황 에서 위원회의 업무 권한을 두고 오광수 위원장과 돌아온 김정헌 위원 장의 대립이 화두로 떠올랐다. 2월 8일 문화예술위원회에서는 김정헌 위원장의 권한과 직위를 논의하는 전체 회의가 있었다. 회의 결과 위원 회는 "오광수 위원장이 기관 대표권을 포함해 업무에 대한 모든 권한을 행사하도록 결정했다"고 밝혔다. 이에 김 위원장은 "위원회의 결정을 따를 수 없다"고 반박했다. 김 위원장은 "내 상대는 오광수 위원장이 아니다. 유인촌 장관이 공개 사과하고 퇴진할 때까지 내가 지켜볼 것" 이라고 말했다.[205]

---

204) 오마이뉴스 2010. 2. 5.
205) TV리포트 2010. 2. 10.

(2) 국가인권위원회 현병철 위원장 임명

국가인권위원회의 2009년 7월 30일 '국가인권기구 국제조정위원회 (ICC)' 의장국 도전 포기는 잘못된 인사는 국내뿐만 아니라 국제적으로도 문제가 될 수 있음을 보여준 대표적인 사례였다. ICC 의장은 대륙별로 돌아가면서 맡는데 8월 3일 열리는 '아시아·태평양 국가인권기구 포럼(APF)'에서 아시아·태평양 지역 의장국·의장이 사실상 선출되도록 되어 있었다. 당시 경쟁국이 없어 한국의 의장 배출이 유력했다. 인권위는 ICC 의장국을 맡기 위한 전담반을 꾸리는 등 준비를 해왔고 7월 20일 취임한 현병철(65) 위원장을 ICC 의장 후보로 내세울 방침이었다. 그러나 일부 시민단체들이 현 위원장에 대해 "인권 관련 경력이 없다"며 출마 포기를 요구해 논란이 빚어졌다.[206]

급기야 ICC 의장 후보조차 내지 못하는 웃지 못 할 상황까지 벌어지고 말았다. 상임위원회의에서는 현 위원장의 출마와 제3의 후보 출마를 놓고 격론이 벌어졌지만, 인권 경력이 없는 현 위원장이 출마하면 당선이 불투명하고, 다른 후보를 내자니 있으나 마나 한 식물 인권위원장으로 전락할 것이라는 우려가 복합적으로 작용, 결국 이도 저도 아닌 이상한 결론이 내려졌다.[207]

(3) 국세청장 줄줄이 구속

국가공무원법 제32조(임용권자) ① 행정기관 소속 5급 이상 공무원 및 고위공무원단에 속하는 일반직공무원은 소속 장관의 제청으로 행정안전부 장관과 협의를 거친 후에 국무총리를 거쳐 대통령이 임용하되, 고위공무원단에 속하는 일반직공무원의 경우 소속 장관은 해당 기관에

---

206) 중앙일보 2009. 7. 31.
207) 노컷뉴스 2009. 7. 31.

소속되지 아니한 공무원에 대하여도 임용 제청할 수 있다. 이 경우 국세청장은 국회의 인사 청문을 거쳐 대통령이 임명한다. ② 소속 장관은 소속 공무원에 대하여 제1항 외의 모든 임용권을 가진다고 명시하고 있다. 그런데 그동안 우리나라 국가 인사체계는 국세청에는 전혀 통용되지 않았다. 청와대 검증이나 국회 인사청문회도 소용없었다.

행정안전부 인사실이 내건 국가 미래를 선도하는 우수인재발굴이나 헌신적이고 창의적인 인재양성 교육 훈련은 무색해 보인다. 또한 고위 공무원 정책의 역량 평가나 공직윤리도 형식적으로 운용되고 있다는 것을 적나라하게 드러내 보여주었다. 얼마 전까지 국세청 인사는 간부 승진을 미끼로 돈을 요구하는 거의 매관매직 수준이었다. 국세청 한상률 전 청장은 차장 시절인 2007년 3월 전군표 당시 청장에게 인사로비를 위해 시가 3천만 원 안팎의 그림 한 점을 선물했다는 의혹이 2009년 1월 불거지자 사흘 만에 사의를 표했고 두 달 뒤 미국으로 출국했다.

2006년 부하에게서 인사 청탁 명목으로 현금 7천여만 원과 1만 달러를 받은 혐의로 징역 3년 6개월을 선고받은 전군표 전 국세청장 사례도 있다. 한 전 청장이 '정권 실세에게 10억 원을 갖다 줘야 한다'고 말했다는 세무조사 대상 기업의 편의를 봐주고 재산상 이득을 챙긴 혐의로 구속된 안원구 국세청 국장의 부인인 홍혜경 가인갤러리 대표의 폭로도 가볍게 들리지 않는다. 위로 뇌물을 바쳐 좋은 자리를 챙기고, 그 돈을 마련하기 위해 기업들로부터 뇌물을 받는 관행이 국세청에 아직 남아 있다면 국가의 수치다. 1988년 이후 10명의 국세청장 가운데 6명이 구속되거나 추문에 휩싸여 퇴진했다. 국세청은 청장이 불명예 퇴진할 때마다 '이를 계기로 다시 태어나야 한다'는 다짐을 했지만, 이 사건을 보면 과연 국세청 물이 맑아질 날이 올 것인지 기약이 없다.[208]

---

208) 동아일보 2009. 11. 23.

　모두가 원리 원칙을 지키지 않고 권력을 남용한 데서 생긴 불협화음이다. 정부 인사는 현재 공무원과 준공무원의 범주에 들어가는 공공기관이나 공기업을 넘어 민간단체인 사회 제반 분야의 웬만한 협회에 고위공직 출신 인사가 회장이나 부회장 등의 임원으로 재직하지 않은 곳이 거의 없을 정도로 방만하게 운영된다. 정년퇴임을 앞두고 물갈이 인사를 통하여 협회로 내려 보내고 있다. 이러한 인사는 국가공무원의 인사가 민간부분에까지 영향을 미쳐 국민들의 정치 편승을 부추기고 대립과 갈등 요인으로까지 작용하고 있는 것이 현실이다. 퇴임 후 사기업이나 유관분야 취업을 제한하는 공직윤리법이 있지만, 모양 갖추기를 통한 임명과 자리 만들기 인사 앞에서는 유명무실하다.

　정무직공무원을 임명할 때 청와대는 비리와 위법사실이 드러난 사람들에 대해서는 반드시 임명을 철회해야 한다. 정부가 비리와 위법 사실이 드러난 사람을 임명하면서 국민들에게 법질서를 지켜야 하고 공권력에 대한 복종을 강요하는 것은 모순이다. 도덕적인 사람들이 고위공직자에 임명되어야 후학들이 도덕성을 중시하기 마련이다. 그러나 비도덕적인 사람들을 고위직에 계속 임명하면 후학들도 비도덕적인 행동과 삶을 살아도 고위공직자가 될 수 있다는 위험한 생각을 갖게 만들 가능성이 크다. 대표적인 정무직공무원인 국무총리와 장관의 경우 재임 기간이 통상 2~3년밖에 되지 않기 때문에 비위사실이나 위법사실이 드러나고 도덕성에 문제가 있는데도 능력 운운하며 그들을 임명한다는 것은 모순적인 자기합리화에 지나지 않는다.

　인사가 합리적으로 이루어지도록 하기 위해서는 법과 규정대로 실천만 하면 된다. 그렇게 되면 외부의 영향력은 줄어들고 법적으로 보장된 임기를 지키면 문제될 것이 없다. 그런데 우리나라 인사는 너무 많은 사람들이 자기 사람을 심으려 영향력을 행사하는 것이 문제다. 심지어는 인사를 하는 기관의 장이 심각한 스트레스를 받을 지경이다. 이런 상태에서는 법이나 규정이 무용지물이 되고 오히려 역량이 부족한 사람을 승진시키는 용도로 악용될 소지가 농후하다. 모두가 법을 지키고 규정을 따르지 않으면 그것이 점차 확산되어 피해자를 양산하고 그 피해자는 그것을 만회하기 위해 연줄을 대는 악순환이 생길 수밖에 없다. 그런데 오늘날 우리나라 인사에는 그러한 폐단이 너무 많은 곳에서 나타난다. 이제는 공무원이나 공공기관, 공기업을 넘어서 사기업의 인사에까지 권력자들의 청탁과 압력이 횡행하는 상황이 되었다.

청탁의 일반화는 결국 문제를 야기하고 부정부패로 이어진다. 경제성장에 따른 국제적인 위상 제고에도 불구하고 우리나라의 부정부패가 개선되지 않는 이유가 여기에 있다. 정실인사가 정도를 넘어서면 누구나 법을 위반하는 무리한 방법을 감수하고서라도 승진에 집착하게 만들 수 있다. 그렇게 되면 심각한 사회적인 문제가 발생할 수밖에 없다. 이런 단계로 발전하기 전에 우리는 국민이 공감하는 합리적인 인사체계를 갖추어야 한다.

(4) 정실인사 사회적 학습 하위직으로 확산

공직선거법 60조(선거운동을 할 수 없는 자) 4에서 국가공무원과 지방공무원은 선거 관여 금지를 규정하고 있다. 그런데 2010년 1월 경남 밀양시 정보통신담당 공무원이 시장의 전자우편(e-mail) 정보를 빼내 다른 지방선거 출마예정자 측에 건넨 혐의를 받고 있다는 언론 보도가 있었다. 해킹당한 전자우편은 밀양시 공무원이 보낸 것으로 "승진에 감사하며 지방선거에서 적극 지지하겠다"는 내용이라고 한다. 해당 공무원의 도덕적 해이도 기막히고, 6월 2일 지방선거를 앞두고 지방자치단체 공무원들의 줄서기 구태(舊態)가 벌써 나타났다는 점에서 충격적이었다.

지방자치제 전면 실시 이후 네 번의 선거를 치렀지만, 공무원 줄서기는 여전한 고질병이다. 감사원이 2009년 12월 특별점검을 벌였지만, 별 무소득인 것이 이런 측면을 여실히 반영한다. 공무원들이 선거 줄서기 유혹을 뿌리치지 못하는 것은 인사(人事)에서 덕을 보려는 속셈 때문이다. 전자우편 유출 혐의 공무원도 2006년 지방선거 이후 승진 누락에 앙심을 품고 있다가 2010년 6월 선거에서 친분이 있는 경쟁 후보가 당선되도록 도와주기 위해 일을 저질렀다는 게 경찰의 분석이다. 공무원 줄서기는 논공행상(論功行賞)식 선심성 인사, 아니면 보복성 인사를 낳는다는 점에서 지방행정의 효율화에 암적인 존재다. 민선 4기 구청장 출범 이후 서울의 모 구청에선 부구청장을 비롯해 국장·과장 등 간부직원 25명이 강제 전출된 일도 있었다. 이래서야 어떻게 주민복리를 위한 행정이 정착될 수 있겠는가. 이제부터라도 풀뿌리 민주주의를 건강하게 키워나가려면 공무원 줄서기를 막을 수 있는 체계(system) 구축이 시급하게 요구된다. 현장에선 자신이 맡은 일에 최선을 다하는 공무원이 평가받는 인사체계가 정착돼야 한다.[209]

오늘날 우리나라의 인사문제는 합리적인 인사를 해야 할 주체인 대통령과 정부 스스로 불합리한 인사를 일삼고 있다는 것이 가장 큰 문제점이다. '평가 따로 인사 따로'엔 제아무리 공정평가라도 당할 길이 없다. 지난 정권 때는 '다면평가 위에 정실인사 있다'는 말이 유행했다. 대권 창출에 공을 세운 측근이 평가를 무시하고 인사권을 휘둘렀기 때문이다. 이명박 정권도 그 점에선 자유롭지 못하다.[210] 국무총리와 장관을 비롯한 정무직공무원은 매우 중요한 자리여서 높은 기대와 포부가 오가야 할 텐데 오히려 허탈과 변명의 소리가 높다. 인사 후엔 으레

---

209) 중앙일보 2010. 1. 18.
210) 중앙일보 2009. 12. 8.

시비가 있게 마련이다. 좋은 인사란 좋은 사람이 알맞은 자리를 찾아 앉는 것이다. 따라서 좋은 인사가 잘 안 되는 책임을 인사권자에게만 돌리는 것은 불공평하다. 인사를 받는 쪽에도 절반의 책임이 있다. 자신의 그릇이나 능력은 자신이 가장 잘 알 것이다. 청와대 인사팀의 검정엔 한계가 있다. 좋은 인사를 하기 위해선 받는 쪽의 절대적인 협조가 필요하다. 알아서 받을 것은 받고 사양할 것은 사양해 줘야 하는 것이다. 그렇게 하는 것이 자신을 위하는 길이기도 하다. 그렇다고 좋은 인재가 공직을 사양해선 나라의 큰 손실이다.[211]

인간이 지배하는 세상 모든 일은 사람이 하는 것이다. 사람이 하는 일에는 인내와 양보 배려, 합리성을 추구하는 노력 없이는 제대로 될 수 있는 것이 아무것도 없다. 이러한 인사체계를 바로 세우려면 모두 청탁을 배격하고 법과 규칙을 준수하는 노력과 인내가 필요하다. 전 정권에서 임명된 사람이라도 임기는 보장하고 도덕적인 인물 발탁과 합리적인 인사, 압력 행사를 중단하는 관행을 가장 먼저 청와대부터 모범을 보여야 한다. 그리고 공무원은 물론 공기업이나 공공기관의 관리를 대폭 강화하여 실적에 따른 급료체계와 인사체계 구축도 시급하다. 부정부패하거나 경영실적이 부실한 임직원에 대해서는 철저하게 책임을 묻는 체계도 정착시켜야 한다. 그리고 정무직공무원을 비롯한 고위공무원이 퇴임 후 민간단체인 협회에 바로 임명되도록 하는 권한 남용은 중지시키는 것이 합당하다. 좋은 인물이 등용되어야 공정한 사회를 건설할 수 있고 국가도 발전한다.

6) 공권력의 형평성 논란

공권력(公權力)은 국가 또는 공공단체가 국민에 대하여 명령하고 강

---

211) 중앙일보 2006. 1. 9.

제하는 권력으로 가장 대표적인 기관이 검찰이지만 넓은 의미에서는 경찰과 법원, 행정기관 등도 포함된다. 권위주의(權威主義)는 권력이나 위력으로 남을 억누르거나 권위에 맹목적으로 복종하려고 하는 사고방식이나 행동 양식을 말하는데, 과거에는 국가권력이나 소수의 독재 권력에 의해 권위주의가 상당 부분 통용되던 시절도 있었다. 하지만 민주주의가 고도로 발달한 현대사회에 있어 국가의 주권은 국민에게 있다. 이제 권위주의 시대는 갔다. 국민은 자의적으로 법과 국가의 통제를 받고 공권력 기관에 의한 법 집행도 정당성과 합리성, 형평성을 요구하는 시대가 되었다.

강력한 국민의 요구에도 불구하고 아직 우리 사회의 권력기관에는 권위주의적인 문화의 잔재가 일부 남아 있다. 국민으로부터 공감 받지 못하는 판결과 무리한 수사나 기소, 강경 진압 같은 일들이 여전히 이루어지고 있으며, 법원과 검찰, 경찰은 아직 국민을 만족시킬 수 있는 이렇다 할 방안을 내놓지 못하고 있는 실정이다. 위법사실이 있음에도 벌을 받지 않는 사람이 검찰총장과 대법원 판사에 임명되고 있다. 하지만 국민을 매일 깜짝깜짝 놀라게 하는 법원은 훌륭한 법원이 아니다.[212] 검찰이나 경찰도 마찬가지다.

법원이나 검찰, 경찰은 법을 제정하는 입법기관이 아니라 법률·명령·재판·처분 등의 내용을 현실로 구체화하는 일을 하는 집행 및 적용기관이다. 그러므로 입법기관에서 만들어진 법을 그 용도에 맞게 집행하고 적용하면 된다. 검찰이나 경찰은 위법 사실이 있는 사람을 수사하여 기소하고 범죄를 저지르지 않도록 예방하는 활동을 하는 것은 당연하다. 법원도 소송이나 기소된 사건에 대해 재판을 통해 유무죄와 형량을 결정하는 판결을 하는 것이 본연의 직무이다. 그런데 법관인 판사

---

212) 조선일보 2010. 1. 21.

와 검찰의 검사, 경찰의 경찰관 중에서 뭔가 다른 사람보다는 다르게 보이도록 하기 위해 튀는 판결을 내리고, 무리하고 강압적인 수사를 하고, 시위대를 강경 진압하는 사람이 존재한다. 그리고 전관예우와 부정부패 문제도 있다.

전관예우란 결국 '안 되는 걸 되게 한다'는 뜻이다. 법무법인(law firm)행 검찰 간부들이 법률지식보다 인맥을 활용해 그런 예우를 즐긴다면 법률가에서 로비스트[213](lobbyist)로 전락하고 마는 것이다. 전관예우가 정도를 넘어서면 원천적인 수사의 무력화, 진행 중인 수사의 축소, 기소의 무력화나 기소를 하더라도 형사 재판에서, 피고에게 어떠한 형벌을 주기를 검사가 판사에게 요구하는 구형(求刑)에서 형량을 크게 줄이는 일로 이어질 수 있다. 판사 또한 마찬가지로 재판에 인맥을 이용하여 개입하면 형량을 변화시킬 수 있다. 재판의 결과는 법문구의 적용과 해석에 따라 판결내용이 판이하게 달라질 수 있는 가능성이 상존한다. 이러한 전관예우가 지나치면 그 결과는 사법 불신으로 이어진다.[214]

법의 형평성을 위협하는 요소인 전직 검찰 간부와 판사에 대한 전관예우는 법조계 종사자들만 끼리끼리 잘 해먹겠다는 것이기 때문에 절대로 용납되어서는 안 된다. 부정부패 또한 마찬가지이다. 2007년 11월 김용철 변호사가 폭로한 삼성 비자금 사건에서 보듯이 주었다는 사람은 있는데 받았다는 사람은 없다. 법을 집행하는 현직 검찰 간부들이 뇌물을 받고 있는 상황에서 공정한 수사를 기대할 수는 없는 일이다. 부정부패와 전관예우가 용납되는 상황에서 법 앞의 평등이라는 말은 무색해진다. 법이 사회의 기준으로 가치를 이미 상실한 것을 의미하기 때문에 반드시 뿌리 뽑아야 한다.

---

213) 로비스트(lobbyist): 특정 조직의 이익을 위해 의회 공작 운동을 하는 사람.
214) 중앙일보 2009. 8. 12.

[표 1-13] 법원 검찰 간 갈등 연대기

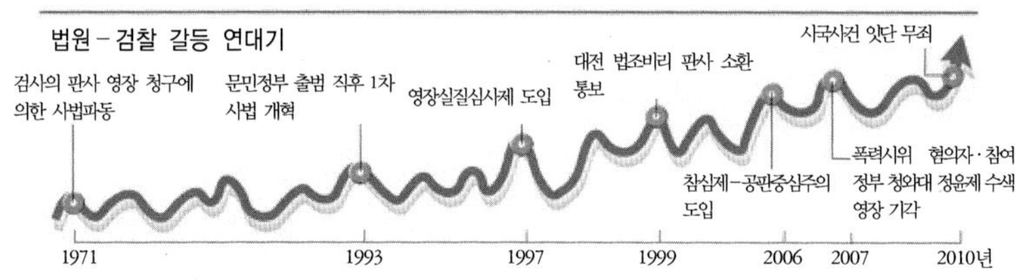

출처: 헤럴드경제 2010.1.21

    법조계 전체의 비리와 먹이사슬이 어떻게 널리 퍼져 있는지 백일하에 드러난 의정부 법조비리[215] 파동과 대전 법조비리[216] 파동에서 보듯이 전관예우 · 수임비리 · 전별금 · 촌지 · 떡값 등의 명목으로 덧칠된 법조비리에는 고위직 검찰관까지 연루돼 징계와 사상 초유의 항명사태까지 터졌다.[217] 공권력의 기본 기능은 국가 체계와 질서유지에 있다. 법원이 국민을 깜짝깜짝 놀라게 하는 판결을 내리고, 검사가 무리한 기소를 하고, 경찰이 강압수사나 강경 진압을 하여 국민적 불신을 받고 사회갈등 요소로 작용한다는 것은 안타까운 일로 스스로 존재가치를 훼손하는 행위이다. 그런데 엘리트들이 모였다는 우리나라의 검찰과 법원

---

215) 의정부 법조비리사건은 1997년 의정부지방법원 주변에서 형사사건을 주로 담당하던 변호사 이순호가 브로커를 이용해 사건을 대거 수임한 것이 밝혀지면서 시작되어, 결국 검찰과 법원의 조사결과 판사 15명이 변호사에게서 명절 떡값, 휴가비 등 명목으로 수백만 원씩 받은 것이 드러났던 사건이다. 대법원은 1998년 4월 판사들을 대거 정직 또는 경고 조치하였고, 당시 지법원장은 관리상의 책임을 지고 사표를 냈다.

216) 대전 법조비리사건은 현직 판사 · 검사를 비롯한 검찰과 법원 직원, 경찰관 등 300여 명이 대전지방검찰청 부장검사출신인 이종기 변호사에게 사건수임을 알선하고 소개비를 받아온 것이 이종기 변호사의 전 사무장의 폭로로 드러난 사건이다. 검찰의 수사에 의해 25명의 검사들이 금품을 받은 것으로 나타났으며, 검찰은 검사장 2명을 포함, 검사 6명의 사표를 수리하고 7명에 대해 징계 조치하거나 인사상 불이익을 주며 수사를 마무리했다.
대전지방검찰청장을 역임한 심재륜 당시 대구고등검찰청장은 이종기의 진술을 근거로 감찰부의 조사를 받은 뒤 검찰 수뇌부의 동반 퇴진을 요구하는 하극상 사건을 일으키기도 했다. [1] 이후 심재륜은 7명의 징계 대상에 포함되어 김대중 대통령이 심재륜의 면직을 재가해 퇴임했으나, 2001년 8월 24일 대법원에서 면직 취소 판결을 받았다.
대법원은 2002년 3월 15일 이종기에 대한 상고심 선고공판에서 의정부 법조비리사건의 이순호에 대한 법리를 인용해 변호사법위반과 뇌물공여죄를 모두 인정, 징역 1년에 집행유예 2년을 선고한 원심을 확정했다.

217) 월간중앙 2009년 8월호

은 민주시민에게 가장 기본적으로 요구되는 자세인 상호 상대를 존중하는 것도 제대로 모르는 모양이다. 걸핏하면 감정싸움을 한다. [표 1 – 13]에서 보는 바와 같이 법원과 검찰 간 갈등이 심심찮게 발생하고 있다.

헤럴드 경제 보도에 의하면 이용훈 대법원장은 "법조 3륜(輪)이라 하는데, 사법의 중추는 법원이고 검찰과 변호사 단체는 사법부가 제대로 움직이도록 하기 위해 보조하는 기관이지 무슨 같은 바퀴냐? 수사기록을 던져버려야 한다"고 말해 파문을 불렀다. 당시 정상명 검찰총장은 당혹감과 함께 흔들리지 않을 것임을 공개적으로 천명했고 일선 검사들이 들끓자 정 총장이 자중을 요청하면서 봉합됐다. 야당인 한나라당은 비난했고, 진보계열인 민변은 이 대법원장을 두둔했다. 이후 주요사건에 대한 영장기각, 무죄판결 때마다 기세를 올리며 법원과 검찰 간 감정싸움은 이어졌다. 2006년 11월엔 론스타의 외환은행 헐값매입 사건 관련자의 구속영장 기각 건으로, 한 달 뒤에는 중요 사건 및 압수수색영장 접수 여부 등을 대법원에 즉시 보고하도록 한 대법원 재판 예규에 검찰이 반발하면서 설전이 벌어졌다. 그로부터 한 달 뒤에는 한미 자유무역협정(FTA) 반대 집회에서 폭력을 휘두른 혐의로 검찰이 재청구한 시위 주동자 6명에 대한 구속영장이 다시 기각된 일로, 2007년 9월엔 학력위조 파문의 신정아 씨 및 정윤재 청와대 의전비서관에 대한 구속영장 기각 건으로 충돌을 빚었다.

대법원 통계에 따르면 무죄율은 1999년 0.74%에서 2008년 1.70%로 2배 이상 높아졌고, 구속영장발부율은 2004년 85.3%였다가 2008년 75.5%로 떨어졌다. 건국 이후 40년 동안 차려주던 밥상에 간을 보던 판사들이 압수영장, 인신구속, 재판방법, 선고형량 등 음식 조리 과정부터 다방면 압박을 가하면서 검찰의 불만은 고조됐던 것이다. 판사의 참을 수 없는 견제심리, 검사가 견딜 수 없는 판사의 어른행세로 요약되는 두 직역의 갈등은 신성한 사법, 엄정한 검찰권 행사라는 '선량한 양심'으로 돌아오지 않는 한 풀기 어려운 숙제라는 지적도 나온다.[218] 하지만 검찰과 법원 간 감정싸움은 실력부족에 감정까지 개입된 것이다. 검찰은 법원이 구속영장을 기각하지 않을 것, 무죄로 판결나지 않을 내용으로 구속영장을 청구하고, 법원은 누구나 공감할 수 있는 신중한 재판 결과를 내놓아야 한다. 감정 개입은 근본적으로 자질이 부족한 것이다. 국민으로부터 신뢰를 받지 못하는 법원과 검찰, 경찰이 안고 있는 현안 이면에는 능력 있는 사람을 선발하지 못하고 제대로 재교육을 시키지 못한 인사관리와 교육문제가 있다.

국민을 위한 법원, 검찰, 경찰로 거듭나기 위해서는 도덕성 있는 인사를 수장에 임명하는 풍토를 정착시키고 구성원들의 자질 향상, 내부 인사관리체계 개선과 교육 강화, 엄정한 부정부패 관리, 권위주의 사고 타파, 고객 만족 개념을 적극적으로 도입 실천해 나가야 하겠다.

(1) 검찰이 만든 사회적 논란과 갈등

검찰비판론은 제6공화국 출범 이후 정권 이양시기마다 끊임없이 반복되는 주제에 속한다. 검찰 총수 부인 옷 로비 의혹사건은 수사의 주재자인 검찰의 신뢰가 크게 흔들리게 하였다. 한빛은행불법대출사건·동방금고불법대출사건 같은 대형 금융 비리는 검찰 총수를 지낸 선배 변호사의 전화 변론을 받고 검찰 간부들의 판단 착오로 의혹이 묻혀 졌다가 뒤에 문제가 불거지자 재수사에 착수하는 등 검찰의 위상과 명예가 크게 실추되기도 했다. 또한 2000년 4월 13일 치러진 제16대 국회의원 총선거인 4·13 총선 이후 선거사범 처리에서는 검찰이 여당 편을 들고 야당을 불리하게 다뤘다는 이유로 검찰총장과 대검 차장에 대한 야

---

218) 헤럴드경제 2010. 3. 29.

당의 탄핵소추안이 발의되기도 했다. 특히 이용호 게이트는 검찰 수사에 대한 불신으로 번져 결국 특별검사의 손으로 넘어갔고, 당시 차정일 특별검사는 권력형 비리의 전형이라 할 이용호 게이트를 마무리하면서 "못 볼 것을 보았노라"고 실토했다[219]고 한다. 국민의 정부 마지막에 이르러서야 검찰은 대통령의 두 아들을 구속하는 등 사정의 중추기관으로서 무게를 되찾는 노력을 기울이는 등 영욕(榮辱)의 세월을 보냈다.

2009년 5월 23일 새벽 일어난 노무현 전 대통령의 투신자살은 많은 사람에게 충격과 비탄을 안겨주었다. 국민장 기간에 인산인해를 이루었던 조문객의 발걸음이 결코 일과성 해일의 거품은 아니었으리라 짐작된다. 그 소리 없는 아우성은 분명히 이 시대 우리네 삶의 방향과 현실에 대한 무거운 과제와 의문부호가 담긴 전언(message)을 던져 주었다. 마침 박연차 게이트의 종착역이었던 노무현 전 대통령 관련 비리의 혹수사 막바지에서 그가 투신으로 생을 마친 데는 검찰 수사의 전 방위적 공격 화살을 피해 나갈 심리적 안정과 정신적 건강이 거의 소진됐기 때문인 것으로 드러났다. 또다시 검찰 수사의 문제점과 함께 검찰제도 자체에 대한 비판도 고개를 들기 시작했다. 어쨌거나 노무현 전 대통령의 서거로 임기제 검찰 총수가 임기를 못다 한 채 물러났고, 비록 중도하차 했지만 새 검찰 총수가 예상된 검찰 기수를 파격적으로 뛰어넘어 발탁되는 사태까지 이르렀다. MB(이명박)의 실용정부 들어 다시 검찰에 대한 안팎의 비판 목소리가 높아질 수밖에 없는 상황이었다.[220]

형법(刑法)은 범죄와 형벌에 관한 법률 체계이며, 형사사건(刑事事件)은 형법의 적용을 받는 사건이다. 검사(檢事)는 형사사건의 공소를 제기해서 법률 적용을 청구하고 형벌 집행을 감독하는 사법관을 말한다. 검

219) 월간중앙 2009년 8월호
220) 월간중앙 2009년 8월호

찰청(檢察廳)은 법무부에 속하여 검찰사무를 통괄하는 관청으로 검찰(檢察)과 같은 뜻이다. 검사는 검찰청에 소속되는 사법관으로, 검찰은 가장 대표적인 국가의 공권력 기관이다. 기소(起訴)는 검사가 공소(公訴)를 제기하는 것을 말하는데 검찰이 갖는 대표적인 권한 중 한 가지이다. 공소(公訴)는 검사가 특정 형사 사건에 대하여 법원에 그 재판을 청구하는 행위를 말한다. 사회질서 유지를 위한 법을 집행하는 기관인 검찰의 직무수행 결과가 사회적 논란이나 갈등 대상으로 대두되는 것은 우려스러운 일이다. 그럼에도 최근 우리 사회에는 검찰의 무리한 수사가 사회적 갈등을 만들어 내고 있다. 그 가장 대표적인 사례가 노무현 전 대통령 뇌물관련 수사였다.

검찰이 사회적 갈등을 만드는 논란의 핵심은 자질(資質), 형평성, 도덕성, 고객 만족에 대한 이해 미흡 네 가지의 문제이지만 단적으로 표현하면 실력이 부족하다는 것이 그 핵심이다. 행정적인 측면에서는 고객인 국민의 서비스에 대한 만족, 수사와 기소의 정당성과 합리성은 대개 법원의 판결로 드러나는데, 개혁문제도 결국 실력을 어떻게 제고시킬 것인가 하는 문제로 귀결된다. 실력이 있으면 문제가 되는 것들을 스스로 해결할 수 있다.

① 자질 문제

자질(資質)은 어떤 분야의 일에 대한 능력이나 실력의 정도이다. 검찰에 있어 실력이나 능력은 수사기법과 수사 능력, 기소에 대한 법률적 해석 능력 문제가 핵심이다. 검사의 역할은 죄가 없는 국민을 괴롭히는 것이 아니라 죄가 있는 사람을 벌하여 사회의 질서를 유지하고 선량한 국민을 보호하는 것이다. 따라서 기소 후 무죄로 판결을 받는다는 것은 결국 수사를 제대로 못 했거나 수사능력 부족, 아니면 무리한 법률 적용이나 잘못된 법률을 적용한 것으로 볼 수 있다. 이는 범죄사실이 없거나 범죄 사실을 입증하지 못했기 때문에 결국 국민에게 피해를 주는 것으로 실력이 부족할 때 나타날 수 있는 현상이다. 그런데 검찰이 과거에는 볼 수 없었던 모습을 보이기 시작했다.

언론을 이용한 수사를 진행하는 희한한 일을 하는 것이 그것이다. 이미 우리나라는 전직 대통령을 구속하고 처벌한 사례가 있는데도 또 다른 전직 대통령과 국무총리를 수사하면서 수사과정을 언론에 내비쳐 여론몰이를 하는 것 같은 모습을 보여주었다. 죄가 있으면 소환하고 수사하여 구속하면 될 것이다. 죄가 없거나 죄를 입증하지 못하면 증거자료를 더 찾은 다음 그렇게 하면 된다. 그런데 웬만큼 증거를 확보한 후에 소환을 통해 범죄사실을 추궁하려는 잘못된 관행과 부족한 실력이 만들어낸 왜곡된 모습이다. 검찰의 무리한 수사를 지적한 노무현 대통령의 편지는 이를 잘 입증한다.

‘사람사는 세상 노무현 재단’이 2009년 10월 7일 발간한 ‘내 마음속 대통령 - 노무현, 서거와 추모의 기록’에는 노 전 대통령이 검찰 출두 전인 2009년 4월 19일 이 대통령에게 보내려고 썼던 편지와 5월 초 검찰의 추가소환에 대비해 작성한 ‘추가진술 준비’라는 미완의 개인 메모 등 2개의 미공개 기록을 담고 있다. 노 전 대통령은 ‘이명박 대통령께 청원 드립니다’라는 제목의 편지를 통해 “지금 수사팀의 수사는 완전히 균형을 상실하고 있으며, 이는 검찰권의 행사가 아니라 권력의 남용이다. 수사팀을 교체해 달라. 그동안의 수사 과정으로 보아 이 사건 수사팀이 사건을 공정하고 냉정하게 수사하고 판단할 것이라는 기대를 할 수 없기 때문이다. 그동안 수사팀은 너무 많은 사실과 범죄의 그림을 발표하거나 누설했고 피의사실을 공표하거나 누설해 왔다. 마침내는 전혀 확인되지 않는 터무니없는 사실까지 발표한다. 이는 불법행위이다. 검찰은 끝내 증거가 나오지 않으면 다른 사건이라도 만들어 낼 것이다. 나는 이미 모든 것을 상실했다. 권위도 신뢰도 더 이상 지켜야 할 아무것도 남아 있지 않다. 사실대로, 법리대로만 하자는 것이다. 두려워하는 것은 검찰의 공명심과 승부욕이다"라고 말했다.[221]

만일 검찰이 노무현 전 대통령을 소환했을 때 중대한 범죄사실을 입증해 구속했다면 상황은 크게 달라졌을 것이고 국민들은 검찰에 찬사를 보냈을지도 모른다. 그런데 검찰은 노무현 전 대통령의 범죄사실 입증을 통한 구속에 실패하고 수사 진행 과정에 자살함으로써 사회적인 갈등과 논란의 대상이 되었다. 2009년 12월 한명숙 전 국무총리의 뇌물수수 혐의 사건 수사와 관련하여 검찰은 구속하기에 앞서 또다시 언론에 비위사실을 흘리는 잘못을 저질렀다. 그것이 기자의 취재에 응하는 형식을 빌리고, 법적으로 문제가 없다고 하더라도 정상적인 방법이 아니라는 것은 모두가 아는 사실이다. 검찰이 언론을 이용한 수사를 하는 것 같은 느낌을 받게 하는 것은 모두 실력부족 탓이다. 이는 일반인을 소환할 때 검찰이 취하는 모습과 너무나 대조적이다. 이러한 태도는 국민으로 하여금 검찰이 스스로 법 앞의 평등을 깨고 있다는 생각을 갖게 한다. 어떤 사건이든 검찰의 수사와 기소가 이루어지고 재판에서 유죄가 선고되면 크게 문제 될 것이 없다. 그런데 최근 들어 검찰이 기소(起訴)한 사건이 줄줄이 무죄판결을 받음으로써 자꾸만 사회적 갈등과 논란을 불러일으킨다.

오마이뉴스 보도에 의하면 2008년 12월 김현미 전 통합민주당 의원 무죄, 2009년 4월 인터넷 논객 미네르바 박대성 무죄, 2009년 8월 정연주 전 KBS 사장 무죄, 2010년 1월 전교조 시국선언 교사 무죄와 MBC <PD수첩> 제작진에 대한 무죄 등이 대표적이다. 이들 대부분은 '정치

---

221) 한국일보 2009. 10. 7.

검찰'의 권력 비위 맞추기용 '청부수사'라는 비판을 받아왔던 사건들이다. 검찰은 이 같은 비판에도 아랑곳하지 않고, 기소를 강행했고 결국 무죄 판결이 이어지고 있다. 무리한 기소에 이은 무죄 판결에 대한 검찰 대응도 정형화돼 있다. 검찰은 수사상의 문제점을 반성하기보다 법원에 책임을 떠넘기기에 급급하다. 무죄 판결 뒤 검찰의 반응은 "납득할 수 없다. 법원이 판단을 잘못했다. 항소하겠다"는 게 전부다. 정권 반대편에 섰던 정치인이나 코드가 맞지 않는 공기업 사장 그리고 정권에 비판 여론을 이끌었던 인사들에 대해 애초 기소할 수 없는 사건을 무리하게 기소하고 여론몰이를 통해 법원을 압박한 것은 아닌지 검찰은 일련의 무죄판결이 무엇을 의미하는지 깊이 고민해야 한다.[222]

독립이 보장된 판사들이 검찰처럼 지휘라인에 따른 결재를 받아 개별사건에 대해 일정한 지침을 가지고 판단했을 리도 만무하다. 검찰이 법원의 판결에 승복할 수 없다면 항소하면 될 일이다. 하고 싶은 말이 있다면 법정에서 하면 된다. 그런데 검찰총장까지 나서 당사자의 반론권이 보장되지 않는 법정 밖에서 조직적으로 법원을 비방하는 것은 법원 검찰 간의 갈등이 아니라 일방적인 공격일 뿐이다. 이는 공정한 재판을 받을 권리를 침해할 뿐만 아니라 사법부 독립을 심각하게 위협하는, 용납될 수 없는 행태다. 법정에서 가려야 할 문제를 법정 밖으로 끌고 나와 정치화하는 이른바 '사법의 정치화'는 공정한 사법절차를 통한 정의실현이라는 사법제도의 근간을 흔드는 것이기 때문이다.[223]

② 형평성 문제

형평성 문제의 핵심에는 정치적 중립과 정치검사가 있다. 검찰이 여

---

222) 오마이뉴스 2009. 10. 7.
223) 오마이뉴스 2010. 1. 21.

당과 우호적이거나 여당 소속 국회의원에 대한 수사는 기피하고, 현재 정권과 관련된 수사는 미온적인 모습을 보이는 반면, 야당과 관련된 인사나 내용, 전 정권에 대해 수사를 집중하는 편향된 행동에 대한 문제이다. 정치권에서는 '표적수사'니 '검찰의 복수'니 등으로 정치적 쟁점화해 사태의 본질을 흐리려는 시도가 심심찮게 벌어진다. 그러나 그동안 정권이 바뀔 때마다 폭로된 정경유착의 부정부패는 '가장 깨끗하다'고 자부했던 노무현 정권마저도 여지없이 그 치부를 드러내게 했다.[224] 이는 우리 사회에 많은 부패가 내재해 있다는 것을 의미한다.

아무리 검찰이라 하더라도 현실적으로 단서가 잡히지 않는 위법사실을 수사할 수는 없다. 따라서 개인이나 기업, 공무원, 정치인 등이 저지르는 모든 것을 수사할 수는 없지만, 그렇다고 국민에게 특정한 정당 등 어느 한쪽으로 편중된 수사가 이루어진다는 비판을 듣는 것은 결코 바람직하지 않다. 모든 사건은 가장 빠른 시간 내에 처리하는 것이 증거확보를 통한 사실 입증, 사회적 파장의 최소화, 모방범죄예방을 통한 경각심 고조에도 도움이 된다. 그런데 우리나라 정치권의 대형 사건은 거의 대부분 현 정권이 아니라 전 정권을 대상으로 이루어진다. 이는 검찰이 끊임없이 형평성 논란에 휘말리는 이유 중 하나다.

정권이 바뀔 때마다 검찰의 위기로까지 번지는 등 반복되는 검찰에 대한 불신과 비판론은 여러 가지 원인이 있겠지만 큰 문제는 검찰의 정치적 편향성, 검찰권의 정치도구화에 있다. "성공한 쿠데타는 무죄"라던 6공 초기의 우리 검찰과, 과거청산시대에 그들을 단죄하던 우리 검찰의 모순된 두 얼굴을 당대를 경험한 시민들은 아직도 야릇한 기억으로 간직하고 있을 것이다. 유감스럽게도 5·6공을 거치면서 오늘에 이르기까지 큼직한 경제비리·권력형 비리가 속 시원하게 검찰 수사를

---

224) 세계일보 2009. 4. 3.

통해 밝혀진 적은 별로 없었다. 검찰이 진실을 규명해 법과 정의를 세우는 일에 혼신을 다했더라면 국민의 법의식을 신장시키고, 이미 법치 선진화의 지평을 내다볼 수 있는 수준에 이르렀을지도 모른다. 그들이 정권의 이익이나 집권자 일가의 이익을 국익과 혼동할 때마다 정부와 검찰 모두 국민의 신뢰로부터 점점 멀어져 가곤 했다.

법 규범이 국민 전체를 위한 공공선의 범주에서 벗어나 개인에 대한 부분적 편익에 봉사하는 처분 가능한 수단쯤으로 전락하면, 장기적으로 국민의 법의식과 사회 기강은 뿌리에서부터 좀먹게 되고, 법을 통한 질서 안정도 흔들리게 돼 외형적 민주정치라는 틀 속에서 결국 일인독재가 가능해질 수 있다. 검찰이 정치적 편향성으로부터 벗어나 객관성·중립성·독립성을 확보하지 못한다면 그야말로 민주화의 길목에서도 문민독재가 등장할 가능성은 상존한다. 그러므로 정치적 성역이라는 장애물을 뛰어넘어야 사회는 비로소 민주주의와 법치주의의 대로로 나아갈 수 있다. 검찰권은 결코 한 정권의 권력의지를 대변하는 기관이어서는 안 된다. 검찰이 진정으로 사모해야 할 것은 권력 상층부의 얼굴이 아니라 깨어 있는 국민의 얼굴이라는 점을 잊어서는 안 될 것이다. 정치권력의 강자에게는 굴신하고, 약자에게 군림하는 검찰이라면 국민의 검찰이라고 말할 수 없다.

2004년 형사정책연구원의 국민의식조사와 2005년 정기국회 정책 자료에 의하면 우리 국민의 약 80%는 검찰이 사건 처리에서 정치권의 영향을 받는다고 믿는다는 것이다. 검찰의 정치적 중립성에 대해 우리 국민 절대다수가 부정적 시각을 갖고 있다는 증거인 셈이다. 정치인 장관의 정치적 이해관계에 따른 수사지휘·감독은 준사법기관으로서야 할 검찰제도에 분명히 하나의 위험원이 될 수 있다. 결국 송광수 검찰총장처럼 스스로 목숨을 걸고 정치적 외압을 차단하려는 결연한 의지가 없다면 검찰의 정치적 중립은 요원한 과제일지도 모른다. 검찰의 정치적 중립을 확립하는 데 중요한 관건 중 하나는 검찰 인사의 공정성이다. 검찰이 이제 다시 바로 서는 길은 정치권력의 하부 수족으로서가 아니라 검사실 벽마다 걸려 있는 '원칙과 기본이 바로 선 검찰'이라는 업무 지침에 맞게 당당한 법 집행기관으로 거듭나는 일이다.[225] 검찰청법 제4조(검사의 직무) "② 검사는 그 직무를 수행할 때 국민 전체에 대한 봉사자로서 정치적 중립을 지켜야 하며 주어진 권한을 남용하여서는 아니 된다."고 명시하고 있다. 이대로만 하면 된다.

　다음은 검찰 직원에 대한 내부 징계 문제이다. 검찰은 그동안 행정적인 측면에서도 형평성을 잃은 것 같은 느낌을 지울 수는 없는 행동을 해 왔다. KBS 보도에 의하면 1백60만 원의 술 접대를 받은 방송통신위 전직 과장이 검찰에 기소됐다. 그런데 비슷한 일을 저지른 검사들은 어떨까? 2009년 10월 초 발행된 관보 내용이다. 상습 사기혐의자에게 수차례에 걸쳐 2백여만 원 상당의 접대를 받은 검사가 감봉 3개월의 징계를 받았다. 직무태만으로 피고인을 157일 동안 불법구금 한 검사에겐 경징계인 견책이 내려졌다. 지난 5년간 각종 비위 혐의로 적발된 검사는 모두 98명, 그러나 죄질이 나쁘다는 금품, 향응 수수 검사 8명 중 해임되거나 사퇴한 사람은 2명에 불과했다. 나머진 모두 감봉이나 주의, 경고의 징계에 그쳤다. 제 식구 감싸기를 하는 것 같은 느낌을 준다. 때문에 법 집행자인 검사의 잘못은 더 엄하게 다스려야 한다는 목소리가 높다. 국회 법제사법위 이춘석 의원은 "엄격한 사법적 잣대로 국민들을 처벌해야 할 검사에게는 청렴성과 도덕성이 더욱 크게 요구된다 할 것"이라고 지적했다. 하지만 법무부는 외부 인사가 참여하는 징계위에서 엄정한 심사를 거쳐 결정했다며, 다른 공무원에 비해 결코 솜방망이 징

---

225) 월간중앙 2009년 8월호

계가 아니라고 해명했다.[226]

③ 도덕성 문제

도덕성 문제는 검찰총장을 비롯한 인사문제와 주로 관련된다. 도덕성에 문제가 있는 사람을 검찰 수장에 임명해서는 안 되는 이유는 비도덕적인 사람이 도덕적인 사람을 법의 명문 아래 통제하고 강압하려 드는 것은 모순된 것이기 때문이다. 따라서 수사를 하는 사람이 위법을 저지르고도 처벌을 받지 않으면 국민은 왜 법을 지켜야 하고 처벌을 받아야 하는가 하는 의문을 갖게 된다. 국민이 법을 경시하고 위법사실을 통해 이익을 취하고 이를 은폐하고 처벌을 받지 않기를 원하는 노력을 기울이면 제한된 공권력으로는 법치주의를 실현하기 어려워진다. 그렇기 때문에 비도덕적인 사람은 법을 집행하는 수장에 임명해서는 안 된다. 그런데 이명박 정부는 천성관 후보자의 도덕성 논란으로 검찰 총수와 수뇌부 부재를 만드는 홍역을 치렀으면서도 다시 도덕성에 문제가 있는 인사를 후보자로 추천해 임명하는 밀어붙이기 인사를 강행하는 추태를 보였다.

중앙일보 보도에 의하면 2009년 8월 16일 국회에 낸 서면 질의 답변서를 통해 위장전입 문제 등 김준규 후보자는 제기된 각종 의혹에 대한 입장을 거듭 밝혔다. 1992년과 1997년 두 딸의 진학과 관련해 서울시 서초구 반포동 지인 집에 위장 전입한 사실을 인정했다. "딸을 처와 인연이 있는 학교로 보내려고 반포동 지인 집으로 주소를 옮긴 것은 잘못된 행동임을 인정하며 송구스럽게 생각한다. 청와대 인사검증 과정에서 이런 잘못을 밝혔다"고 말했다. 또 김 후보자는 향후 자신과 같이 위장전입을 해 주민등록법 위반으로 고소 · 고발된 피의자를 어떻게 처리

---

226) KBS 2009. 10. 13.

하겠느냐는 질문은 "여러 경우가 있을 수 있고 일률적 기준을 정해 답변하기 곤란하다"는 말로 즉답을 피했다. 2006년부터 2008년까지 연소득이 있어 기본공제 대상으로 넣을 수 없는 부인 몫까지 기본공제를 받은 것과 관련해 "종전에 하던 대로 1년 치 소득공제 신청 자료를 실무자에게 넘겨 처리하게 했는데 잘못된 부분을 미처 확인하지 못했고 최근 수정세액을 모두 냈다"고 말했다.[227]

이렇게 도덕성의 혼란 속에 임명된 김준규 검찰 총장은 취임한 지 얼마 지나지 않아 희한한 촌지파문을 일으켰다. 뉴데일리 보도에 의하면 김준규 검찰총장이 2009년 11월 3일 저녁 7시 출입기자 24명과 함께 식사를 하면서 분위기가 다소 서먹해지자 제비뽑기를 통해 8명의 당첨자에게 현금과 수표가 든 돈 봉투를 건넸다. 이 자리에는 김 총장을 비롯한 대검 간부 8명이 함께 있었다. 김 총장은 식사가 끝나갈 무렵 즉석 제비뽑기를 제안하며 같은 번호 두 개가 적힌 종이 한 장씩을 기자들에게 나눠줬고 기자들은 이를 두 장으로 찢어 그 가운데 한 장을 통에 모았다. 김 총장 등 대검 간부들은 돌아가며 이 통에 담긴 번호표 한 장씩을 뽑아 그 숫자를 들고 있던 기자 8명에게 차례로 봉투를 건넸다. '격려'라는 문구가 적힌 이 봉투에는 1만 원과 5만 원권, 수표 등이 섞여 각각 50만 원씩 들어 있는 것으로 확인됐다. 총 400만 원을 기자들에 건넨 것이다. 이 돈은 김 총장의 특수활동비 일부로 알려졌다. 회식이 끝난 뒤 기자들은 이튿날인 4일 모두 봉투를 회수하기로 의견을 모으고, 일부는 봉투를 대검에 돌려주고, 일부는 사회복지단체에 기부한 것으로 전해졌다.[228]

대검 대변인은 미디어오늘과 전화통화에서 "공개된 자리에서 추첨하

---

227) 중앙일보 2009. 8. 16.
228) 뉴데일리 2009. 11. 6.

는 촌지가 어디 있느냐? 촌지가 아니다"라고 밝혔다. 또 '출처가 특수활
동비 아니냐는 질문에 부인하지 않았다'는 한겨레 보도와 관련해 "특수
활동비는 아니었다"면서도 공금임은 인정했다. 조 대변인은 "서부지검
행사를 마치고 오다가 격려의 필요가 있어 마련돼 있던 봉투(돈)를 사
용했다. 당시 별도의 돈이 없어서 그런 것이며, (이를 나눠준 뒤) 김 총
장은 다음날 자신의 돈으로 메웠기 때문에 바로 정리됐다"고 설명했다.
일반인이 공금을 빼다 쓰고 다음날 자기 돈으로 메웠다면 어떠했을 지
에 대해서는 별다른 답변을 하지 않았다. 조 대변인은 "공금유용은 아
니다"라고 답했을 뿐이다. 다만 검찰은 수사할 때 기간을 따져 공금유
용 여부를 따진다고 한다.

하지만 매번 검찰의 수사내용과 검찰총장에 대한 보도를 하면서 때
로는 비판하기도 하고, 때로는 검찰 수사를 지지해주기도 하는 출입기
자들에게 '공개적인 자리에서 선별된 인사에 대해 50만 원씩을 제공한
것'이 아무런 문제가 없는지 근본적인 의문이 제기된다. 이런 관계를
고려할 때 직접적이든 간접적이든 대가성이 없다고 자신할 수 있을지
도 궁금한 대목이다. 검찰 측은 "시각에 따라 다르다"고 했다. 무엇보다
50만 원을 공개적인 자리에서 추첨을 통해 기자들에게 제공한 것이 촌
지가 아니라는 발상은 어떻게 만들어낸 논리인지 납득하기 어렵다. 검
찰은 김 총장의 일종의 사과 외에 징계 등 별도의 조치가 있을지를 묻자
"사후 조치가 있지는 않을 것"이라고 밝혔다.229)

김준규 검찰총장은 해명서에서 "(그 돈은) 촌지가 아니다. 그 용어를
안 써줬으면 좋겠다. 공개적인 자리에서 추첨해 촌지를 주는 사람이 어
디 있나"라고 주장했지만, 언론보도에 대해 기자실을 통해 "기자간담회
자리에서 있었던 사려 깊지 못한 행동으로 본의와 달리 국민 여러분께

---

229) 미디어오늘 2009. 11. 6.

심려를 끼쳐 드린 점 유감스럽게 생각한다"는 유감의 뜻을 전달했다.[230] 하지만 이회창 총재는 "검찰 총장이 국민 앞에 솔직하게 매우 잘못된 것입니다라고 용서를 빌어야 한다. 지금 가장 국민이 원하는 것은 아주 공정하고 깨끗한 정치권력, 특히 검찰이나 사법부의 그런 청렴성"이라고 말했다. 의식 있는 국민이 김준규 총장의 행동이 촌지를 준 것으로 이해한다. 그러면 이회창 총재의 말처럼 촌지를 주었으면 죄송하다고 해야 한다. 그런데 공금을 기자들에게 주었으면서도 문제가 되지 않는다고 발뺌한다. 이것이 이명박 대통령이 위법을 알고도 임명한 대한민국 검찰 수장의 저급한 모습이다.

KBS 보도에 의하면 「2009년 9월 김준규 검찰총장은 "압박수사 같은 관행들을 검찰이 싹 뜯어고치기로 했다. 정교하게 수사해야 한다. 일단 다른 사건으로 구속한 뒤 수사를 해나가는 별건 수사 관행을 없애겠다. 또한 영장이 기각될 경우 열흘 안에 영장을 재청구할지 결정하고, 불필요한 반복조사나 강압수사, 장기 내사도 지양하기로 했다. 검찰은 특히 재판에서 무죄가 난 사건 중 무리한 수사라는 점이 드러나면 수사진에게 불이익을 주기로 했다." 그러나 검찰의 이런 개혁선언이 미덥지만은 않다. 불미스러운 일이 터질 때마다 역대 총장들 역시 별건 수사와 강압수사 근절 그리고 인권보호 등을 역설해 왔지만, 소 잃고 외양간 고치는 격이었다.[231]」

국가 공권력의 가장 강력한 실체가 검찰권에 내포돼 있다는 데 이의를 달 사람은 별로 없을 것이다. 공권력, 특히 검찰권은 한 개인의 생명·자유·재산·직업·명예에 심대한 영향을 끼칠 수 있으므로, 언제나 정당화되고 절제된 권력이어야 한다. 이것이 검찰권의 진정한 권위를 있

---

230) 미디어오늘 2009. 11. 6.
231) KBS 2009. 9. 29.

게 하는 도덕성의 요체다. 다시 말하면 검찰권은 모든 공권력과 마찬가지로 첫째는 개인의 자유와 인권을 최고의 가치로 삼아야 한다. 국가와 법이 국민을 위해 존재하는 것이지, 결코 국민이 국가와 법을 위해 존재하는 것은 아니라는 원칙이 일상적인 검찰권 행사에서도 관철돼야 할 도덕성의 원리다. 둘째는 검찰권은 다수의 지배에서 소외된 소수자라고 해서 무시하거나 심하게 다루어서는 안 된다. 민주주의의 성숙도는 그 나라의 지배계층이 얼마나 법적 절차와 요식에 맞춰 충실히 행위하느냐 하는 것에만 달려 있지 않고, 오히려 다수결의 원리에 의해 퇴패한 소수의 창조적 비판과 견해를 얼마만큼 존중하고 수용하느냐에 달려있기 때문이다. 셋째는 검찰권은 필요한 최소한의 범위에 머무를 줄 알아야 한다. 참새를 잡기 위해 대포를 쏘아서는 안 된다. 또한 시민 생활의 갖가지 규범과 생활규칙에 의해서도 규율될 수 있는 것에 검찰권이 개입해서는 안 된다. 한때 '자녀 안심하고 학교 보내기 운동'을 검찰이 주관했던 행태는 그 상궤를 벗어난 것이었다. 또한 범죄 예방작용은 검찰의 고유 권한이 아니라 경찰작용에 맡겨야 한다. 검찰권은 본질상 사후적 범죄 진압을 통한 질서 회복에 머물러야 하기 때문이다. 넷째는 검찰권은 피의자·피고인의 인격을 겸손히 받들고 섬기는 데서 높은 도덕성을 지닌다. 섬기는 정부가 아니더라도 시민의 자유와 명예를 위해 검찰권은 낮은 자세로 친절하고 겸손하게 피의자·피해자·피고인·참고인을 대해야 한다. 다섯째는 검찰권은 진실을 추구하되 절차적 정의를 존중해야 하며, 정의를 추구하되 사랑을 잃지 말아야 한다. 사랑과 함께하지 않는 정의는 독선에 치우칠 수 있고, 용서와 관용의 정신이 메마른 정의는 폭력으로 화할 위험이 있기 때문이다.

훌륭한 법률가로 생을 마감한 동서양의 법률가 열전을 펼쳐보면 그들의 삶과 인격 속에는 청교도적 자기절제와 거룩성, 풍부한 인간미, 법과 정의와 양심의 부름에 민감하게 깨어 있던 점 등이 특징적으로 나타난다. 오늘날처럼 물질의 유혹과 복잡한 이해관계로 뒤얽혀 사는 사회일수록 윤리적 삶의 좁은 길로 홀로 걸어가기가 얼마나 어려울지 짐작은 간다. 그러나 검사도 온전히 자격을 갖춘 법률가라면 법률가적 소명의식과 명예의식을 가지고 성직자와 같은 외로운 삶의 길을 걸어가는 수고를 감내해야 한다. 그 길은 마음의 수양과 훈련 없이는 갈 수 없는 길이며, 또한 가족의 희생과 격려 없이는 더 가기 힘든 길이다. 검찰의 리더가 되기를 꿈꾸는 검사라면 공직의 시작에서부터 이 같은 마음의 준비와 유혹으로부터의 해방을 위한 부단한 정신적 대결을 게을리 해서는 안[232] 된다.

④ 고객 만족 문제

검찰이 고객 만족을 달성하기 위해서는 검사의 과오에 따른 기소나 판결에 의한 무죄가 많이 나타나서는 안 된다. 그런데 우리나라는 검사의 수사미진과 잘못된 법리해석에 의한 과오가 줄어들지 않고 있다. 무죄 선고 6건 중 1건은 검사의 과오 탓인 것으로 드러났다.

2010년 10월 10일 법무부와 대검찰청이 한나라당 이정현 의원에게 제출한 국정감사 자료에 따르면 검사의 과오로 인한 무죄 판결이 전체 무죄 선고의 17%에 이르며, 수사 미진에 따른 무죄 비율은 매년 증가하는 것으로 나타났다. 2006년부터 올해 상반기까지 검사의 과오(수사 미진, 법리 오해, 증거판단 잘못, 의율 착오 등)로 무죄가 선고된 건수는 전체 무죄 사건(1만 5천942건)의 16.5%(2천631건)를 차지했다. 법원과의 견해 차이로 무죄가 선고된 사건은 83.5%(1만 3천311건)였다. 특히 최근 5년간 검사 과오로 인한 무죄 선고에서 '수사 미진'이 원인이 된 비율은 2006년 40.5%이던 것이 2007년 45.6%, 2008년 53.3%, 2009년

---

232) 월간중앙 2009년 8월호

72.7% 등으로 4년 연속 증가했다. 2010년 상반기 비율은 69.1%였으며, 최근 5년간 평균 비율은 55.5%에 달해 검사 과오의 절반은 수사 미진이 원인으로 지목됐다. 또한 최근 5년간 검사가 법리를 잘못 해석해서 무죄가 선고된 사건도 702건(검사 과오 무죄의 26.7%)이나 있었던 것으로 파악됐다.[233]

검찰은 정부의 통제를 받지만, 국민의 검찰이다. 국민에게 수사기록이 공개되는 데 문제 될 것은 없다. 그런데 '용산참사' 사건의 미공개 수사기록 공개 여부를 두고 검찰은 법원의 열람 · 등사 허용 결정에 "명백한 위법"이라며 반발했다. 신경식 서울중앙지검 1차장검사는 "재정신청 재판부가 재정신청 기록을 열람 · 등사해주는 것은 형사소송법 위반이라는 의견을 법원에 냈다. 그런데도 (열람 · 등사가) 허용되면 할 수 있는 모든 조처를 취하겠다"고 말했다. 검찰은 이에 앞서 법원에 이 기록의 열람 · 등사를 허용해서는 안 된다는 의견을 낸 바 있다. 하지만 서울고법 형사7부(재판장 이광범)는 검찰의 미공개 수사기록에 대한 변호인의 사건기록 열람 · 등사 신청을 받아들였다고 2010년 1월 13일 밝혔다.[234]

우리의 검찰이 제대로 된 검찰이라면 고객인 국민이 피해를 입지 않도록 가능한 최대한의 정보를 제공하고 협조를 해야 할 일이다. 수사기록 공개 반대는 검찰에 아직 권위주의적인 잔재가 남아 있다는 것을 의미한다. 이는 검찰 스스로 실력이 부족한 것을 내보이기 싫었거나 국민보다는 다른 행정기관과의 관계를 고려한 것으로 정치검찰이나 정부에 우호적인 검찰이라는 의구심을 갖게 만들기에 충분하다. 검사는 공익적 지위에서 진실을 추구해 피의자 · 피고인의 정당한 이익을 보호해야

233) 연합뉴스 2010. 10. 10.
234) 한겨레 2010. 1. 13.

하며, 이를 통해 그들에게 유리한 실질적 변호도 해야 할 의무가 있다.

검찰의 고객 만족에 대한 이해 미흡을 단적으로 나타내는 것이 탈권위주의의 문제이다. 2007년 제이유(JU)사건 수사에서 어느 수사검사가 피의자에게 허위진술을 강요해 해당 검사와 수사지휘 선(line)에 대한 징계 소동이 벌어졌다. 권위주의적인 수사방식이 남아 있다는 것을 보여준 대표적인 사례이다. 법무부는 부패범죄특별수사본부를 신설하는 안을 내놓으며 그 수습에 안간힘을 썼다. 당시 검찰 총수마저 희대의 사기사건으로 예단할 만큼 세인의 관심이 컸고, 그 수사 선상에 청와대 비서관의 친인척 이름도 오르내려 권력을 배경으로 한 모종의 대형 사기극이 벌어진 게 아닌가 하는 의구심을 불러일으킨 사건이기도 했다. 그런데 그만 수사진의 불법수사가 폭로되면서 권력층으로 향하던 수사의 칼끝도 문제의 전 청와대 사정비서관에 대한 무혐의 처분으로 종결되고 말았다. 검찰의 정치적 중립성과 검찰 제자리 바로 세우기는 권위주의의 옷을 입은 검찰권이 도덕성을 지닌 검찰 권력으로 거듭나 국민을 섬기고 국민을 위해 봉사하라는 검찰 민주화의 이념과 철학과 다른 것이 아니다.

하지만 문민정부 이후 수사에서 절차적 정의를 실현하기 위한 제도 개선 노력이 어느 정도 성과를 나타낸 것은 부인할 수 없다. 경찰서 보호실의 퇴출, 인신보호영장제도의 취지를 살린 영장실질심사제 도입, 영장 집행에서 미란다 룰[235]의 도입, 기소독점주의를 통제하기 위한 헌

---

235) 미란다 원칙(Miranda warning/Miranda rights)은 경찰이나 검찰이 범죄용의자를 연행할 때 그 이유와 변호인의 도움을 받을 수 있는 권리, 진술을 거부할 수 있는 권리 등이 있음을 미리 알려 주어야 한다는 원칙이다. 1966년 미국 연방대법원의 판결로 확립된 원칙이다. 1963년 3월, 미국 애리조나주 피닉스 시 경찰은 당시 21세였던 멕시코계 미국인 에르네스토 미란다(Ernesto Miranda)를 납치·강간 혐의로 체포했다. 경찰서로 연행된 미란다는 피해자에 의해 범인으로 지목되었고, 변호사도 선임하지 않은 상태에서 2명의 경찰관에 의해 조사를 받았다. 미란다는 처음에는 무죄를 주장했으나 약 2시간가량의 신문 과정 후 범행을 인정하는 구두 자백과 범행자백자술서를 제출했다. 그러나 재판이 시작되자 미란다는 자백을 번복하고, 진술서를 증거로 인정하는 것에 이의를 제기했다. 애리조나 주법원은 그의 주장을 받아들이지 않고 최저 20년, 최고 30년의 중형을 선고했다. 미란다는 애리조나 주대법원에 상고했지만 역시 유죄가

법소원제도의 활성화와 재정신청제도의 전면 확대, 조서재판주의에서 공판중심주의와 증거재판주의 강화, 국민참여재판제도의 시험도입 등은 법 제도와 실무 관행 개선 노력의 결실에 해당한다. 그럼에도 검찰 권력의 폐쇄된 관방사법적 뿌리, 이를테면 불법·탈법·편법수사와 같은 전근대적 잔재가 아직도 우리 검찰의 사전에서 완전히 사라졌다고 단언하기는 어렵다.

권력이 정당한 목적의 한계 안에서 법적 절차에 따라 겸허하게 행사되도록 하는 것, 인권과 정의의 편에 서 있는 법의 지배가 권력욕에 사로잡힌 사람의 지배의 우위에 있게 하는 것, 그것이 바로 법치주의의 이념이다. 실제로 이 같은 원칙과 정신을 벗어난 공권력의 행사는 권력의 남용, 도덕성을 잃은 폭력에 불과하다. 상궤를 일탈한 수사 권력이 한 사람의 국민을 고립무원의 한계상황으로 몰아넣고, 존재 박탈감과 절망감 속에서 자살의 길로 내몰아가는 반복되는 수사 관행은 우리 검찰이 아직도 안고 있는 전근대적 음습한 유물의 전형이다. 검찰이 권위주의를 벗고 진정한 의미의 권위를 덧입는 길은 결국 검찰이 사법기관으로서 객관의무를 지닌 진정한 법률가집단이라는 의식으로부터 새롭게 출발하는 데 있다[236]는 것이 김일수 고려대 법학전문대학원 교수의

______

인정되었다. 그는 최후 수단으로 연방대법원에 상고를 청원했다. 상고청원서에서 미란다는 미국 수정헌법 제5조에 보장된 불리한 증언을 하지 않아도 될 권리와 제6조에 보장된 변호사의 조력을 받을 권리를 침해당했다고 주장했다. 연방대법원은 1966년, 5대 4의 표결로 미란다에게 무죄를 선고했다. 이유는 그가 진술거부권, 변호인선임권 등의 권리를 고지(告知)받지 못했기 때문이라는 것이다. '미란다 판결'이라고 부르게 된 이 판결은 보수적인 미국인들로부터 1960년대의 다른 인권 판결과 마찬가지로, 대법원이 범죄예방이나 범죄피해자의 권리보다는 범죄자의 권리를 더 존중하고 있다는 거센 비난을 받았다. 반발이 있기는 했지만 대부분의 주정부 경찰들은 미란다 판결 이후 연방대법원의 판결 취지에 따라 미란다 경고문을 만들어, 수사관들이 피의자를 체포하거나 신문할 때는 이 경고문을 미리 읽어 주도록 했다. 미란다 판결 이후 미란다 경고가 수사에 어떤 영향을 미쳤는지에 관해 많은 조사가 이루어졌는데, 그 결과는 미란다 판결로 인해 범죄자들이 무죄 석방되리라는 우려는 기우였다는 것이다. 한국 헌법과 형사소송법도 '체포 또는 구속의 이유'를 알려 주도록 규정하고 있는데, 미국의 미란다 원칙과 차이는 있으나 근본정신은 같다. 대법원도 2000년 7월 4일 미란다 원칙을 무시한 체포는 정당한 공무집행이 아니라는 판결을 내렸다.

236) 월간중앙 2009년 8월호

지적이다.

진정한 국민의 검찰로 거듭나기 위해서는 자질이 있는 사람의 검사 임용, 철저한 교육, 각 검사별 기소 결과에 따른 법원의 판결 내용을 반영하여 일정 비율 이상 무죄 판결이 내려진 검사의 경우 승진 제한, 정치적 중립유지, 합리적 수사 관행 정착 등 고객인 국민을 만족시키는 업무 체계를 갖추어야 하겠다. 이러한 풍토가 정착되면 검찰이 비판을 받는 일도 줄어들고 사회갈등을 일으키는 것이 아니라 해소하는 본연의 역할을 하여 국민으로부터 신뢰를 받는 검찰이 될 것이 틀림없다. 우선은 힘들고 어려운 주문일 수 있지만, 검찰 스스로 소명의식을 갖고 실력을 쌓으면 결국은 국민의 신뢰를 이끌어내어 검찰 조직을 보호할 수 있다.

또한 검찰의 지도자가 되기를 꿈꾸는 검사라면 법률가적 소명의식과 명예의식을 가지고 성직자와 같은 외로운 삶의 길을 걸어가는 수고를 감내해야 한다. 비리에는 '죽은 권력과 살아 있는 권력'이 따로 있을 수 없다. 비리가 드러나면 당연히 엄정하게 수사해야 한다. 권력의 양지에 있을 때 단죄하지 못했다면 나중에라도 엄벌해 '현재 권력과 미래 권력'에 경고와 교훈을 남기는 것이 옳다. 그 대상이 누구라도 마찬가지이다.[237] 법치주의 실현과 법의 수호를 위해 부정부패나 일신의 영달(榮達)을 쫓는 수사는 배격해야 한다. 죄가 없으면 구속하지 말아야 하고 기소할 자신이 있으면 당당하게 행동해야 한다. 이런 당당한 사람이 검찰 수장이 되어야 검찰이 발전하고 국민이 편안해진다.

(2) 법원이 만든 사회적 논란과 갈등

법원이 만드는 사회적 갈등은 크게 보면 국민이 공감하지 않는 튀는

---

237) 동아일보 2010. 1. 21.

판결, 사건 배당이나 인사와 관련된 관리문제, 영장기각, 무죄판결을 둘러싼 법원과 검찰 간 갈등이 대표적인데, 특히 사회적 논란의 핵심은 자질과 고객 만족의 문제이다.

① 자질 문제

판사의 자질 논란은 국민의 법 감정과 법 정서에 반하는 소위 말해 튀는 판결이 문제가 된다. 일반적인 판결은 국민이 공감할 수 있는 내용이어야 한다. 하지만 동시에 판사는 100명의 사람이 모두 유죄라고 하는 것도 확실한 법적 근거와 타당성이 있을 때는 무죄판결을 할 수 있는 소신이 있어야 한다. 그 전제는 혼자만의 주의 주장이나 독특한 법규 해석이나 적용 등 튀는 판결로는 곤란하다. 반드시 근거와 타당성이 제시되었을 때 국민을 이해시키고 납득시킬 수 있는 것이어야 한다. 국민을 납득시키지도 못하고 공감 받지도 못하는 혼자만의 튀는 판결은 실력 부족을 의미한다. 간단하게 말하면 법 해석이나 적용을 잘못한 것이라는 말이다.

법관도 인간인 이상 사건의 실체를 잘못 판단할 수 있고 또 사건에 적용되는 법령의 해석과 적용이 법원마다 달라질 수도 있다. 이것은 정의의 실현과 법적 안전성을 해칠 것이다. 따라서 동일 사건은 여러 번 재판할 필요가 있고, 그 목적을 달성하기 위하여 만들어진 제도를 심급제도라 한다. 즉 심급제도는 재판의 공정성을 확보하기 위하여 동일 사건을 법원이 재판함에 있어 법원 간에 상급 법원과 하급 법원의 차등을 두어 상급 법원이 하급 법원을 거친 사건의 불복 신청을 받아 심리하는 제도를 [238]말한다. 심급제도는 인간이 만든 법률의 불완전성을 인정하고 법관이 잘못 판단한 것을 제도적으로 구제하기 위한 보완 방안이다.

---

238) 김범주(2003), 「법과 사회」, 형설출판사, p.458

이것은 법률뿐만 아니라 사법제도 자체가 이미 법관이 잘못 판단할 수 있다는 것을 공식으로 인정한 데서 나온 제도적 장치이다. 그렇다고 하더라도 유죄가 무죄가 되고, 무죄가 유죄가 되는 것과 같은 현저한 차이가 나는 것은 새로운 피해자를 만들어 내므로 형평성에 문제가 제기될 수 있어 곤란하다.

판사는 국가가 인정하는 자격시험에 합격하고 공무원 임용규정에 의해 임용된 공무원 중 한 사람인 국민이다. 우리가 사법부의 권위를 인정하고 법관의 신분을 헌법 제103조 법관은 헌법과 법률에 의하여 그 양심에 따라 독립하여 심판한다. 제106조 ① 법관은 탄핵 또는 금고 이상 형의 선고에 의하지 아니하고는 파면되지 아니하며, 징계처분에 의하지 아니하고는 정직·감봉 기타 불리한 처분을 받지 아니한다고 규정하여 신분을 보장하는 것은 민주사회의 가장 중요한 가치인 질서 유지에 결정적인 역할을 하는 가치판단이 판사에 의해 법원에서 이루어지기 때문이다. 이는 법관 개인의 우월성을 보장하기 위함이 아니라 관직에 따른 역할의 중요성을 인정하고 보장하는 것이다. 따라서 사법 독립은 사법부를 위한 것이 아니라 국민을 위한 것이고, 사법부가 독립을 지키겠다고 하여 지킬 수 있는 것이 아니라 국민이 지켜줄 때 지켜지는 것이다.

법을 아무리 잘 만들어도 인간 삶을 모두 법률로 규정하는 데는 한계가 있기 때문에 법률은 상당 부분 중첩되거나 미흡한 부분이 있다. 재판을 위해서는 필연적으로 법해석이 수반된다. 일반적이고 추상적으로 규정되어 있는 법조문 내용을 구체적인 사실에 적용할 수 있도록 분명히 하고, 법적 의미를 정확하게 발겨내는 작업을 법해석이라 한다. 법의 규정방식은 추상적인 경우가 많아 그 의미와 내용이 명확하지 않는 경우가 있고, 사회생활의 변천에 따라 법이 예견하지 못한 사실이 발생하기 때문에 이를 보완할 수 있는 법해석이 필요하다. 특히 행정법 분야에서는 법의 요건상 '필요한 경우에는 일정한 처분을 할 수 있다'라는 식으로 불확정적·추상적 규정을 하는 경우가 많은데, 이 경우는 공익의 기준에서 구체적으로 법을 해석해야 한다.[239]

그렇다고 법해석을 활용하여 개인의 양심에 따른 독립된 판결을 법관이 아무렇게나 마음대로 해도 좋다는 것을 의미하는 것이 아니라 사회적 가치에 합당한 판결을 해야 한다. 국민의 법 감정과 동떨어지고 법원 내에서 동일한 내용에 대한 판단이 상반될 때 자칫 잘못하면 국민을 갈등과 혼란 속으로 몰아넣을 수 있다. 그 대표적인 사례가 'PD수첩, 공무원 시국선언, 강기갑 의원 공중부양사건' 등을 들 수 있다. 이들 사건의 특징은 민감한 사안이 걸린 내용에 대해 법원 내에서 엇갈린 판결이 나왔다는 점이다. 최근 들어 정치·사회적으로 관심이 큰 사건에 대해 재판부마다 판사마다 결론이 다른 판결들이 잇따르고 있다. 비슷한 사안인데도 어제는 무죄, 오늘은 유죄로 판결이 엇갈리고 있어 국민들을 혼란스럽게 만든다. 공무원이 기소된 쟁점이 동일한 사안에서도 판결이 다르게 나왔다.

부산지법 형사2단독 이동훈 판사는 2010년 1월 5일 시국선언 집회에 참가한 혐의로 기소된 전국민주공무원노동조합(민공노) 부산지역 본부장 김모 씨에게 유죄를 인정하며 벌금 300만 원을 선고했다고 2010년 1월 20일 밝혔다. 그러나 전주지법 형사4단독 김균태 판사는 1월 19일 시국선언을 주도한 전교조 전북지부장 노모 씨 등 4명에 대해 무죄를 선고했다. 한 사람은 지방공무원이고 다른 사람은 교육공무원이지만 기소된 혐의는 똑같이 공무원에게 금지된 정치활동을 했다는 혐의였다. 이처럼 같은 사안이지만 판사에 따라 판결은 달라졌다. 한 판사는 정치

<hr>

239) 김범주(2003), 「법과 사회」, 형설출판사, p.36

성향의 시국선언에 가담한 것은 지방공무원법 위반이라고 판결했으나, 다른 판사는 공무원의 정부 비판도 '표현의 자유'에 따라 허용할 수 있다고 정반대의 판단을 했다. 같은 공무원을 대상으로 한 재판에서 같은 법을 놓고 판사에 따라 그 해석과 적용이 달라진 것이다.

법원은 독립적인 재판을 하는 하급심 판사들이 엇갈린 판결을 내리는 것은 자연스러운 현상이라고 말하고 있다. 그러나 법조계에서는 재판부와 판사마다 다른 유·무죄 판단과 양형(量刑) 적용이 계속될 경우 재판 당사자인 국민은 결국 재판을 신뢰할 수 없게 될 것이라는 지적이 나오고 있다. 판사별로 큰 시각차를 드러내면 어느 국민이 법원을 믿겠느냐? 하급 법원의 신뢰도가 떨어지면 앞으로 누구든 대법원 판결까지 받아보겠다고 나서는 악순환이 생길 수 있다. 2010년 들어 판사들이 '내 마음대로 해도 된다'는 생각으로 돌출적인 판결을 내리는 경향이 두드러졌다. 단독 판사들을 부장판사 급으로 바꾸거나 적어도 민감한 사건은 어느 정도 연륜이 된 판사에게 맡겨야 한다는 지적이 나왔다.[240]

사회적 파장이 큰 사건들에 대한 일련의 무죄판결을 지켜본 국민은 혼란스럽다. 강기갑 민노당 대표의 국회폭력, 전교조 시국선언, MBC 'PD수첩'의 광우병 왜곡보도에 대한 무죄 선고는 사법부의 재판이 국민의 건전한 상식과 전혀 별개로 진행되는 것 같은 인상을 주기에 충분하다.[241] 이에 대해 중앙대 장훈 교수는 "노무현 대통령에 대한 탄핵 심판부터 미디어법 논란까지 정치에서 못 푼 문제들이 사법부로 갔고, 그 결과 사법부가 과도하게 최종적인 심판의 권위를 갖게 됐다. 그런 상황에서 사법부가 정치적 편향의 문제를 시정하지 못 했기 때문에 갈등이 발생했다"고 지적했다.[242]

---

240) 조선일보 2010. 1. 21.
241) 동아일보 2010. 1. 22.

　사법권 독립은 법치의 수호자인 법관이 내·외부 압력에 굴하지 않고 헌법과 법률 그리고 양심에 따라 재판을 하도록 보장하기 위한 것이다. 법관의 재판은 헌법과 법률, 확립된 판례와 학계의 통설에 따라 사물의 이치와 건전한 상식에 어긋나지 않는 해석을 바탕으로 해야 한다. 이념적으로 편향됐거나 결론을 미리 내려놓고 논리를 꿰맞추는 판결 또는 법률적 소양이 부족한 판결은 공론의 비판을 받는 것이 당연하다. 이용훈 대법원장은 법조계의 의견을 모아 법관과 재판의 오류를 시정하고 제도적인 허점을 보완하면서 국민의 신뢰를 회복하기 위해 취할 조치를 서두르는 것이 옳다. 잘못된 재판에 대한 비판이 마치 사법권 독립을 흔드는 것처럼 말할 일은 아니다. 사법의 독립성 못지않게 사법의 책임성도 중요하다. 사법부는 넓은 의미에서 법질서 유지의 중심축을 담당하고 있다. 사법부 일각에서라도 "판결에 문제가 있으면 상급심에서 바로잡으면 될 일"이라는 안이한 말을 할 때가 아니다.

　법관의 임무는 넓게 보아 법질서 유지에 있다. 혹자는 법질서보다 정의의 실현이라고 말할지도 모르겠다. 그러나 실정법을 뛰어넘는 정의 실현 권한이 법관에게 인정된다면 2010년 초 빚어진 일련의 무죄판결 사태처럼 이상한 판결들이 더욱 춤추게 될 것이 뻔하다. 이런 현상은 사회를 극도의 혼란 속으로 몰아넣을 것이다. 한쪽으로 치우친 법관 그룹이 자신들이 주도하는 세계를 구축하기 위해 헌법 정신과 실정법을 농락하는 것이 결코 용납돼선 안 된다.[243] 국회가 선출되지 않는 권력인 대법원장과 판사들의 불법(不法)행위를 견제, 감시, 탄핵해야 할 의무가 있다. 대법원장과 판사들이 사법부의 독립이라는 미명하에 헌법, 국가, 상식, 사실 그리고 자유를 파괴하는 자유를 누리려 할 때 이를 심

<hr>

242) 중앙일보 2010. 1. 21.
243) 동아일보 2010. 1. 22.

판해야 하는 것은 1차로 국회의원이고, 최후에는 국민이다. 국회가 그 의무를 다하지 않을 때는 국민이 나서야 한다.[244]

국회는 헌법 제65조 ① 대통령·국무총리·국무위원·행정 각부의 장·헌법재판소 재판관·법관·중앙선거관리위원회 위원·감사원장·감사위원 기타 법률이 정한 공무원이 그 직무집행에 있어서 헌법이나 법률을 위배한 때에는 국회는 탄핵의 소추를 의결할 수 있다는 규정에 따라 법관을 탄핵하고 법률제정이나 개정의 방법을 통하여 사법부의 제도를 개선하거나 개혁할 수도 있다. 그리고 사회적 관심사인 사건에 대한 판결이 부당하다고 생각될 때는 비판을 하거나 문제점을 제기할 수도 있지만, MBC PD수첩 판결과 같이 그럴만한 타당한 이유가 있을 때 이야기다.

MBC PD수첩 판결의 경우 상반된 판결이 이루어졌다. 새로운 증거가 제시되거나 법 이론의 적용에 의해 동일한 사건이 다르게 해석되고 판단된다면 그것은 타당하다. 가장 중요한 점은 죄가 있느냐 없느냐, 잘못이 있느냐 없느냐, 참인가 거짓인가의 원론적인 문제를 두고 정반대의 판결이 내려졌다는 것이 문제이다. 민사냐 형사냐 아니면 형량이 많은가 적은가 하는 것은 그다음 이야기다. 법은 사회적 약속이고 판결기준은 법이다. 민사든 형사든 필요에 의해 만들어진 것이기는 마찬가지이다. 민사가 형사가 된다고 하여 죄가 있던 것이 없어진다는 것은 납득하기 어렵다. 만약 민사에 잘못이나 죄가 있다고 판결한 것이 형사에서 잘못이 없거나 무죄로 선고될 때는 납득할 수 있는 이유가 있어야 한다. 반대로 무죄가 유죄로 되는 것도 마찬가지이다. 민사에서 무죄라고 한 것을 형사재판에서 유죄로 선고하면 국민들이 납득할 수 있느냐 하는 문제가 발생하기 때문이다.

---

244) 뉴데일리 2010. 1. 21.

유죄의 경우 무죄가 아니라 형량이 일부 가감되면 인정될 수 있다. 그러나 PD수첩처럼 법률 해석에 의해 상반된 판결을 하면 사회적 갈등을 초래하는 것은 물론 법의 존재가치가 위협받을 수 있는 심각한 문제가 발생할 수 있다. 그렇다고 동일 사건에 대해 동일한 판결을 해야 한다는 것은 아니지만 적어도 비슷한 맥락의 판결이 내려져야 한다. 그렇지 못하고 판사에 따라 형량이 판이하게 다르거나 유죄가 무죄가 되고, 무죄가 유죄가 되는 판결을 내린다면 법치주의가 보호받기 어렵다. 따라서 법의 자의적이고 잘못된 해석으로 인해 사회적 논란을 일으킨 판사에 대해서는 대법관이 되는 것을 제한하는 등 지나치게 자의적으로 튀는 판결을 하는 판사를 견제할 수 있는 제도적 장치가 필요하다.

다음은 판결문 문제이다. 대법원이 1994년 2월 선고한 민사소송 판결문의 한 문장은 사건의 사실관계와 재판부의 판단이 뒤섞여 2천500자를 훌쩍 넘어선다. 한 문장에 글자가 50자 정도 들어갈 때 가장 읽기 편하다고 하지만 판결문에는 A4용지 2~3장은 너끈히 채우고도 남는 긴 문장이 난무했다. 2010년 1월 15일 법원행정처가 사법 60년을 맞아 펴낸 '역사 속의 사법부'에 따르면 대법원 판례집에 실린 부동산 소유권이전등기 청구소송 판결문을 1948년부터 1994년까지 분석해볼 때 한 문장에 들어간 글자 수가 평균 394.1자였다. 한 문장 안에는 평균 14.9개의 문장이 중첩돼 '~하였고, ~했으나' 등의 연결어미로 이어지는 바람에 판결문 이해를 한층 어렵게 한다.[245] 대법원은 1991년 '판결문 작성의 개선을 위한 참고사항'을 통해 문장을 짧게 나누고 항목별로 번호를 붙일 것을 장려했다. 2002년 민사소송법 개정에 따라 '금원'을 '돈'으로, '하자'를 '흠'으로, '인용한다'를 '받아들인다'로 바꾸는 등 일상용어를 사용하라는 것이었다. 하지만 여전히 판결문에는 어려운 한

---

245) 동아일보 2010. 1. 15.

자어가 많이 남아 있다. 미국 대법원은 어려운 라틴 어원 단어들을 되도록 쓰지 않고 쉬운 생활언어로 판결문을 쓴다. 언론이 그대로 실어도 누구나 쉽게 읽고 이해할 수 있다[246]고 한다.

판결문이 길다는 것은 근본적으로 실력의 문제이다. 하지만 잘못된 관행, 관리체계의 문제가 복잡하게 얽혀 있는 복합적인 문제이기도 하다. 법은 현직 판사나 검사, 변호사를 위한 것이 아니라 궁극적으로는 국민을 위한 것이다. 실제 수많은 수험생들이 자격증을 취득하기 위해 공부를 하면서 겪는 애로 중 하나가 판례의 내용을 이해하기가 극히 어렵다는 점이다. 판결 내용을 일부러 어렵게 만들 목적으로 하고 있다면 다르겠지만, 법이 국민을 위해 존재하는 이상 장문 판결내용 구성은 법관의 문장 실력이 부족함을 단적으로 나타내주는 것이고, 법원이 이러한 사람을 채용했으며, 제대로 교육을 시키지 않았다는 책임이 있다. 만일 실력 부족을 권위 정도로 생각한다면 그것은 큰 착각이다. 이러한 문제를 해결할 수 있는 방안은 판결 내용을 간략하게 단문이나 중문으로 표현하도록 지도하고 판사들이 노력하면 된다. 필요하면 사례집을 만드는 것도 괜찮다. 표현이 간결해지면 감정에 의한 판결이나 개인의 오차를 줄이는 효과가 발생한다. 가장 좋은 판결문은 국민이 쉽게 이해할 수 있는 것이다.

② 형평성 문제

상식적으로 납득하기 힘든 판결에 국민이 우려하는 것은 너무도 당연하다. 그래서 사법부에 국민적 불신을 씻을 수 있는 제도적인 대책을 촉구하는 것이다. 비판 역시 사법부의 권위를 제대로 세우기 위한 사회적 합의 과정이다. 혹여 사법부의 독립과 권위가 법관들만의 것으로 생

---

246) 조선일보 2010. 1. 15.

각하면 잘못이다. 사법권 독립은 국민의 주권과 기본권을 보호하기 위한 것이다. 따라서 국민의 상식과 기본권을 침해하는 판결에 대한 비판은 주권자로서 의무이자 권리이다. 이를 외면하는 것은 자칫 사법부의 조직보호 논리나 사법 권력의 성역화로 비칠 수 있다.

행정부와 입법부가 국민 위에 군림할 수 없듯이 사법부도 마찬가지다. 행정부와 입법부가 투표를 통해 '국민의 뜻'이 반영되는 것처럼 사법부도 '공평무사한 판결'을 바라는 국민의 뜻을 제도적으로 반영해야 한다. 사법부의 권위는 판결로 세워진다. 사법부의 독립은 법관이 아니라 국민을 위한 것이며, 법관뿐만 아니라 국민이 지키는 것이다. 사법부의 독립을 위태롭게 하는 것은 불신이다. 따라서 사법부 독립의 굳건한 토대는 바로 국민적 신뢰 회복이다. 새로운 물증 없이 동일한 내용에 대한 상반된 판결, 국민의 법 감정과 상식에 배치되는 잇단 판결, 한 걸음 더 나아가 판결에서 엿보이는 정치성과 이념적 편향은 문제다. 민주주의의 근간은 법치이고, 이는 공정성과 공평성이 생명이다. 따라서 양형의 불균형을 어떻게 개선할 것이냐, 또 판결에 정치성이나 편향성이 개입되지 않도록 어떻게 제도적인 장치를 만들 것이냐가 해법의 첫 수순이다. 단독 판사의 '독단적인' 판결에 대한 우려를 어떻게 불식시킬 것이며, 법원 내 '사조직'은 어떻게 할 것이냐 하는 것도 과제다.[247]

유·무죄와 양형(量刑)의 형평을 기해야 한다. 법관도 잘못 판결할 수 있다. 그래서 상급심에서 파기될 수 있다. 여기엔 상응한 조치가 뒤따라야 한다. 양형위원회는 같은 죄로 죗값이 차이가 나지 않게 세부안을 만들 필요가 있다. 법조계에선 사회 경험이 많은 법조인에게 임용의 문을 더 넓히라고 한다. 법은 시대적 상식의 총화(總和)란 점에서 경륜이 필요하다는 얘기다. 요컨대 체계(system)적으로, 제도적으로 정비해야

---

247) 중앙일보 2010. 1. 20.

한다. 수장이 바뀌고 법관이 바뀐다고 판결이 시소를 타면 안 된다.[248]

③ 관리체계 문제

법원의 관리체계 문제는 신영철 대법관 임명 때 드러난 것처럼 시국사건을 특정 판사에게 몰아 배정한 것과 2010년 1월 형사단독 판사에 의한 잇따른 무죄판결에서 잘 나타나고 있다. 신영철 대법관은 서울중앙지법원장 시절 촛불재판을 맡았던 형사 단독 판사들에게 전자우편을 보낸 경위와 의도, 촛불사건을 집중 배당했던 이유를 조사한 데 이어, 전교조 교사의 국가보안법 위반 사건 처리에 압력을 넣었다는 의혹과 법원에 들어온 위헌제청신청을 헌법재판소로 넘기지 말고 기각하라는 주문을 했다는 의혹이 제기되어 조사를 받으면서 논란의 대상이 되었다.[249] 2009년 3월 논란이 되었을 때 법원은 사건배당을 비롯한 내부관리 및 운영체계에 대해 전반적인 검토가 필요했으나, 특별한 조치를 취하지 않았다.

1심을 맡는 지방법원의 형사재판부는 합의부(3명)와 단독부로 나뉜다. 합의부가 맡는 재판은 살인·뇌물죄처럼 법정형량이 비교적 높은 죄명으로 기소된 사건들에 해당하고 형사 단독 판사는 상대적으로 처벌수위가 약한 사건을 맡는다고 한다. PD수첩 사건처럼 명예훼손 고소 사건을 비롯해 단순 공무집행방해, 단순 폭력과 절도, 교통사고 사건 등이 이런 범주에 포함된다. 검찰이 약식기소(벌금형 기소)한 사건과 경찰이 즉결심판에 넘기는 사건도 형사 단독 판사가 심리하는 것으로 알려져 있다. 과거엔 사회적 이목이 집중된 '중요 사건'은 단독 판사 3명이 재정합의부를 구성해 심리하기도 했지만, 최근 이 제도는 유명무실

---

248) 중앙일보 2010. 1. 19.
249) YTN 2009. 3. 10.

해졌다. 2008년에는 피고인 24만 8천907명이 형사 단독 판사에게 1심 선고를 받았다. 전체 형사재판 피고인의 92.6%를 차지했고, 합의부에서 선고한 피고인(1만 9천665명)의 12배가 넘었다고 한다.

아무래도 한 사람보다는 여러 사람에 의한 판결이 객관성이 제고될 가능성이 크다. 강기갑 의원 국회폭력 무죄(2010년 1월 14일)→전교조 시국선언 교사 무죄(19일)→PD수첩 광우병 왜곡보도 무죄(20일) 등 잇따른 여론 무시, 상식 무시로 우리 사회를 뒤흔들고 있는 판결로 촉발된 법원 사태는 단독 판사가 맡은 재판이었기 때문에 형사단독 판사들이 주목받았다. 여론이 악화되고 사회적인 논란의 대상이 되자 대법원은 법관 정기인사 때 형사 단독 판사들을 판사경력 10년 차 이상의 중견법관들로 채워 나가겠다는 방침을 밝혔다.[250] 하지만 법원 수뇌부는 문제의 핵심을 잘못 집은 것으로 보인다.

형사 단독 판사들의 경력이 5~10년이던 것을 10년 이상의 중견 판사로 바꾼다고 크게 달라질 것은 없다. 경력이 법의 해석이나 적용을 담보하지 않기 때문에 개인차를 극복하는 데는 한계가 있을 것으로 보인다. 궁극적으로 판결의 개인 차이를 줄일 수 있는 방법은 판사 개인의 자질향상밖에는 방법이 없다. 이를 위해서는 국민과 검찰이 수긍할 수 있는 합리적인 판결을 내릴 수 있는 판사 인사 및 관리, 교육체계를 갖추는 것이 더 시급한 것으로 보인다.

④ 고객 만족 문제

규칙을 지키지 않고 막말을 하는 사람들에게 고객 만족을 이야기한다는 것은 참으로 난감한 일이다. 기본이 안 되어 있기 때문이다. 오늘날 우리나라의 판사 중에는 이러한 사람들이 적지 않다. 특권의식으로

---

250) 조선일보 2010. 1. 23.

당사자인 국민에게 군림하고, 위화감과 불쾌감을 주는 법관을 그대로 두고는 고객 만족은 요원하다. 그동안 사법고시는 법 문구만 잘 외우는 사람을 뽑은 것이 아닌가 하는 의구심이 든다.

국회 법제사법위원회 우윤근(민주당) 의원이 2010년 10월 19일 대법원 국정감사에서 공개한 법률소비자연맹의 '법정 모니터링 결과 분석' 자료에 따르면 2009년 7월~올해 7월 총 4천307명이 서울고법 등을 감시(monitering)한 결과 604명(14.3%)이 '판사가 반말을 섞어 쓰거나 당사자를 무시하는 태도를 보였다'고 응답했다. 또 986명(22.9%)은 '판사들이 당사자의 진술이나 증언을 제대로 듣지 않고 증언 도중 가로막는 것을 봤다'고 밝혔다. 498명(11.6%)은 '판사들의 지각현장을 목격했다'고 했으며, 이들 중 422명은 '지각한 판사가 어떤 사과도 없이 재판을 진행했다'고 답했다. 171명의 모니터 요원은 재판 중 졸고 있는 판사를 목격했고, 이 가운데 3명은 '합의부의 재판장이 조는 모습을 봤다'고 대답했다. 이밖에 347명은 '형사재판에서 판사가 피고인의 진술을 들을 때 진술거부권을 고지하는 것을 보지 못했다', 100명은 '증인신문을 할 때 위증죄로 처벌될 수 있다는 고지를 하지 않았다'고 응답했다.[251]

사법부가 공정하고 친절한 사법작용을 통해 국민의 신뢰와 사랑을 받는 기관으로 거듭나기 위해서는 법원의 자기 성찰과 국민의 눈높이에 맞는 직원 교육과 관리를 위해 보다 적극적인 노력이 요구된다. 고객 만족 문제는 탈권위주의 문제와 맞물려 있다. 누구나 잘못이 드러나면 처벌을 받거나 사과를 해야 한다. 사법권 독립도 국민의 주권과 기본권을 보장하기 위한 수단일 뿐이다. 국민 상식과 기본권을 침해하는 판결에 대한 비판을 수용하지 않겠다는 것은 사법 권력을 성역화하려는 태도이다.[252]

---

251) 연합뉴스 2010. 10. 19.

　대한변호사협회(변협) 김평우(65) 회장은 2010년 초 법원 사태에 대해, 조선일보와의 대담에서 "법원이 시대착오적인 발상에 젖어 있다"고 지적하면서 "지금 시대는 판결도 평가받고 비판받아야 한다"고 말했다. 이젠 대통령도 총리도 잘못하면 처벌받고 법의 지배를 받는다. 사법부도 정치권력 못지않은 권력을 갖게 된 것이다. 그에 따라 법관도 잘못하면 국민의 비판을 받아야 하고, 누구든 '어, 재판이 잘못됐네? 이 판사 엉터리네'라고 말할 수 있어야 한다. 교사도 학부모와 학생에게 평가받지 않나. 또 평가하려면 정보가 공개돼야 한다. 법원은 판사가 내린 판결문을 공개도 하지 않는다. 변협 회장인 나도 판결문을 구할 수가 없다.

　온 세상이 다 정보공개의 시대인데 사법부만 '정보 암흑지대'로 있는 것이다. "일부 튀는 판결을 하는 판사들은 '양심에 따라 판결했다'고 말한다. 판사들이 자기 이론만 내세우면 무슨 판단이라도 할 수 있다는 착각에 빠져 있다. 법조인의 양심이란, 법과 사회상규에 맞는 건전한 상식(common sense), 그리고 법원이 쌓아온 축적된 선례(판례)에 따르는 것이다. 그래서 양식(良識)이라는 표현이 더 맞다. 미국 판결문을 보면 거의 다 대법 판례 등 선례를 인용해 연결하는 구성으로 돼 있다. 문제된 판결(공중부양 무죄)은 대법원 판례는 거의 없고 순전히 자기 논리만으로 썼더라. 독자적인 의견만 있지 객관적인 논거가 없더라. 법관평가제를 도입하고 정보공개도 해야 한다. 경남변호사회가 판사평가 결과를 공개하겠다고 발표했다. 미국은 이미 그렇게 한다. '아무개 판사 몇 점' 결과가 다 나온다. 미국 법원은 항의하지 않는다. 우리 사법부는 너무 오만하다"253)고 말했다.

---

252) 중앙일보 2010. 1. 21.
253) 조선일보 2010. 1. 20.

과거 군사독재 정권 시절 법률과 양심에 따라 판결이 이뤄지지 못했던 시국 · 공안 사건 등 과거사에 대한 사법부의 반성이 제대로 이뤄지지 않고 있다. 독재정권이 무너지고 민주화를 거치면서 부끄러운 과거사를 반성하는 목소리가 우리 사회 곳곳에서 나오고 있지만 사법부는 법관의 책무를 저버렸던 선대의 과오를 반성하고 사과하는 데 아직도 인색하다. 특히 법원이 재심(再審)을 통해 과거 재판부의 시국 · 공안 사건 판결을 뒤집고 사건 관련자에게 무죄를 선고하면서도 선배 법관들을 대신해 사과하는 데는 소홀한 것으로 드러났다.

국민일보 취재팀이 2010년 1월 13일 진실 · 화해를위한과거사정리위원회(진실위)가 재심 및 국가 사과 권고 결정을 내린 사건 44건 중 재심 법원에서 무죄 확정 판결을 받은 1960~1980년대 시국사건 17건을 전수 조사한 결과 판결문에 사과의 뜻을 담은 재심 재판부는 오송회, 아람회 사건 단 2건에 불과했다. 사법사편찬위원회는 발간사에서 "어두운 과거와 부끄러운 역사를 한사코 부인하고 거부하려 한다면 자기 존재의 근거를 허무는 일"이라면서도 "지금의 시각으로 손쉽게 과거의 잘못을 매도하고 단죄하는 것도 역사를 대하는 옳은 길은 아닐 것"이라고 밝혔다.[254]

사법부의 독립을 강조하는 이유는 국민의 자유와 권리를 지키는 최후의 보루라는 점에 있지만, 민주적 정당성이 취약해 다른 국가권력이 부당하게 재판에 간섭할 가능성을 배제하기 위한 점도 있다. 그리고 오늘날과 같이 시민사회가 성숙되고 여론을 형성할 언론매체가 다양하게 발전한 상황에서는 국가권력뿐 아니라 다양한 사회세력이나 시민단체로부터도 사법부의 독립이 보장돼야 한다. 그러나 사법부의 독립이 헌법으로부터 보장되고 강조된다고 해도 재판 결과를 평가나 비판하지

---

254) 국민일보 2010. 1. 13.

못한다는 것은 아니다. 민주적 법치국가에서 사법부는 판결로 자신의 민주적 정당성을 입증해야 한다. 그렇기에 판결이 형평성을 잃거나 공정성을 상실했다고 본다면 당연히 이에 대한 비판, 나아가 비난조차 감수해야 한다. 강기갑 의원 사건을 보면 공당 대표의 정당한 항의였는지 모르지만, 폭력행위를 가름하는 잣대가 행위자의 신분이나 지위에 따라 달라져서는 안 된다는 것이 상식이며 원칙이다. 사법부에 대한 국민의 신뢰는 그냥 얻어지는 것이 아니다. 사법부의 진정한 독립은 국민의 신뢰에 기초한다는 것을 잊어서는 안 된다.[255] 우리 법원은 아직도 고객 만족과는 거리가 멀다.

국민들과 정치권도 제도적 절차에 따라 판결에 문제가 있으면 상급심에서 바로잡도록 하는데 동참해야 한다. 정치권이 나서서 자기 당에 유리한 방향으로 해석하며 국론을 분열시키는 것은 심히 유감이다. 시민단체들도 편 가르기를 하듯이 행동하는 것은 잘못된 것이다. 민주주의에서는 절차가 중요시 되는 이유가 여기에 있다. 그런데 최근 상황은 사법부 흔들기를 넘어 '사법 테러' 사태로 번지고 있다. 법관이 신변의 위협을 느끼는 상황까지 왔다. 2010년 1월 21일 서울시 서초구 서초동 서울중앙지법 앞에서 보수단체 소속 회원들이 법관 상징물에 불을 붙였다. 일부 회원들은 법원 진입을 시도했다. '대한민국어버이연합', '자유개척청년단' 등 보수단체 소속 회원들은 21일 오전 이용훈 대법원장 관용차량을 향해 계란을 던졌다. 일반인은 알기 어려운 법원 판사들의 집을 찾아가 시위를 하는 상황도 벌어졌다. 이런 상황 때문에 법원은 판사 신변보호 조치를 내렸다.[256]

노무현 정부 때 노사모 등 정권 친위세력들은 헌법재판소가 수도(首

---

255) 세계일보 2010. 1. 19.

256) 미디어오늘 2010. 1. 21.

都) 이전 특별법 위헌 결정을 내리자 헌재 앞에서 수백 명이 모여 규탄 집회를 열고 매일 1인 시위를 벌였으며 헌재 민원실에 항의 전화를 집중해 업무를 마비시켰다. 경찰은 헌재 주변은 물론 헌재 소장 공관에까지 수십 명의 경비 병력을 배치해야 했다. 그뿐 아니라 열린우리당 의원들은 국회에서 "헌재 간판을 헌법제작소로 바꿔 달아라. 헌재는 도깨비 방망이"라는 야유를 퍼부으며 헌재 주변 노사모와 손뼉을 맞췄다. 정치세력화된 시민단체들이 각각 자신들이 지지하는 정당에 편승해 잘못을 저지르는 것은 과거나 현재가 크게 다르지 않다. 앞으로의 항의 시위는 시민 의식 수준이 문제 판사들보다 훨씬 격(格)이 높다는 것을 보여줘야 한다.

민주주의 국가에선 국민 일반의 기본적 상식을 외면한 판결에 항의하고 반대 의견을 표시할 수 있다. 요즘 많은 국민은 판사 개인의 특수 판단을 앞세워 사회에서 보편타당하게 받아들이는 가치를 저버린 황당한 무죄 판결의 연속(series)에 화를 삭이지 못하고 있다. 그러나 상식을 벗어난 판결에 대한 항의도 건전한 상식의 틀 안에서 이뤄져야 국민의 지지를 받을 수 있다. 사법부의 건전성 회복은 외부의 압박이 아니라 사법부 스스로 성찰을 거쳐 대안을 내놓게 하고 추진하도록 해야 한다.257) 사법부 개혁도 정당이 공격하듯 진행하기보다는 사법부와 법조계 내부에서 충분한 논의를 거쳐 추진하는 것이 정도(正道)요 순리(順理)다.258)

'법관은 법률과 양심에 따라 판결한다'고 헌법에 규정돼 있다. 여기서 '양심'이란 법관 개인의 주관적 이념이 아니라 가치중립적이고 보편적인 이념을 의미한다. 이런 점은 누구보다 법관들이 스스로 잘 알고 있을 것이다. 따라서 법관 개인의 이념적 잣대가 스며든 것으로 비쳐지고, 국민의 상식에서 완전히 벗어난 판결은 비판받아 마땅하다. 그러나

---

257) 조선일보 2010. 1. 22.

258) 동아일보 2010. 1. 22.

판결이 마음에 안 든다고 판사의 집 앞에서 확성기를 틀어대고 겁을 주는 행위는 또 다른 '폭력'에 불과할 뿐이다. 특히 이런 식의 집단행동은 최근 사법부 개혁 요구를 이념 갈등으로 변질시키면서 여론의 반감과 반발을 초래한다는 점을 시위 시민단체들은 명심해야 한다. 그리고 지금 사법부는 신뢰의 위기에 처해[259] 있음을 자각하고 스스로 신뢰회복에 적극적으로 나서야 한다.

7) 무리한 정책사업 추진, 준비 미흡

국민은 사회 내에서 이해관계로 인해 발생하는 문제에 대해 정부와 행정기관이 해결해 줄 것을 기대한다. 정부는 예산, 공무원 조직, 제도 입안과 정책 시행, 공권력을 동원한 법 집행을 통해 여러 가지 문제들을 해결할 수 있는 능력을 보유하고 있다. 그런데 우리 정부와 행정기관은 오히려 문제를 해결하는 것이 아니라 유발시키는 일이 적지 않다. 정부에서 추진하는 건설과 개발이 수반되는 대형국책사업 중 격렬한 논란이 벌어지는 등 사회적 갈등이 빚어지지 않은 곳이 거의 없을 정도이다. 새만금 간척사업, 방사능 폐기물처리장 건설, 서울 외곽순환도로 건설, 경부고속철 천성산 관통 등 이름만 들어도 누구나 기억할만한 대형 국책사업이다. 지금도 4대강 정비사업 문제를 두고 국론이 분열되어 있다. 이 모두 무리한 사업 추진과 준비 미흡이 문제다.

논란이 일어난다는 것은 그만큼 이해관계를 갖는 사람이 많다는 것을 의미한다. 아무래도 사업 규모가 크면 더욱 그러한 경향이 있다. 그럴수록 정부는 갈등 해소를 위해 정책을 시행하기 전에 철저하게 준비하고 문제점을 분석하는 노력을 배가하는 등 해결능력도 제고해야 한

---

259) 중앙일보 2010. 1. 21.

다. 대부분의 갈등은 개발이익에 대한 주민들의 이기주의가 문제 되는 경우도 있지만, 그보다는 정부의 강압적인 사업추진 의지가 문제를 증폭시키고, 정당을 중심으로 한 정치권이 나서서 문제를 더욱 확대재생산 한다. 여기에 시민사회단체까지 가세하면 문제는 더욱 복잡해진다. 특히 환경문제는 거의 모든 공사의 발목을 잡는다.

인간은 자연과 더불어 조화를 이루는 삶을 살아가야 하기 때문에 환경운동가들이 유해물질 사용 금지를 요구하고, 생태계를 보전하여 자연환경을 보호해야 한다는 주장과 뜻은 높이 살만하다. 많은 사람들이 그들의 목표에 공감한다. 그럼에도 불구하고 환경운동에 대한 국민들의 시선이 곱지 않은 이유는, 대안을 내놓지 못하고 반대를 위한 반대를 일삼는다는 것이다. 환경단체가 대안을 내놓지 못하면서 반대를 하는 것은 개발이 환경을 훼손한다는 점에 대해서는 분명한 인식을 갖고 있지만, 그 훼손을 보완할 방안을 제시하기에는 조직과 인력, 예산 규모가 너무 작기 때문이다. 정부나 지자체가 그동안 형식적인 모양새 갖추기의 환경영향평가를 통해 개발을 옹호(擁護)하는 것 같은 인상을 주어온 점도 환경단체로 하여금 정부를 불신하게 만든 중요한 원인이다. 결국 환경단체가 환경을 훼손하며 개발정책을 일삼는 정부를 믿지 못하는 데서 문제가 출발한다. 상호 타협점을 찾지 못하는 가운데 정부는 정부대로 공약의 이행, 일자리 창출, 내수 진작, 국가발전을 위해 개발정책을 그대로 밀고 나가고 환경단체는 환경단체대로 환경을 훼손하는 정부 정책을 좌시(坐視)할 수 없다며 실력으로 저지하려 하면서 곳곳에서 충돌을 빚는다. 양쪽을 지지하는 이해관계를 갖는 국민도 그때마다 대립하며 갈등의 골이 깊어진다.

정책은 사회문제해결이나 국가발전을 위해 추진되는 사업이 주류를 이루는데 정책 추진과정에서 갈등이 조장되고 피해자가 속출하며 국민적인 대립이 이루어진다면 그것은 분명히 문제가 있다. 아무리 선의의 목적을 갖고 다수에게 도움이 되기 위한 것이라 하더라도 소수의 희생을 강요하는 것은 진정한 선이 될 수 없다. 따라서 정책을 추진하기 전에 정부는 치밀한 계획을 통하여 문제점을 보완 수정한 후 공사에 들어가야 한다. 미리 이해관계를 갖는 국민을 설득하고 보상할 수 있는 대책을 마련하고, 진행과정에 돌출되는 문제에 대해서도 이해관계를 조정하기 위해 더 많은 노력을 하는 것이 필요하다. 정부는 야당, 시민사회단체, 지역주민 그 어느 쪽이든 문제를 제기할 때, 거기에 합당한 근거와 이유를 제시하고 인내하며 설득하는 노력을 통해 갈등해결 능력을 제고시켜야 한다. 갈등을 해결해야 할 정부가 오히려 갈등을 불러일으키면 국민의 삶은 불안해질 수밖에 없다. 국민의 갈등을 조장하는 정책이 국민을 위한 것이라는 말은 모순이고, 국민을 불안하게 만드는 정부는 좋은 정부가 아니다.

7. 비민주적 정당 구조와 정치인의 탐욕

정당(political party)은 정견을 같이 하는 사람들이 정치권력의 획득·유지를 통하여 자신들의 정견을 실현시키려는 목적으로 조직한 정치적 단체를 의미한다. 우리나라의 정당법에서는 '국민의 이익을 위하여 책임 있는 정치적 주장이나 정책을 추진하고 공직선거의 후보자를 추천 또는 지지함으로써 국민의 정치적 의사형성에 참여함을 목적으로 하는 국민의 자발적 조직'이라고 규정하고 있다. 따라서 현행법상 정당이 국민의 정치적 의사형성에 필요한 최소한의 조직이나 책임 있는 정치적 주장 또는 정책으로 이루어진 정강을 구비하지 않으면 정당으로 존립할 수 없다.

근대적 형태의 정당은 19세기 유럽과 미국의 선거제 및 의회제의 발달과 더불어 생겨났으며, 한국에서 근대적 의미의 정당 활동이 이루어지기 시작한 것은 1946년 미국 군정 법령 제55호 '정당에 관한 규칙'이 공포된 이후부터라고 할 수 있다. 이 법령 이후 제2공화국을 거쳐 1962년 12월 제3공화국에 이르러서야 비로소 정당법이 제정되었다. 오늘날 한국의 정당은 자유 설립주의와 복수정당제를 채택하고 있다. 복수정당제는 2개 이상의 정당이 선거를 통해 경쟁할 수 있도록 정당의 설립과 활동의 자유를 보장하는 것을 말한다.

정당은 분산된 국민의 정치적 의사를 일정한 방향으로 유도하고 결집하여 상향적으로 국가의사결정에 반영하는 중개자적 역할을 한다. 민주국가에서 정당의 기능으로는 △여론형성 및 조직화 △정치지도자의 배출 △정치교육 △사회문제에 대한 국민들의 불만 파악 △정부의 조직과 정치이념 구현 △권력 통제 등이 있다.

사회갈등 측면에서 접근할 때 정당의 역할은 아주 중요하다. 국민의 불만을 파악하고 소속된 국회의원을 통해 해결하도록 하는 역할을 할 수도 있다. 그러나 정당이 비민주화 되고 정치권력을 획득하기 위해 탐욕을 부리게 되면, 국민의 정치적 의사형성을 왜곡하여 국론을 분열시키고 갈등과 대립을 조장할 수 있다. 오늘날 우리나라의 정당은 계파의 이익과 당리당략을 국익이나 국민복리보다 우선함으로써 사회적 갈등을 조장하고 있다. 정당이 어떻게 국론 분열과 갈등의 원인으로 작용하는지 여당의 역할, 지방자치제도, 공천을 중심으로 살펴보면 다음과 같다.

1) 여당 잘못된 역할 인식 견제 실종

현대 민주주의 국가에서 정부를 견제할 수 있는 가장 강력한 세력은 여당이다. 여당이 정부에 대한 합리적인 견제를 포기하면 정부의 독주나 독재자의 출현으로 민주주의는 각종 폐해가 양산된다. 그런데 오늘날 한국의 여당은 스스로 대통령과 정부의 거수기로 전락한 것 같은 느낌이 든다. 삼권분립의 목적은 정부에 대한 견제를 통해 균형 있는 국가발전을 추구하도록 하기 위한 민주주의 기본 원리라는 점은 모두가 아는 사실이다. 그런데 우리나라의 여당은 인사 독식과 정부의 견제 역할을 맞바꾸어 자신의 존재가치를 훼손하고 있다. 과거 민주화 운동이 발생하게 된 배경 역시 여당의 견제 미흡이 결정적인 원인을 제공했다. 매번 개각과 같은 인사 때마다 여당 지도부가 주요 당직자나 당원에 대한 장관, 공공기관, 공기업 임원 임명 요청 등 공공연하게 정실인사를 요구하는 모습은 정도를 넘어선 지 오래다.

핵심 지지 세력인 여당에서 추천하는 인사를 대통령이 무시하면 여당과 정부의 관계가 불편해진다. 정국운영에 여당의 지지를 받지 못하면 대통령의 직무수행에 어려움이 발생할 수 있으므로 여당 지도부가 추천하는 인사를 무시하기 곤란하다. 여당의 추천은 단순한 추천이 아니라 그 자체가 압력으로 작용하는 것이 현실이다. 물론 대통령이 선별하여 임용하는 것은 가능하지만, 능력 검정에는 한계가 있다. 그동안 정무직공무원에 대한 인사청문회에서 논란이 된 인사들을 대통령이 굳이 임명을 강행하는 모습을 보인 것도 이러한 인사 추천과 연관된다. 이렇게 여당이 정부에 인사를 청탁하고 추천하여 임명되도록 한 보은으로 하는 행동이 대통령과 정부 정책에 대해 견제 역할의 강도를 줄이고 협조적인 태도를 보이는 것이다.

국회와 국회의원의 본분을 망각한 형편없이 저급한 태도이다. 이러한 행동은 정국의 주도권을 이어가는 데 오히려 걸림돌로 작용한다. 국민은 바보가 아니다. 다수의석을 차지한 여당이 국회와 국회의원의 역할을 망각하고 대통령과 정부가 추진하는 무리한 정책에까지 협조적인 자세를 보이거나 옹호하는 행동을 일삼는 것은 국민의 여론이 등을 돌리게 만드는 자해행위와 같다. 우선은 권력에 의존하여 하고 싶은 대로 정실인사를 할 수는 있겠지만, 이러한 행태가 지속되면 국민은 등을 돌리고 정권은 야당으로 넘어가기 마련이다. 그동안 우리의 정권이 여당에서 야당으로 여러 번 변화했는데 대부분 대통령과 여당의 잘못된 행태가 그 원인으로 작용했다. 이렇게 장기적인 관점에 보면 대통령이나 여당 자신을 위해서도 견제 부실은 도움이 되지 않는다.

오히려 철저한 견제를 통하여 국가발전, 국민 복리증진과 권익 신장에 도움이 되는 정책을 대통령과 정부가 추진하고 정당하고 합리적인 방법으로 정국을 리드해 리더십을 잘 발휘하면 차기 정권 획득에 도움이 되는 것은 물론 퇴임 후 대통령이 비난받는 것이 아니라 존경을 받을 수 있다. 이것이 올바른 방법이다. 미국과 같은 정치선진국에서는 오래전부터 그렇게 하고 있다. 그런데 오늘날 우리나라 여당은 국회의 고유기능과 역할을 망각하고 대통령과 정부의 거수기로 전락하여 자신을 곤혹스럽게 만든다. 대통령을 추종하는 계파에 소속된 국회의원이 당을 장악하고 있기 때문에 나타나는 폐해이다.

정당은 정당법에 나타나 있는 것처럼 공직자를 추천할 수 있다. 공직자를 추천하는 것은 하더라도 다른 기능과 역할도 동시에 충실해야 한다. 국회의원은 국민의 대표이고 국회는 정부에 대한 견제가 가장 핵심적인 역할이다. 그러한 중차대한 역할을 팽개치는 이유가 차기 국회의원 공천권 획득과 자신을 따르는 계파에 소속된 몇 사람을 추천하여 보직을 받게 하는 것이라는 점을 고려하면 우리의 정치가들이 너무나 그릇이 적고 치졸한 사람들이라는 생각이 든다. 사회적인 명망이 있던 사람들도 국회에만 들어가면 당론 앞에 거수기로 전락한다. 권력에 대한 탐욕과 집착으로 부끄러움도 잊고 때로는 역사 앞에 죄인 역할을 마다하지 않는 사람들이 안쓰럽게 느껴질 때가 적지 않다. 저렇게 망가진 모습을 보이면서까지 꼭 한자리하고 싶을까…

2) 지방자치제 시행과 정당의 정치권력 비대화

정치권력(政治權力)은 정치적 기능을 수행하기 위해 권력관계가 조직화될 때 생기는 공(公)권력을 뜻하며 정당(政黨)은 일정한 정치 이상의 실현을 위해 정치권력의 참여를 목적으로 하는 정치 단체 또는 당(黨)을 말하는데, 현대 민주주의에서 정치권력의 이동은 유권자인 국민의 주권 행사를 통해 당선자와 소속정당으로 위임된다.

제5공화국까지는 대통령을 중심으로 한 행정부에 많은 권력이 집중되어 있었다. 이러한 국가 권력구도는 경제건설에 상당한 도움이 되었지만, 국회를 장악한 양대 정당 소속의 국회의원들이 행정부를 견제해야 하는 입법부의 고유기능을 제대로 수행하지 못해 민주화 진전 측면에서는 상당한 문제점을 안고 있었다. 특히 여당이 정부의 거수기 역할을 수행한 것이 큰 문제였다. 야당 정치지도자와 재야단체, 학생을 중심으로 전개된 민주화 운동도 이러한 국가권력 구도를 재편하여 민주주의의 기본 원리에 적합하게 행정부에 집중된 권력을 입법부와 사법부로 분산시켜 사법부와 입법부가 행정부의 영향력에서 벗어나 제 역할을 하도록 하는 것이 주요한 목적 중 하나였다.

우리나라의 민주화는 여당에 소속된 국회의원들의 역할 미흡이 대통령을 중심으로 한 행정부의 권력 강화를 심화시켰고 대통령의 권한 강화는 민주화를 요구하게 만들었다. 대개 통치자들은 더 강한 권력을 갖기를 원하는 속성이 있다. 그것을 견제하기 위해 삼권분립이 제시되었고 민주주의 원리가 되었다. 그런데 우리 국회, 특히 여당이 주어진 역할을 방치함으로써 야당 지도자를 중심으로 권력 쟁취 수단으로 민주화를 추진하게 하는 빌미를 제공했다. 결국 경제성장에 따른 경제활동 영역 확장과 교역증가로 직선제 개헌을 비롯한 민주화에 대한 국민 요구가 봇물처럼 터져 나오면서 1987년 6·29선언[260]이 이루어졌다. 같은 해 10월 27일 직선제 헌법 개정이 이루어져 대통령의 임기를 5년 단임제로 하고 지방자치제도가 시행될 수 있는 근거를 마련함으로써 정치사회적인 구도도 크게 변화하게 되었다.

1991년 6월에 이르러 지방의원 선거가 다시 실시되고, 1995년 6월에는 자치단체장의 직접선거가 이루어짐으로써 대한민국에서 본격적인 지방 자치시대에 들어가게 되었다. 공직선거법 제47조(정당의 후보자추천) ① 정당은 선거에 있어 선거구별로 선거할 정수범위 안에서 그 소속당원을 후보자(이하 "정당추천후보자"라 한다)로 추천할 수 있다. 다만, 비례대표자치구·시·군의원의 경우에는 그 정수 범위를 초과하여 추천할 수 있다는 규정에 따라 정당은 광역자치단체의 장과 광역자치단체의회 의원은 물론 기초자치단체장과 의회의원까지 공천을 허용함

---

260) 6·29민주화선언(六二九民主化宣言)은 1987년 6월 29일 민주정의당(민정당) 대표 노태우(盧泰愚)가 국민들의 민주화와 직선제 개헌요구를 받아들여 발표한 특별선언이다. 주요 내용은 ① 대통령직선제 개헌을 통한 1988년 2월 평화적 정권이양, ② 대통령선거법 개정을 통한 공정한 경쟁 보장, ③ 김대중(金大中)의 사면복권과 시국 관련사범들의 석방, ④ 인간존엄성 존중 및 기본인권 신장, ⑤ 자유언론의 창달, ⑥ 지방자치 및 교육자치 실시, ⑦ 정당의 건전한 활동 보장, ⑧ 과감한 사회정화조치의 단행 등이다. 이 선언은 민중항쟁에 의한 급격한 변혁이나 지배층에 의한 점진적인 개혁과는 달리 양자의 타협의 산물이라는 점에서 그 의의가 있다. 1985년 2·12총선 이후 야당과 재야세력은 간선제로 선출된 제5공화국 대통령 전두환(全斗煥)의 도덕성과 정통성의 결여와 비민주성을 비판하면서 줄기차게 직선제 개헌을 주장하였다. 이에 전두환은 1987년 4월 13일 일체의 개헌논의를 금지하는 호헌조치를 발표하였다. 이러한 상황에서 서울대학생 박종철(朴鍾哲)이 경찰의 고문으로 사망한 사실이 알려지면서 정국은 대결국면으로 치달았다. 6월 10일 전국 18개 도시에서 민주헌법쟁취국민운동본부가 주최하는 대규모 가두집회가 열리고, 학생과 시민들의 시위가 연일 계속되었다. 26일 전국 37개 도시에서 사상최대 인원인 100여만 명이 밤늦게까지 격렬한 시위를 벌였다. 경찰력이 마비되자 정부는 한때 군 투입을 검토하였으나 온건론이 우세하여 국민들의 직선제 개헌요구를 받아들이기로 하였으며, 6·29선언이 발표되었다. 10월 27일 국민투표로 직선제 개헌이 이루어졌고, 12월 16일 대통령선거에서 민정당 후보 노태우가 36.6%의 지지를 얻어 당선되었다.

으로써 정당의 정치권력이 비대화하여 중앙정치의 영향력이 지방에까지 직접적인 영향력을 미치기 시작했다. 중앙당의 공천을 받고 당선된 지방의 기초단체장들은 소속정당에 유리한 정책을 펴고 선거과정에서 조력한 사람들을 요직에 기용하여 인사에 대한 불만을 고조시켰다. 또한 같은 당 소속의 광역자치단체장과 다수를 차지하는 광역자치단체 의회도 그들만의 독주로 곳곳에서 불협화음이 나타난다.

지방자치제도(地方自治制度)는 지방자치단체가 자기의 기관에 의해 자주적으로 행정을 하는 제도로 지방자치는 주민이 스스로 지역의 사무를 처리하는 과정이라 할 수 있다. 여기에는 일정한 지역을 단위로 자치단체(광역단체: 특별시·광역시·도, 기초단체: 시·군·자치구)가 설립되어 지방정부로서의 역할을 한다. 주민은 자치단체의 장과 지방의원을 선출하고 올바른 지방자치가 되도록 감시와 통제를 하게 되며 중앙 정부도 자치단체를 지도 감독하게 된다. 지방자치의 필요성은 정치적으로 독재의 방지와 인권 보호에 있으며, 특히 민주주의 교육장으로서 역할이 크게 평가되고 있다. 이는 지방선거에서부터 민주주의에 대한 훈련을 할 수 있기 때문이다. 무엇보다 지방자치는 지방분권 행정으로 지역주민을 위한 지역실정에 맞는 지방행정을 할 수 있다는 데 가치를 둔다.

지방자치는 일찍이 영국에서는 주민자치 형태, 프랑스와 독일 등에서는 단체자치에 비중을 두고 발전해왔다. 오늘날 여러 나라에서 시행되고 있는 지방자치는 이러한 두 계보의 자치 요소가 그 나라의 실정에 따라 결합 운영되고 있다. 우리나라는 최근 지방분권화의 노력이 강화되고 있으나 오랜 중앙 집권의 영향으로 자치권은 제한되고 있으며, 지방의 권한과 재원은 아직도 미약한 편이다. 이러한 지방자치는 대개 각국의 헌법(기본법)에서 보장되고 있으며, 자치권의 주요 내용은 법률에 의해 정해진다. 우리나라의 자치제도상 자치권의 내용을 보면 자치조직권(기관구성, 충원), 자치행정권(지방사무 처리), 자치입법권(조례규칙 제정), 자치재정권(재원확보 관리) 등으로 나누어 볼 수 있다.

우리는 역사적으로 오랜 기간 중앙집권적인 행정체제를 유지해왔으며, 근대적인 의미에서의 지방자치는 1948년 대한민국 정부수립 후 제정된 지방자치법(1949년 7월 4일 제정)의 시행에서 비롯되었다. 최초의 지방의회(시·읍·면의회)선거가 1952년 4월에 실시된 이래 몇 차례 지방선거가 있었으며, 1960년에는 모든 단체장의 민선이 이루어졌으나 5·16 이후 지방 의회는 해산되고 그 후 30여 년 동안 지방자치는 사실상 중단되었다. 1991년 6월에 이르러 지방의원 선거가 다시 실시되고 1995년 6월에는 자치단체장의 직선이 이루어짐으로써 본격적인 지방 자치시대에 들어가게 되었다.

이미 지방자치제도가 시행된 지 20여 년이 지났다. 하지만 아직도 우리나라의 지방자치제도는 제대로 뿌리내리지 못하고 있다. 주민들의 관심과 재정 자립도는 낮고 수많은 기초자치단체장이 불법선거와 부정부패로 구속되거나 중도에 하차했다. 지방의회는 세계에 망신을 산 국회의 모습을 고스란히 닮아 부정부패에 의원들이 연루되거나 여야로 나누어 중앙당의 대리전 양상을 보이며, 대화와 타협보다는 물리력을 앞세워 온갖 추태를 보인다. 지역을 발전시키는 데 여당이나 야당이 따로 있을 수 없다. 주민들의 입장에서는 지역발전에 도움이 되는 일을 하는 사람이면 충분하다. 그런데도 기초자치단체장과 지방의회 의원들이 여당과 야당으로 나누어 정쟁을 일삼는 것은 중앙당으로부터 차기 공천을 기대하기 때문이다. 이 모든 것이 정당의 권력 비대화가 가져온 폐단이다. 풀뿌리 민주주의가 자리 잡도록 하기 위해서는 기초단체에 대한 중앙당의 공천을 배제시켜야 한다.

기초자치단체장과 기초의원 정당 공천 폐해에 대해서는 전문가뿐만 아니라 기초자치단체장 등 많은 국민이 공감하고 있다. 정당이 공천권을 이용해 공천헌금을 강요하고 있으며, 지방정치인이 공천 때문에 중앙정치인의 눈치를 살피지 않을 수 없다. 공천을 미끼로 중앙정치인이 지방자치단체장이나 지방의원에게 부당한 영향력을 행사하고 있으며, 이것이 지방행정 난맥상의 원인으로 작용하고 있다. 상당수 국회의원들도 이러한 현실은 인정한다. 정당공천의 폐해는 선거과정에서만 문제되는 것이 아니고 정당공천을 받은 단체장이 업무를 수행하는 경우에도 나타난다. 단체장이 국가나 시도의 여당과 정당을 달리하는 경우에는 긴급한 지역문제를 함께 풀어 가는 데 장애가 된다. 그 반대의 경우에는 부당한 특혜가 주어진다는 의심이 제기될 수 있다. 이러한 정당공천의 부작용은 더 이상 방치될 수 없는 심각한 수준이다. 무엇보다도 지방행정은 정당이 개입해야만 할 정도로 이념적이지 못하고 그래서도 안 된다.[261]

전국 시장·군수·구청장협의회 회장단 6명은 2008년 9월 16일 민주당과 자유선진당 중앙당을 방문해 기초자치단체장의 정당 공천제 폐지에 적극적으로 나서줄 것을 요청했다. 회장단은 "기초 자치단체장은 정치인이기에 앞서 생활행정을 책임지는 행정가이다. 초당적인 자세로, 일관된 행정을 펴기 위해서는 기초 자치단체장에 대한 정당 공천제가 폐지돼야 한다"고 밝혔다.[262] 2009년 3월에는 지방분권국민운동본부, 전국시장군수구청장협의회 등이 '기초지방선거 정당공천 폐지를 위한 국민운동본부' 출범식을 갖고 1천만 명 서명운동에 돌입하기도 했다. 정당공천제는 정당이라는 틀을 통해 책임정치를 구현하고 민의의 수렴

261) 세계일보 2009. 3. 9.
262) 아시아경제 2008. 9. 16.

을 원활하게 하는 기능을 갖고 있다. 그러나 책임정치 구현이라는 장점
보다는 지역 내 갈등을 부르고 중앙정치에 예속되는 폐단이 문제점으
로 지적되고 있다.[263) 기초자치단체장과 기초의원의 정당공천제 폐지
논의는 어제오늘의 일이 아니다. 2007년 6월 28일 열린우리당 김혁규
의원은 국회 의원회관에서 대선 출마 선언을 하면서 기초자치단체장과
기초의원의 정당공천제를 폐지하겠다고 말했다.[264)

기초자치단체장에 대한 설문에서 85%에서 92%까지 중앙당의 공천
폐지를 찬성하는 것으로 조사된 바 있다. 이는 공천이 기초단체장의 부
정부패와 강한 연관성을 갖는다는 자성의 목소리이기도 하다. 전국적
으로도 기초단체는 복마전의 비리 사슬이 이어지고 있다. 2010년 4월
행정안전부에 따르면 임기 만료 3개월 앞둔 전국의 민선 4기 230개 기
초단체장 중 비리와 뇌물수수 등 혐의로 기소된 단체장은 41%인 94명
에 달했다. 이 중 29명은 대법에서 유죄판결을 받았다. 민선 1기의 23
명, 2기의 59명, 3기의 78명보다 크게 늘어난 수치다. 또 경찰청이 2010
년 초부터 10주간 실시한 토착 비리 단속에서 적발된 2,538명 중 37.5%인
952명이 공무원인 것으로 드러나기도 했다.[265) 민주당 이시종(충주) 의원
은 이미 2008년 9월 4일 기초자치단체장과 기초의원 정당 공천제 폐지를
위한 공직선거법 개정안을 대표 발의했다. 이 개정안은 시·군·구 등
기초 자치단체장과 시·군의원 후보에 대한 정당 공천제를 폐지하는
한편 이들 후보의 정당 가입과 정당의 특정 후보 지원 및 지지 금지 등
의 내용을 담고 있다.[266)

최소 4년 이상 기초자치단체장과 기초의원에 대한 정당 공천제 폐지

---

263) 세계일보 2009. 3. 9.

264) YTN 2007. 6. 28.

265) 대전일보 2010. 4. 23.

266) 아시아경제 2008. 9. 16.

에 대한 국민의 목소리를 각 정당들은 2010년에도 결국 묵살했다. 여야는 2010년 9월 13일 행정체제 개편을 위한 4인 협의체를 열어 '구의회 폐지' 조항을 삭제하기로 결정했다. 2010년 4월 서울과 광역시의 구의회를 폐지하기로 합의해 놓고 그 뒤 슬그머니 후퇴하는 듯하더니 결국 여야 합의로 백지화한 것이다. 풀뿌리 지방자치 이념에 역행한다는 게 백지화의 논리였다. 효율적인 지방행정체제를 위해 구의회를 폐지하겠다던 당초 취지와는 180도 달라진 논리였다. 말 바꾸기에 대한 비난을 의식한 때문인지 합의를 해놓고도 누구 하나 나서서 공식 발표도 하지 않았다. 2012년 5월로 임기가 끝나는 18대 국회에서 구의회 폐지가 다시 논의될 가능성은 거의 없어진 셈이다. 여론의 역풍이 예상되는데도, 여야가 이런 결론을 내린 것은 구의회 의원 공천을 통해 국회의원의 영향력을 계속 행사하려는 정치적 이해관계 때문으로 해석된다.[267]

이기주의가 횡행하는 속에서 정치권력이 지나치게 비대(肥大)해지고 영향력이 커지는 것은 결코 바람직하지 않다. 정도를 넘어서면 반드시 문제가 발생한다. 독재정권이 출현하거나 국론을 분열시키고 갈등을 조장시켜 국가발전을 저해하는 사례를 우리는 역사를 통해 적잖게 보아왔다. 정치권력의 비대화로 인해 국민의 부담이 가중되고 국가가 불행해지는 것을 막기 위해서는 국민이 여론과 선거를 통하여 정치권에 대한 경계를 게을리 하지 않는 성숙한 시민의식이 필요하다.

3) 정당의 왜곡된 공천제도와 책임감 실종된 당론

원래 정당(政黨)은 공공 이익의 실현을 목표로 하여 정치적 견해를 같이 하는 사람들이 정권 획득을 위해 자발적으로 조직한 집단을 일컫

---

267) SBS 2010. 9. 13.

기 때문에 당내에 강경파와 중도파, 온건파 등 여러 성향의 사람들과 그들이 가지고 있는 여러 가지 목소리가 존재할 수 있다.

견해가 다른 여러 사람의 이해관계를 조율하며 정권을 창출하기 위해서는 당원이 공감할 수 있는 민주적인 당 운영 방식과 합리적인 지도체제 선출방식 및 공천제도가 존재해야 한다. 지도체제 선출방식과 공천제도가 합리성과 정당성을 갖추어야 합리적인 의사결정을 통한 정당활동이 가능하다. 그런데 오늘날 우리나라 정당의 민주화와 정당 민주주의는 지극히 낙후되어 있다. 외형상으로는 민주적인 운영체제와 합리적인 공천 구도를 갖고 있는 것처럼 보이지만, 실제로는 철저하게 계파와 파벌에 의해 움직인다. 이렇게 왜곡된 공천구도 때문에 당의 공천을 받고 당선된 국회의원과 지자체장은 개인적인 양심에 따라 투표와 소신 있는 행정을 하기가 어렵다. 그 대표적인 사례가 4대강 사업 중 하나인 영산강 살리기 기공식을 두고 벌어진 민주당의 내홍(內訌)을 들 수 있다.

박광태 광주광역시장은 2009년 11월 22일 영산강 살리기 기공식에 참석해 "350만 광주시민·전남도민과 함께 혼신의 노력을 기울여 맑고 푸른 강물이 흐르고 역사 문화가 살아 숨 쉬는 물류와 관광의 황금 벨트를 만들겠다. 새롭게 태어나는 영산강은 녹색 성장의 기반이 되고 지역발전의 물줄기가 될 것"이라고 덧붙였다. 박준영 전남지사도 "영산강은 오랫동안 뭔가 하지 않으면 강으로서 기능할 수 없다는 의견을 갖고 있었다"고 공감을 표시해 민주당으로부터 눈총을 받았다. 이와 대조적으로 영산강이 지나가는 민주당 소속 지역구 의원들은 한 명도 참석하지 않았다. 주민이 환영하는 4대강 사업에 대해 민주당 지도부가 '야당 분열 획책, 이간질' 운운하며 비난에만 열을 올리는 것은 속 좁은 태도다.[268]

---

268) 동아일보 2009. 11. 24.

관례상 같은 당 소속의 선배의원이면서 현직 지자체장에 대해 후배 의원이 당을 떠나라고 비난하는 것은 상당히 이례적인 일이다. 민주당 내에서 어떤 일이 있었는지 알 수는 없다. 하지만 재선인 안민석 의원의 비판은 개인적 형식을 빌리기는 했지만 14~16대 3선 의원을 역임한 선배의원이며 현역 지자체장을 정면 비판했다는 점에서 개인적인 행동으로 보기는 어렵다. 종래에 국회에서 초선이나 재선의원이 당의 전면에 나서 상대정당을 비판하는 것을 소총수나 저격수라는 말을 많이 사용해 온 점을 연상시키기에 충분하다.

안민석 의원은 2009년 11월 25일 자신의 홈페이지 안민석 이야기(story) 물 향기 편지 'MB(이명박)어천가를 읊은 두 분, 당을 떠나시라'라는 글에서 MB(이명박)의 '4대강 살리기'를 반대하는 민심이 뿔났다. 이명박 대통령이 광주광역시 영산강 승촌보에서 열린 '영산강 살리기 희망 선포식'에 참석하여 정치적 행보를 한 것 때문이 아니다. 이 자리에 참석한 광주광역시장과 전남도지사의 'MB어천가' 때문이다. 이명박 대통령은 아예 작정하고서 "국민의 행복을 위한 미래 사업이 정치 논리로 좌우돼선 결코 안 된다"고 잘라 말하면서 "민주당 의원들은 마음은 있되, 몸은 올 수 없다"고 비아냥거리기까지 했다. 이에 맞장구라도 치듯 두 단체장은 만면에 미소를 머금고 낯 뜨거운 'MB어천가'를 읊었다. 특히 박광태 광주광역시장은 "영산강 사업은 지역경기를 활성화하고 시ㆍ도민 삶의 질을 향상시킬 것", "영산강은 녹색 성장의 기반과 지역발전의 큰 물줄기가 될 것"이라며 MB의 4대강 사업 당위성 홍보에 장단을 맞추었다.

행사에 참석한 박광태 광주광역시장과 박준영 전라남도지사의 발언은 황당함을 넘어 분노를 치밀게 한다. 물론 대통령이 참석하는 국책사업 행사에 지방자치단체장으로서 참석하는 것은 당연하다고 본다. 하지만 4대강 사업의 정당성과 그에 수반되는 예산을 두고 여야가 치열하게 부딪히는 가운데 법과 절차를 무시하고 진행된 4대강 살리기 행사장에서, 자신이 속한 정당의 정책과 4대강 사업을 반대하는 국민들을 향해 선전포고라도 하듯이 막무가내로 밀어붙이는 '불통 대통령'을 위해 칭송할 엄두가 났던지 묻고 싶다. 더구나 기공식이 진행된 인근에서는 '4대강 살리기'를 '4대강 죽이기'로 규정하는 광주·전남지역 시민·사회단체 인사들이 모여 두 눈을 부릅뜨고 지켜보고 있지 않았던가?

두 단체장은 결자해지의 마음으로 이번 사태에 대해서 책임져야 한다. 이들은 국민과 국가의 미래를 걱정하며 당명을 걸고, 사활을 걸고 싸우고 있는 민주당과는 180도 다른 길을 가고 있다. 입장이 다르고 정책이 다르면 함께 정당을 할 수 없는 것이다. 정책과 입장이 다르면서 한 정당의 울타리에 안주하는 것은 '박쥐 정치인'에 다름 아니다. 박쥐가 아니라면 즉시 광주 전남 지역 주민들, 국민에게 사과하고 당을 떠나주시기 바란다. 그 길만이 자신들의 행동에 대해 그나마 사죄하는 방편이 될 것으로 보인다. 혹여 2010년 다시 단체장에 출마하겠다고 한다면 그것은 지역 주민들, 4대강 사업에 반대하는 국민의 등에 또다시 비수를 꽂는 일이 될 것이다. 다시 한 번 국민 명령의 준엄함을 새겨주시기 바란다. "당을 떠나시라"269)고 종용했다. 2010년 6월 2일 치러진 지방선거에서 광주광역시장에 민주당의 지지를 받은 강운태 후보가 당선됐다.

자유선진당에서는 이영애 의원도 당론에 따르지 않아 비판을 받은 일이 있다. 자유선진당 비례대표 1번인 이영애 의원은 다른 의원들이 2009년 11월 27일 이명박 대통령의 세종시 수정 공식화에 반발, 의원직 사퇴서를 이회창 총재에게 맡겼는데도 자신만 동참하지 않은 이유를

---

269) 안민석 국회의원 사이트.

설명했다. 그는 "정치투쟁의 한 방편으로 의원직 사퇴서를 제출하는 것은 옳지 않다. 이제는 국회의원이 사퇴서를 낸다고 놀라는 국민도 별로 없다"고 했다. 그러자 이날 회의에 참석한 선진당 의원들은 "멋대로 개인행동을 한다. 당이 싫으면 국회의장에게 사표를 제출하고 떠나라"고 강력히 비판했다. 이회창 총재는 "당론에 반대하는 의견을 들어 보니 당이 살아 있는 것을 느낀다. 우리 당은 누구나 허심탄회하게 자기 의견을 말할 수 있다. 당론을 정하는 논의에 불참했다가 나중에 말하는 것은 온당치 못하다"[270]고 말해 금방 매듭 되었다.

국의의원에게 있어서 당론을 거부하는 것이 얼마나 어렵고 힘든 일인지 1996년에서 2003년까지 제15대와 제16대 국회의원을 역임한 김홍신 전 의원의 경험담을 통해 들어 보면 다음과 같다. '상습적 당론거부자'란 별칭을 얻은 소설가이자 전(前) 국회의원 김홍신이 국회의원은 "다음 국회의원 할 생각을 포기할 각오로 해야 한다. 처음엔 국민을 위해 일을 시작하지만, 의원직을 유지하려면 공천을 받기 위해 공천권자와 당론에 무릎을 꿇을 수밖에 없다. 미움도 받았고 왕따도 당했다. 중요한 사안에 대해선 비판할까 봐 부르지도 않았다. 정 그러면 의원직을 사퇴하겠다. 그만두고 나가서 (소설 인간시장처럼) 실명 소설을 쓰겠다. 나도 사람인지라 가끔 써먹는 생존 비법이었다. 하지만 그런 왕따가 두려워지지 않았다. 나에겐 그런 것보다 더 강한 국민들이 등 뒤에 있었기 때문이다"고 덧붙였다.[271]

국회의원들이 왜 이렇게 당의 요구와 당론을 거부하기 힘들까? 그 이유는 공천과 보은 문제 때문이다. 누구나 국회의원이 되기 위해서는 선거에서 당선이 유리한 당의 공천을 받아야 하는데 당의 요구와 당론

---

270) 조선일보 2009. 12. 8.
271) 중앙일보 2009. 11. 19.

을 거부하는 현역의원에 대해 당은 차기 선거에서 당이 추진하는 일에 협조하지 않은 의원에 대해 공천을 하려 하지 않기 때문에 계속 국회의원을 하기 위해서는 당의 공천이 절대적으로 필요하다. 그리고 처음에 국회의원이 될 때 각 당은 외형상 합리적인 방법에 의해 능력이 있는 사람을 선거 후보자로 선임한다고 하면서도 실질적으로는 당내 계파 등 영향력을 갖고 있는 인사의 추천이나 지원 없이는 공천을 받기 어렵다. 따라서 공천에 힘이 되어 준 인사에 대한 보은 행동을 하게 된다. 공천을 해 준 사람이 당내에서 핵심적인 역할을 하고 있기 때문에 그들의 요구를 현실적으로 거절하기도 곤란하다. 공천에 영향력을 행사해 준 사람은 그들 나름대로 자신이 추천한 사람이 많이 당선되면 당내 입지가 강화되고 영향력은 더욱 확장하기 때문에 가급적 자기 사람을 많이 공천하기 위해 노력한다. 결국 보은을 입은 신진정치인은 공천에 도움이 된 사람을 배경으로 삼아 계속적으로 국회의원을 하기 위해서는 계파나 당론에 따를 수밖에 없다.

정당 또한 기여도가 높은 사람을 우선적으로 공천한다. 이래저래 양쪽의 이익이 맞아떨어진다. 문제는 현재 우리나라 각 정당들은 정당지도부 선출방식과 공천제도에서 권한은 무한대로 행사하는 반면 아무런 책임을 지지 않는다는 것이다. 이러한 일면을 보여주는 대표적인 사례가 무책임하게 선거 승리를 의식해 중앙당에서 유력인사를 특별히 연고도 없는 특정지역구에 임의로 배정하는 일이다. 2009년 10월 당시 한나라당 박희태 대표가 경남 양산 재선거에 출마해 당선된 것도 이 중 하나에 해당한다. 박희태 대표는 양산에 출마하기 전에 경남 남해·하동지역구에 출마하여 13~17대 의원과 17대 국회부의장을 역임했으며[272], 양산에서 당선된 후 2010년 국회의장이 되었다.

---

272) 박희태 국회의장 사이트.

지역구에서 계속적인 당선과 지역주민들의 이익을 대변하기 위해서는 지역특성을 잘 아는 지역출신자를 선거 후보자로 공천하는 것이 합당하다. 그런데 우리나라 국회의원 후보자와 정당들은 여당이나 야당을 막론하고 공통적으로 선거철이 되면 철새처럼 지역구를 이전하고 또 당에서도 그렇게 공천한다. 우리 정치에서 지역구에 대한 책임의식과 책임정치는 찾아보기 어렵고 오로지 당선만 되면 된다는 이기적인 생각이 전반적으로 지배하고 있다. 유권자 또한 그러한 정치인에게 투표하여 당선시키는 구조적인 문제점을 노출하고 있다. 정당에서 공천한 사람이 당선된 후 범법행위를 하여 구속되어도 당에서는 그릇된 사람을 공천한 점에 대해 아무런 책임을 지지 않는다. 심지어는 범법행위를 저지른 사람을 중앙당이나 지방당사 또는 국회의원 사무실에 근무하게 하고 있다. 사법기관을 통한 단죄가 이루어진 것으로 충분하다는 인식이 지배적이다. 따라서 정당에 대한 견제와 책임을 묻는 방법은 현재로서는 선거에 의한 국민의 주권행사 밖에 이렇다 할 방안이 없다. 모든 피해는 국민들에게 돌아온다. 그 대표적인 사례가 행정 공백과 보궐선거이다.

중앙선거관리위원회는 2009년 10월 28일 5곳에서 치러진 국회의원 재보선을 위해 66억 원의 선거비용을 배정했다. 한 곳 당 13억 원꼴이다. 쓰지 않아도 될 돈을 허공에 날리는 셈이다. 노무현 정부 5년, 이명박 정부 1년 반 동안 이런 선거가 1년에 두 번씩 도합 521곳에서 있었다. 선거 종류별로 보면 국회의원 27곳, 광역단체장 4곳, 기초단체장 72곳, 광역 및 기초의원 416곳, 시도교육감 2곳이었다. 선거비용으로 총 1,600억 원 정도가 소요됐다. 국회의원 선거는 국고에서, 지방선거는 해당 자치단체에서 비용을 부담한다. 헛돈 쓰는 것도 아깝지만, 지방정부의 재정 부담도 만만찮다. 경북 청도군은 2005년부터 2008년까지 매년

군수 선거를 치렀다. 2006년의 정기 지방선거 외에 3번의 재보선이 있었기 때문이다. 한번 군수 선거를 할 때마다 약 5억 원이 든다. 재정자립도가 10%에 불과한 청도군으로선 작지 않은 부담이다. 돈도 돈이지만 잦은 선거로 인한 주민들의 피로감은 돈으로 환산할 수도 없다.

도대체 누구를 위해 이런 재보선을 해야 하는가. 재보선 투표율은 보통 20~30%대다. 지방자치단체장이나 지방의원 선거구에선 10%대를 기록하는 경우도 있다. 재보선에 대한 유권자의 관심도가 어떠한지 알 수 있다. 아무리 다수결을 쫓는 선거라지만 냉정히 따지면 대표성에도 문제가 있다. 이런 마당에 재보선 결과를 정권에 대한 지지나 심판의 잣대로 삼는다는 것은 심한 과대포장이다. 재보선 사유를 보면 더 기가 막힌다. 불법 정치자금 사용이나 불법 선거운동, 정치자금 수수로 인한 당선 무효와 피선거권 박탈 때문이 약 70%다. 다른 공직 출마를 위한 자진 사퇴 때문도 꽤 된다. 당선인 본인과 관리를 소홀히 한 정당에 대부분 귀책사유가 있음에도 이들에겐 하등 책임을 지우지 않는다. 자기 책임성이 결여된 정치는 민주주의의 진보가 아니라 퇴보를 부른다. 선거에서 소모적인 정쟁(政爭)과 사생결단의 대결이 펼쳐지는 것도 우리의 폐단이다. 그럴 때마다 국민의 가슴은 분열과 반목으로 멍이 들곤 한다. 지방에서 재·보선을 치러본 사람일수록 이런 점을 실감한다.[273]

박찬종 전 의원은 2010년 1월 22일 자신의 홈페이지에 올린 글에서 "정치, 이대로 방치할 수 없다. 국민의 정치 무관심이 일정한 한계에 도달하면 그 민심이 폭발할 것이고 그것은 엄청난 후유증을 낳게 될 것이다. 현재의 정치권은 스스로 개혁할 자정능력마저 상실하였다. 국회의원 후보에 대한 정당 공천은 철저하게 하향식으로 소수 실권자가 밀실, 야합, 줄 세우기, 패거리 나누기, 돈 공천으로 일관하기 때문에 그러한

---

273) 동아일보 2009. 10. 26.

공천 작태가 계속되는 한 국회의원의 자율권 행사가 원천적으로 불가능하다"고 주장했다. 2009년 말 예산안을 둘러싼 국회 파행 사태와 대치 등의 원인은 하향식 공천체제에 따라 계파정치가 활개를 치기 때문으로 분석했다.[274]

박준영 전남도지사는 2010년 1월 25일 전남도청 지방언론사 출입기자단 초청 간담회에서 "경선은 일관된 규칙(rule)이 있어야 하는데 상황에 따라 바꾸는 것은 바람직하지 않다. 어느 곳은 시민 배심원제를 하고 어느 곳은 국민경선을 하는 것은 원칙과 다르다. 당헌에 나와 있는 대로 해야 한다"고 현행 민주당 규정대로의 경선방식을 주장했다. "경선에는 경선 규칙에 관한 공정성과 돈 쓰는 선거가 아닌 투명성, 누구나 인정할 수 있는 대표성이 있어야 한다. 이 3가지가 갖춰지지 않으면 후보들이 승복하지 않을 것이다"라고 강조했다.[275] 어느 정당이나 구심점이 될 만한 인물과 세력이 필요하기 때문에 당의 입장에서는 특정한 구심 세력이 있는 것도 나쁘지는 않다. 하지만 그것은 어디까지나 실력 있는 사람들이 공천될 수 있는 합리적인 공천구도를 비롯한 당내 민주화가 이루어졌을 때의 일이다.

국민의 요구에도 아랑곳하지 않고 각 정당이 폐해가 많은 계파나 계보에 의한 구태의연한 정치형태에서 벗어나지 못하는 것은 기득권을 계속 유지하려는 기존 세력과 그 세력에 영합하려는 사람들의 이기적인 행동으로 계파나 계보 속에 안주하기를 원하기 때문이다. 그러한 정치 관행은 국회의원으로 하여금 계파나 계보의 우두머리(boss)에게 절대복종을 종용하게 된다. 자신들의 이익에 반하는 사안에 대해서는 무조건 반대를 하도록 만들고 세력 확대 경쟁을 촉발시켜 국민을 분열과 대

---

274) 뉴데일리 2009.12. 22.
275) 중앙일보 2010. 1. 25.

립으로 이끌어 갈등을 조장하고 있다. 이렇게 철저하게 이기주의화된 계파는 당내 갈등을 조장하는 대립과 분열의 에너지원으로 작용해 왔다. 따라서 계파나 계보 같은 구태가 존재하는 이상 당의 당직자와 후보공천을 위한 합리적인 제도 정착이 어렵다. 신진정치가의 출현을 위해서는 지역주의를 타파하고 정책공약 대결을 통해 국민으로부터 인정받는 상생의 정치를 정착시키기 위해서는 계파나 계보를 중심으로 하는 우두머리 정치를 청산하지 않으면 안 된다. 동시에 금권선거와 부정부패에 연루된 후보자를 선출한 정당에 대해서도 책임을 물을 수 있는 방안이 마련되어야 한다.

8. 가치관 혼돈, 이데올로기 변혁과 경제발전의 대가

가치관(價値觀)은 어떠한 가치나 뜻을 인정하는가에 관한 각자의 관점을 말하고, 혼돈(混沌·渾沌)은 사물의 구별이 확실하지 않음 또는 그런 상태를 뜻한다. 정체성(正體性)은 변하지 않는 존재의 본질을 깨닫는 성질이나 그런 독립적 존재, 이데올로기(Ideologie)는 어떤 사회 집단의 사상, 행동을 근본적으로 제약하거나 이끄는 관념이나 믿음의 체계, 변혁(變革)은 바꾸어 새롭게 함이나 바뀌어 새로워짐을 말한다.

우리나라는 수많은 두려움을 극복하고 일어선 나라이다. 두려움은 다섯 가지로 정리된다. 망국(亡國), 전쟁, 절대 빈곤, 억압, 그리고 상대적 빈곤의 공포다. 연령대에 따라 체험한 공포의 종류와 강도가 다르다. 망국의 공포는 70대는 되어야 되살릴 것이고, 한국전쟁도 60대 이상이라야 무서움을 알 것이다. 50대 이상이라면 절대 빈곤을 진저리치게 겪은 적이 있었을 것이다. 하지만 그 아래 세대에게는 억압과 상대적 빈

곤의 공포가 다른 공포보다 더 실감 날 것이다. 우리 국민들은 그 시대의 '공포'와 맞서 왔다.[276]

오늘날 우리는 첨단화된 정보통신 혜택을 누리며 세계화 시대에 살고 있다. 하지만 우리사회에는 보행, 육체적인 노동, 인력거에 의존해 삶을 시작한 세대가 공존한다. 현재 우리나라 사람들이 겪고 있는 가치관의 혼돈에는 이러한 급속한 변화에 따른 여러 가지 혼동이 내재해 있다. 민족 정체성에 대한 민족적인 측면, 사상적 측면, 정치사회적 측면, 경제적 측면, 역사적 측면, 경제발전 열매인 빈부격차와 분배 측면의 문제 등 여러 가지가 변화와 혼동과 결부되어 있다. 이러한 상황 속에서 만들어진 가치관의 혼돈은 다른 나라들도 우리와 마찬가지로 겪는 내용이 있는가 하면 우리만 겪는 독특한 문제도 적지 않다. 그런데 유독 우리나라에서 가치관 혼돈이 문제가 되는 이유는 민족 분단으로 동족 간 이념대립 위에 변화가 극적이고 급격한 데다 교육과 정치가 다른 분야에 비해 제 역할을 하지 못한 것이 주요 원인이다. 짧은 시간 내에 후진국에서 선진국 대열에 진입한 나라는 세계에 대한민국밖에 없다는 것이 이를 잘 입증해 준다. 급속한 발전은 그만큼 많은 이해관계 조정을 요구한다. 사회변화를 적절하게 수렴하여 정치가 이해관계를 조정해 가치 혼란을 줄여 국민을 통합시키고 교육이 국가와 국민에게 헌신하는 인재를 양성했더라면 오늘날과 같은 사회적 갈등과 대립은 발생하지 않았을지도 모르겠다.

우리나라 국민에게 나타나고 있는 가치관 혼돈의 실체를 좀 더 세부적으로 살펴보면 다음과 같다. 첫째는 민족 정체성에 대한 민족적인 측면이다. 근래 들어 국제결혼이 증가하고 있지만 우리는 고래로부터 민족의 통일과 독립 · 발전을 최고의 이념적 가치로 여기고 중시하는 민

---

276) 중앙일보 2009. 10. 1.

족주의(民族主義) 성향이 아주 강하다. 국민 누구나 단군을 조상으로 하는 한민족이라는 데 이견이 없을 정도다. 단군의 건국이념은 널리 인간 세계를 이롭게 한다는 홍익인간(弘益人間)이다. 그런데 우리의 분단 현실, 대화와 타협이 실종된 국내 정치상황은 단군의 건국이념에 비추어 볼 때, 우리의 이념을 혼란스럽게 만든다. 그리고 때로는 혼동을 일으키게 하기도 한다. 세계는 몇 백만 년 전에 살았던 인류의 조상을 찾아 나서고 있는데 우리는 단군이 조상이라고 말하면서도 아직 고조선의 실체에 대해서도 제대로 모른다. 역사적 뿌리는 부여로 향하는데 부여에 대해서도 그 세부내용을 잘 모르기 때문에 부여와 고조선의 관계에 대해서도 전혀 파악하지 못하고 있다. 둘째는 사상적 측면이다. 국권을 회복하고 건국하는 과정에서 우리의 기대와는 달리 세계적으로 드물게 격렬한 사상 논쟁과 대립에 휘말려 동족상잔의 아픔을 겪었다. 남과 북이 자유민주주의와 공산주의라는 각각 다른 체제를 구축한 이후 사상적 관념에 따라 각자 자신들이 원하는 체제를 추종하며 대립을 일삼았고, 그 과정에서 많은 사람들이 희생되었다. 6·25전쟁도 그렇지만 제주 4·3폭동 사건이나 거창 양민학살사건, 전국 곳곳에서 자행된 보도연맹 관련 학살 등 아픔의 상흔이 고스란히 남아 있다. 만일 한국정부가 지향하는 자유민주주의가 홍익인간의 이념과 상통하는 것이라고 한다면 남한 내에서의 정쟁이나 권력 투쟁은 국민들을 위한 것이어야 한다. 북한도 우리와 같은 사상을 가져야 한다. 그런데 세계의 모든 공산 국가들이 다 없어졌는데, 아직 북한만 공산주의 체계가 유지되고 있고 대한민국 내에서조차 북한 정권을 추종하는 사람들이 있어, 체제경쟁과 이념논쟁을 벌이며 사회적 논란의 대상이 되고 있는 것이 현실이다. 셋째는 정치사회적 측면이다. 정치사회적 측면의 갈등은 두 가지가 있다. 대한민국 내의 정치적 대립과 분단 민족으로서 겪는 남북한의 갈등이 그것이다. 남북갈등은 이념문제와 민족문제 등 여러 면에서 우리의 사회갈등과 연관되지만 여기서는 범위를 벗어나는 부분이 많아 생략한다. 다만 남북 간의 갈등 완화와 통일을 대비 대북지원 사업 등 교류와 협력을 강화하는 노력을 지속해야 할 필요가 있다. 역대 대한민국 대통령은 각각 주어진 역할에 충실하기 위해 노력했지만, 전반적인 국민의 존경을 받는 대통령은 드물다. 대부분 존경받는 만큼 불신하는 사람들도 많다. 그동안 개발독재와 민주화, 보수와 진보의 이념대립 등 대통령을 중심으로 하는 정치가의 탐욕과 권력 향유에 대한 집착이 국민을 갈등과 대립 속으로 몰아넣었다. 각자 자신은 국민을 위해 최선을 다했다고 말하지만, 역대 대통령에 대한 국민의 평가는 냉정하다. 이제까지 우리가 보아온 우리나라의 정치인은 권력에 대한 탐욕에 눈이 멀어 이전투구(泥田鬪狗)를 벌이기 일쑤였다. 하루가 멀다 하고 상호 비방과 비난 책임 떠넘기기에 급급한 저급한 정치는 결국 대한민국에서 범국민적으로 존경하는 대통령이 부재하도록 만들었다. 넷째는 경제적 측면이다. 지금 우리 사회에는 급속한 경제성장으로 황금만능 사상이 팽배하면서 돈이면 무엇이든지 할 수 있다는 의식이 점차 확산되고 있다. 돈에 의한 편리성을 실감한 국민은 돈을 벌기 위해 수단과 방법을 가리지 않는 풍조까지 만들어내고 있는 실정이다. 기업들은 매출증대와 이익을 위해 뇌물 제공과 접대를 당연한 것으로 받아들고, 세금을 내지 않는 것을 탈세가 아니라 절세로 인식해 왔다. 기업주들의 왜곡된 주인의식과 부의 불균등한 분배에 대해 노동자들의 요구가 거세진 것이 노사분규다. 이런 과정을 거쳐 재벌이 형성되었다. 황금만능사상이 팽배하면서 심지어는 돈으로 유권자를 매수하면 권력도 획득할 수 있다는 인식을 갖는 사람들이 적지 않다. 부정부패가 끊이지 않는 이유가 여기에 있다. 어떤 수단과 방법을 수용하던 그것이 적발되지 않으면 정치가들은 권력을 향유했다. 다섯째는 역사적 측면이다. 이 문제의 가장 대표적인 것은 대한제국 패망의 책임자와 친일파 문제이다. 대한제국 몰락의 책임을 우리는 을사오적277)에게 돌리는 경향이 있지만, 대한제국의 패망은 잘못된 교육, 부정부패, 경제 피폐, 군사력 약화, 사대주의278) 정책, 당파싸움, 외척정치 등 여러 가지 원인이 복합되어 일어난 것이다. 정치책임자로는 시대 흐름에 따라 권력을 휘두르는 과정에 참여한 김조순을 비롯한 안동 김씨 일문, 대원군, 민비, 고종, 을사오적 순으로 책임이 있다. 한 나라가 망하는 이유와 원인을 단정적으로 말하기는 어렵지만, 권력자로 현실정치를 주도한 사람들에게 책임을 묻지 않을 수 없다. 2010년은 국치를 당한 지 100년이 되는 해이다. 그런데도 여전히 고종의 재조명에 열을 올리고 있는 이태진 교수를 비롯한 소수의 역사학자와 환구단 건설을 극찬한 박석재 한국천문연구원장279)을 비롯한 몇몇 인사들은 고종의 업적과 그가 나라를 지키기 위해 노력하고 고뇌했다는 것이 자랑스럽다는 듯이 그와 관련된 내용들을 발표한다. 민비를 명성황후280)라고 불러야 하고, 그 시해가 일본의 야욕과 낭인의 극

---

277) 을사오적(乙巳五賊)은 조선 말기 일제의 조선 침략과정에서, 일제가 1905년 을사조약을 강제 체결할 당시, 한국 측 대신 가운데 조약에 찬성하여 서명한 다섯 대신. 즉, 박제순(朴齊純, 외부대신), 이지용(李址鎔, 내부대신), 이근택(李根澤, 군부대신), 이완용(李完用, 학부대신), 권중현(權重顯, 농상부대신)을 일컫는다.

278) 사대주의(事大主義, 영어: sadaejuui)는 자율적이지 못하고 자국보다 강한 국가, 세력에 복종하거나 맹목적으로 받아들이려는 주의를 말한다. 사대주의는 20세기 초반에 국수주의자들이 크고 강한 국가에게만 지나친 관심을 보이는 당시의 지배층들을 비판하기 위해 만든 말이다. 사대(事大)라는 말은 그 이전에도 있었으나 사대주의라는 단어에서 보이는 부정적인 의미가 아니었다. 예를 들어 사대교린은 한민족의 전통적인 외교정책이었으며, 국제 질서에 적극적으로 참가하여 그 관계를 유지하는 한편 자국의 이익을 추구하는 것은 일반적인 정책이다.

279) 동아일보 2010. 1. 21.

280) 명성황후(明成皇后, 1851~1895)는 조선 말기 고종의 비(妃). 국내외적 혼란기에 흥선대원군과 가족 및 정치적 대립 속에서 자신의 정치적 영역을 확대하고, 개화정치, 임오군란, 갑신정변, 외세의 침입 등 큰 정치혼란시마다 대원군과 반대 입장을 취하면서 정권을 유지하였다. 개국정책으로 일본과 수호조약을 체결하였고, 임오군란과 갑신정변 때에는 청군의 개입으로 정권을 잡았다. 국내에서 일본 세력이 강화되자 친러정책으로 일본을 압박하자 일본 공사가 이끄는 낭인들에 의해 살해되었다. 1894년 7월 일본 세력을 등에 업은 대원군이 재등장하면서 갑오개혁이 시작되자, 러시아에 접근하여 일본 세력을 추방하려고 하였다. 이에 일본 정부의 사주를 받은 주한 일본공사(公使) 미우라 고로(三浦梧樓)가 1895년 8월 20일(양력 10월 8일) 일본 낭인들을 궁중에 잠입시켜 비를 난자살해(亂刺殺害)하고, 시신은 궁궐 밖으로

악무도한 행위에 의해서 희생되었다는 것을 부각시키기 위해 노력하는 사람들이 상당수 있는 것 같다. 한편으로 생각하면 그러한 노력을 통하여 민족적 자긍심을 심어주려는 측면도 없지는 않지만, 이러한 노력은 국민들의 가치관을 혼란스럽게 만든다.

대한제국이 왜 대한제국이 되었던가? 조선의 정치구도와 직제에서 왕비는 정치에 직접 관여할 수 없다. 그런데 민비는 수렴청정[281]을 하는 것도 아니었으면서 정치에 지나치게 관여했다. 공공연하게 대원군과 대립하고 국내정책은 물론 대외정책에까지 관여함으로써 친러정책을 편 핵심인물로 지목되어 일본의 음흉한 야욕에 희생되었다. 그것이 을미사변[282]이다. 이때 국왕인 고종이 우리나라의 왕궁인 경복궁에서는 자신은 물론 국사를 제대로 돌볼 수 없어 러시아 공사관으로 피신했다. 그것이 아관파천[283]이다. 그리고 러시아공사관에서 돌아와 국운을 쇄신하기 위해 국호를 대한제국으로 정하고 1897년 국호를 대한제국으로 선포하고 천단(환구단)에서 하늘에 제를 지내신 후 대한제국을 수립 고종이 황제로 즉위하면서 함께 민비도 황후에 책봉, 추증되어 명성왕후(明成王后)가 되었다. 스스로 대한제국의 황제가 되었지만 삼천리강토를 지킬 수 있는 군대는 거의 와해되었고, 경제는 피폐한 데다 삼정의

옮겨 소각하였다

281) 수렴청정(垂簾聽政)은 역대 왕조에서 행해진 대리정치이다. 나이 어린 왕이 즉위했을 때 성인이 될 일정 기간 동안 왕대비나 대왕대비가 국정을 대리로 처리하던 일을 말한다. 기록상으로 한국에서 제일 먼저 수렴청정을 한 것은 53년 고구려 제6대 왕 태조왕이 7세로 즉위하자 태후(太后)가 수렴청정을 한 경우이다. 이보다 앞서 제3대 왕 대무신왕도 11세로 즉위하여 어느 누가 대리정치를 하였을 듯하나 기록으로 나타나는 것은 없다.

282) 을미사변(乙未事變)은 1895년 음력 8월 20일(양력 10월 8일) 일본 제국이 조선을 침략하는 데 가장 큰 걸림돌인 명성황후 민씨가 경복궁(景福宮)에서 조선 주재 일본 공사 미우라 고로(三浦梧樓)가 지휘하는 일본 낭인 등에게 시해된 사건이다.

283) 아관파천(俄館播遷)은 1896년 2월 11일부터 1897년 2월 20일까지 1년간 고종과 세자가 경복궁(건청궁)을 떠나, 어가를 아라사 공사관, 즉 러시아 공사관으로 옮겨서 거처한 사건이다. 러시아는 한자로 노서아라고도 하기 때문에, 노관파천(露館播遷)이라고도 한다. 아관파천 당시에는 '파천'이라는 표현을 쓰지 않았고, 나중에 붙인 명칭이다. 1895년 을미사변이 일어나자 친일 세력에게 신변의 위협을 느낀 고종은 당시 일본과 대립하고 있던 러시아의 힘을 빌리고자 심야에 러시아 공사관으로 이어(移御)하였다.

문란으로 민심은 떠나 있었다. 10년이면 강산도 변한다고 하는데 42년 간 제위 했으면서도 나라를 다른 나라에 내어준 그를 두둔하여 무엇을 하자는 말인가. 을사오적을 누가 임명했는가? 바로 고종이다. 그러한 고종과 민비, 대원군, 삼정문란[284]의 계기를 만들어 낸 안동 김씨를 두 고 을사오적과 친일파만 문제 삼는다고 역사가 바로서지 않는다. 과정 과 결과를 아우르는 정확한 역사적 평가가 이루어져야 하는 이유가 여 기에 있다.

다음은 친일파 문제이다. 일제강점기에 출사하여 반민족적 행위를 일삼은 친일인사들을 친일파라고 한다. 그러나 그러한 친일파 문제는 반민특위에 의해 처리가 되었으면 좋았을 것을 공산주의 세력 확장에 대항하기 위해 미국과 이승만 정부의 반공우선 정책에 밀려 결국 해체 되면서 두고두고 갈등의 요인이 되도록 하고 말았다. 그리고 친일파들

---

284) 삼정의 문란(三政紊亂)은 조선 재정의 주류를 이루던 전정(田政)·군정(軍政)·환정(還政) 세 가지 수취 체제가 변질되어 부정부패로 나타난 현상이다. 전정은 공정하고 정확한 전지(田地)의 조사와 측량을 바 탕으로 1년에 소출되는 양을 검사하여 균등한 전세를 부과하는 제도이다. 그러나 전지에 대한 조사가 20년에 한 번씩 이루어지도록 규정되었으나 이것이 지켜지지 않았을 뿐만 아니라 소출량에 대한 조사도 담당자인 수령과 토호들의 농간에 의해 공정한 세금부과가 어렵게 되었다. 이러한 관리들의 부정부패는 조선후기로 갈수록 극대화되었다. 그 유형으로 실제 세금을 거둘 수 있는 토지보다 더 많은 양의 토지를 장부에 올려 세금을 착복하는 백지징세(白地徵稅), 실제 세액의 몇 배를 징수하여 착복하는 도결(都結) 과 방결(防結), 각종 부당한 명목의 잡세 등이 있다. 이를 전정의 문란이라 한다. 군정은 군적(軍籍)에 따 라 번상병(番上兵)을 뽑고 보포(保布)를 정급(定給)하여 주는 제도였으나 15세기 말부터 군포를 내고 군 역을 면제받는 관례가 생겨난 뒤 임진왜란 이후에는 직업군인이 생겨나고 군에 가지 않는 대상자들은 군포를 부과하는 방법으로 수취제도가 변질되었다. 그리하여 대다수 돈 있는 백성들은 군포를 내고 군 대에 가지 않았다. 그러나 점차 군포가 부담되자 향교의 교생(校生)이나 서원의 원생(院生), 향직, 향안에 등재, 공명첩(空名帖) 등의 방법으로 군포 면제를 받는 편법이 등장하였다. 이에 군포가 줄어들자 지방 관아에서는 이웃에게 군포를 강제 징수하는 인징(隣徵), 가족에게 강제로 징수하는 족징(族徵), 마을 단 위로 전체의 군포액수를 부담케 하는 동징(洞徵), 어린 아이에게까지 군포를 징수하는 황구첨정(黃口簽 丁), 이미 죽은 자의 이름으로 군포를 징수하는 백골징포(白骨徵布) 등과 같은 불법징수가 성행하였다. 이를 군정의 문란이라 한다. 환정은 춘궁기에 농민에게 식량과 씨앗을 빌려주었다가 추수한 뒤에 돌려 받아 농업의 재생산을 도모하고 군자미를 매년 새로운 곡식으로 전환시키는 정책이었다. 그러나 빌려준 곡식을 돌려받지 못하는 사례가 늘어나고, 자연적으로 소모되는 곡식이 증가되자 모곡이라 하여 1/10을 이자로 더 돌려받게 되었다. 이후 국가 재정이 어려워지고, 아전들의 횡포가 늘어나면서 모곡의 양이 1/10에서 1/2로 늘어나는가 하면 빌려주는 원곡에 모래나 겨를 섞어 실제 양을 줄이고 후에 거두는 모 곡은 원곡대로 받는 등 다양한 편법이 자행되었다. 이에 환곡 받기를 거부하는 백성에게도 강제로 배부 하거나, 이자를 돈으로 내도록 하여 아전들이 부당한 이익을 취하기도 하였다. 이를 환정의 문란이라 한 다. 이와 같이 전정·군정·환정의 문란을 합하여 삼정의 문란이라 하였으며, 1811년 홍경래 난이나 1862년 전국적으로 일어난 임술농민항쟁 등 19세기 크고 작은 농민항쟁의 주요한 원인으로 작용하였다.

은 대한민국 건국 과정에 출사하여 국가체계 정립, 6·25 한국전쟁에서 국가 수호, 경제개발과정에서 국가발전에 기여하는 등 이들 중 상당수가 사회지도층을 형성함으로써 가치혼란을 야기하였다. 하지만 친일파 문제는 반민족행위 내용에 근거하여 공과를 적시(摘示)는 것으로 충분한데 그 후손들은 공적은 내세우면서도 과오가 드러나 친일파로 낙인 찍히는 것을 싫어해 분류작업이 난관에 봉착했던 것이 한두 번이 아니었다. 여섯째는 경제발전의 열매인 분배 측면의 문제이다. 이 문제의 핵심은 노사갈등에 의한 노사분규와 빈부격차 문제이다. 우리나라에서 일어나는 노사분규의 원인도 경제발전의 열매 또는 기업 성과에 대한 분배문제가 핵심이 되고 있다. 기업주의 왜곡된 주인의식과 인사 전횡, 부정부패에 맞선 노동조합의 과다한 분배 요구, 정부에서 노사관계업무를 관장하는 고용노동부의 무원칙적인 노동정책이 한몫을 해 왔다. 일부 노동조합 지도자들은 기업주와 정부정책에 맞서 이미 정치세력화했다. 민주노동당과 진보신당은 노동조합 출신의 지도자들이 주축이 되어 만들어진 대표적인 정당이라고 할 수 있다. 부의 불균등 분배가 낳는 사회 문제가 빈부격차 문제이다. 용산참사나 실업, 취업문제 등도 모두 빈부격차 문제와 연결되어 있다. 정부는 빈부격차 문제를 해소하기 위해 사회보장제도를 강화하고 일자리 만들기에 나서고 있지만 여러 가지 어려움이 많다.

인간사회에는 다양한 형태의 갈등이 존재한다. 우리나라에 나타나고 있는 갈등은 다른 나라에 비해 상대적으로 종교적 갈등이 적은 반면 남북한 간 그리고 대한민국 내의 정치사회적 측면의 갈등이 심각한 수준인 것이 특징이다. 우리 사회의 대립과 갈등은 민족 정체성에 대한 가치관 혼돈이 내재하는 데다 너무 짧은 시간에 극적이고 급격한 이데올로기 변혁과 급속한 경제성장이 겹쳐졌기 때문인 것으로 보인다. 일련의 과정들이 장기간에 걸쳐 이루어졌더라면 갈등과 대립 양상은 많이 달라졌을 가능성이 크다. 하지만 현실적인 문제는 가정으로 해결되지 않는다. 우리에게는 세계 어느 나라보다 뛰어난 민족적 저력과 역동성(力動性)이 내재해 있다. 문제의 원인은 드러났다. 이제 해결책을 찾으면 된다. 특히 정치와 교육이 중심이 되어 현명한 방법을 찾아 한 가지씩 정리해 나가면 갈등과 대립은 머지않아 해결될 것이 틀림없다.

9. 노동운동가 정치권 결탁 과격한 노조운동 전개

노사분규가 발생하는 것은 경영자의 인사 전횡을 비롯한 비윤리적 경영과 왜곡된 이윤분배, 일부 정치권과 결탁한 노동운동가의 정치권력화가 그 핵심이다. 경영자의 인사 전횡을 비롯한 비윤리적 경영과 노동착취 등 왜곡된 이윤분배로 발생하는 노동운동으로 인해 유발되는 사회갈등은 정부와 정치권에 의해 통제될 수 있는 하위요소 갈등에 속한다. 정치권이 갈등 해소를 위해 노력할 때 노동운동으로 인해 유발되는 사회갈등은 그 파장을 크게 줄일 수 있다. 노동운동이 사회갈등에 있어 문제가 될 수 있는 것은 단위사업장 규모의 노사분규가 아니라 국가단위의 노동조합총연맹이나 정당 등 정치권과 연계한 정치투쟁으로 변질될 때이다.

경영자와 노동자 측은 서로 이해관계를 달리하기 때문에 민주주의 국가에서 노사 간에 갈등이 발생할 수 있는 가능성은 상존한다. 우리나라 헌법 제33조 ① 근로자는 근로조건의 향상을 위하여 자주적인 단결권·단체교섭권 및 단체행동권을 가진다고 명시하여 노동3권[285](勞動

285) 노동3권은 노동자가 헌법상의 기본권으로 가지는 세 가지 권리로 단결권·단체교섭권·단체행동권을

三權)을 보장하고 있다. 이외에도 근로기준법 등과 같은 노동관계 법규를 마련하는 등 노사분규에 의한 갈등을 해소하기 위한 여러 가지 장치를 해두고 있다. 하지만 욕망을 갖고 있는 사람의 행동을 조정하고 통제하는 일은 생각만큼 간단하지가 않다. 단체행동권 행사는 법률이 정하는 범위 내에서 보장되지만, 근로자의 단체행동권 행사를 통한 노동운동이 국가와 사회에 어느 정도 영향력을 발휘할 수 있는지는 폴란드와 2010년 그리스의 상황이 잘 보여준다.

1) 폴란드 노동운동과 레흐 바웬사

폴란드 노동운동의 중심에는 레흐 바웬사(Lech Walesa)가 있었다. 그는 폴란드의 노동운동가이자 정치가이다. 공산 폴란드 최초의 자유노조인 '연대(Solidarity)'의 전국위원회 의장을 지냈다. 1983년 노벨 평화상을 받았으며 초대 직선 대통령에 당선되었다. 공산 폴란드 최초의 자유노조인 '연대(連帶: Solidarity)'의 전국위원회 의장을 지냈다. 부오추아베크에 가까운 포포보에서 목수의 아들로 태어나 직업학교를 졸업한 후 1967년 그단스크에 있는 레닌조선소 전기공이 되었다. 1970년 '12월사건'의 비극을 목격하고 참된 노동조합을 결성할 것을 결심, 노동자의 요구조건을 조선소 측에 제시함으로써 1976년까지 4년간 실업자 생활을 겪어야 하였다.

그 후 자유노조 창설위원회 기관지를 자처하는 『연안지방의 노동자』를 동지들과 발행하며 운동을 계속하던 중 1980년 8월 14일 시작된 조

말하며, 근로 3권이라고도 한다. 노동자의 권익(權益)과 근로조건의 향상을 위하여 헌법상 보장되는 기본권으로서 생활권(생존권 또는 사회권)에 속한다. 국가·지방자치단체·국공영기업체·방위산업체·공익사업체 또는 국민경제에 중대한 영향을 미치는 사업체에 종사하는 근로자의 단체행동권은 법률이 정하는 바에 의하여 이를 제한하거나 인정하지 않을 수 있다.

선소 파업을 지도, 사회주의 국가로서는 혁명적인 성과를 얻어내고, 파업권(罷業權)을 가진 자유노조 '연대'를 결성하기 위하여 노동자를 결속시켰다. 1981년 12월 계엄령 선포에 이은 검거 선풍 때 다른 노조간부들과 함께 체포되었다가 1982년 당국에 의한 자유노조의 불법화 선언이 있은 후인 11월 11개월에 걸친 감금에서 석방되었으며 1983년 노벨평화상을 받았다. 1989년 자유노조 위원장, 1990년 11월 초대 직선 대통령에 당선되었다. 그 해 12월 대통령 취임 이후 경제개혁의 부작용으로 실업이 증가하고 경제난이 가중되는 등 국민의 불만과 시위가 확산되자 의회를 해산하고 1993년 9월 총선거를 실시, 신정부를 출범시켰으나, 1995년 대통령선거에서 전(前) 공산당원 A. 크바시니에프스키에게 패배하였다.

폴란드의 노동운동은 바웬사가 대통령에 당선되는 등 한동안 세계적인 관심을 집중시켰지만 국가 경제 운용이 크게 달라진 것은 없다. 노동운동을 통하여 일시적으로 노동자의 권익을 증진시킬 수 있을지 모르지만, 장기적인 측면에서 상생의 발전은 노동자가 편익을 취하도록 하는 것만으로는 곤란하고, 경영자의 이익과 회사발전이 균형을 이루면서 동시에 추구될 때 진정한 노동자의 권익과 삶의 질도 향상될 수 있다는 교훈을 일깨워준다.

2) 그리스의 재정위기와 노동운동

2007년 이후 그리스는 국가 재정상태가 위기를 맞아 유럽연합(EU)과 세계의 관심이 집중되었다. 연합인포맥스 보도에 의하면 신용평가기관인 피치는 2009년 12월 8일 그리스의 국가신용등급을 A⁻에서 BBB⁺로 한 단계 하향 조정했다. 신용등급 전망도 부정적(Negative)로 낮춰 상황에 따라 등급을 더 내릴 수도 있음을 시사했다. 이에 앞서 스탠더드 앤드 푸어스[286](S&P)도 그리스의 신용등급 전망을 부정적(Negative)으로 하향 조정했다. 등급 전망을 낮추면 일정 기간 그 나라의 경제 상태를 평가한 후 등급 조정 여부를 다시 판단한다. 그리스의 재정위기는 사실 새로운 뉴스는 아니다.

2007년, 2008년 말 이미 재정에 대한 경고등이 켜졌었다. 2009년 재정 적자는 국내총생산(GDP)의 12% 수준으로 추정된다. 2008년 10월 총선으로 집권한 사회당은 재정 적자가 13%를 넘을 수도 있다고 고백했다. 이는 유럽 최대 빚더미 국가인 아일랜드(14%)에 이어 두 번째다. 그리스는 재정부실을 충당하려고 2009년 12월 중국 은행권을 상대로 250억 유로 규모의 국채발행 의사를 타진했다. 내부적으로 재정을 확충하기 어려운 상황을 반영한 것이다. 그리스 정부는 상황이 이렇게 되자 재정 적자 통제 계획을 발표했다. 그러나 신용평가기관의 시각은 부정적이었다. 그리스 정부가 재정지출을 줄이는 것이 아니라 세금을 올리는 방식으로 재정을 확충하겠다고 했기 때문이다. 그리스의 재정 확충 의지가 있느냐는 의심을 받는 이유였다. 게다가 그리스는 정치, 사회적으로 매우 혼란했다. 폭력 시위와 방화가 끊이지 않았다.[287]

공공부문 노조단체가 정부의 재정 적자 감축 계획에 반발하는 24시간 총파업을 예정대로 2010년 2월 10일 오전 시작했다. 노동계의 반발은 정부의 재정 적자 감축 계획 이행에 대한 회의적 시각이 가시지 않는 주된 배경이었다. 그리스 뉴스통신 ana-mpa 등에 따르면 그리스 공

---

286) 스탠더드 앤드 푸어스(S&P: Standard & Poor's)는 영국의 피치 IBCA, 미국의 무디스와 함께 세계금융시장을 좌지우지하는 3대 신용평가기관이다. 회사채 신용평가를 하던 Poor's社와 Standard Statistics社가 1941년에 합병하여 오늘날의 S&P가 되었으며 현재는 맥그로 – 힐社의 자회사이다. 세계 60여 개국을 대상으로 정치상황 경제구조 경제성장 전망 재정운용 공공부채 대외부채 물가 부채상환능력 등 8개 부문 31개 항목에 걸친 투자환경을 조사해 등급을 발표한다.

287) 연합인포맥스 2009. 12. 9.

공부문을 대표하는 조합원 60만 명의 공공노조(ADEDY)가 이날 오전 0
시부터 24시간 총파업을 시작했다. 이날 파업에는 공항, 대중교통, 국립
병원, 학교, 대민 서비스 공공기관 등에 종사하는 공무원들이 참여했으
나 파업 참여 인원은 확인되지 않았다. 이로 인해 그리스 전역 공항에
서 약 350편의 국제선 및 국내선 항공편이 전면 취소됐다. 또 시내버스,
전철, 철도 등 주요 대중교통 운행도 출근 시간인 오전 6~9시 중단됐으
며, 퇴근 시간인 오후 2~5시와 심야 등 두 차례 더 운행 중단이 이어질
것으로 예정되어 있었다.

공공노조는 공무원 임금동결과 보너스 삭감, 신규채용 동결 등을 담
은 재정 적자 감축 계획이 근로자들만의 희생을 요구하고 있다고 반발
했다. 그러나 게오르게 파판드레우 그리스 총리는 공공노조의 파업에
도 불구하고 정부가 약속한 재정 적자 감축 계획을 이행하겠다는 의지
를 강조했다. 프랑스를 방문 중인 파판드레우 총리는 전날 "경제를 구
하고 부채를 줄이되 가능하면 저소득층과 중산층을 보호하는 해결 방
안을 찾는 것이 정부의 우선순위"라고 말했다. 나아가 그리스 정부는
전날 무연 휘발유에 ℓ당 0.14유로 세금을 인상하고 주유소, 택시기사
등을 비롯해 영수증 발행 의무화 대상 사업자를 확대하는 조처를 발표
했다. 공공노조에 이어 조합원 2백만 명을 둔 최대 민간노조인 노동자
총연맹(GSEE)은 2월 24일 총파업을 예고하고 있었다. 그러나 노동계의 반
발은 국민의 지지를 받지 못하고 있었다. 주초 발표된 여론조사 결과들
에 따르면 국민 10명 중 6~7명이 공공부문이 비대하고 비효율적이라며
총파업에 반대하고 있는 것으로 나타났다. 노동계가 애초 경고한 파업에
나서면서 재정 적자 감축 계획 이행에 대한 회의적 시각은 여전하다.[288]
하지만 유럽연합(EU) 정상들이 2010년 2월 11일 열린 EU 특별 정상

---

288) 연합뉴스 2010. 2. 10.

회의에서 재정위기에 빠진 그리스를 지원하는 데 원칙적으로 합의했다. 유로지역(유로화 사용 16개국) 정상들은 이날 "유로지역의 금융 안정성을 보호하기 위해 필요하다면 공동의 단호한 행동을 취할 것"이라고 선언했다. 또한 "모든 유로지역 회원국들은 유로지역의 재정 안정성을 유지하는 데 공동 책임이 있다. 이런 맥락에서 우리는 2010년과 그 이후까지 경제안정 프로그램의 목표를 이루기 위해 필요한 일을 하려는 그리스 정부의 노력과 약속을 전적으로 지원한다"고 밝혔다.[289]

국가 위기는 정치가와 국민이 이기주의에 빠지고 단결하지 않을 때 발생한다. 지금 그리스는 국가적인 위기에 빠져 있는데도 노동계는 이기적인 행동을 계속했다. 이는 노동계도 문제지만 정치지도자의 잘못이 더 크다. 그런데 그리스의 현실은 정치가가 제대로 지도력과 문제해결능력을 발휘하지 못하면서 남부 유럽과 동부 유럽 등 인근국가로 금융 불안이 파급되지 않을까 유럽연합을 긴장시켰다. 오늘날 그리스는 노동계의 강경투쟁이 내재해 있는 우리에게 시사하는 바가 크다.

3) 쌍용차 노사분규

77일간 지속했던 쌍용차 노조의 평택공장 점거파업으로 발생한 피해 규모는 2009년 8월 6일 쌍용차 사용자[290] 측에 따르면 현 단계에서 집계가 가능한 물적 피해는 점거농성이 시작된 지난 5월 22일부터 7월 30일까지의 생산 차질 분 1만 4천590대로, 손실액은 3천160억 원 규모다. 7월 31일부터 8월 6일까지는 여름휴가 기간이어서 원래 생산 계획이

---

289) 파이낸셜뉴스 2010. 2. 12.

290) 사용자(使用者, employer)는 민법상으로는 노무를 제공할 것을 약정한 상대방(피고용자)에게 보수를 지급할 것을 약정한 자(655 · 756조 참조), 노동법상으로는 사업주 또는 사업의 경영담당자 기타 근로자에 관한 사항에 관하여 사업주를 위하여 행동하는 자(근로기준법 2조, 노동조합 및 노동관계조정법 2조).

없었던 만큼 피해액 산정에서 제외됐다. 쌍용차는 파업 기간에 단 한 대의 차량도 생산하지 못한 가운데 6월에는 내수 197대, 수출 20대 등 총 217대의 재고분을 판매했다. 또 7월에는 수출을 한 대도 하지 못한 채 국내 시장에서만 달랑 71대를 팔아 2008년 동기 대비 판매실적에서 98.4%의 감소율을 나타냈다.

쌍용차에 대한 납품 의존도가 50%를 넘는 1차 협력사 32곳 가운데 이미 부도를 냈거나 법정관리 상태에 들어간 업체가 4곳이고, 25개사는 휴업 중이다. 주요 2차 협력사 399개 중에는 도산 또는 법정관리 상태 인 업체가 19곳이고 76곳은 휴업 중인 것으로 파악됐다. 하지만 정작 중요한 것은 눈에 보이지 않고 정확한 손실액을 가늠하기조차 어려운 쌍용차의 제품(brand) 이미지 훼손이다. 김필수 대림대 자동차학과 교수 는 "생산을 재개해도 제품 이미지가 추락했으므로 판매가 잘 안 될 것 이고 사후관리(A/S)의 질도 예전보다 훨씬 악화될 것이다. 회생을 위해 서는 판매 부진으로 발생하는 자금 공백을 정부나 금융권 등 외부에서 지원해 주는 방법 외엔 없다"고 말했다.291)

검찰은 쌍용차 노조 간부 19명과 조합원 22명, 외부인 3명 등 44명에 대해 구속영장을 청구했으며, 조합원 등 24명은 이미 구속됐다. 이들에 게는 업무방해와 특수공무집행방해치상, 폭력행위 등 처벌에 관한 법 률 위반 혐의가 적용됐다. 검찰은 또 점거농성 현장에서 다연발 사제총 2개와 화염병 1천500개 등 무기류 약 2천700점을 확보했다. 검찰 관계 자는 "이번 쌍용차 사태에서는 볼트와 너트 등을 한번에 40~50개 발사 할 수 있는 다연발 사제총이 최초로 등장하는 등 과격화 양상을 보였 다. 노조 사무실에서 '군사학' 교과서가 발견되는 등 노조가 군대조직 을 모방해 조합원들을 조직화하고 공권력 투입에 대비한 것으로 보인

---

291) 동아일보 2009. 8. 6.

다”고 말했다.[292]

쌍용차 노사가 화합해 뼈를 깎는 구조조정을 하고 협력업체들이 지역주민과 힘을 합쳤더라도 생존을 기약하기 어려운 상황이었다. 그런데 쌍용차 노조는 정반대의 길을 갔다. 대기업 노조는 사회적 약자가 아니고 철옹성 같은 기득권 세력이다. 쌍용차의 인력이 회사의 생존을 위협할 정도로 방만해진 데는 노동조합의 책임이 크다. 평택 기업인들은 쌍용차 노조 간부들의 도덕적 해이[293]에 관한 이야기를 생생하게 전했다. 최병훈 쌍용차 협력업체 채권단 대표는 방송 인터뷰에서 “빚 얻어 공장을 돌리는데 6개월째 매출이 없어 마당에 잡초만 무성하고 설비는 녹슬고 있다”고 하소연했다. 부품업체 공장장 월급이 자동차 회사 생산직의 평균 월급에도 미치지 못한다.

민노총 금속노조가 벌이는 강성투쟁의 최대 피해자는 중소기업 근로자들이다. 현대자동차 정병문 상무는 최근 노동문제 세미나에서 “우리 노동계의 배후에는 마르크스주의 마오쩌둥주의 심지어는 김일성주의까지 들어와 있다”고 말했다. “노동계를 진보진영이라고 하지만 거꾸로 완고한 수구입니다. 시대가 바뀌어도 변함이 없다. 교섭은 없고 폭력과 떼쓰기로 사내의 인간관계를 파괴하고 기업의욕을 꺾고 있다.” 한국의 노동운동이 세계에 유례없이 과격해지고 이념화한 연원은 권위주의 정권이 산업화를 위해 노동운동을 억압하던 시절 산업현장에 파고들어 간 좌파이념 세력의 영향이 크다. 1987년 노동운동이 폭발적으로 일어났을 때 앞만 보고 돌진했던 30대 주역들은 대부분 50줄에 들어섰다. 22년이 흐른 지금 한국의 노동운동도 이제 합리적으로 바뀔 때가 됐다.

---

292) 중앙일보 2009. 8. 9.

293) 도덕적 해이(moral hazard, 모럴 해저드)는 원래 보험시장에서 사용하던 용어로, ‘리스크 관리’ 분야에서도 사용하게 되었다. 정당한 리스크를 감수하는 것이 아니라 정부가 뒤를 받쳐줄 것이라는 믿음 하에서, 아니면 절대 망하지 않을 것이라는 믿음 하에 감수하는 리스크를 말한다.

폭력적 사회변혁적 노동운동으로는 일자리를 지키지도 못하고, 근로자
들이 행복하게 작업하는 일터를 만들 수도 없음이 쌍용차 사태에서 다
시 확인됐다.[294]

4) 후진적 노사문화와 노동운동 경영, 최대 장애물

노동운동의 핵심은 노동자의 권리 보호, 공정한 이익분배, 일자리 확
보와 창출이다. 이러한 일들은 노동자는 물론 투자자의 권익과 직결되
는 단위사업장이나 개별 기업의 문제이기도 하지만 국가사회적인 문제
이기도 하다. 노동자의 입장에서는 안정된 일자리 보장과 수입 확보가
필요하듯이 투자자나 기업가도 수익을 창출할 수 있어야 안정된 일자리
보장과 임금 인상, 재투자를 통한 신규 일자리 창출이 가능하다. 기업이
어려울 때는 정부의 정책적 지원도 필요하기 때문에 안정된 사회가 유지
되는 상생의 관계가 조성되기 위해서는 노동계, 경영자 대표, 정치권 공
동의 협력이 필요하다. 이 가운데서 특히 기업가가 중요한 역할을 한다.
정부가 아무리 일자리를 만들고 싶고 보장해 주고 싶어도 기업의 투
자와 수익창출 없이는 곤란하다. 임금 인상 또한 마찬가지이다. 지구촌
시대인 오늘날 기업들의 투자는 국경을 초월하여 이루어지고 있기 때
문에 투자여건이 좋지 않다고 인식할 경우 국내외를 막론하고 수익창
출에 도움이 되는 곳으로 공장을 이전한다. 노동자 또한 현재 다니고
있는 회사의 처우가 마음에 안 들 경우 이직을 할 수 있지만, 기업과 같
이 해외로 이주하거나 외국기업에 취업하는 일이 생각만큼 쉽지 않다.
그러나 기업 역시 사람이 운영하는 것이고 고급인력을 확보하지 않으면

---

294) 동아일보 2009. 8. 9.

출처: 전국경제인연합회 2009. 12. 22.

경쟁력을 강화할 수 없기 때문에 노사 양측 모두 협력과 양보, 대화와 타협을 통한 상생의 노사관계를 유지하는 것이 서로에게 이득이 된다. 그런데 우리나라의 기업들이 인식하는 기업경영의 최대 장애물은 다름 아닌 후진적인 노사문화와 노동운동이라는 조사 결과가 나왔다.

전국경제인연합회가 국내기업의 사회 내 갈등에 대한 인식 및 갈등으로 인한 피해 분야 파악을 위해 각 분야별 매출액 상위 국내 600(응답 업체: 312)개 기업을 대상으로 '사회갈등이 기업경영에 미치는 영향'을 조사한 결과, [표 1-14]에서 보는 바와 같이 응답 업체의 30.8%가 기업경영에 가장 큰 피해를 주는 갈등으로 후진적 노사 문화 및 노동운동(30.8%)을 꼽았다. 또 22.4%는 사회 내 정치·이념 대립을 들었으며, 빈부격차 심화로 인한 계층 갈등은 16.4%, 개발과 환경보전 가치 간의 갈등은 15.7%로 조사되었다.[295]

노동운동이 폐해를 가져오는 원인은 불합리한 이익추구와 노동운동

---

295) 전국경제인연합회 2009. 12. 22.

의 변질이다. 수입이 없는 지출은 있을 수 없기 때문에 임금 인상은 투쟁이 아니라 수익창출이 담보하며 노동 전쟁으로는 일자리를 지킬 수 없다. 우선 내가 이익을 보다 많이 취하면 유리할 것 같지만, 그것은 항상 그렇지 않다. 노동자가 노사분규와 노동운동을 통하여 더 많은 이익을 취하려 들면 기업은 상대적으로 해외 투자를 늘린다. 현대자동차가 그 전형이다. 결국 노사분규는 신규 일자리가 부족하도록 만들어 나의 일자리 보장을 위협하고 나아가서는 우리 가족을 비롯한 사회의 부담으로 돌아온다. 기업의 부족한 처우는 유능한 인재 유출로 경쟁력 저하의 원인으로 작용한다. 경영자 또한 정직하지 못하고 이기적으로 더 많은 이익을 취하려 하다가는 더 큰 손실을 볼 수도 있다. 따라서 상대가 있고 문제가 발생할 때는 한쪽에만 문제가 있는 것이 아니라 양쪽 모두에게 문제가 있기 때문에 기업과 노동계 모두 조금씩 더 양보하고 배려하며 좀 더 많은 대화를 해야 할 필요가 있다. 노사갈등으로 인한 파업은 결국 노동자, 경영인, 사회와 국가 모두의 부담으로 돌아오기 마련이기 때문에 기업은 합리적인 수익분배를 위한 윤리경영, 노동조합은 회사발전을 위해 협력하는 노사 공동의 노력이 필요하다. 인생도 그렇지만 노사관계도 서로가 함께 노력하여 만들어 가는 것이다.

기업이 가장 해결하기 어렵고 사회적으로 문제되는 것이 노동운동의 변질이다. 노동운동은 기본적으로 노동자의 권익보호 활동에서 출발한다. 하지만 일부 노동운동가들이 노동자의 더 많은 권익 확보를 위해 세력화하고, 사외의 시민사회단체나 정치세력과 연대하여 투쟁을 전개하거나 스스로 정치적인 야심을 달성하기 위한 목적으로 노동운동이나 노사분규를 이용할 때는 사회문제로 발전한다. 1980년대 말 이후 거제시와 울산시 지역에 이러한 경향이 가장 두드러지게 나타났다. 2009년 이후에는 전국교직원노동조합과 공무원노동조합이 시국선언을 통해 정치적인 입장을 공개적으로 밝혀 물의를 빚은 바 있으며, 2010년 초에는 공무원노동조합원의 민주노동당 당원 가입 여부를 두고 경찰이 수사를 벌이기도 했다. 고용과 해고 문제를 비롯하여 법률과 정책, 정치적으로 해결해야 할 문제들이 많기 때문에 노동운동의 확대는 정치활동으로 이어질 가능성이 상존한다.

개인적인 정당 활동이나 정치인 지망은 자유이다. 하지만 법적으로 제한하고 있는 직무에 종사하는 사람들은 법을 지켜야 한다. 그리고 공무원의 정당가입과 정치세력화는 심각한 폐단을 낳을 우려가 많기 때문에 정치적인 야심이 있는 사람은 개별사업장을 떠나 정치활동을 하는 것이 바람직하다. 이것이 우리 모두를 위한 일이다. 적당한 갈등은 기업은 물론 사회, 국가 발전에도 도움이 되지만 과열된 노동운동과 과잉된 노사분규에 의한 파업은 어떠한 형태로든 결국 국민 모두에게 부담과 피해로 돌아온다. 상황이 좋을 때 공정하게 이익을 잘 배분해야 지속적인 부를 누릴 수 있고 어려울 때는 서로 양보하고 힘을 모아야 쉽게 어려움을 극복할 수 있다. 좋은 관계는 항상 상호 끊임없는 노력, 배려, 인내가 필요하다.

10. 편향된 사회단체 오히려 갈등 조장

사회단체의 역할은 기본적으로 인간의 존엄성과 민주주의 가치 실현, 국민의 권익보호를 목적으로 한다. 이러한 역할 특성상 때로는 정치권과 정부의 활동을 보조하거나 견제 활동이 전개되는 성향이 강하다. 그런데 오늘날 많은 사회단체들은 정치적 활동을 목적으로 설립되거나 정치권과 정부의 역할을 견제하는 과정에서 자신들의 기호에 따

라 강한 편향을 보이면서 지도부를 구성하는 인사를 중심으로 정치권
진출의 기회로 이용하거나 더 많은 예산을 지원받고 자신들의 존재감
을 과시하기 위해 정치적인 행동을 서슴지 않는다.

특정 정치인이나 정당, 선거입후보자에게 공개적인 장소에서 성명
발표나 찬반집회 등 집단행동을 통하여 의사를 표출하는 방법으로 의
도적으로 반대하거나 지지하는 의사를 나타내기도 한다. 때로는 자의
적인 행동, 정치권의 의도된 목적에 편승하거나 합세하여 정치권의 정
쟁에 참여하여 여론을 조성하여 문제를 해결하는 것이 아니라 오히려
사회문제를 더욱 풀기 어렵게 만들어 대립과 갈등을 고조시키기도 한
다. 그동안 사회단체들은 정권에 따라 영합하는 모습을 심심찮게 보여
왔다. 이명박 정부 들어 민주당의 집중 공격대상이 된 단체는 일종의
사조직인 영포회296)와 사회단체인 선진국민연대297)이다. 이 두 단체가
논란의 대상이 된 것은 국무총리실 공직윤리지원관실의 민간인 불법사
찰과 신한지주금융회사 경영권 논란 문제를 통해서다.

---

296) 영포목우회 또는 영포회는 1980년에 결성된 경상북도 영일·포항 출신 5급 이상의 중앙부처 공무원 사
조직으로서, 회원은 2010년 현재 약 120여 명으로 알려져 있다. 처음에는 지역 장학금 지급 등의 활동
을 했으나, 이명박 정부 출범 이후 영포회 회원들이 요직에 중용되고 있지 않느냐는 언론 보도로 주목받
았다. 국회의원 이상득이 고문이며 방송통신위원회 최시중 위원장 등이 회원으로 알려져 있다. 2008년
11월 26일 밤 서울 세종호텔에서 열린 '2008 영포목우회 송년의 밤' 행사에서 이명박 대통령의 '멘토'
로 불리는 최시중 방송통신위원장이 인사말에서 "이명박 대통령이 국회의원이 되고 나서 영포빌딩(서울
서초동 법원 앞에 위치한 이명박 대통령 소유 건물)에 가서 만났는데 고향에 대해 따뜻한 마음을 가진
사나이라는 것을 알았다"고 말했다. 이병석 의원(국회 국토해양위원장, 지역구 포항)은 "(우리는) 이명박
정부와 새로운 대한민국을 다지고 뒷받침할 후원자 역할을 해야 한다", 박승호 포항시장은 "이렇게 물
좋은 때에 고향을 발전시키지 못하면 죄인이 된다", 최영만 포항시의회 의장은 "어떻게 하는지 몰라도
예산이 쭉쭉 내려온다"고 말했다. 이들의 공언대로 2009년도 정부 예산안에서 포항과 관련된 소위 '형
님 예산'은 전년 대비 95% 증가한 4,370여억 원에 이르렀다. 민간인 김종익을 불법 사찰한 이인규 국무
총리실 공직윤리지원관과 이인규의 보고를 받던 이영호 청와대 고용노사비서관도 영포회 소속으로 알
려졌으나 영포회는 부인하였다.

297) 선진국민연대: 2007년 10월 24일 서울 올림픽 공원 내 올림픽 홀에서 한나라당 이명박 대선 후보 지지
성향의 각종 지지단체들로 구성된 6천여 명이 참석한 가운데 출범식을 가진 '2007 선진국민연대'는 전국
1백72개 포럼과 사회단체들을 정리해 하나로 묶은 연대 단체로 표면적으로는 "특정후보를 지지하거나 정
당에 소속돼 있지 않은 중도실용주의 노선을 지향하는 자발적 단체"라고 밝히고 있다. 하지만 이는 선거법
위반을 피하기 위한 수단으로 보이며 조직 구성이나 단체의 성향을 들여다보면 한나라당 이명박 후보 지
지단체들의 연대체로 2007년 대선당시 이명박 대통령의 외곽선거 지원 단체인 것으로 알려져 있다.

총리실 공직윤리지원관의 민간인 불법 사찰 파문이 경북 영일·포항 출신 공직자 모임인 '영포회'와 지난 17대 대선 당시 이명박 대통령의 외곽지원 조직이었던 '선진국민연대'의 인사개입 의혹으로 번지면서 2010년 여름을 뜨겁게 달궜다. '영포 라인'을 중심으로 한 인사 개입 의혹 등에 집중했던 민주당은 '선진국민연대' 출신 인사들의 국정개입 의혹에 이어 신한금융지주 라응찬 회장과 박연차 전 태광실업 회장 간 50억 원 불법거래와 관련된 의혹을 제기하며 대여공세를 연일 강화했다.

민주당 박지원 원내대표는 2010년 7월 9일 당내 '영포게이트 진상조사특위' 회의에서 "라응찬 회장의 50억 원 문제도 금융실명거래법을 위반하고 있는데도 아무런 조치도 하지 않고 있다. 이것 또한 영포 라인의 고위직에 있는 분이 비호세력으로 있기 때문이다. 이는 또 하나의 영포 라인 비리이다. 만약 영포 라인의 고위급 인사가 이실직고하지 않으면 실명을 공개해서 촉구하겠다"고 엄포를 놨다. 전병헌 정책위 의장도 "영포 라인을 중심으로 한 권력 사유화의 결과 민주주의와 인권이 후퇴되고 광범위한 민간인 사찰이 진행되는 등 공포스러운 사회로 가고 있다. 이러한 권력 사유화의 실체와 배후가 누구인지 스스로 밝혀야 한다"고 목소리를 높였다.[298]

야당은 영포회가 국무총리실 공직윤리지원관실의 민간인 불법사찰 사건의 배후라고 일제히 지목했으나, 검찰 수사는 핵심 의혹인 윗선 개입 여부를 끝내 규명하지 못한 채 용두사미로 끝났다. 이 사건을 수사해온 서울중앙지검 특별수사팀(팀장 오정돈 부장검사)은 2010년 9월 8일 진경락 전 지원관실 기획총괄과장 등 전직 지원관실 관계자 3명을 증거인멸 등의 혐의로 기소하고 수사를 마무리했다고 밝혔다. 이에 따라 이번 사건으로 사법처리 된 관련자는 모두 7명으로 늘어났으며, 지

---

298) 뉴스웨이 2010. 7. 9.

난 7월 5일 총리실의 의뢰로 시작된 검찰 수사는 2개월여 만에 종지부를 찍었다.

검찰에 따르면 진 전 과장 등은 검찰이 지원관실에 대한 압수수색을 벌이기 직전인 7월 초 사찰 기록 등이 담긴 지원관실 컴퓨터 하드디스크와 데이터 등을 고의로 파손하거나 삭제한 혐의를 받고 있다. 검찰은 그동안 진 전 과장이 사찰 관련 자료 등 증거를 인멸한 사실을 확인하고 진 전 과장을 구속한 뒤 추가 공범 여부를 수사해왔다. 이와 관련, 검찰은 수사 과정에서 또 다른 기획총괄과 직원 2명이 증거인멸에 관여한 사실을 확인했지만, 가담 정도가 경미해 총리실에 비위사실을 통보하고 불기소 처분했다고 밝혔다.[299]

민주당 박지원 비상대책위원회 대표는 2010년 9월 10일 국회에서 열린 비대위 회의에서 "검찰 수사가 참으로 허무하게 간이역에 내렸다. 몸통이 이상득−박영준 라인이라는 것을 집권 여당이 알고 국민이 아는데 왜 검찰만 모르는 것이냐"고 비판했다. 국무총리실 공직윤리지원관실의 민간인 불법사찰에 대한 검찰 수사가 전날 종료된 데 대해 국정조사와 특검을 추진하겠다는 입장을 밝혔다.[300] 그러나 다수당인 한나라당이 협조하지 않는 상태에서 야당 단독으로는 국정조사나 특검을 하는 것은 쉽지 않다. 다만 이후에도 한나라당 일각과 야당에서 청와대의 지시로 민간인 불법 사찰이 이루어졌다는 증거가 제시되고 있어 검찰의 추가 수사에 의해 그 실체가 밝혀질 수 있을지 귀추가 주목된다.

사회단체들의 편향된 활동은 용산참사 등 사회갈등으로 인해 대립과 마찰이 빚어지는 현장에서는 어렵지 않게 찾아볼 수 있다. 이는 참으로 안타까운 일이다. 시민단체의 편향은 노무현 정부 이후 시민단체 종사

---

299) 머니투데이 2010. 9. 8.
300) 서울경제 2010. 9. 10.

자들이 중앙정계에 대거 발탁된 후 더욱 노골화되고 있는 추세다. 이러한 현상은 시민사회단체의 주요 운영자들이 개인의 출세와 자신의 입지 강화를 위해 공공연하게 사회문제에 개입하면서 나타나고 있는 폐해다. 2007 선진국민연대 출범에 상당한 역할을 한 이영희 씨는 이명박 정부의 출범과 동시에 노동부 장관을 지냈다.

제2장

하나로 세계로 미래로

1. 이대로는 선진국이 될 수 없다.

유엔개발계획(UNDP) 한국대표부 사무소 청산식이 2009년 12월 29일 서울시 용산구 한남동 유엔개발계획 사무소에서 열렸다. 조촐하였지만 우리 역사상 매우 의미가 큰 행사였다.[301] 우리나라는 24번째 경제협력 개발기구(OECD) 개발원조위원회(DAC) 회원국이 됐다. 경제협력개발기 구는 현지시각 2009년 11월 25일 프랑스 파리에서 에크하르트 도이처 개발원조위원회 의장 주재로 특별회의를 열고 우리나라의 개발원조위 원회 가입을 공식 의결했다. 정부는 김중수 주경제협력개발기구 대사 명의의 개발원조위원회 회원국 초청 수락 서한을 앙헬 구리아 경제협 력개발기구 사무총장에게 전달하고 가입 절차를 최종 마무리했다. 이

---

301) 중앙일보 2009. 12. 30.

로써 우리나라는 1961년 경제협력개발기구 출범 이후 원조 수혜국에서 원조 공여국으로 지위가 바뀐 첫 번째 사례가 됐으며, 1996년 경제협력 개발기구에 가입한 지 13년 만에 원조 선진국 클럽인 개발원조위원회 회원국이 되었다.[302)

1963년부터 46년 동안 총 7,800만 달러를 투자해 우리나라를 지원해 온 유엔개발계획(UNDP) 한국 사무소가 유엔 깃발을 내리고 문을 닫은 것이다. 2010 주요 20개국(G20) 정상회의 개최를 앞두고 우리나라가 명실상부하게 선진국 대열에 들어서게 된 셈이었다. 중국계인 양저(楊哲) 한국대표부 대표는 "오늘은 매우 역사적인 날이다. 한국은 이제 명실상부한 선진국이 됐다"고 평가했다. 행사에 참석한 이은우 교육과학기술부 국제협력국장은 "한국은 유엔개발계획 덕분에 경제개발과 민주화를 동시에 달성했다. 유엔개발계획 한국사무소의 역사에서 오늘은 끝이 아니라 새로운 시작"이라고 말했다.

유엔개발계획은 2010년 한국에 정책센터를 설립키로 했다. 양 대표는 "빈곤·환경 등 다른 국가의 개발을 돕는 프로그램을 연구할 것이다. 한국은 유엔개발계획 역사에서 가장 성공한 사례이다. 한국은 가난한 국가에서 선진국으로 도약한 경험을 갖고 있어 다른 개발도상국에 벤치마킹[303) 대상이 될 것"이라고 말했다. 유엔개발계획 정책센터는 다

---

302) KTV(한국정책방송) 2009. 11. 26.

303) 벤치마킹(benchmarking)은 어느 특정 분야에서 우수한 상대를 표적으로 삼아 자기 기업과의 성과 차이를 비교하고, 이를 극복하기 위해 그들의 뛰어난 운영 프로세스를 배우면서 부단히 자기혁신을 추구하는 경영기법이다. 즉 뛰어난 상대에게서 배울 것을 찾아 배우는 것이다. 이런 의미에서 벤치마킹은 '적을 알고 나를 알면 백전백승'이라는 손자병법의 말에 비유되기도 한다. 벤치마킹은 원래 토목 분야에서 사용되던 말이었다. 강물 등의 높낮이를 측정하기 위해 설치된 기준점을 벤치마크(benchmark)라고 부르는데, 그것을 세우거나 활용하는 일을 벤치마킹이라고 불렀다. 그 후 컴퓨터 분야에서 각 분야의 성능을 비교하는 용어로 사용되다가 기업경영에 도입되었다. 경영분야에서 이 용어가 처음 사용된 것은 1982년 미국 뉴욕주 로체스터에서 열린 제록스 사의 교육 및 조직 개발 전문가 모임이었다. 제록스 사는 일본의 캐논 등의 관련회사에 뒤지는 이유를 단순히 복사기의 부품 문제뿐 아니라 디자인, 생산, 주문 처리의 모든 면에서 분석해, 일본식 작업 방식을 배우는 벤치마킹을 시도, 벤치마킹의 꽃을 피웠다. 그리고 1989년 로버트 캠프 박사의 『벤치마킹』이란 저서에서는 동종업계가 아닌 다른 업계의 경영기법도 비교·분석해

른 국가에도 있지만, 한국의 정책센터가 특히 기대되는 것은 선진국과 달리 한국만이 갖고 있는 장점 때문이다. 한국 정부는 2010부터 유엔의 밀레니엄 신탁기금(MDGs) 사업에 돈을 내고 유엔개발계획과 협력해 빈곤·환경 문제 등에서 다른 국가를 돕는 사업을 하게 된다.[304]

경제성장에 따른 국제적인 위상 제고로 그동안 한국에 대해 비판적인 시각을 가져왔던 외국의 시선도 점차 바뀌고 있다. 서울경제신문 기사에 의하면 한국에 대해 비판적인 입장에 서 왔던 영국의 파이낸셜타임스(FT: Financial Times)가 "숙명적 맞수인 일본을 따라잡기 위해 숙원이던 부국의 지위에 들어서는 단계"라며 이례적으로 찬사를 보냈다. 파이낸셜타임스의 아시아담당 편집장인 데이비드 필링은 2010년 2월 25일 '한국, 더 이상 패자 아니다(South Korea is no longer the underdog)'라는 제목의 칼럼에서 "18개월 전만 해도 많은 경제전문가(economist)들이 한국의 은행 부실을 우려하며 부정적으로 평가했다. 하지만 지금 한국은 누구도 상상하지 못할 정도로 잘해냈다"[305]고 보도한 것으로 알려졌다.

누구나 칭찬받고 인정받아 발전 모형이 되고 다른 사람을 도울 수 있다는 것은 기쁜 일이다. 그것은 이미 우리가 어느 정도 잘살게 되었다는 것을 의미한다. 그러나 다른 나라에서 우리나라를 선진국이라고 인정한다고 해서 선진국이 되는 것은 아니다. 다른 나라의 인정과 동시에 우리 국민들도 선진국이라는 자부심을 가질 수 있어야 한다. 일반적으로 선진국[306](先進國)은 다른 나라보다 정치·경제·문화 따위의 발

벤치마킹의 범위를 확대했다. 벤치마킹 기법을 활용한 경영혁신의 추진은 일반적으로 ① 벤치마킹 적용 분야의 선정, ② 벤치마킹 상대의 결정, ③ 정보 수집, ④ 성과와 차이의 확인 및 분석. ⑤ 벤치마킹 결과의 전파 및, 회사 내 공감대 형성, ⑥ 혁신계획의 수립, ⑦ 실행 및 평가의 순으로 진행된다. 벤치마킹을 성공적으로 활용하기 위해서는 벤치마킹의 적용분야, 벤치마킹 상대, 성과측정지표, 운영프로세스라는 벤치마킹의 4가지 구성요소에 대한 명확한 이해가 필요하다.

304) 중앙일보 2009. 12. 30.

305) 서울경제 2010. 2. 25.

306) 선진국(先進國)이란 고도의 경제 발전을 이룬 나라를 의미한다. 대부분의 선진국은 지구의 북반구에 위

달이 앞선 나라를 말하지만, 그 분류기준은 상당히 모호하다. 국민소득이 높더라도 산업이 발전하지 못한 자원 부국 등은 선진국이라고 말하지 않는다. 선진국의 분류 기준 중 특정 국가가 선진국인지 아닌지 계량적으로 구분하는 평가방법으로 현재 세계적으로 사용되는 것은 국제연합개발계획(UNDP)의 인간개발지수[307]를 들 수 있다. 국제통화기금(IMF)

치하고 있기 때문에 남반구의 개발도상국과의 문제를 남북문제라고도 한다. 최근에는 전통적인 경제 지표 이외에도 인간개발지수 등을 이용하여 한 나라의 발전뿐 아니라 그 나라가 선진국인지 아닌지의 기준을 삼고 있기도 하다. 유엔 인간개발지수는 0.8 이상을 선진국으로 판단하지만, 인간개발지수 0.8~0.89까지의 국가들은 대부분 과거의 제2세계(구 동구권)이므로 0.9 이상의 국가만을 선진국으로 판단한다. 선진국으로 분류하는 기준은 굉장히 모호하지만 일반적으로 과거 제1세계로 분류되는 서방국가로 인간개발지수가 0.900 이상이며, 1인당 국민총생산(GDP)가 높은 국가로 국제기관(OECD, IMF, 세계은행) 또는 국제사회로부터 발전된 국가로 분류되는 국가를 의미한다. 그러나 소득이 높더라도 산업이 발전하지 못한 자원 부국 등은 선진국이 아니다.
국제통화기금(IMF)에서 선진국으로 분류하는 국가는 모두 34개국으로 다음과 같다. 유럽 연합에 가입된 유럽 국가 18개국, 유럽 연합 비가입 유럽국가 노르웨이, 아이슬란드, 스위스 등, 비유럽 국가 9개국, 북아메리카 국가 미국, 캐나다, 아시아 국가 이스라엘, 일본, 중화민국(타이완), 싱가포르, 대한민국, 오세아니아 국가 오스트레일리아, 뉴질랜드 등이다. 또 다른 판단 기준으로 EIU(Economist Intelligence Unit) 삶의 질 조사의 생활의 표준에 대한 연구에서 삶의 질 상위 30국은 다음과 같다. 아일랜드, 스위스, 노르웨이, 룩셈부르크, 스웨덴, 오스트레일리아, 아이슬란드, 이탈리아, 덴마크, 스페인, 싱가포르, 핀란드, 미국, 캐나다, 뉴질랜드, 네덜란드, 일본, 대한민국, 홍콩, 포르투갈, 오스트리아, 중화민국(타이완), 그리스, 키프로스, 벨기에, 프랑스, 독일, 슬로베니아, 몰타, 영국 등이다. 또한 고소득 경제협력개발기구(OECD) 국가들을 대체로 선진국으로 보는 경향이 있다. OECD 국가에는 다음과 같다. 오스트레일리아, 오스트리아, 벨기에, 캐나다, 체코, 덴마크, 핀란드, 프랑스, 독일, 그리스, 헝가리, 아이슬란드, 아일랜드, 이탈리아, 일본, 룩셈부르크, 네덜란드, 뉴질랜드; 노르웨이, 포르투갈, 슬로바키아, 스페인, 스웨덴, 스위스, 영국, 미국, 대한민국 그리고 OECD 국가 중 고소득 국가가 아닌 국가는 폴란드, 멕시코, 터키 등이 있다.

선진국의 분류지표 (선진국)

HIE OECD	고소득 OECD 회원국	CIA AE	CIA 월드 팩트북에서 고도경제국으로 분류하는 나라
IMF AE	국제통화기금에서 고도경제국으로 분류하는 나라	WB HIE	세계은행 그룹에서 고소득 경제국으로 분류하는 나라
HDI≥0.9	인간개발지수가 0.9 이상인 나라	QoL Top 30	EIU 삶의 질 조사에 따른 상위 30개국

307) 인간개발지수(人間開發指數, human development index)는 국제연합개발계획(UNDP)이 매년 각국의 교육수준과 국민소득, 평균수명 등을 조사해 인간개발 성취 정도를 평가하는 지수이다. 국제연합개발계획이 매년 문자해독률과 평균수명, 1인당 실질국민소득 등을 토대로 각 나라의 선진화 정도를 평가하는 수치를 말한다. 인간의 행복이나 발전 정도는 소득수준과 비례하지 않고, 소득을 얼마나 현명하게 사용하느냐에 달려 있음을 보여주는 지수이다. 2006년도 UNDP가 발표한≪인간개발보고서 Human Development Report≫에 따르면, 총 177개국 가운데 노르웨이가 1위, 아이슬란드가 2위, 오스트레일리아가 3위, 아일랜드가 4위, 스웨덴이 5위를 차지하는 등 대부분 북유럽의 국가들이 상위를 차지하였다. 아시아에서는 일본이 7위, 홍콩이 22위, 싱가포르가 25위, 한국이 26위, 중국이 80위를 차지하였다. 한

에서 인간개발지수와 1인당 국내총생산(GDP) 등을 고려하여 선진국으로 분류하는 국가는 모두 34개국이 있으며 대한민국도 포함된다.[308]

그러나 이러한 기준이 절대적이거나 확정적인 것은 아니다. 선진국으로 평가하는 기준은 여러 가지가 있다. 한 평가 기준에 의해 선진국의 범주 속에 포함되었다고 하더라도 다른 평가기준에 의해 제외될 수도 있는 데다 어느 수준 또는 몇 개국을 선진국으로 할지 정확한 기준이 없다. 한 때 G7[309]으로 불린 서방선진 7개국이 선진국의 대명사로 여겨져 온 때도 있었으나, 현재는 2008년 9월 국제금융위기를 겪으면서 G20으로 확대되었다. 그러나 중국을 선진국으로 보기는 어렵다. 우리나라도 G20에 포함되어 있지만, 우리 스스로 선진국이라는 자부심을 갖기에는 이르다. G20 정상회의 유치, 아랍에미리트(UAE) 원전 수주, 경제협력개발기구(OECD)·개발원조위원회(DAC)에 가입했다고 마치 변방국가에서 세계중심국가로 진입한 것처럼, 이미 선진국 대열에 합류한 것처럼 우리는 아직 자만하고 착각해서는 안 된다.[310]

민의의 전당인 국회가 세계에 망신을 사는 정치 행태를 벗어나지 못하여 여전히 국론을 분열시키고 국민의 갈등을 조장하며 온갖 추태를 보인다. 스스로 국가안보를 지켜내기 어려운 상황에서 선진국이라고 한다고 해서 달라질 것은 아무것도 것도 없다. 오히려 선진국이라는 허울보다는 스스로의 국가 안위를 지켜낼 수 있는 내실을 기하는 편이 훨씬 낫다. 선진국은 국민소득이 높고 경제만 발전한다고 되는 것이 아니다. 경제뿐만 아니라 정치와 문화도 발달해야 하지만 그 발달로 인해

국의 경우 1998년에는 총 137개국 가운데 37위, 1999년에는 총 146개국 가운데 30위, 2000년에는 총 174개국 가운데 31위, 2006년에는 총 177개국 가운데 26위를 차지하였다. 비물질적인 요소까지 측정 대상으로 삼는다는 점에서 국민총생산(GNP)과 구별된다.

308) 조선일보 2009. 10. 15.

309) G7(Group of 7)은 미국, 독일, 일본, 영국, 프랑스, 이탈리아, 캐나다 등 서방선진 7개국을 지칭한다.

310) 뉴스웨이 2010. 1. 4.

국가 체제가 정비되고 질서와 안전이 확보되어 실질적인 국민 삶의 질이 향상되어야 한다. 지금 우리나라의 많은 공무원은 부정부패하고 경제인들은 로비에 의존하여 기업을 운영하며 빈부 격차로 한쪽에서는 노숙자가 버글거린다. 국가 안보는 다른 나라에 의존하면서 정치권에서는 법과 질서를 무시한 채 정쟁으로 밤을 새우고 정부는 미숙한 정책과 제도의 도입으로 국민을 혼란에 빠뜨리고 있다. 이런 상태에서는 선진국이 될 면목이 없다.

지난 50년간의 노력으로 우리는 현재 분명히 선진국의 문 앞에 서 있다. 선진국에 진입하여 세계 일등국민으로 자부심을 갖도록 하기 위해서는 무엇보다 국민들로부터 가장 큰 불신을 받고 있는 정치권이 자정 노력을 기울여 정부를 지원하고 국민통합에 앞장서야 한다. 자유선진당 이회창 총재는 "선진국이 되려면 선진국다운 품격을 갖춰야 한다. 선진국의 품격 중 중요한 것은 공정한 사회가 되는 것이며, 공정한 사회는 바로 정의로운 사회이다. 정치에 있어서도 선진국다운 품격을 갖추는 첫째 조건은 공정의 원칙을 지키는 것"이라고 강조했다.[311]

인간이 사는 세상에는 타인의 평가와 자신의 평가가 항상 교차한다. 우리 스스로 자부심을 갖지 못하는 상태에서 다른 사람들이 우리를 좋게 보아주는 것보다 우리 스스로 자부심을 느끼면서 다른 사람들로부터도 좋은 평가를 받는 것이 훨씬 바람직하다. 자기 스스로 삶을 영위하고 지킬 수 있는 능력, 역사와 현실이 공존하는 문화적 역량, 도덕성 등 여러 가지 능력과 품격을 갖추어 세계를 선도하는 모두에게 공감 받는 선진국상을 만들어야 한다. 남을 쫓아가는 나라는 진정한 선진국이 아니다. 우리는 아직 선진국이 되기 위해 해결해야 할 여러 가지 과제를 안고 있다. 그것을 얼마만큼 앞당기느냐 하는 것은 모두 국민에게

---

311) 뉴스웨이 2010. 1. 4.

달렸다. 그 첫 번째 과제는 정치 정상화와 자주국방의 실현, 성숙한 시민의식의 정착이다.

2. 한국사회의 갈등 대안

1) 성숙한 시민의식, 세계 선도국가 건설 필수요소

우리나라가 선진국 진입뿐만 아니라 선도국가로 세계 발전을 이끌어 나가기 위해서는 성숙한 시민의식이 반드시 필요하다. 성숙한 시민의식을 가장 함축적으로 나타내는 말이 시티즌십이다. 영어사전에서 citizenship의 뜻은 시민권, 시민의 자격(신분, 의무), 개인의 시민정신 등으로 나와 있다. 하지만 시티즌십은 단지 권리로서의 시민권만이 아니라 책임을 동반하는 개념으로 '정치 공동체의 성원자격(membership)' 또는 '공동체의 완전한 성원에게 주어지는 지위'로 정의된다. 삼성경제연구소 김선빈 연구원은 '시티즌십, 위기 극복의 필요조건'이라는 글에서 "진정한 시티즌십은 시민으로서의 권리책임과 의무 그리고 바람직한 덕성을 의미하는데 공익달성을 위해 사익추구를 절제하고, 평소 갈등관계에 있던 집단과도 협력하려는 태도를 보유하는 것[312]"이라고 말했다.

시티즌십에 대한 연구는 1980~1990년대에 걸쳐 폭증하면서 전 세계적으로 '시민의 복귀'라 할 만큼 큰 관심을 불러일으켰다. 이런 현상은 다문화사회의 진전, 그간 추상적 보편주의에 의해 억눌려 왔던 다양한 '사회적 소수자들'의 정체성과 차이에 대한 인정의 요구, 자유주의 사회에서 개인화, 사사화가 가져오는 공동체의 공동화(空洞化)와 자유에 대

---

312) 김선빈 외(2009), 「시티즌십, 위기 극복의 필요조건」, 삼성경제연구소 CEO Information 697호

한 위협과 같은 새로운 시대적 배경과 문제설정에 기인한다.

격동적인 위기상황에서 완벽한 정책을 적기에 시행하고 이해관계를 원활하게 조정하기는 쉽지 않다. 사회응집력을 확보함으로써 국민역량을 결집해야만 위기돌파가 가능하다. 위기극복에 성공한 역사적 사례의 이면에는 리더뿐만 아니라 합심해서 공적 목표달성에 헌신한 구성원이 존재했음을 확인할 수 있다. 적극적으로 위기극복을 위한 대안을 제시하며, 결정된 정책의 실행에 능동적으로 참여하는 구성원들의 공헌이 두드러졌다. 야당임에도 불구하고 집권당의 재정개혁에 적극 협력함으로써 경제위기를 극복하는 데 기여한 아일랜드의 통일아일랜드당이 대표적인 사례라 할 수 있다.

반면 비타협적인 태도를 고수하며 역량결집과 정책실현을 지연시키거나, 대안 없이 부정적 입장만을 내세우는 경우에는 위기가 더욱 확산되었다. 비타협적 대립으로 영국을 '불만의 겨울'에 빠뜨렸던 영국 탄광노조나 불법적인 방식의 불만 표출에 주력했던 아르헨티나의 피께떼로(Piquetero) 운동은 사회혼란과 국가부도를 초래했다. 삼성경제연구소는 2009년 3월 25일 경제위기를 극복하기 위한 조건으로 사회 구성원들이 대화와 타협으로 역량을 모으는 '공존형 시티즌십'이 필요하다고 주장했다. 위기를 맞은 사회에서는 시티즌십이 진가를 발휘한다.[313]

세계는 2008년 9월 국제금융위기 이후 격변기를 맞이하고 있다. 우리나라가 선진국에 진입하여 명실상부하게 세계를 선도할 수 있는 기회가 찾아왔다. 세계사의 흐름을 주도한 중심국가가 되기 위해 우리는 어떤 일이 있어도 이 기회를 놓쳐서는 안 된다. 그런데 지금 우리의 정치가 사회갈등을 조장하고 세계 일류 국가로 나아가는 데 걸림돌이 되고 있다. 정치인들 스스로 국가발전과 국민 복리증진을 위해 노력하는

---

313) 김선빈 외(2009), 「시티즌십, 위기 극복의 필요조건」, 삼성경제연구소 CEO Information 697호

것이 당연한 일인데 여전히 주어진 직분을 망각한 행동을 일삼고 있다. 국민은 주권자로 성숙한 시민의식을 발휘하여 한국의 정치가 국가발전을 선도할 수 있도록 강력하게 견제하고 잘못에 대해서는 질타해야 한다. 그래도 제대로 움직이지 않으면 선거를 통해 저급한 정치인들이 국회에 발을 못 붙이도록 해야 한다. 국회만 정상 가동되면 대통령과 정부를 견제하는 것은 어렵지 않고 모든 것이 제자리와 기능을 찾아간다. 대부분의 사회갈등문제도 해결된다. 따라서 우리는 더 이상 저급한 정치인을 당선시키는 잘못을 범해서는 안 된다. 선진국이 되고 세계사를 선도할 수 있는 기회는 여러 번 찾아오지 않는다.

2) 국회만 정상화되면 대부분 갈등문제 해결된다.

한국의 국회가 정상 가동되기 위해 해야 할 일은 그렇게 어려운 일이 아니다. 일반 국민이 모두 싫어하는 물리력 동원이나 고성을 지르는 저급한 싸움을 하지 않고 대화와 타협을 하는 것, 법과 질서를 지키는 것, 맡은바 직분에 충실하여 열심히 일하는 것, 정부를 제대로 견제하는 것이면 충분하다. 이 토대가 먼저 마련되어야 국민에게 희망과 감동, 웃음을 줄 수 있는 생산적이고 창의적인 정치가 가능하다.

상당수 국회의원들은 정치개혁을 위한 법률제정이나 제도 마련이 국회의 정상화와 정치정상화의 지름길로 생각하지만, 법규나 제도를 전혀 고치지 않고 현재 법규나 제도를 지키는 행동을 실천하는 것만으로도 얼마든지 가능하다. 문제는 법이나 제도가 아니라 실천에 있다. 현재 있는 법과 제도도 지켜지지 않는데, 새로운 법과 제도를 만든다고 달라질 것이 무엇이 있겠는가? 2010년 정초의 국회보에는 여러 국회의원들이 쏟아놓은 온갖 좋은 말들이 많이 실려 있었다. 그리고 3월 19일

태국 방콕에서 열린 국제의원연맹(IPU) 총회 대표연설의 첫 연설자로
나선 김형오 의장은, "우리는 대립과 반목으로 점철된 분쟁지역에 화해
를 싹트게 하고 건전한 국가통치의 전통을 세워야 합니다. 이것이야말
로 우리 세계의원연맹이 해야 할 일이고 나아가야 할 방향입니다."(We
need to bring about reconciliation and establish good governance in regions
afflicted with conflicts and disputes. This is the role that the IPU should play
and the direction that the IPU should take). 세계화와 반세계화에 대한 갈
등과 분쟁이 인류의 공존과 공영을 위협하는 심각한 수준이라며 이같
이 제안했다.314)

조금이라도 양심이 있는 국회의원이라면 자신들이 쓴 글과 한 말을
실행에 옮길 일이다. 그리고 언행이 다른 가식적인 삶을 살아오면서 민
폐를 끼친 점에 대해 지금이라도 국민과 역사 앞에서 반성하는 것이 마
땅하다. 국회의원들이 대화와 타협보다 길거리에서 데모하는 데 더 능
하다는 게 말이 안 된다. 멱살잡이하고 데모해서 잘된 나라를 본 적이
없다.315) 그런데 우리의 국회의원들은 국회 운영은 저급하게 하면서 데
모에는 대단히 능하다. 걸핏하면 국회를 버리고 밖으로 뛰쳐나간다.

자신의 탐욕을 위해 표리부동한 행동을 일삼고 사술로 국민을 꾀는
일은 이제 그만 둘 때가 되었다. 국회만 정상화되면 우리 사회의 모든
갈등은 일거316)에 해소될 수 있다. 현재 우리 국회에 일어나는 일들을
현재의 기준과 법으로 통제가 가능한지 법안통과, 국정감사, 인사청문
회, 예산안 처리, 국회폭력 문제 해결을 위한 윤리위원회의 징계와 관
련하여 살펴보자.

---

314) YTN 2010. 3. 29.

315) 중앙일보 2010. 8. 14.

316) 일거(一擧): 한 번 움직임 또는 한 번 일을 벌임.

(1) 법안통과 문제

국회법 제24조(선서) 의원은 임기 초에 국회에서 다음의 선서를 한다. "나는 헌법을 준수하고 국민의 자유와 복리의 증진 및 조국의 평화적 통일을 위하여 노력하며, 국가이익을 우선으로 하여 국회의원의 직무를 양심에 따라 성실히 수행할 것을 국민 앞에 엄숙히 선서합니다"라고 명시하고 있다. 그리고 제25조(품위유지의 의무) 의원은 의원으로서의 품위를 유지하여야 한다. 제114조의2(자유투표) 의원은 국민의 대표자로서 소속정당의 의사에 기속되지 아니하고 양심에 따라 투표한다고 되어 있다.

법에 규정된 대로 국회의원이 양심에 따라 투표하고, 국회법에 규정한 선서 내용을 이행하고, 품위유지를 하면 국회에서 법률안 심의와 통과를 두고 물리력을 행사할 이유가 없다. 만약 지식이 부족하거나 전문적인 자료, 내용 등에 대한 검토가 필요하면 국회법 제22조의3(국회입법조사처) ① 입법 및 정책과 관련된 사항을 조사·연구하고 관련 정보 및 자료를 제공하는 등 입법정보서비스와 관련된 의정 활동을 지원하는 국회입법조사처를 둔다. 제42조(전문위원과 공무원) ① 위원회에 위원장 및 위원의 입법활동 등을 지원하기 위하여 의원 아닌 전문지식을 가진 위원(이하 "전문위원"이라 한다)과 필요한 공무원을 둔다. 위원회에 두는 전문위원과 공무원은 국회사무처법에서 정하는 바에 의한다고 명시하고 있으므로 국회입법조사처와 전문위원과 공무원을 활용하면 된다.

이렇게 현재의 법 규정과 절차상에는 문제 될 것이 없다. 그런데도 국회에서 법률안 심의와 통과를 두고 물리력과 폭력행사가 난무하는 것은 국회의원으로서 선서의 내용을 망각하고 국익과 국민의 복리증진보다는 자기 정당에게 유리한 법안을 통과시키고자 함이다. 외형적 명분은 항상 국민을 위한다고 하지만, 그것은 명목상 그들만의 주장일 뿐이고 일고의 가치도 없다. 국민이 원하는 것은 대화와 타협이지 절차를 무시하고 폭력을 통해 법안을 제정하라는 것이 아니다. 한 번 곤두박질친 신뢰를 되찾는 것은 쉽지 않다. 국민의 신뢰를 얻기 위해선 일관된 주장을 펴야 한다. 안에선 격렬하게 토론하고 바깥으론 한 치의 흐트러짐 없는 기조를 유지해야 한다.[317]

(2) 국정감사 문제

거의 매년 국정감사는 여러 구태(舊態)가 그대로 되풀이되고 있다. 정부관계자나 증인 출석 여부를 놓고 여야가 맞서면서 국감 시작 후 한참 동안 회의가 정상 진행되지 못한다. 증인이나 피감기관 관계자에게 호통을 치는 일도 다반사다. 여야가 전날 동료 의원 발언을 놓고 입씨름을 벌이느라 늦게 시작한다. 피감기관 관계자들은 이러한 모습을 지켜보며 발이 묶인다. 무더기로 증인을 불러놓고 질문 한 번 제대로 하지 않는 일도 여전하다. 2009년 10월 7일 문화방송위에 출석한 한 교수는 오후 2시부터 밤 11시 40분까지 국감장에 앉아 있다. 단 한 차례 그것도 고작 1분간 답변했을 뿐이다. 의원들이 불러 조지고, 늦춰 조지고, 행정부처는 여기에 부실투성이 자료 제출로 맞서 국감이 이 모양인 게 의원 때문인지 정부 때문인지 모르게 만들고 있다.

한나라당 조문환 의원은 국책 연구기관 국감에서 "128쪽 보고서를 전날 밤 11시에 갖다 주면 어떻게 읽어보라는 거냐"고 질책하기도 했다. 국정감사는 정부 또는 정부 산하기관들이 설립 취지에 맞게 국민에 봉사하는지, 권한을 불법으로 행사해 국민의 기본 권리를 침해하지는 않는지, 국민 세금을 효율적으로 사용해 최대 효과를 거두고 있는지 아

---

317) 이코노미스트 1013호(2009. 11. 24.)

니면 국민 세금을 엉뚱한 데 쏟아 붓고 있는지를 점검하고 확인하고 감시하는 데 목적이 있다. 그러나 지금 국감은 국회의원들에겐 국감 기간 동안 크게 한 건 하는 정치 흥행의 장으로 변질됐고, 정부와 공(公)기관들은 무슨 수를 쓰더라도 무사히 그 기간을 넘기기만 하면 되는 존재가 돼 버렸다.

애당초 국회의원들이 국정감사를 제대로 하기에는 시간과 능력이 부족하다. 법으로 20일만 하도록 되어 있는 국정감사에서 피감기관으로 선정된 곳이 478개에 달해서 이틀에 세 기관을 소화해야 할 정도이다. 또한 기관마다 자료 요청을 한 뒤 자료가 오면 이를 분석해서 질문 요지를 만드는 작업을 하기에는 피감기관에 비해 정보나 전문성이 부족한 국회의원으로서는 역부족일 수밖에 없다. 그래서 각종 비리나 주목할 만한 통계자료를 발굴해서 언론에 보도 자료로 배포하는 것에 총력을 기울일 수밖에 없는 것이다.

국정감사가 부활된 1988년 예산은 일반회계 기준으로 18조여 원이었다. 정부가 국회에 제출한 2010년 예산은 일반회계 기준으론 200조여 원이고, 총지출 기준으론 291조여 원이다. 예산이 10배 이상 늘어났지만 감시하는 국회의 눈은 그렇지 못하다. 시간이 부족할수록 연관 조직을 많이 활용하고 차분하고 꼼꼼한 감사를 해야 한다. 그러나 2000년 이후 국회는 미국과 유럽의 선진국 제도를 본떠 의원 입법 활동을 지원하는 예산정책처와 입법조사처를 국회 안에 설치했다. 그러나 이런 제도적 뒷받침을 활용해 국회의 사명을 다하기는커녕 해머를 들고 난투극을 벌이기 일쑤다. 국회가 행정부를 비리가 아닌 정책으로 감시하고 개선시키는 역할을 하는 데 여전히 우리 국정감사는 문제가 적지 않다.[318]

2009년 국정감사의 경우 파행일 수는 많고 피감기관별 차분한 감사

---

318) 조선일보 2009. 10. 12.

는 없었다. 국감 전체가 내실 없이 일정만 많았다. 정치논란은 많았지만 정책 국감은 없었다. 의원들의 정책 자료는 많았지만, 상당수는 내용이 없었다.[319] 이러한 일련의 문제점을 개선하기 위해 첫째는 상임위별로 상시로 필요한 자료를 요청하고 질의하고 따지는 상시 국감체제로 관련 규정을 개정해 국정감사를 상시화하면 된다. 만일 상시화가 단기적으로 어렵다면, 국감 시기라도 앞당겨 1~8월 중에도 분산해 실시하고 기간도 20일보다 늘리는 것이 좋겠다. 이처럼 국감 시기를 앞당기게 되면 9월에 있는 결산심사에 여러 귀중한 자료를 제공할 수 있을 뿐만 아니라 다음 해 예산을 심의할 때 기초자료로 활용할 수 있기 때문이다. 둘째는 피감기관을 대폭 축소 조정하여 '선택과 집중'을 도모하는 것도 한 방법이 될 수 있다. 상임위별로 관련 정부 부처를 국감 대상으로 선정한 뒤 부처별 산하기관에 대해서는 국감과 관련된 사안이 있는 기관만을 대상으로 선정하자는 것이다. 아니면 현재의 부처 이외의 국감 대상기관 중에서 2년에 한 번씩 대상으로 선정하는 것도 방법이 될 수 있을 것이다.[320] 셋째는 국회의원 스스로 전문성을 높이는 방법이다. 시간이 부족하고 해야 할 일이 많을 때는 핵심을 집어내는 능력이 절대적으로 필요하다. 국회의원이 실력을 쌓아 문제의 핵심에 대해 집중적으로 질문하고 답을 요청하거나 문제를 제기하면 효율적인 국정감사가 가능하다. 외국 국회와는 달리 우리나라 국회도서관은 별로 불이 켜져 있는 경우가 많지 않다고 한다. 자신은 실력도 없고 핵심이 무엇인지 모르면서 정부 각 부처에 형식적으로 문제 제기를 하며 방대한 자료를 요구하고 공무원들이 자료를 제대로 제출하지 않는다며 호통을 친다고

319) 문화일보 2009. 10. 23.
320) 조선일보 2009. 10. 12.

해서 효율적인 국정감사가 되는 것은 아니다. 넷째는 국감을 위한 준비과정과 회의 그리고 결과 보고 등의 일련의 과정을 자료로 남기고 그것을 데이터베이스(DB)로 구축함으로써 국감의 연속성을 확보함과 동시에 정책평가와 개발에 활용해야 한다. '한 번 지나가면 끝이다'라는 생각을 행정부나 국회의원이 하지 못하도록 모든 과정을 철저히 기록에 남기고 국감에서 나온 각종 시정 및 개선조치에 대한 반영 여부를 철저히 사후 점검하도록 하자는 것이다. 그래야 국감이 단순히 비리고발이 아닌 정책감사가 되어 정책평가와 함께 관련 공무원과 행정체계의 정책 수행능력 평가가 이루어지게 되는 것이다.[321]

국회의 일각에서는 정부가 의도적으로 국정감사를 무시하고 방해한다고 비판하지만, 행정부를 제대로 견제해야 하는 것은 의회의 몫이자 책임이다. 이미 행정부가 국회에 협조하도록 모든 장치가 되어 있다. 여당이라고 국회의 역할과 기능을 착각하고 야당의 직무수행을 방해하는 것이 문제다. 사회갈등 등 우리나라 정치사회 문제를 야기 시키는 핵심은 여당의 정부 견제역할 포기와 정부 감싸기에서 연유한다.

(3) 청문회 문제

국회 청문회는 국회가 중요한 안건(국정감사 및 조사를 포함한다)의 심사에 필요한 경우 증인·감정인·참고인으로부터 증언·진술의 청취와 증거의 채택을 위해 펼치는 활동을 말한다. 여기에는 의정 활동에 필요한 중요한 정보를 얻고 국민의 알권리 충족을 위한 조사청문회, 주요 공직자의 자격을 심사하기 위한 인사청문회, 입법 활동에 있어 여론 수렴을 위한 법률안 심사 청문회가 있다.

국회법 제65조(청문회) ① 위원회는 중요한 안건(국정감사 및 조사를

---

321) 조선일보 2009. 10. 12.

포함한다)의 심사에 필요한 경우 증인·감정인·참고인으로부터 증언·진술의 청취와 증거의 채택을 위하여 그 의결로 청문회를 열 수 있다. 제65조의2(인사청문회) ② 상임위원회는 다른 법률에 따라 다음 각 호의 어느 하나에 해당하는 공직후보자에 대한 인사 청문 요청이 있는 경우 인사 청문을 실시하기 위하여 각각 인사청문회를 연다고 명시되어 있다. 하지만 입법청문회의 경우 거의 열리지 않고 있고, 조사청문회의 경우 의원들의 청문 활동에 대한 전문성 부족과 증인 등의 비협조로 그 효과를 제대로 거두지 못하고 있다. 인사청문회의 경우 합리적인 자질 검증이 아닌 정략적 목적에 따른 정쟁과 인준의 지연 및 거부 등의 폐단이 나타나 시정이 요구되고 있는 상황이다.

정무직공무원 후보자가 국회 인사청문회에 나와 '숨김과 보탬 없이 말할 것'을 선서해놓고도 자신의 과거 행적과 관련해 거짓말을 한 사실이 잇따라 드러나도 개인의 도덕성과 정치적 책임으로 돌리고 고발은 거의 하지 않는다. 야당도 '입으로만' 비판하는 상황이다. 신영철 대법관도 2009년 2월 인사청문회 때 촛불재판에 개입한 적이 없다고 거짓말을 한 것으로 대법관 윤리위원회 조사 결과 확인됐지만, 검찰의 '면죄부'를 받았다. 민주당 의원들이 위증 혐의로 신 대법관을 검찰에 고발했지만, 검찰은 인사청문회법상 위증한 증인은 처벌해도 후보자 본인은 처벌할 수 없다는 이유로 각하 처분을 내렸다.

청문회 위증을 처벌할 수 있느냐 여부는 법조계, 학계에서 의견이 분분하다. 한 법조계 인사는 "형법엔 자기에게 불리한 진술을 강요당하지 않는 자기부죄 거부의 원칙이 있기 때문에 고위 공직 후보자라고 해서 본인이 거짓말한 것을 처벌하기 어렵다"고 말했다. 조국 서울대 교수도 "법적 책임을 묻긴 힘들다"고 말했다. 반면 박경신 고려대 법대 교수는 "자기부죄 거부의 원칙은 고문에 의한 허위 자백 등을 막기 위해 도입된 것이다. 청문회에 나와 '숨김과 보탬 없이 말할 것'을 공식 선서해놓고 거짓 진술하는 것에 어떻게 자기부죄 거부의 원칙이 적용되느냐"고 반문했다. 그는 "미국에선 자기가 진실을 말하겠다고 공식적으로 선언할 경우엔 위증죄 적용 대상이 된다. 클린턴 전 미국 대통령도 '르윈스키 사건' 당시 법정 외 증언 과정에서 위증한 죄로 국회 탄핵 대상이 됐다"고 말했다.[322]

현재 국회에서의 증언·감정 등에 관한 법률 제12조(불출석 등의 죄) ① 정당한 이유 없이 출석하지 아니한 증인, 보고 또는 서류 제출요구를 거절한 자, 선서 또는 증언이나 감정을 거부한 증인이나 감정인은 3년 이하의 징역 또는 1천만 원 이하의 벌금에 처한다. ② 정당한 이유 없이 증인·감정인·참고인의 출석을 방해하거나 검증을 방해한 자에 대하여도 제1항의 형과 같다. 제13조(국회 모욕의 죄) 증인이 본회의 또는 위원회에 출석하여 증언함에 있어 폭행·협박·기타 모욕적인 언행으로 국회의 권위를 훼손한 때 또는 증인이 동행명령을 거부하거나 제3자로 하여금 동행명령장의 집행을 방해하도록 한 때에는 5년 이하의 징역에 처한다. 제14조(위증 등의 죄) ① 이 법에 의하여 선서한 증인 또는 감정인이 허위의 진술이나 감정을 한 때에는 1년 이상 10년 이하의 징역에 처한다. 다만, 범죄가 발각되기 전에 자백한 때에는 그 형을 감경 또는 면제할 수 있다. ② 제1항의 자백은 국회에서 안건심의 또는 국정감사나 국정조사를 종료하기 전에 하여야 한다. 제15조(고발) ① 본회의 또는 위원회는 증인·감정인 등이 제12조·제13조 또는 제14조 제1항 본문의 죄를 범하였다고 인정한 때에는 고발하여야 한다. 다만, 청문회의 경우에는 재적위원 3분의 1 이상의 연서에 의하여 그 위원의 이름으로 고발할 수 있다고 규정하고 있다.

---

322) 한겨레 2009. 10. 10.

법규에 부족함이 있다면 새로 만들거나 보완하면 된다. 국회는 법을 만드는 곳이다. 현재 상태에서도 법규에 이렇게 버젓이 명문 규정이 있다. 그럼에도 검찰이 후보자 본인을 처벌할 수 없다는 이유를 납득하기 어렵다. 정상적으로 법을 집행하면 현재 상태로도 국정감사 중에 위증하는 증인이나 인사청문회에서 위증을 하는 후보자에 대해 충분히 처벌이 가능하다. 문제는 법규가 있어도 국회, 특히 여당은 정부와의 불편한 관계를 고려하여 고발하지 않는 것이 문제이다. 김형오 국회의장은 2009년 9월 21일 인사청문회와 관련, "이제 청문절차를 구체화하고 질문방식도 유형화하는 등 제도개선이 필요한 시점"이라며 입법조사처와 법제실에 인사청문회 개선방안 마련을 지시했지만 제대로 이행되지 않았다.[323] 청와대는 2010년 8월 23일 이명박 대통령이 지시한 '엄격한 인사검증 기준'에 대해 "청문회가 끝난 뒤 최대한 기준을 강화할 것"이라고 밝혔다.[324] 그들만의 놀음을 또 하고 싶은 모양이다. 기가 찰[325] 노릇이다.

정무직공무원에 대한 청문회 통과 기준은 간단하다. 명확한 거짓말 사실이 드러난 사람, 법을 어기고 추천 전에 스스로 책임을 지지 않은 것이 드러난 비도덕적인 사람은 여야가 합심하여 보고서 채택을 거부하면 된다. 그리고 고민해야 할 것은 법을 어기고 책임을 진 사람, 즉 벌금이나 전과 기록이 있는 사람에 대해서는 법을 어긴 책임을 졌더라도 국회의원 박탈에 준하는 벌금 300백만 원 이상, 전과 기록이 있는 사람에 대해서는 2년이나 3년 등 사회적 논의를 통해 임용제한 범위를 정하면 된다.

---

323) 연합뉴스 2009. 9. 21.

324) 뉴시스 2010. 8. 23.

325) 기(가) 차다: 하도 어이가 없어 말이 나오지 않다.

만일 민주화운동이 문제가 된다면 민주화운동과 연관된 전과기록은 여야 합의를 통해 제외시키는 방안을 어느 정도로 할 것인가 기준을 마련하면 문제 될 것이 없다. 거짓말을 하지 않겠다고 선서를 하고 청문회에서 거짓말을 한 사람은 1,000만 원의 벌금과 함께 국가공무원 취업 자격 박탈과 정부, 지방자치단체와 그 산하 공공기관 및 공기업 취업 제한 규정을 두면 된다. 벌의 내용이 다소 과하다고 생각하는 사람도 있을 수 있겠지만, 사회 기강을 바로 세우고 청렴한 고위공직자상 정립, 정의사회 구현에 비하면 약과다. 이 정도는 되어야 비도덕적인 인사가 고위공직후보자로 나서는 것을 막을 수 있다.

입법기관인 국회에서 법치 실현을 위해, 법을 어긴 사람이 고위공무원이 되는 것을 동의하지 않는데, 대통령이 무슨 수로 비도덕적인 사람을 임명할 수 있겠는가? 이명박 정부의 2010년 8·8개각 때 여당인 한나라당과 청와대가 보여준 모습은 유치하기 그지없었다. 역사와 자라나는 세대에 부끄러운 줄도 모르는 것 같았다. 국민과 법, 도덕도 무시하고 야당과 밀실에서 협상을 통해 결함투성이인 국무총리 임명을 강행하려는 태도는 결국 국민의 분노를 샀다. 위법 사실이 있고 거짓말을 하는 사람들을 다수당이라는 것을 내세워 단독으로 청문회 보고서를 채택하는 등 대통령의 임명 첨병 역할을 하는 저급한 국회 운영 행태를 내버려 두고 있는 한, 앞으로도 우리는 정무직공무원 임명을 둘러싸고 계속 내홍을 겪을 수밖에 없다.

(4) 예산안 처리 문제

헌법 제54조 ① 국회는 국가의 예산안을 심의·확정한다. ② 정부는 회계연도마다 예산안을 편성하여 회계연도 개시 90일 전까지 국회에 제출하고, 국회는 회계연도 개시 30일 전까지 이를 의결하여야 한다.

국회법 제22조의2(국회예산정책처) ① 국가의 예산결산·기금 및 재정 운용과 관련된 사항에 관하여 연구분석·평가하고 의정 활동을 지원하기 위하여 국회예산정책처를 둔다고 명시하고 있다.

예산 심의기간이 짧아 제대로 된 심의가 어렵다면 선진국들과 같이 우리 국회도 심의기간을 120~240일로 늘리는 것도 하나의 방안이 될 수 있다. 하지만 그 보다 먼저 예산안 통과 전 국회예산정책처를 적극 활용하여 심의하면 크게 문제 될 것이 없다. 예산안 심의는 국가발전은 물론 재정 건전성과 연관되는 중요한 문제이다. 그런데도 우리의 예산안 심의는 너무 부실하게 이루어지고 있다. 정부를 제대로 견제하겠다는 국회의원들의 의지가 지극히 약하다. 심지어는 자기 지역구 예산배정과 끼워 넣기에 급급한 사람들도 적지 않다. 의원들은 걸핏하면 서면답변 자료를 내라는 말로 얼버무리고 넘어가기 일쑤다. 정부안을 수용한 여당의 일방적인 강행 처리, 야당의 정쟁 수단 활용 경향이 너무 강하게 나타난다.

일반적으로 예산심의과정이 정치과정이라는 말은, 국가정책의 여러 가지 측면을 고려하여 행정부 예산편성안을 심사하고 국가재정지출의 타당성과 효율성을 높이기 위해 각계각층의 목소리를 담아서 모든 국민적 이해관계가 포함되어 절충하고 융합되어 나타난다는 뜻이다. 이런 의미에서 볼 때 정권차원의 국가정책을 무력화하고 정쟁의 수단으로 활용하여 정권심판을 하라는 의미는 더욱 아니다.[326) 국회에서 예산 심의와 배정권한을 제대로 활용하면 행정부와 지방자치단체의 부정부패도 상당 부분 제어가 가능하다. 부정부패가 극심한 부처와 지방자치단체는 부정부패가 일어난 부분에 대한 추가지원예산을 줄이면 된다. 처음에는 여론이 악화되는 등 다소 불만도 일어나겠지만, 이것이 정착

---

326) 조선일보 2009. 12. 11.

되면 주민들은 행정기관 책임자에 대한 견제와 처벌강화를 위해 노력할 것이기 때문에 모두가 원하는 공정한 사회가 정착될 수 있다.

(5) 폭력 해결 위한 윤리위원회 징계 문제

국회법 제13장 질서와 경호 제143조(의장의 경호권) 회기 중 국회의 질서를 유지하기 위하여 의장은 국회 안에서 경호권을 행한다. 제144조(경위와 경찰관) ① 국회의 경호를 위하여 국회에 경위를 둔다. ② 의장은 국회의 경호를 위하여 필요한 때에는 국회운영위원회의 동의를 얻어 일정한 기간을 정하여 정부에 대하여 필요한 국가경찰공무원의 파견을 요구할 수 있다. ③ 경위와 파견된 국가경찰공무원은 의장의 지휘를 받아 경위는 회의장 건물 안에서, 국가경찰공무원은 회의장 건물 밖에서 경호한다. 제145조(회의의 질서유지) ① 의원이 본회의 또는 위원회의 회의장에서 이 법 또는 국회규칙에 위배하여 회의장의 질서를 문란하게 한 때에는 의장 또는 위원장은 이를 경고 또는 제지할 수 있다. ② 제1항의 조치에 응하지 아니한 의원이 있을 때에는 의장 또는 위원장은 당일의 회의에서 발언함을 금지하거나 퇴장시킬 수 있다. ③ 의장 또는 위원장은 회의장이 소란하여 질서를 유지하기 곤란하다고 인정할 때에는 회의를 중지하거나 산회를 선포할 수 있다. 제146조(모욕 등 발언의 금지) 의원은 본회의 또는 위원회에서 다른 사람을 모욕하거나 다른 사람의 사생활에 대한 발언을 할 수 없다. 제147조(발언방해 등의 금지) 의원은 폭력을 행사하거나 회의 중 함부로 발언 또는 소란한 행위를 하여 다른 사람의 발언을 방해할 수 없다. 제148조(회의진행 방해 물건 등의 반입 금지) 의원은 본회의 또는 위원회의 회의장 안에 회의진행에 방해가 되는 물건 또는 음식물을 반입하여서는 아니 된다.

헌법 제64조 ① 국회는 법률에 저촉되지 아니하는 범위 안에서 의사와 내부규율에 관한 규칙을 제정할 수 있다. ② 국회는 의원의 자격을 심사하며, 의원을 징계할 수 있다. ③ 의원을 제명하려면 국회 재적의원 3분의 2 이상의 찬성이 있어야 한다고 규정하고 있으며 이에 따라 하위법인 국회법에 그 내용이 잘 정리되어 있다.

국회법 제155조(징계) 국회는 의원이 의제 외 또는 허가받은 발언의 성질에 반하는 발언을 하거나 이 법에서 정한 발언시간의 제한규정을 위반하여 의사진행을 현저히 방해한 때, 회의장의 질서문란행위를 하거나 이에 대한 의장 또는 위원장의 조치에 불응한 때, 「국회의원윤리강령」이나 「국회의원윤리실천규범」을 위반한 때 등 12개 항목에 해당하는 어느 하나에 해당하는 행위를 한 때에는 윤리특별위원회의 심사를 거쳐 그 의결로써 이를 징계할 수 있다. 제156조(징계의 요구와 회부) ① 의장은 제155조 각 호의 어느 하나에 해당하는 징계대상의원(이하 "징계대상자"라 한다)이 있을 때에는 이를 윤리특별위원회에 회부하고 본회의에 보고한다. 윤리특별위원회의 위원장 또는 위원 5인 이상이 징계대상자에 대한 징계의 요구를 한 때에는 윤리특별위원회는 이를 의장에게 보고하고 심사할 수 있다.

제157조(징계의 요구 또는 회부의 시한 등) ② 제156조 제2항에 따른 위원장의 징계대상자 보고와 같은 조 제3항·제4항 및 제6항에 따른 징계요구는 그 사유가 발생한 날, 그 징계대상자가 있는 것을 알게 된 날부터 10일 이내에 하여야 한다. 다만, 폐회기간 중에 그 징계대상자가 있을 경우에는 차회국회(次回國會)의 집회 일부터 3일 이내에 하여야 한다. 제162조(징계의 의결) 의장은 윤리특별위원회로부터 징계에 대한 심사보고서를 접수한 때에는 이를 지체 없이 본회의에 부의하여 의결하여야 한다. 다만, 의장은 윤리특별위원회로 부터 징계를 하지 아니하기로 의결하였다는 심사보고서를 접수한 때에는 이를 지체 없이 본회

의에 보고하여야 한다. 제163조(징계의 종류와 그 선포) ① 징계의 종류는 공개회의에서의 경고, 공개회의에서의 사과, 30일 이내의 출석정지, 이 경우 출석정지기간에 해당하는 국회의원 수당 등에 관한 법률의 규정에 의한 수당 및 입법활동비·특별활동비는 그 2분의 1을 감액한다. 제명 등이다. 제164조(제명된 자의 입후보제한) 제163조의 규정에 의한 징계로 제명된 자는 그로 인하여 궐원된 의원의 보궐선거에 있어서는 후보자가 될 수 없다고 규정하고 있다.

출처: 중앙일보 2009. 11. 7.

[그림 2-1] 타임의 표지를 장식했던 한국 국회의 폭력

위에 제시된 법률을 기준으로 할 때 국회 내의 질서유지와 이를 위반하고 폭력을 행사하는 사람에 대해서는 국회가 마음만 먹으면 얼마든지 징계를 할 수 있다. 그런데 교묘하게 법규를 피해가며 징계위원회에 회부하지 않거나 회부되어도 회의를 개최하지 않는 등의 방식으로 제대로 징계를 실행하지 않는다. 심지어는 사표를 제출해도 수리하지 않는다. 사퇴하지도 않을 사표를 제출하는 사람이나 사표를 수리하지 않는 국회의장이나 다를 것이 전혀 없다.

2008년 12월 18일 한·미 자유무역협정(FTA) 상정 당시 국회 외교통상통일위원회 회의장 출입문을 해머로 파손한 혐의로 기소됐던 민주당 문학진 의원은 2009년 11월 4일 서울남부지법 결심공판에서 검찰의 벌금 300만 원 구형을 받았다. 해당 상임위원도 아니면서 같은 날 회의가

끝난 뒤 외통위 회의장에 들어가 동료의원들의 명패를 파손한 혐의로 함께 기소된 민주노동당 이정희 의원은 그보다 낮은 벌금 100만 원의 구형을 받았다. 2009년 초 해머 · 전기톱 · 소화기가 동원된 '폭력국회'에 가담했던 국회의원들과 야당 보좌진이 검찰과 법원에서 받은 사법처리 결과다. [그림 2-1]에서 보는 바와 같이 미국 시사주간지 '타임'의 표지를 장식했던 '해머 폭력'에 대한 처리는 결국 솜방망이 처벌에 그친 것이다.

서강대 이현우(정치학) 교수는 "국회 윤리특위는 폭력에 연루된 의원들에 대한 징계안은 1건도 처리하지 않으면서 사법부의 판단에만 맡긴 것은 국회의 무능만 드러낸 셈이다. 폭력 추방을 위해선 여야가 국회법을 개정하는 등 서둘러 자정능력을 회복해야 한다"고 지적했다.[327]

폭력국회에 대한 국회 자체 징계는 사실상 흐지부지되었다. 국회 내 폭력 관행을 끊기 위해서는 국회 자체의 의지가 더욱 중요하지만, 국회는 지금까지 문 의원과 이 의원을 징계하지 않고 있다. 국회 윤리특별위원회 징계소위원회는 2009년 2월 민주당 의원이 퇴장한 상태에서 민주당 문학진 의원에게 제명 바로 아래 단계인 출장정지 30일의 중징계를 의결했다. 해당 징계가 국회 본회의를 거쳐 그대로 확정된다면 문 의원의 수당과 입법 활동비, 특별활동비는 절반으로 줄어든다. 그러나 4월 9일 소집된 윤리특위 전체회의에서는 야당 의원 전원이 불참하면서 징계 안이 상정조차 되지 못했다. 그 이후 2009년 11월 23일까지 약 7개월 동안 윤리특위의 전체회의는 단 한 차례도 열리지 못했다. 민주노동당 이정희 의원의 징계안도 2009년 4월 하순 윤리특위에 회부됐으나 특위는 아직도 이 의원의 징계에 대한 논의를 하지 못하고 있다.[328]

---

327) 중앙일보 2009. 11. 7.
328) 동아일보 2009. 11. 23.

이한구 윤리특위 위원장은 동아일보와의 통화에서 "2009년 7월 위원장에 취임한 후 한 번도 회의를 열지 못했다"고 말했다. 한나라당 측은 "민주당은 윤리특위 간사인 이춘석 의원이 사퇴의사를 밝힌 후 회의 소집에 응하지 않고 있다"고 비판했다. 그러나 민주당 이 의원은 "한나라당 의원들이 윤리특위에 제소된 건도 많아 한나라당도 회의 소집에 소극적"이라고 반박했다.[329]

국회의원 보좌진, 당 사무처 요원들의 국회 안 폭력행위는 더 심각하다. 이들은 국회 의사 진행에 개입할 아무런 법적 권한이 없다. 그런데도 이제는 국회의사당 안에서 수십, 수백 명씩 몰려다니며 예사로 의사 진행을 막고 국회의원들에게 욕설을 퍼붓고 침을 뱉고 폭력을 행사하는 게 무슨 관례처럼 돼 버렸다. 서울남부지검은 2008년 12월 국회 폭력에 가담한 민주당 당직자와 보좌진 6명에 대해 징역 8월~1년을 각각 구형했다. 그러나 이 정도로는 노조 등 각종 이익집단들까지 국회에 밀려와 난장판을 만들고 있는 의회정치의 말세(末世) 풍경을 청산하긴 어렵다. 국회의원이 아닌 사람들이 국회 안에서 행패를 부릴 때는 무서운 가중 처벌로 국회 안 폭력을 꿈도 꾸지 못하게 만들어야 한다.

여(與)에서 야(野)로 정권이 벌써 두 번 바뀌었다. 앞으로도 계속 다수당과 소수당 처지가 뒤집어질 것이다. 다수당은 자신들이 소수당이 될 수 있다는 생각을 갖고 소수당을 적절히 배려해 그 의사를 수용하는 정치력을 발휘해야 하고, 소수당은 자신들이 다수당의 책임을 지는 날이 온다는 믿음을 갖고 최소한의 국회 의사 진행에 협력해야 하며, 최종적으론 다수결의 원리를 수용할 자세를 갖춰야 한다. 이것이 대한민국이 선진국이 될 수 있느냐의 마지막 관문이 될 가능성이 있다. "국회 폭력＝의원직 제명"의 등식이 100% 작동하도록 만드는 것이 그 첫걸음이다.[330]

---

329) 동아일보 2009. 11. 6.

2009년 7월 한나라당이 미디어관계법안을 강행처리한 데 대한 항의 표시로 의원직 사퇴의사를 밝혔던 민주당 천정배, 최문순, 장세환 의원이 2010년 1월 10일 원내 복귀를 결정했다. 당시 김형오 국회의장에 사표수리를 요구했던 이들은 이후에도 미디어법 투쟁에 있어 별다른 성과를 얻지 못하고 있었다. 그러다가 2010년 1월 세종시 문제가 불거지면서 '효과적 투쟁'을 이유로 사퇴 입장을 철회한 것이다. 이들은 이날 국회에서 기자회견을 열고 "언론악법 날치기를 비롯한 이명박 정권의 폭정에 맞서 더욱 강력하고 효과적인 투쟁을 하기 위해 원내에 복귀하고자 한다. 언론자유와 민주체제를 수호하고 6월 지방선거에서 승리하기 위해서는 원내에 들어가 활동하는 것이 보다 효율적이고 실질적이라는 재야 원로인사와 시민단체, 선배 및 동료 의원들의 권유와 충고를 무조건 따르기로 했다"고 주장했다.[331]

민주주의가 다른 체제보다 우월한 점은 자정 능력이다. 운영에 문제가 있을 때 이를 개선할 수 있는 가능성이 민주주의의 장점 중 하나이다. 민주주의 국가에서 권력의 핵심을 이루는 국회가 자정 능력이 없어서, 국회에서 발생한 문제를 사법부의 판단에 의존해야 하는 일은 장기적 관점에서 한국 민주주의의 큰 결함이 될 수 있다. 입법부는 옳고 그름을 판단하는 일이 기본 기능이다. 정치가 필요한 이유는 법의 경직성을 넘어서 합의를 기본으로 하기 때문이다. 국회의 폭력사태는 관련 법안을 만든다고 해결될 문제가 아니다. 폭력 발생의 기본 원인에 대한 고민이 더 필요하다.[332]

의회민주주의의 핵심은 다수결이다. 소수의 의견개진이 충분히 보장

---

330) 조선일보 2009. 11. 6.

331) 뉴데일리 2010. 1. 10.

332) 동아일보 2009. 11. 7.

되어야 하지만 최종 결정은 다수결에 따라야 한다. 다수결은 투표로 완성되므로 투표가 방해를 받아선 안 된다. 설득과 양보, 토론과 협상, 결정과 승복의 선진 정치문화를 꽃피우려면 무엇보다 난장판 국회의 단초가 되는 투표 방해 행위부터 제도적으로 차단해야 한다. 국회의원 개개인은 헌법에 규정된 헌법기관이다. 그런 존재가 당 지도부의 명령에 따라 국회를 점거하거나 폭력을 휘두른다. 마치 용역회사 직원 같다. 미디어법·예산안·4대 강·노동법 같은 현안에 합리적 소신을 갖고 있어도 당론의 쓰나미[333])에 휩쓸린다.

의원이 부속품 같은 처지가 된 것은 그들의 생명이라 할 수 있는 공천권을 정권의 권력자나 당 지도부가 갖고 있기 때문이다. 그러므로 공천제도 개혁은 정치개혁의 핵심이 되고 있다. '밀실·권력 공천'이 개방형 공천으로 바뀌어야 한다. 경선이 부작용이 많다면 외부의 전문가·시민과 일반당원이 참여하는 공천심사단 같은 제도를 연구할 필요가 있다. 정치의 비효율을 없애기 위해선 국회법을 확 바꿔야 한다. '벼락치기' 국감이나 '호통형' 대정부 질문 같은 후진적 제도를 개선해야 한다. 국회에 제출된 국회법 개정안은 국감을 정기국회가 아니라 임시회 기간 중 자유롭게 하도록 되어 있다. 법안이 일정 기간을 지나면 자동 상정되고 의원들이 원(院) 구성을 회피하면 세비를 지급하지 않도록 했다. 국회는 이런 법안들을 조속히 통과시켜야 한다.[334])

민주주의에서 의회가 출현한 이유는 국민의 세금 부담을 가볍게 하고 국민 세금 유용을 막아내기 위해서였다. 국회가 이 본업(本業)을 소홀히 한다면 존재가치를 스스로 없애는 것이다. 국회는 해머 대신 계산

---

333) 지진해일(地震海溢)은 해저에서의 지진, 해저 화산 폭발, 단층 운동 같은 급격한 지각변동이나 빙하의 붕괴, 핵실험 등으로 발생하는 파장이 긴 천해파를 말한다. 해소(海嘯), 지진해파(地震 海波, seismic sea wave) 또는 쓰나미(tsunami)라고도 한다.

334) 중앙일보 2010. 1. 6.

기를 들고 국민 세금을 지키는 본업에 충실해야 한다.[335] 나라 살림을 볼모로 하는 정략정치는 용납할 수 없다.[336] 더 이상 법치주의를 짓밟고 원칙을 훼손하며 국민적 신뢰를 저버리는 정치를 해서는 안 된다.[337] 정부를 상대로 정책과 예산집행을 매섭게 추궁하고 감시하며 견제할 수 있는 한국 국회가 되어야 한다. 국가 발전을 위해서는 정부와 국회, 여와 야가 수시로 충돌하고 싸워야 한다. 다만, 신사적으로 대립해야지 몸싸움으로 번져서는 안 된다.

우리 국회가 제 기능을 발휘하도록 정상화되는 길은 새로운 법을 만들고 제도를 도입하는 거창한 정치개혁 같은 일이 아니다. 의원 각자가 준법정신을 발휘하여 현재 시행되고 있는 법을 지키고 실천하는 일이면 충분하다. 내일이라도 곧바로 실행이 가능하다. 단지 몇몇 이기주의자들이 권력에 대한 잘못된 인식으로 탐욕에 눈이 어두워 국민들의 요구를 애써 외면하면서 다른 정치가들에게도 탐욕을 전파하는 것이 문제이다.

3. 선진정치 구현, 개혁 아닌 실천과 의식변화가 관건

대통령, 국회의장, 여당과 야당 대표, 학계, 상당수 국민들까지도 공통적으로 한국의 정치개혁을 언급한다. 그리고 그 내용을 살펴보면 하나같이 헌법 개정과 법률 제정과 개정, 새로운 제도도입을 말한다. 각자의 관점에서 자신의 의사를 주장할 수는 있겠지만, 이것은 옳은 방법

---

335) 조선일보 2009. 10. 12.
336) 중앙일보 2009. 11. 4.
337) 조선일보 2009. 11. 4.

이 아니다. 현재 한국의 정치에서 문제가 되는 것은 법이나 제도의 문제가 아니라 사람, 즉 실천의 문제이다.

법률을 고치는 것으로, 제도를 새로 도입하는 것으로 해결이 가능하다면 저급한 우리 정치는 적어도 1년이면 선진국 형태로 모두 바꿔놓을 수 있다. 세계 각국의 좋은 법률과 제도는 모두 모방하고 도입하면 된다. 그러나 아무리 좋은 법이 만들어지고 제도가 새로 도입되어도, 그것을 운용하고 지켜야 할 사람이 제대로 하지 않으면 무용지물이다. 혹자는 한국의 정치가 제도적인 측면에서는 선진화되어 있다고 평가한다. 그러나 '그것이 무슨 소용인가' 국회에서 연일 물리력과 폭력을 행사하고 하루가 멀다고 하고 소모적인 정쟁을 일삼는다. 이런 상태에서 민주주의의 토대가 성숙되었다는 것은 별다른 의미가 없다. 이미 만들어져 있는 법규가 실제로 통용되는 것이 중요하다. 따라서 오늘날 후진적인 한국 정치를 청산하는 길은 정치개혁이 아닌 의식개혁과 실천으로 풀어야 한다.

지금 우리 정치권역에는 탐욕이라는 중병에 걸린 정치가들이 너무 많다. 권력에 대한 탐욕의 집착을 버리고 국가이익과 국민의 복리증진을 위한 본분으로 돌아가면 정치선진국이 되는 데 그렇게 많은 시간이 필요하지 않다. 하지만 우리가 정치선진국이 되는 데 대통령이 나서면 적어도 7년이 필요하다. 한 분으로는 어렵고 두 분이 마음을 먹고 인내하며 여당에 정부의 확실한 견제, 예산안과 법률안의 정상적인 통과를 주문해야 한다. 여당이 무리수를 쓰지 않고 야당을 포용하는 정치를 하면 충분하다. 문제는 그러한 결단을 내리고 실행할 수 있는 지도자가 있느냐 하는 것이다. 다음은 국민이 나서면 선거를 통해 문제가 있는 대통령과 국회의원을 선출하지 않아야 하기 때문에 5년이면 가능하다. 그런데 다수의 국민이 표심을 행사하여 바람직한 정치인을 선발하는 것은 현실적으로 실현 가능성이 적다. 하지만 국회의원이나 정당이 나서면 하루아침에 선진정치 시작이 가능하고 실현에는 1년이면 충분히 이뤄낼 수 있다. 행동으로 실천을 하더라도 불합리한 법률과 제도를 개선하는 데는 시간이 다소 걸리는 점을 감안하면 그렇게 긴 기간이 아니다.

우리는 답을 모두 알면서도 이제까지 잘못된 일을 일삼아 왔다. 그럼에도 우리 정치권이 선진적인 정치로 나아가지 못하는 원인은 행동 부재에 있다. 이것은 우리 모두가 아는 사실이다. 이러한 행동은 지극히 단순한 일이면서도 시행이 어려운 것은 의식변화가 쉽지 않기 때문이다. 각각의 정치인이 기득권을 버리고 오직 국가와 국민을 위해 일하겠다는 헌신과 봉사의 정신이 있어야 하는데, 권력 향유에 대한 탐욕과 집착이 행동을 가로막고 있다. 결국 한국정치가 선진정치로 나아가지 못하고 후진적인 저급한 정치에 맴도는 것은 잘못된 것을 박차고 일어서지 못하는 용기 있는 사람들이 국회와 정치권에 부족한 것이 가장 큰 원인이다.

이제 우리의 국회의원과 정치가들도 개인인 내가 무엇을 할 수 있겠는가 하는 의구심을 떨쳐버리고 패배주의에서 벗어나 행동할 때가 되었다. 하나의 물줄기가 모여 시냇물을 이루듯 내가 나서면 다른 동료들도 나설 것이고 국민은 찬사를 보낼 것이 틀림없다. 우리의 부모세대는 빈손에서 시작하여 모진 찬바람도 모두 뚫고 나온 저력이 있다. 이제 우리 차례다. '앞서서 나가니 산 자여 따르라'라는 노래 가사의 한 구절을 상기하며 이 땅에 진정한 민주주의를 정착시키기 위해 용기를 갖고 행동에 나서라. 그것이 내가 소속된 정당을 진정으로 위하여 살리는 길이고, 민주화를 갈망했던 우리 세대가 그것을 완성해 후손에게 물려주어야 할 한국 정치의 모범이다.

4. 한국의 미래

이제 벽처럼 단단했던 지역감정이 서서히 풀리고 있는 것 같다. 여기에도 새 물결이 들어오고 있다. 노동 문제와 지역감정, 우리 정치를 붙들고 있던 고질병에도 변화가 오고 있는 것이다. 물결이 바뀌는 것이다. 우리의 국제적 위상이 높아지는 데 걸맞게 모든 분야에서 국가 품격의 제고가 이뤄져야 한다. 한국도 이제 국제사회 일원으로서 보다 더 큰 책임감을 갖고 역할을 확대할 때가 되었다.

우리는 누구나 과거의 방식에 익숙해 있다. 이런 일이 생겼을 때는 이런 식으로 대응한다는 습관이 우리를 지배한다. 주변 환경이 과거와 비슷하다면 이러한 습관적 조건반사 방식으로 문제를 해결할 수 있다. 경험의 법칙이 바로 그런 것이다. 그러나 환경이 달라졌는데도 과거의 유형(pattern)과 똑같이 반응한다면 새 환경에서 살아남지 못한다. 지금 우리는 이런 변화의 시기에 다다른 것 같다. 그럼에도 정치인들의 행동은 변하지 않았다. 지난 정부에서 다른 장관도 아니고 법무장관을 지낸 인물이 국회의장실을 점거해 불법 농성을 하는 것은 시대의 변화를 모르고 하는 짓이다. 국회를 비워놓고 밖으로만 돌아다니는 것을 칭찬할 사람은 없다. 그런데도 야당은 과거의 방식에 매여 있다. 지금 정부는 경제회복을 내세우며 수백 조 원의 돈을 펑펑 쓰고 있다. 정말 그래도 되는 걸까? 인플레는, 물가는, 세금은 어떻게 되나? 국민은 불안하다. 누가 걱정해 주고 있는가? 왜 이런 데 눈을 못 돌리는가?

국민들은 무조건적인 반대도 싫지만, 턱없는 오만도 싫어한다. 세상사에는 변화의 주기(cycle)가 있다. 올라가는 때가 있으면 내려가는 때가 있다. 올라갈 때 겸손하기란 지극히 어려운 법이다. 혹시 지금이 그런 때인지 모르겠다. 이런 자세가 쇠퇴의 내리막길을 잉태하는 것이다.

우리는 힘 있는 자들의 오만한 모습만 보아왔지 너그러운 겸손은 보지 못했다. 이럴 때 몰리는 야당을 감싸 안고, 합리적 요구라면 노조의 의견도 수용해 보라. 국민의 눈은 점점 높아지고, 더 합리적으로 변하고 있다. 공정하게 판단할 줄 안다. 이 새 물결 위에 배를 띄워야 한다. 그렇지 않으면 여든 야든 오도 가도 못하고 개펄에 얹힌 배가 되고 말 것이다.[338]

소수의 몰매나 목숨을 잃을 수 있는 위험을 감수하면서도 다수 시민의 안전과 권익을 보호하는 일을 수행하는 그들이 없다면 시민사회는 존립할 수 없으며, 민주주의도 설 자리가 없다. 사회경제적 지위가 높고 낮고 간에 국민 모두가 불안과 공포에 빠져드는 듯한 가장 큰 이유는 눈앞에 닥친 어려움 자체보다 힘을 합쳐 극복하는 데 구심점이 돼야 할 미래에 대한 고무적 전망이나 정치적 지도력이 보이지 않는다는 데 있다. 국민적 저력은 크게 발전했는데 그에 걸맞은 지도자나 통합적 이상이 없다.

인류 사회 전체가 지각변동을 체험하는 위기 속에서 인구는 많아도 자원은 없고 급속하게 고령화되는 우리 국민이 인간으로서의 긍지와 도덕적 존엄을 잃지 않고 살아남을 방법은 무엇인가. 일체의 환상을 버리고 냉정하게 현실을 직시하며 30, 40년 전 경제기적을 촉발시켰던 시절의 결연한 자세로 되돌아가는 길뿐이다. 갈등을 부추기지 않아도 갈등의 소지는 너무도 많다. 하지만 서로가 처지를 바꾸어 놓고 생각해 본다면 어려운 것은 나만이 아니라는 것을 알게 되고 국민의 이익을 위해 협조하는 자세를 보일 때 여당도 야당도 국민의 눈에 돋보이게 된다. 뭉치면 살고 흩어지면 죽는다.[339]

---

338) 중앙일보 2009. 12. 7.
339) 동아일보 2009. 1. 30.

국민 개개인이 자기의 권리를 주장하며 목소리를 내는 민주주의 사회에서 국민을 하나로 묶어주는 힘은 무엇인가. 대한민국 정부 수립 이래 지난 63년간 우리의 최대 관심사는 굶어 죽지 않고 살아남으며 북한에 수립된 공산주의 형제국가에 맞서 국민의 역량을 자유롭게 펼 수 있도록 고안된 이 나라의 헌법체제를 수호하는 일이었다. 피눈물 나는 노력과 투쟁 그리고 많은 억울한 희생도 감수해야 했다. 그 결과 우리는 세계에서 가장 자유롭고 잘사는 나라 축에 속하게 됐고 삶에 대한 국민의 기대치도 그만큼 높아졌다. 새 세대에게는 옛날 고생하던 이야기가 구세대의 듣기 싫은 공치사로 들릴 정도가 됐지만, 불행히도 우리가 성취한 경제적 정치적 성과란 아직 단단한 기반 위에 서 있지 않고, 대한민국 체제에 대한 위협도 사라지지 않았다.

정부가 가장 주력할 일이 무엇인가. 단기적으로는 경제 살리기이다. 그러나 국민적 통합을 이룩하기 위해 더 중요한 일은 복지의 하한선을 구축하고 이를 높여 가는 방식으로 약자 집단을 모두 끌어안음으로써 세계적으로 경쟁력을 가진 기업과 세금을 많이 내는 부자가 있는 것이 없는 것보다 사회적으로 유리함을 실증적으로 보여 주는 과정이다. 지금까지 역대 정부는 사회안전망 구축을 위해 많은 노력을 기울여 왔고 최근에 발표된 최저임금 상향조정도 그 일환이다. 지방자치단체의 노력과 실력에 따라 노약자 복지 시설을 선진국 수준으로 운영하는 곳이 많다. 문제는 혜택이 고루 돌아가지 않아서 실제 복지의 하한선은 매우 낮다는 점이다. 노약자도 실업자도 굶지 않고 최소한의 의료혜택을 받고 아이들은 누구나 학교에 갈 수 있게 보장되어야 하며, 그렇게 하는데 필요한 세금은 여유 있는 계층이 내야 마땅하다.

그렇게만 된다면 노동자나 세입자 문제도 기업의 국제 경쟁력을 하락시키지 않는 방향으로 풀어나갈 수 있는 여지가 생기며 사회 양극화가 아닌 상생의 구호를 실감 있게 받아들일 수 있다. 국민 통합을 위해 필요한 일 중에서 또 하나의 축은 국민에게 공통으로 직면한 위협에 대한 의식의 촉구이다. 전 지구를 강타한 환경파괴와 자원고갈의 문제가 급격한 사회 고령화 현상을 겪는 우리에게 어떤 영향을 미칠지가 코앞에 닥친 문제라는 인식을 고취하고 대안 마련에 동참을 촉구하는 노력을 지금보다 강화해야 한다.

더 미룰 수 없는 일이 북한의 위협에 대한 인식 촉구이다. 6·15공동선언 이래 대북 경계의식이 극도로 해이해졌다. 하지만 제정신을 가진 사람이라면 북한 핵과 미사일이 아니라도 우리에게 큰 짐이라는 점을 알아야 한다. 평화를 지키는 일이 지상의 과제이므로 우리는 힘을 갖고 국민적으로 결속해야 한다. 이는 이념이나 민족을 초월하는 인간 생존의 문제임을 다시 자각해야 한다. 정부도 국회도 언론도 제구실을 하려면 지엽적인 정치적 문제로 사투를 벌이지 말고 복지의 하한선을 어떻게 구축하고, 국가안보와 경쟁력을 어떻게 유지하며, 환경파괴 자원고갈 문제에 어떻게 대처할지를 놓고 치열한 공방을 벌여야 할 때다.[340]

1) 한국이 가진 잠재력

2010년 대한민국은, 특히 선진화라는 국가 목표가 새롭게 부각되었다. 국가 역량을 제고(upgrade)시켜 세계의 변방에서 중심으로 나아가자는 것이다. 원래 정치는 이런 행진에 중심적인 추동력이 되어야 한다. 활기찬 경제, 튼튼한 안보, 통합된 사회, 창조적인 문화가 어우러진 품격 높은 대한민국을 만들어가야 한다. 빠른 시일 내에 자주국방체제를 갖추는 것도 필요하다. 자주독립 국가는 자국이 가진 국방력으로 나라

---

340) 동아일보 2009. 7. 9.

를 지킬 수 있어야 한다. 자기 나라의 안위를 스스로 통제할 수 없는 선진국은 사상누각에 지나지 않는다. 우리 스스로 안위를 조정할 능력이 없는 상태에서 통일은 어떤 부담을 안겨줄지 예측하기 어렵다. 우리나라는 망국(亡國), 전쟁, 절대 빈곤, 억압, 그리고 상대적 빈곤의 공포 같은 수많은 두려움을 극복하고 일어선 저력이 있는 나라다.

한국의 잠재력은 무궁무진하다. 한국이 가진 잠재력의 원천은 여러 가지가 있지만, 대표적인 것 네 가지를 요약하면 다음과 같다. 첫째는 단결력과 협동정신을 들 수 있다. 우리나라는 전통적으로 어려울수록 강한 국민적 단결과 협동정신을 발휘하여 국난을 극복해온 저력이 있다. 단결력과 협동정신은 위기 때 더욱 빛을 발한다. 외환위기 때의 금모으기, 오염된 태안반도에서의 자발적 봉사 등은 단적인 사례다. 둘째는 한국인에게는 현실개선을 위한 특유의 강인함이 있다. 시련과 위기를 잘 헤쳐나 갈 수 있는 힘이다. 전쟁의 폐허 위에서 보릿고개를 넘고 맨손으로 오늘날의 대한민국을 이루어낸 것은 우리 민족에게 내재해 있는 강인함이 있었기 때문이다. 셋째는 교육열을 들 수 있다. 점차 '세계 1등'이 되는 한국인이 늘어나기 시작했다. 야구 · 골프 · 음악 · 미술 · 빙상 · 의학 · 경제 등 많은 분야에서 세계를 이끌어 가는 한국인이 속속 등장하고 있다. 교육투자와 보다 나은 내일을 향한 부모들의 희생이 큰 몫을 했다고 본다. 우리나라의 가장 대표적인 천연자원은 사람이다. 교육을 통해 육성된 재능과 위기극복의 지혜가 한국의 오늘을 있게 한 원천이다.[341] 넷째는 새로운 생명을 잉태하고 고난을 감내하며 끈질긴 삶을 영위해가는 특유한 여성적 감성이 있다. 그동안 우리 민족은 숱한 인접 국가들의 침략과 압박 속에서도 온갖 고난을 감내하며 끈질긴 생명력을 유지해 왔다. 과거에는 물리적 폭력에 의한 침략전쟁이 주류를

---

341) 중앙일보 2010. 1. 1.

이루었지만, 미래의 전쟁은 두뇌와 경제전쟁으로 전환된다. 여성들이 역량을 발휘하는 세상이 온 것이다. 여기에 우리나라가 세계를 선도할 기회가 있다. 이제까지 우리는 주변국에 억눌려 가진 역량만큼 특별한 것을 많이 만들어내지 못하고 내부에서 삭이다 보니 스스로 애증만 쌓았다. 그러나 이제는 우리의 축적된 에너지로 첨단 과학기술을 만들어 세계를 향해 분출시키고 선도할 때가 도래했다. 우리가 세계의 중심국가 될 것이라는 점은 전혀 의심할 필요가 없다. 우리는 과거 적어도 2000년 이상 일본을 압도하는 문명을 유지했던 저력이 있다. 한국은 엄청난 발전을 이룰 잠재력을 가진 국가다. 하지만 힘은 좋은 것이기는 하지만 바람직하게 사용할 줄 알아야 그 가치가 제대로 발휘되어 국가 발전은 물론 국민 삶의 질 향상에 도움이 된다. 이제 대한민국은 광개토왕 이후 눌려 온 남성적 기상을 다시 찾고 제고하여 여성적 감성과 균형을 이룰 때 세계 선도국가로 발전할 것이 틀림없다. 우리에게는 그렇게 할 수 있는 충분한 역량이 있다.

2) 세계 선도국가 향해 국가 우선순위 설정 실천

오늘날 세계에서 가장 치열하게 사는 한국인 앞에 기회와 좌절, 두 가지 앞길이 펼쳐져 있다. 우리가 가진 능력을 개방, 자율과 보상으로 키울 때 막강한 에너지를 발휘해서 국가의 생산적 부(富)를 키우고 개인에게 보람찬 직장을 제공할 수 있다. 반면 대외경쟁을 차단하고 경쟁력 가진 자를 억누르고 폐쇄된 국가자원을 서로 가지려고 각축하면 그 에너지는 고스란히 대립과 갈등으로 전환될 것이다. 세종시, 4대강, 전교조와 민노총에 얽힌 극렬한 적개심과 투쟁이 바로 그 증거이다. 이제 더 이상 안에서 아옹다옹하지 않도록[342] 우리의 인재들을 국내에 껴안고 있지 말고 세계로 내보내야 한다. 우리가 가진 잠재력을 발전적이고 창조적으로 선(善) 순환시켜 세계의 중심국가가 되도록 국가 우선순위를 정해 하나씩 성취하는 행동을 실천해야 할 때다.

국가 존립의 위기이든 공동체 파탄의 위기이든 이를 극복하지 못한 채 나라의 운명이 깊은 수렁에 빠졌던 것은 그 당시의 정치체제나 지도자들이 국가가 당면한 과제들의 우선순위를 적절히 선택하지 못했을 뿐 아니라 최우선 과제가 무엇인지조차 판단하지 못한 데서 비롯됐다. 국가적 과제의 우선순위 선택의 중요성은 큰 의미를 갖는다. 통치는 곧 우선순위의 선택이다. 아무리 나라의 힘과 부가 크다고 할지라도 모든 목표를 한꺼번에 달성할 수 없다는 지극히 당연한 진리를 망각한다면 결국은 파국을 맞을 수밖에 없다. 한정된 자산과 능력을 감안할 때 당면하는 과제의 우선순위를 현명하게 결정할 수 있느냐 여부에 따라 국가의 명운이 좌우될 수 있다.

국가과제의 우선순위의 적절한 선택은 그 결정이 수반하는 대가(代價) 또는 경비에 대한 치밀한 계산과 이를 책임지고 지불하겠다는 국민적 합의 그리고 지도자의 결심이 있어야만 가능한 것이다. 개인이든 국가이든 대가를 치르지 않는 소득이나 성공은 있을 수 없음을 항시 명심해야 한다. 우리는 민족 통일이란 과제에 어떠한 우선순위를 부여하고 어떤 정도의 희생을 치를 국민적 합의가 되어 있는지 또한 분단 상황에서의 민족공동체 관리와 급변사태 대처에 얼마만큼의 대가를 지불할 용의가 있는지 가늠해 보아야 한다.[343]

경제력만 높다고 통일 후 여러 가지 문제들이 절로 해결되거나 선진국이 될 수 있는 것은 아니다. 지금 우리의 최대 당면과제는 정치선진

---

342) 조선일보 2009. 11. 25.
343) 중앙일보 2010. 1. 4.

화다. 법을 바꾸고 제도를 새로 도입하면 마치 우리의 정치가 하루아침에 개혁될 것처럼 생각하는 사람들이 적지 않다. 이것으로 가능한 일이라면 국회를 통해 내일이라도 필요한 내용을 법제화하고 행정기관에서 제도를 만들면 된다. 그러나 법과 제도가 정비되어도 사람은 어떻게 할 수 없다. 엉성한 법이나 제도라도 운용의 묘를 살려 선정을 베풀고 대화와 타협을 통해 덕치를 하기 위해 노력하면 허술한 법이나 제도도 문제가 되지 않는다. 오늘날 한국 정치에서 문제가 되는 것은 사람이고 마음이다.

사익 밖에는 안중에 없는 사람도 집단을 결성하여 결사적으로 반대 투쟁만 하면 심대한 국정 사안도 차질을 빚는다. 국민을 보호하기 위한 공권력 행사를 시위자의 폭력과 동격에 놓고 이야기하는 무식하고 무책임한 언론의 횡포가 끊이지 않는 한 민주주의의 앞날은 밝다고 보기가 어렵다. 이제 분명히 깨달아야 할 것은 자유선거는 민주주의의 필요조건이지만 충분조건이 아니며 민주주의가 만병통치는 아니라는 점이다. 자유선거가 본래의 의미를 지니려면 투표권을 행사하는 시민의 의식 수준이 비등하게 높아야 한다. 그뿐만 아니라 민주주의라는 말이 생기기 전부터 인간이 공동체 생활을 하는 오랜 과정에서 터득하고 전수해 왔던 지혜와 가치가 불문율로서 힘을 발휘해야 한다. 생명에 대한 존중과 사랑, 정직, 나의 입장을 남의 입장과 바꾸어 놓고 느끼며 생각할 줄 아는 능력, 운명이나 신, 우연의 이름으로 불리는 초월적 힘에 대한 인정, 그 가운데서도 끊임없이 자기의 자유의지를 최대한으로 발휘해가는 투지와 용기 등이다. 그런 것 없이는 아무리 정교하게 다듬어진 정치제도도 인간에게 도움이 되는 방향으로 효과를 발휘할 수 없다.

3) 배려와 나눔 신뢰가 공존하는 따뜻한 사회 건설

선진국으로 가는 것은 1인당 소득 3~4만 달러가 되고, 공장 몇 개를 추가적으로 건설하거나 첨단기술로 해결되는 게 아니라 구성원 간 신뢰, 정부와 국민 간 신뢰가 필수이다.[344] 국민 스스로 성숙한 시민의식을 갖고 책임과 의무를 다하며 배려와 나눔을 실천하는 따뜻한 정이 흐르는 사회를 건설해야 한다. 한국은 많은 가난한 나라의 희망이다. 그들에게 우리가 내미는 도움의 손길은 다른 선진국들의 그것과는 다르다. 대한민국은 한국전쟁 직후 아무것도 없는 폐허였지만, 50년 만에 다른 나라를 원조하는 잘 사는 나라가 됐다. 이런 사례는 세계에서 유일하다. 그런 우리의 모습을 보고 많은 가난한 나라들이 희망을 품는다. 원하든, 원하지 않든 우리는 그들에게 롤모델[345](role model)이며, 그에 따른 책임의식을 느껴야 한다. 돈이나 권력이 있다고 해서 '명가'이고 노블레스 오블리주[346](noblesse oblige)라고 할 수는 없다. 또한 수입을 사회에 환원하고 구휼하는 일을 하는 것은 돈과 권력을 가진 사람뿐 아니라 누구나 해야 하는 일이다.[347]

민주주의가 가장 실속 있게 작동하는 영국이나 스웨덴, 네덜란드가 아직도 왕국체제를 유지한다는 사실이 무엇을 의미하는가 생각해 볼 필요가 있다. 불행한 가정은 각기 다른 모습으로 불행을 노정하지만 행복한 가정의 모습은 대개 비슷하다는 톨스토이의 말이 있다. 사회나 국가도 마찬가지로 살기 좋은 나라는 다 공통된 기본 가치를 유지한다. 정직

---

344) 연합뉴스 2010. 1. 27.

345) 롤모델(role model): 자기가 마땅히 해야 할 직책이나 임무 따위의 본보기가 되는 대상이나 모범.

346) 노블레스 오블리주(noblesse oblige): 사회 고위층 인사에게 요구되는 높은 수준의 도덕적 의무.

347) 중앙일보 2010. 1. 22.

과 성실, 근검과 겸허가 창의성과 순발력 못지않게 좋은 결실을 가져오며 서로의 입장을 이해하고 양보하고 포용할 줄 아는 능력은 격이 높은 시민의 공통점이다. 우리 전통에서도 그런 가치를 미덕으로 강조했다.

지금 정가에서는 자취도 찾아볼 수 없게 된 분수, 경우, 염치, 겸손, 자비와 연민, 양심, 양식은 인간을 금수로부터 구분하는 핵심 가치로 교육의 핵심을 이루고 있었다. 사실 그런 것만 살아 있다면 홀로코스트[348](Holocaust) 같은 독재와 약육강식의 광란 속에서도 신들러[349](Emilie Pelzl Schindler)나 스기하라[350](杉原 千畝)처럼 인간으로 살아남아 한 사람의 희생으로 많은 다른 사람의 생명을 구하는 일도 때로는 가능했지만, 그런 것이 없다면 민주주의는 추악한 이기주의의 포장수단으로 전락할 뿐이다. 지금 우리에게 가장 우려스러운 점은 평등, 도덕성, 인권을 소리 높여 외쳐대는 사람일수록 민주주의라는 말조차 모르던 가난한 우리 조상이 지녔던 지혜와 미덕을 깡그리 팽개쳐 버리고 유아독존식으로 남 위에 군림하려 든다는 사실이다.

분수없는 욕심이나 거창한 정치 구호의 위선에서 해방되어 밖의 세계로 눈을 돌려보자. 우리 대한민국 국민은 감사할 일이 참으로 많고 무엇인가를 남에게 베풀 수 있는 여지가 매우 많음을 알고 놀랄 것이

---

348) 홀로코스트(Holocaust): 제2차 세계대전 중 나치 독일이 자행한 유대인 대학살. 일반적으로 인간이나 동물을 대량으로 태워 죽이거나 대학살하는 행위를 총칭.

349) 에밀리 신들러(Emilie Pelzl Schindler): 1907년 10월 22일 체코슬로바키아에서 태어났다. 20세 때인 1928년 독일의 사업가 오스카 신들러(Oscar Schindler)와 결혼하였다. 1939년 9월 나치스 독일이 폴란드를 침공하자 오스카는 나치스에 협력해 많은 돈을 번 뒤, 제2차 세계대전이 끝날 무렵 이른바 '신들러 리스트'를 작성하고 전재산을 바쳐 1,200명에 달하는 유대인들을 나치스로부터 구해냈다. 에밀리 역시 남편과 함께 이들을 구해내는 데 일조하였다. 1949년 오스카와 함께 아르헨티나로 이민을 떠났으나, 1958년 오스카만 독일로 돌아가 정착하다가 1974년 사망하였다. 에밀리는 2001년 7월까지 계속 아르헨티나에 거주하다가 독일에서 일생을 마치고 싶다는 뜻을 밝히고 독일로 귀국했으나, 그해 10월 5일 뇌졸중으로 숨졌다. 오스카 신들러는 스필버그(Steven Spielberg) 감독의 영화 ≪신들러 리스트 Schindler's List≫(1993)의 실제 주인공으로, 에밀리 신들러는 직접 이 영화에 출연하기도 하였다.

350) 스기하라 지우네(일본어: 杉原 千畝, すぎはら ちうね, 1900년 1월 1일~1986년 7월 31일)는 일본의 외교관이다. 와세다 대학 고등사범부현 교육학부를 중퇴했으며, 제2차 세계대전 중에 나치 독일의 박해를 받고 있던 수천 명의 유대인에게 비자를 발급함으로서 그들의 생명을 구했다.

다. 민족통일을 부르짖기 전에 우리 주변의 탈북 난민이나 외국인 노동자에게 따뜻한 식사나 선물 한 가지라도 대접하거나 홀몸노인을 방문해 보자. 목청 높은 정치인이나 요행으로 벼락부자가 된 사람이 결코 맛볼 수 없는 인간적 긍지와 마음속의 훈훈함이 솟아날 것이다.[351]

4) 화합 통해 국민이 행복한 나라 건설

한국인은 내부적으로는 아직 선진국으로서의 위치에 대한 불신이 있는 반면 국제적으로는 주요 20개국(G20)에 속하는 경제로 인정받은 성공한 국민이다. 그런데 한국국민은 과연 행복한가? 영국 사회심리학자가 개발한 삶의 지수에 대한 만족 정도에 따르면 그렇지 않아 보인다. 2009년 6월 영국 신경제재단(NEF)이 세계 143개국을 대상으로 행복지수를 조사한 결과 한국은 68위를 차지했다.[352] 2008년에는 조사 대상 178개국 중 102위를 기록했다. 인생에 대한 만족과 기대치를 측정하는 행복지수뿐 아니라 지구환경 조성을 위한 녹색 실천 측정 결과도 다르지 않다. 여기에서 한국은 68번째를 차지했다. 우리는 이미 다른 종류의 국가별 비교에 충분히 시달렸고, 더 많은 평가나 조사는 혼란만 가중시킬 뿐이라고 불평할 수 있다. 국가 이미지 차원에서 볼 때 한국은 G20 국가이고 국가 지명도 목록(list)에서도 순위가 점점 올라간다.

오늘날 우리의 지도자는 국민에 대해 잘 모른다. 그들은 선거에만 중점을 둔다. 지도자는 일자리를 창출하고 한국을 세계에서 더욱 존경받는 나라로 만들기 위해 열심히 일하면 국민이 행복해지고 자신에게 투표할 거라고 생각한다. 그러나 선거 결과는 그들이 잘못 생각한다는 점

---

351) 동아일보 2009. 12. 24.

352) 프레시안 2009. 11. 5.

을 보여준다. 그들은 여론조사를 하고 정치학자로부터 전문적인 조언을 구하지만, 정당은 언제나 잘못 생각한다. 지도자가 되겠다는 목표를 세우고 달성하는 사람들은 스스로 더 훌륭한 국가 목표를 세우고 마치 양 떼를 우리 속으로 몰듯 국민의 사고를 자신의 뜻대로 만들려고 한다. 다른 말로 표현하면 국민을 지도자에게 명분과 목적, 그들 삶의 만족을 주는 대상으로 생각한다는 것이다. 현대사에서 한국은 지도자가 자신뿐만 아니라 국가를 위해 열심히 일했기 때문에 행운이었다. 그러나 국가가 국민을 위해 존재하지 않고 국가를 위해 국민이 존재한다는 생각 때문에 국가의 발전이 저해되는 시대가 있었다.

국가별 행복평가와 관련해 한국의 순위가 높게 나오지 않는 다른 이유는 행복에 대해 잘못된 생각을 갖고 있어서다. 한국에는 집단주의적 정체성이 개인의 이기심에서 생기는 혼돈에 대한 고결한 대안이라고 생각하는 경향이 있다. 그러나 인간은 집단이 아니라 개인이 먼저다. 개인주의를 인정하지 않는 민족주의나 어떠한 형태의 집단 사고는 화합을 만들어 낼 수는 있지만 행복을 만들 수는 없다. 행복한 나라는 개개인의 행복으로 채워진 나라이지 다른 이들의 지시에 따라 살면서 자신의 행복을 희생하는 나라가 아니다. 또 다른 잘못된 점은 돈이 우리를 행복하게 만든다는 생각이다. 이는 많은 조사결과에서 사실임이 드러나고 있다.

만약 당신이 한 달에 100만 원으로 가족을 부양하기 위해 애를 쓴다면 월급이 500만 원으로 인상되는 것이 매우 기쁜 일이다. 그러나 일정한 시점이 지나면 부유함이 반드시 행복을 만들지는 않는다. 돈을 많이 번다고 꼭 행복한 건 아니다. 잘사는 나라의 국민이 못사는 나라의 국민보다 다소 더 행복할 수는 있지만, 한 나라가 더 부유해진다고 해서 국민 대다수가 점점 더 행복해지지는 않는다. 행복에 있어서 물질이 주는 긍정적인 효과가 짧아서다. 당신의 연봉이 인상될 때, 물질에 대한 당신의 열망은 빠르게 상향 조정되고, 행복하지 않은 또 다른 이유를 찾아낼 것이다. 말 그대로 사람들이 자신의 경제력을 다른 사람과 비교해 평가하는 경향이 있어서다.

자신의 행복은 국가가 주지 않고 각자가 책임져야 한다는 사실을 받아들여야 한다. 인간을 행복하게 하는 것은 직업이나 정부가 만들어준 일자리가 아니다. 물론 행복을 만드는 일이 정부의 역할은 아니더라도 행복을 만들 수 있는 환경은 정부가 제공해야 한다. 이런 관점에서 정책 입안자는 행복의 정도를 다른 나라와 비교하는 데만 신경 써서는 안 된다. 우리의 행복은 우리만의 것이다. 2009년 행복도 조사에서 한국의 순위가 올라갔다고 정부가 발표해도 우리는 더 행복하다고 할 수 없다. 이는 정부가 국민을 이해하지 못했다는 걸 보여줄 뿐이다.[353]

대한민국이 지향해야 할 미래 목표는 선진국이면서 국민이 행복한 나라, 자부심을 느끼며 살고 싶어 하는 나라이다. 한국의 미래는 오직 대한민국의 실천하는 정치지도자와 국민에게 달렸다. 경쟁과 최고를 지향하면서도 내가 가진 재능이 다른 사람의 기쁨이 될 수 있도록 어려운 이웃을 배려하고 가진 재능을 나누어야 한다. 관용과 포용의 자세를 기르고 도덕적인 삶을 살도록 노력하여야 하며 인내하고 양보하는 자세가 필요하다. 법과 질서를 지키고 상대방을 존중하며 대화와 타협을 추구해야 한다. 이러한 토대 위에서 법률 제정과 제도 개선을 통해 개혁을 해나가야 한다. 지금 한국에 필요한 정치가는 개혁을 할 사람이 아니라 법과 제도를 지키고 대화와 타협, 다수결의 원칙을 존중하고 실천하는 기본이 되어 있는 사람, 수신과 제가를 제대로 할 수 있는 사람이다. 나 자신과 측근도 제대로 관리하지 못하면서 국가를 경영하려는 것은 잘못된 생각이다. 정치는 혼자서 하는 것이 아니다. 이젠 우리 국

---

353) 동아일보 2010. 1. 12.

민도 행복해지고 싶어 한다. 정치 지도자들이 솔선수범하면서 국민에게 희망을 제시하고, 상생을 위한 고통 분담을 요구하는 데 대한 따뜻한 위로와 격려가 필요하다.

우리의 꿈이 선진국처럼 잘사는 나라라면 우리는 이미 그 길로 접어들었다. 이제 우리가 생각해야 할 일은 선진국에 도달하느냐 여부가 아니라 어떤 선진국을 만들어 갈 것이냐다. 세계사에는 수많은 부자나라들이 있었다. 강대국도 있었다. 그러나 영원히 계속된 나라는 없었고, 그 나라들은 어느 시기에는 모두 무너지고 말았다. 비참한 국가로 전락하기도 했다. 스페인·포르투갈·베네치아·네덜란드 이런 나라들은 한때 최고의 부를 누리던 나라였다. 그러나 그들은 무너졌다. 그런 후에 간신히 20세기에야 지금의 위상을 찾았다. 우리의 꿈이 부자가 됐다가 금방 물거품처럼 사라지는 그런 나라가 아니다.

배고픔 때문에 일하는 것이 아니라 개인의 존엄을 실현하기 위해 일해야 한다. 개성을 존중하는 당당한 직업의식이 모든 분야에 퍼져야 한다. 무조건 모을 것이 아니라 이제부터는 주변을 돌아볼 줄 아는 따뜻한 마음을 가져야 한다. 습관적 투쟁은 버리고 동반자 정신이 살아나야 한다. 자유를 풍요롭게 누리되 책임의식과 질서의식이 투철해야 한다. 국가에 의존하려 하기보다 독립적인 마음을 길러야 한다. 이런 성숙한 마음을 가진 성숙한 나라를 만들어야 한다. 우리 모두가 유복한 가정을 꿈꾸듯 우리나라도 유복한 나라가 되기를 원한다. 평화를 사랑하는 나라가 되기를 바란다. 이제부터 우리 모두 합의하는 새 그림을 그려야 한다.[354]

개인이든 조직이든 잘못된 결정을 할 수 있다. 그러나 잘못된 것을 알면 반성하고 빨리 고치는 게 진정한 지도자의 용기이다. 그러면 우리 국민은 국익을 생각하는 지도자의 진정성을 인정할 것이다. 이 모든 과정

---

354) 중앙일보 2010. 1. 4.

에서 국가 지도자의 한마디가 역사와 다음 세대에 전범(典範)이 된다는 점을 결코 잊어선 안 된다. 공명정대해야 하고 특히 자신에 대해 더욱 엄격해야 한다.[355] 세상에서 가장 어려운 일은 자신이 쌓은 이기적인 마음의 울을 넘어서는 것이다. 국민이 행복해지는 국가 건설은 정치가를 위한 것이 아니라 국민인 나와 우리 후손들을 위한 일이다. 당당하게 살자.

---

355) 중앙일보 2009. 11. 19.

참고문헌

김범주(2003), 『법과 사회』, 형설출판사, p.36~458

김병섭 외(2007), 『살아있는 우리 정부조직 이야기』, 법문사, p.104

김선빈 외(2009), 『시티즌십, 위기 극복의 필요조건』, 삼성경제연구소 CEO Information 697호

김영종(2001), 『부패학』, 숭실대학교 출판부, p.103~106

김형렬(2000), 『정책학』, 법문사, p.4~618

노정현(1996), 『깨끗해야 떳떳하다』, 미래미디어, p.29

데이빗 오스본 · 피터 플래스트리크 저, 최창현 옮김(1998), 『정부개혁의 5가지 전략』, 삼성경제연구소, p.72~73

박상섭(2002), 『국가와 폭력: 마키아벨리의 정치사상연구』, 서울대학교출판부, p.231~236

박세정(1995), 『세계화 시대의 일류행정』, 가람기획, p.14~28

박완규(2007), 『리바이어던, 근대국가의 탄생』, 사계절, p.65~157

박준(2009), 『한국의 사회갈등과 경제적 비용』, 삼성경제연구소, p.9~12

박진 · 채종헌(2006), 『갈등 조정, 그 소통의 미학』, 굿인포메이션, p.9~361

박천식(1999), 『재미있는 심리학』, 원출판사, p.184

박효종(2001), 『국가와 권위』, 박영사, p.26~61

박형서(2005), 『국책사업 사회갈등의 원인과 특징』, 국토연구원(통권 제283호), p.6~14

서문기 외(2001), 『한국사회의 갈등구조에 대한 이해』, 삼성경제연구소, p.11~40

서병훈(2008), 『포퓰리즘』, 책세상, p.21~45

손무 저, 남면성 역(1982), 『손자병법』, 현암사, p.143

안경률(2009), 『성숙한 사회, 선진 일류국가로 가기 위해 버려야 할 WORST 12』, 의정보고서, p.1~19

염용섭 외(2009), 『방송규제완화의 경제적 효과분석』, 정보통신연구원, p.4~9

오석홍 외(2000), 『정책학의 주요이론』, 법문사, p.101~320

오카자와노리오 저, 이명남 역(1997), 『현대정당론』, 도서출판 문원, p.24~29

이동원 외(2009), 『사회적 자본 확충을 위한 정책과제』, 삼성경제연구소 CEO
　　　Information 722호, p.1~15
이상안(2001), 『지식국정운영론』, 대명출판사, p.473
이상안(2000), 『공직윤리봉사론』, 박영사, p.121~348
이성근(2006), 『정책계획론』, 법문사, p.494
이수윤(1998), 『정치학 개론』, 법문사, p.79~110
이원종(2006), 『국민참여시대의 한국 정당』, 나남출판, p.45~107
이종수(2006), 『정부혁신과 인사행정』, 다산출판사, p.19
이종수 외(2005), 『새 행정학』, 대영문화사, p.34~700
이주희(2006), 『고객감동 행정 서비스』, 기문당, p.21~22
이진호(2010), 『부정부패 원인과 대책』, 팔모, p.24~28
이진호(2010), 『현명한 부모의 자녀교육』, 팔모, p.54~56
전대양(2007), 『현대사회와 범죄』, 형설출판사, p.17
정정길(2001), 『정책학원론』, 대명출판사, p.52~805
정종기 · 최락인(1999), 『지역사회행정론』, 글로벌, p.85~92
정진민(2008), 『한국의 정당정치와 대통령제 민주주의』, 인간사랑, p.88~90
조셉 S. 나이 외, 박준원 옮김(2001), 『국민은 왜 정부를 믿지 않는가』, 굿인포
　　　메이션, p.7~223
조은상(2003), 『기업 내 부패의 유형, 원인 및 반부패 제언』, 전경련 간담회자
　　　료, p.6
조현국(2009), 『SERI 경영노트, 제36호, 보이지 않는 힘: 동료효과』, 삼성경제연
　　　구소, p.1
주성수(2004), 『공공저책 가버넌스』, 한양대학교 출판부, p.3~149
전광석(2004), 『한국헌법론』, 법문사, p.3
전흥신 · 김형택 저(2006), 『에너지 · 연소 · 환경』, 한티미디어, p.9~10
최종고(2008), 『법학통론』, 박영사, p.303~305
최창호 · 하미승(2006), 『새 행정학』, 삼영사, p.3~780
하태권 외(2001), 『현대 한국정부론』, 법문사, p.11~318
행정안전부(2009), 『활기찬 지역경제와 선진정부 실현을 위한 2010년 핵심 정
　　　책과제』, 행정안전부, p.24
『행정중심 복합도시 건설기본계획안(2006)』, 건설교통부, p.4
행정중심복합도시건설청, 『2007년 행정중심복합도시 백서』, p.23
허명환(1999), 『관료가 바뀌어야 나라가 바로 선다』, 한국세정신문사, p.38
Anita Woolfolk 저, 김아영 외 옮김(2007), 『교육심리학』, 박학사, p.123

Jeffery H. Goldstein 저, 홍성열·임영식 옮김(2002),『환경이 범죄자를 만드는가』,
　　　교육과학사, p.128~135
Purves 외 저, 이광웅 외 역(2007),『생명생물의 과학』, 교보문고, p.111
Richard A. schmuck·Patricia A. Schmuck 저, 김경식 역(2000),『학급의 사회심리
　　　학』, 원미사, p.375~376
T. E. Graedel·B. R. Allenby 저, 조영일 역(2004),『산업생태학』, 도서출판 한산,
　　　p.1~2
『2008년 주민등록인구통계』, 부산광역시, p.7

법규

검찰청법	도시 및 주거환경정비법
공직선거법	법원조직법
공직자윤리법	신행정수도 후속대책을 위한 연기·
국가공무원법	공주지역 행정중심복합도시 건설을
국가재정법	위한 특별법(세종시법)
국가재정법 시행령	정당법
국장·국민장에관한법률	위험직무 관련 순직공무원의 보상에
국회법	관한 법률 시행령
국회에서의증언·감정등에관한법률	헌법
대통령직인수에관한법률	

행정기관

교육과학기술부	농림수산식품부
국토해양부	방송통신위원회

사회통합위원회　　　　　　　　　한국은행
서울시　　　　　　　　　　　　　행정안전부
전국경제인연합회　　　　　　　　행정중심복합도시건설청
통계청

사전

네이버 국어사전　　　　　　　　대신경제연구소 용어사전
네이버 백과사전　　　　　　　　두산백과사전
네이버 용어사전　　　　　　　　야후 백과사전
네이트 용어사전　　　　　　　　위키백과(사전)
다음 국어사전

언론

강원도민일보　　　　　　　　　동아일보
강원일보　　　　　　　　　　　매일경제
경상북도 인터넷신문　　　　　머니투데이
경인일보　　　　　　　　　　　문화일보
경향신문　　　　　　　　　　　미디어스
국민일보　　　　　　　　　　　미디어오늘
내일신문　　　　　　　　　　　민중의소리
노컷뉴스　　　　　　　　　　　뷰스앤뉴스
뉴데일리　　　　　　　　　　　서울경제
뉴스엔　　　　　　　　　　　　서울신문
뉴스웨이　　　　　　　　　　　서울투데이
뉴스한국　　　　　　　　　　　세계일보
뉴시스　　　　　　　　　　　　소비자가만드는신문
대전일보　　　　　　　　　　　신동아
데일리안　　　　　　　　　　　아시아경제
도시재생신문　　　　　　　　　아시아뉴스통신

아이뉴스24
에이블뉴스
연합뉴스
연합인포맥스
오마이뉴스
월간중앙
위클리경향
이데일리
이코노미스트
일요서울
조선일보
주간동아
중앙일보
충청타임즈
케이뉴스
파이낸셜뉴스

프레시안
한강타임즈
한겨레
한겨레21
한국경제
한국일보
헤럴드경제
CNB저널
KBS
KTV(한국정책방송)
MBC
MBN
SBS
TV리포트
YTN

기타

경제정의실천시민연합(경실련)
민족문제연구소
민주당
박희태 국회의장 사이트
분쟁해결포럼 단국대학교 분쟁해결
연구센터
서울 G20 정상회의
신창운 전문기자의 여론다움

안민석 국회의원 사이트
자유기업원
전주신흥고등학교
투명사회를 위한 정보공개센터
한나라당
한국투명성기구
SK사이버경영관

색인

이진호 ─────────────────────────────────────

귀뚜라미그룹 기술아이디어 경진대회 동상 수상
(가정용 가스보일러 연도 폐가스 누출방지용 이음장치)
한국가스신문사 퇴사
한중씨아이티 품질보증팀장 퇴사
대구대학교 불어불문학과 졸업
한국방송광고공사 광고교육원 매체과정 수료
부산대학교 지방자치 및 NGO과정 수료
부산대학교 환경대학원(환경공학 전공) 졸업
현) 교육, 부정부패, 행정개혁, 리더십, 정치, 사회갈등문제 연구 · 저술가

『부정부패의 원인과 대책』
『현명한 부모의 자녀교육』
「X지향 설계를 통해 청정생산 달성을 위한 초저온저장탱크에 대한 LCA 적용」
(환경공학석사학위 논문)

한국사회 대립과 갈등 진단(하)

초 판 인 쇄 | 2011년 1월 28일
초 판 발 행 | 2011년 1월 28일

지 은 이 | 이진호
펴 낸 이 | 채종준
펴 낸 곳 | 한국학술정보㈜
주   소 | 경기도 파주시 교하읍 문발리 파주출판문화정보산업단지 513-5
전   화 | 031) 908-3181(대표)
팩   스 | 031) 908-3189
홈 페 이 지 | http://ebook.kstudy.com
E-mail | 출판사업부 publish@kstudy.com
등   록 | 제일산-115호(2000. 6. 19)

ISBN   978-89-268-1860-2 94330 (Paper Book)
            978-89-268-1861-9 98330 (e-Book)
            978-89-268-1856-5 94330 (Paper Book set)
            978-89-268-1857-2 98330 (e-Book set)

내일을여는지식 은 시대와 시대의 지식을 이어 갑니다.